INHALT

GÖTTINGER ORIENTFORSCHUNGEN

IV. REIHE: ÄGYPTEN

Herausgegeben von Friedrich Junge und Wolfhart Westendorf

Band 15

1992

OTTO HARRASSOWITZ · WIESBADEN

Jürgen Horn

STUDIEN ZU DEN MÄRTYRERN DES NÖRDLICHEN OBERÄGYPTEN

II

MÄRTYRER UND HEILIGE DES XI. BIS XIV. OBERÄGYPTISCHEN GAUES

EIN BEITRAG ZUR TOPOGRAPHIA CHRISTIANA ÄGYPTENS

1992

OTTO HARRASSOWITZ · WIESBADEN

Gedruckt mit Unterstützung des Förderungs- und Beihilfefonds Wissenschaft der VG Wort.

Die Deutsche Bibliothek – CIP-Einheitsaufnahme

Horn, Jürgen:
Studien zu den Märtyrern des nördlichen Oberägypten / Jürgen
Horn. – Wiesbaden : Harrassowitz.
(Göttinger Orientforschungen : Reihe 4, Ägypten ; Bd. 15)
NE: Göttinger Orientforschungen / 04

2. Märtyrer und Heilige des XI. bis XIV. oberägyptischen
Gaues : ein Beitrag zur Topographia Christiana Ägyptens. –
1992
ISBN 3-447-03087-9

Gesamtherstellung: MZ-Verlagsdruckerei GmbH, Memmingen.
Papier: Säurefreies Offsetpapier der Fa. Nordland Papier, Dörpen/Ems.
Printed in Germany.

ISSN 0340-6342

ISBN 3-447-03087-9

VORBEMERKUNG

Zur Topographia Christiana des XI. bis XIV. oberägyptischen Gaues und ihren Quellen (Kulte und Kultstätten der Märtyrer und Heiligen)

0.0 Zur Entstehung dieser Arbeit

Diese Studien sind im Rahmen eines von der Deutschen Forschungsgemeinschaft geförderten Forschungsprojektes entstanden, das unter der Leitung von Prof. Wolfhart Westendorf in den Jahren 1982 bis 1986 am Seminar für Ägyptologie und Koptologie der Universität Göttingen bearbeitet wurde (Mitarbeiter: Ursula Rössler-Köhler, Jürgen Horn). Sie sind eines der Ergebnisse, die der Verfasser mit seinem Arbeitsvorhaben „Ägyptisches Christentum im Spiegel der koptischen hagiographischen Literatur“ innerhalb des Projektes erarbeitet hat. Die Drucklegung der hier vorliegenden Ergebnisse wurde erst durch einen namhaften Zuschuß der Verwertungsgesellschaft Wort ermöglicht, der an dieser Stelle dafür herzlich gedankt sei. Mein Dank gilt auch den Herausgebern und dem Verlag der Reihe „Göttinger Orientforschungen, Reihe IV“ für ihre Geduld während des mannigfach überschatteten Druckes. Ergänzendes Material zu dieser Arbeit und einen ausführlichen Index wird eine weitere Folge dieser Studien bieten, die hoffentlich bald folgen kann.

0.1. Grundlagen der Arbeit

Ein neues Bild von der christlichen Topographie Ägyptens kündigt sich nunmehr an. Daß das so ist, verdanken wir vor allen Dingen den Aktivitäten eines in Tübingen angesiedelten Forschungsunternehmens, nämlich des Sonderforschungsbereiches 19 „Tübinger Atlas des Vorderen Orients“ (TAVO) der Universität Tübingen. Dieses Unternehmen berücksichtigt auch das christliche Ägypten und seine Geschichte. Die wissenschaftlichen Arbeiten dazu sind seit einiger Zeit abgeschlossen; die einschlägigen Kartendarstellungen liegen nunmehr publiziert vor. Sie seien hier, da von grundsätzlicher Bedeutung für die folgenden Darlegungen, aufgeführt:

(1) TAVO Blatt B VI 15: Ägypten. Das Christentum bis zur Araberzeit (bis zum 7. Jahrhundert), bearbeitet von Stefan Timm, Wiesbaden 1983.
(2) TAVO Blatt B VIII 5: Ägypten. Das Christentum im Mittelalter und Neuzeit, bearbeitet von Stefan Timm, Wiesbaden 1983.
(3) TAVO Blatt B X 13: Ägypten. Das Christentum in der Gegenwart, bearbeitet von Stefan Timm, Wiesbaden 1978.

Das unter 3 genannte Blatt wird durch ein Beiheft erschlossen.[1] Die unter 1 und 2 aufgeführten Kartenblätter lassen sich noch nicht in vollem Umfang auswerten, da das zugehörige Beiheft erst während der Ausarbeitung des Manuskriptes zu dieser Arbeit zu erscheinen begonnen hat.[2] Erst dieses Beiheft wird es ermöglichen, eine inhaltliche Bestimmung[3] der formalen Eintragungen in den Karten zu gewinnen, und die Quellen erschließen, die für die Eintragung maßgeblich waren.[4]

Die Beiträge von Timm im Rahmen des TAVO werden endlich das bisherige Standardwerk zur Geographie des koptischen Ägypten ersetzen, nämlich Amélineaus

1 Stefan Timm, Christliche Stätten in Ägypten. Gesammelt nach amtlichen Listen von Z. Riad Salama, hrsg. v. Stefan Timm (Beihefte TAVO Reihe B Nr. 36), Wiesbaden 1979; abgekürzt zitiert als *Timm, Christl. Stätten*.

2 Stefan Timm, Das christlich-koptische Ägypten in arabischer Zeit. Eine Sammlung christlicher Stätten in Ägypten in arabischer Zeit, unter Ausschluß von Alexandria, Kairo, des Apa-Mena-Klosters (Dēr Abū Mina), der Skētis (Wādi n-Naṭrūn) und der Sinai-Region. Teil 1 (A-C), Wiesbaden 1984; Teil 2 (D-F), ebd. 1985; Teil 3 (G-L), ebd. 1985 (= Beihefte TAVO. Reihe B Nr. 41/1 bis 3); abgekürzt zitiert als *Timm, Christl.-kopt. Ägypten I-III*. Wegen des fortgeschrittenen Standes der Ausarbeitung des Manuskriptes zu dieser Arbeit war eine ganz systematische Einarbeitung bzw. Diskussion von Timms Stellungnahmen zu Problemen der christlichen Topographie nicht mehr möglich; ich hoffe jedoch, nichts Wichtiges übersehen zu haben. Mein Dank gilt an dieser Stelle Stefan Timm und seiner freundlichen Bereitschaft, mir bei einem Arbeitsgespräch in Tübingen 1983 bereitwillig Teile seines Schreibmaschinenmanuskriptes zur Benutzung für damals relevante Fragestellungen zu überlassen.
Inwieweit sich die hier vorgelegte Arbeit von Timms Bestandsaufnahme unterscheidet bzw. sie in wichtigen Aspekten ergänzt oder revidiert, läßt sich schnell durch einen Vergleich feststellen; vgl. etwa
– Art. Būq (Banī Zaid): Timm, op. cit. 437f. bzw. u. 4.3.3. zu A 6//B I 3;
– Art. Baqūr: Timm, op. cit. 338 bzw. u. 4.3.3. zu A 24 // B II 6.

3 So ergibt sich die Bestimmung der Weihung von Kirchen, deren Vorhandensein sich aus den Karten entnehmen läßt, erst aus der textlichen Behandlung des jeweiligen Ortes im Beiheft. Das heißt aber, daß die meisten Märtyrerkirchen sich nicht direkt aus den Kartenblättern erschließen lassen.

4 Ein Überblick über die für die Karten 1 und 2 herangezogenen Quellen findet sich bei Timm, Christl.-kopt. Ägypten I 1-33. Ist auch der Umfang des verarbeiteten Materials bewundernswert, so erstaunt es doch nicht, daß in den Ortsartikeln an der einen oder anderen Stelle Quellen nicht berücksichtigt sind, die in dieser Arbeit benutzt werden (vgl. die in Anm. 2 genannten Ortsartikel). Ein Manko ist allerdings die zu geringe Intensität der Auswertung der Reiseberichte Johann Michael Wanslebens durch Timm. Dazu s. Einleitung Abschnitt 0.3 (vgl. besonders Anm. 44-48).

„La Géographie de l'Egypte à l'époque copte".[5] Dieses Werk ist bis heute trotz seiner offenkundigen Mängel als Zusammenstellung des einschlägigen Materials wertvoll und auch jetzt noch, obwohl inzwischen sehr unvollständig geworden[6], nicht überholt.[7] Kosacks Versuch einer neuen historischen Geographie des christlichen Ägypten[8] kann als mißlungen angesehen werden. Er beruht auf einer Auswertung von Amélineaus „Géographie", die aber mit unzureichenden Mitteln und viel zu unkritisch erfolgte. Dementsprechend sind die Eintragungen in Kosacks Karten mit großer Vorsicht zu genießen; viele Lokalisierungen sind dort auf Grund simpler Mißverständnisse einfach falsch. Auf eine Diskussion von Kosacks Lokalisierungen und Ausführungen, soweit sie den hier behandelten geographischen Bereich betreffen, wurde daher prinzipiell verzichtet.

Für die kartographischen Darstellungen des christlichen Ägypten ist im Rahmen des TAVO eine Vielzahl verschiedener Materialien ausgewertet worden. Es kann hier nicht darum gehen, diese Auswertungsarbeit erneut vorzunehmen. Vielmehr wird in der vorliegenden Arbeit versucht, unter größtmöglicher Ausnutzung der im TAVO geleisteten Vorarbeiten und aus eigener Kenntnis der ägyptisch-koptischen hagiographischen Literatur nebst ihrer Tradierung bzw. Umformung in der christlich-arabischen Überlieferung einen speziellen Aspekt der Topographia Christiana zu beleuchten, nämlich die Märtyrerkultstätten einer bestimmten Region zusammenzustellen. Dabei geht es besonders um die Märtyrer, die in dieser Region „zu Hause" sind, d. h. solche, die der christlichen Tradition nach an einem Orte der Region begraben sind. Das heißt gleichzeitig, daß sie nicht irgendwo

5 Emile Amélineau, La Géographie de l'Egypte à l'époque copte, Paris 1893; abgekürzt zitiert als *Amélineau, Géogr.*. Ergänzungen und Korrekturen zu diesem Werk s. u. Anm. 7.

6 Unvollständig geworden ist das Werk durch die Publikation neuer koptischer Texte, die bei Amélineau noch nicht ausgewertet werden konnten (was nicht für die damals noch unpublizierten Texte aus der Pariser Bibliothèque Nationale galt, vgl. etwa Anm. 455 zum Hauptteil dieser Arbeit). Besonders die Publikationen koptischer Rechtsurkunden durch Crum, Till u. a. haben einen ungeheuren Zuwachs an Ortsnamen und Ortsbezeichnungen gebracht, der den durch neue koptische Literaturwerke bei weitem übertrifft.

7 Überholt wird das Werk von Amélineau erst dann sein, wenn das in Anm. 2 genannte Beiheft von Timm vollständig erschienen sein wird. Vorläufig behält es seinen Wert speziell für die Märtyrerüberlieferung dadurch, daß Amélineau neben der damals bekannten koptischen Märtyrerliteratur das Synaxar der koptischen Kirche ziemlich systematisch ausgewertet hat. Zu einer Reihe von Ortsartikeln bei Amélineau hat Muḥammad Ramzī wichtige Korrekturen und Ergänzungen vorgelegt, die weithin unbeachtet geblieben sind (der Aufsatz fehlt in allen gängigen Bibliographien zur Koptologie!): Muḥammad Ramzī, Rectifications à l'ouvrage d'E. Amélineau „Géographie de l'Egypte à l'époque copte" (Text *arab.*), in: Mélanges Maspero III (Orient islamique), MIFAO 68 (Fasc. 1), Le Caire 1940, 273-321.

8 Wolfgang Kosack, Historisches Kartenwerk Ägyptens. Altägyptische Fundstellen – Mittelalterliches arabisches Ägypten – Koptische Kultur (Delta, Mittelägypten, Oberägypten), Bonn 1971 (Textheft und Kartentasche mit neun Karten).

begraben sind, sondern daß sie hier eine auf ihren Namen geweihte Kirche besitzen, die den Anspruch erhebt, ihren Leib zu bergen. Die feste Verbindung des Märtyrers mit einem Ort, nämlich dem Ort seines Begräbnisses, ist bezeichnend für die Frömmigkeit der koptischen Kirche; sie ist charakteristisch für die koptischen Märtyrerlegenden, die durch topographisches Interesse geprägt sind.[9] Das heißt nun nicht, daß die Verehrung des konkreten Märtyrers sich auf diesen Ort beschränkt. Wir dürfen aber davon ausgehen, daß der Begräbnisort sowohl die Keimzelle für weitere Äußerungen des Märtyrerkultes – insbesondere literarischer Art[10] – darstellt als auch das Zentrum des Kultes, das dann auf Grund der Wertschätzung des Märtyrers größere oder geringere Ausstrahlung ausübt. Dabei gibt es durchaus zwei Extreme: den Märtyrerheiligen, dessen praktizierte Verehrung im Prinzip[11] auf seinen Begräbnisort beschränkt bleibt, und denjenigen, der gesamtägyptische Bedeutung gewinnt, wie etwa Menas oder, in der hier zur Diskussion stehenden Region zu Hause, Viktor, Sohn des Romanos. Zu beachten ist dabei, daß zwei oder mehrere Orte in ganz enger Beziehung zum Heiligen stehen können, auch wenn sie nicht (mehr) den Körper des Heiligen beherbergen, nämlich dann,

a) wenn es zu einer Translation des Körpers an einen anderen Ort kommt;
b) wenn es zur parallelen Entstehung einer Nebenkultstätte kommt, etwa am Todesort des Märtyrers, der nicht sein Begräbnisort ist; vgl. dazu etwa die beiden Kultstätten des Phoibamon des Soldaten in Theodosiopolis/ Ṭaḥā (Begräbnisort) und Lykopolis/ Asyūṭ (Todesort).[12]

9 Theofried Baumeister, Martyr Invictus. Der Martyrer als Sinnbild der Erlösung in der Legende und im Kult der frühen koptischen Kirche. Zur Kontinuität des ägyptischen Denkens (Forschungen zur Volkskunde. 46), Münster 1972; s. die im Sachregister s. v. „Koptische Martyrerlegenden: Topographisches Interesse der kopt. Legenden" angegebenen Stellen, besonders aber S. 172-174. Das Werk von Baumeister abgekürzt zitiert als *Baumeister, Martyr Invictus*.

10 Zur Verknüpfung der koptischen Märtyrerlegende mit dem Begräbnisort des Märtyrers (Märtyrertopos) s. Baumeister, Martyr Invictus 172f. „Die Legenden des koptischen Konsenses sind Kultätiologien, die dazu dienten, einem Ort einen Martyrerkult zu sichern" (aaO 172).

11 Erhält der Märtyrer in der Umgebung des Begräbnisortes eine weitere Kirche, die ihm geweiht ist, und bleibt er im übrigen als Patron auf diese Kirchen beschränkt, so möchte ich weiterhin von nur örtlicher Bedeutung dieses Heiligen sprechen. Vgl. etwa die beiden Kirchen des Viktor von Schū, s. u. 4.3.3. zu A 19a II//B I 17 und zu B III 3.

12 Zu diesen beiden Kultstätten des Phoibamon des Soldaten s. die unpublizierte Miracula-Erzählung zu Phoibamon, die „Koluthos, Styliten aus der Stadt Hermopolis" zugeschrieben wird: New York, Pierpont Morgan Library MS. M 582 foll. 21 rto.-30 rto.; beschränkt zugänglich in der fotografischen Ausgabe der Pierpoint-Morgan-Hss., Bd. 46 (Crum, Dict.: Mor 46), Taf. 43-61. Vgl. die charakteristische Formulierung „So, wie meine Machttaten an dem Ort wirksam sind, an dem sich mein Körper befindet in der Stadt Ṭaḥā, und an dem Ort, wo mein Blut vergossen wurde in der Stadt Asyūṭ, ..." (fol. 25 rto. Kol. I 16-23 ≙ Taf. 51 der fotograf. Ausg.). Eines der Miracula ereignet sich in der Phoibamon-Kirche von Asyūṭ: foll. 28 rto. Kol. I 3-29 rto. Kol. II 25 ≙ Taf. 57-59 der fotograf. Ausg.

Die Begräbniskirche oder -kapelle des Märtyrers wird gerne als Märtyrertopos bezeichnet.[13] Ich möchte zwar diese Terminologie beibehalten, gleichzeitig aber darauf hinweisen, daß sie nicht unbedingt der Begrifflichkeit koptischer hagiographischer Literatur entspricht. Dort werden auch Kirchen bzw. Kapellen, die zwar auf den Namen des Märtyrers geweiht sind, aber nicht seinen Leib enthalten, als „Topos" des Märtyrers bezeichnet.[14]

Ermöglicht es nun einerseits die koptische hagiographische Literatur angesichts ihres topographischen Interesses, Aussagen über Begräbnisstätten von Märtyrern zu gewinnen, so ist sie doch andererseits nicht in sich ausreichend für die Topographia Christiana. Das liegt zum einen Teil am fragmentarischen Charakter des Bestandes an einschlägiger koptischer Literatur: Bei weitem nicht über alle Märtyrer, die die ägyptische Kirche verehrt, besitzen wir koptische Literaturwerke; auch dort wo sie vorhanden sind, haben wir häufig nur bruchstückhafte Überlieferungen durch die Quellen. Zum anderen Teil bleibt die Aufgabe zu lösen, die in den Quellen überlieferten koptischen Ortsnamen mit modernen arabischen Namen von Ortslagen der Region zu verknüpfen, also etwa Verbindungen herzustellen (und zu begründen) wie

- ϩⲓⲉⲣⲁⲕⲓⲟⲛ > *Dêr al-Gabrāwī*
- ⲧⲁϩⲁⲛϩⲱⲣ > *al-Ma^cabda*
- ϩⲁⲙⲉⲓⲟⲟⲣ > *Umm al-Quṣūr*

Dazu ist es notwendig, mittelalterliches und auch modernes Quellenmaterial heranzuziehen, das es ermöglicht, solche Verknüpfungen herzustellen. Für die Ortsnamen ist es unabdingbar, das arabischsprachige „Geographische Wörterbuch" von Muḥammad Ramzī[15] zu benutzen, das eine Fülle von Informationen zur historischen Geographie des Landes enthält und auch die christliche Überlieferung einbezieht. Von besonderem Wert für unsere Fragestellung sind aber solche Quellen, die Aussagen über Kirchen und den Heiligen, dem sie geweiht sind, enthalten, also

13 Vgl. den entsprechenden Sprachgebrauch bei Baumeister, Martyr Invictus, passim.

14 Als Beispiel s. die in Anm. 12 genannte Miracula-Erzählung zu Phoibamon dem Soldaten. Dort wird die Kirche des Heiligen in Thōne „Topos" genannt (fol. 24 vso. Kol. II 25-27), ebenfalls die Kirche des Phoibamon in Asyūṭ (fol. 28 rto. Kol. II 13, obwohl der Märtyrer in keiner von beiden begraben ist, sein Leib vielmehr in Ṭaḥā ruht, wie die Erzählung berichtet (vgl. das Zitat in Anm. 12).

15 Muḥammad Ramzī, al-Qāmūs al-ǧuǧrāfī li'l-bilād al-miṣrīya min ʿahd qudamāʾ al-Miṣrīyīn ilā sanat 1945, Abt. I - Abt. II Teil 4, al-Qāhira 1953/54-1963. Für die in dieser Arbeit behandelte Region ist Abt. II Teil 4 einschlägig: al-qism at-tānī, al-guzʾ ar-rābiʿ: mudīrīyāt Asyūṭ wa-Girgā wa-Qinā wa-Aswān wa-maṣlaḥat al-ḥudūd, al-Qāhira 1963; abgekürzt zitiert als *Ramzī, Qāmūs II (4)*, was u. in Abschnitt 4.2.2. weiter zu *RQ II (4)* verkürzt wird.

neben dem Synaxar der koptischen Kirche[16] besonders der sog. Abū Ṣāliḥ[17] und die Verzeichnisse von Klöstern und Kirchen, die al-Maqrīzī seiner „Geschichte der Kopten“ beigegeben hat.[18] Aber auch recht moderne Materialien können sich als sehr hilfreich erweisen, wie die von Somers Clarke gebotene Liste der Kirchen der koptisch-orthodoxen Kirche[19], die auch von Timm verwertet wurde, oder das wenig beachtete Parallelstück zur Clarke-Liste, das Marcus Simaika veröffentlicht hat.[20] Es kann natürlich gefragt werden, worin der Wert dieser Listen besteht, die

16 Das Synaxar wird in dieser Arbeit vorzugsweise nach der Ausgabe von Forget in CSCO benutzt. Bei Lücken in Forgets Ausgabe oder Unstimmigkeiten wird zusätzlich Bassets Ausgabe in PO herangezogen. Das Synaxar wird als *Syn. Alex.* („Synaxarium Alexandrinum“) abgekürzt, die Ausgaben von Forget und Basset entsprechend als *Syn. Alex. (Forget)* bzw. *Syn. Alex. (Basset)*. Zu Kontrollzwekken wurde ausgiebiger Gebrauch vom äthiopischen Synaxar gemacht, soweit es ediert vorliegt (ed. Guidi bzw. Grébaut in PO) bzw. in der englischen Gesamtübersetzung von Budge; es wird hier als *Syn. Aeth.* abgekürzt, wobei der jeweilige Bearbeiter in Klammern zugesetzt wird, also *Syn. Aeth. (Guidi* bzw. *Grébaut* bzw. *Budge*).

17 B. T. A. Evetts (Hrsg. und Übers.), The Churches and Monasteries of Egypt and some Neighbouring Countries, attributed to Abû Ṣâliḥ, the Armenian. With added notes by Alfred J. Butler (Anecdota Oxoniensia. Semitic Series. 7), Oxford 1894-1895 (Nachdruck der engl. Übers. ebd. 1969). Das Werk wird als *Abū Ṣāliḥ* abgekürzt. Bei Zitaten aus dem arabischen Text wird der Angabe des Blattes in der Hs. in Klammern die entsprechende Passage in der Übersetzung von Evetts beigefügt, also *Abū Ṣāliḥ fol. ... (Evetts ...)*. Wird dagegen auf Erläuterungen des Herausgebers Evetts bzw. seines Mitarbeiters Butler Bezug genommen, zitierte ich *Evetts* (bzw. *Butler bei Evetts*), *Abū Ṣāliḥ ...* (Seitenangabe).

18 Ich benutze die Verzeichnisse des al-Maqrīzī vorzugsweise nach der Ausgabe von Wüstenfeld: Ferdinand Wüstenfeld (Hrsg. und Übers.), Macrizi's Geschichte der Copten. Aus den Handschriften zu Gotha und Wien mit Übersetzung und Anmerkungen, Göttingen 1845 (Nachdr. Hildesheim 1979). Hilfsweise werden auch die Übersetzungen von Evetts (Evetts, Abū Ṣāliḥ 305-346) und von Leroy (Les églises des chrétiens, ROC Sér. 2, 2 (= 12), 1907, 190-208. 269-279; Les couvents des chrétiens, ROC Sér. 2, 3 (= 13), 1908, 33-46, 192-204) herangezogen. Ich zitiere die Klöster und Kirchen nach der von Wüstenfeld eingeführten Numerierung, die auch Evetts beibehalten hat, also *al-Maqrīzī, Klosterverz. Nr. ...* bzw. *al-Maqrīzī, Kirchenverz. Nr. ...* Wird auf Meinungen der Bearbeiter der Texte Bezug genommen, wird zusätzlich der Name genannt, also „Wüstenfeld / Evetts / Leroy zu al-Maqrīzī ...“.

19 Somers Clarke, Christian Antiquities in the Nile Valley, Oxford 1912, 199-216. Die Kirchen werden nach den Bistümern der koptischen Kirche aufgeführt; innerhalb eines jeden Bistums wird den Kirchen eine laufende Nummer zugeordnet. Für die hier behandelte Region sind einschlägig die Abschnitte G („Bishopric of Sanabo and Koskâm“), H („Bishopric of Manfalût“), I („Bishopric of Asiût“) und K („Bishopric of Abû Tîg“). Wird auf die von Clarke verzeichneten Kirchen Bezug genommen, werden sie einfach als *Clarke + Abschnittsbuchstabe + Nr.* zitiert, also etwa als „Clarke H 24“ für die Kirche des Viktor von Schū in Dêr Buqṭur Šū.

20 Murqus Simaika, Dalīl al-Maṯḥaf al-Qibṭī wa-ahamm al-kanā'is wa'l-adyira al-aṯarīya („Führer für das Koptische Museum und die wichtigsten alten Kirchen und Klöster“), Teil II, al-Qāhira 1932, 172-210 (= Anhang 3: „Die Kirchen und Klöster des Markus-Stuhles“); das Werk abgekürzt zitiert als *Simaika, Dalīl II*. Simaikas Verzeichnis ist wie die Kirchenliste bei Clarke nach Bistümern gegliedert; jede Kirche hat innerhalb des Bistumsabschnittes ebenfalls eine laufende Nummer. Für unsere

doch um fast anderthalb Jahrtausende von der Zeit getrennt sind, in der der Märtyrerkult in Ägypten sich zur Hochblüte entfaltete. Oder anders: Können Kirchen, die Anfang des 20. Jahrhunderts einem Märtyrer geweiht sind, tatsächlich in ungebrochener historischer Kontinuität mit Märtyrerkultstätten des 5./6. Jahrhunderts, womöglich gar des 4. Jahrhunderts, stehen? Die Antwort auf diese Frage besteht in einem schlichten „Ja“. Betont sei, daß es sich um ein „Ja“ zur *Möglichkeit der Kontinuität* handelt; ihr faktisches Vorhandensein muß in jedem Einzelfall begründet werden.

0.2. Die Weihung von Kirchen an Heilige als Mittel historischer Erkenntnis, oder: Ägyptische Patrozinienkunde

Den Ertrag der Frage nach der Weihung von Kirchen (oder auch Altären) an Heilige und nach der Tradierung solcher Weihung durch die Jahrhunderte hat eine Teilwissenschaft der Geschichtsforschung, besonders der zum europäischen Mittelalter, aufgewiesen, nämlich die *Patrozinienkunde*.[21]

Diese geht von dem Faktum aus, daß der Heilige, dem eine Kirche geweiht ist, als deren geistlicher Schutzherr (*patronus*) betrachtet wird, seit dem Mittelalter sogar als Rechtsträger dieser Kirche und ihres Besitzes gilt.[22] Die Kirche gilt als unter der Schutzherrschaft (*patrocinium*) des Heiligen stehend. Die Wahl des Patroziniums für eine bestimmte Kirche ist zugleich zeitgebunden und traditionsverhaftet. Sie läßt daher bestimmte historische Aussagen zu, etwa über die Zeit der Gründung der Kirche, die an der Gründung beteiligten Personen oder Körperschaften oder über Zusammenhänge zwischen Kirchen mit gleichem Patrozinium.

Sicher lassen sich die für Europa formulierten Einsichten der Patrozinienforschung so nicht nach Ägypten übertragen. Worauf es hier ankommt, ist, den Frageansatz der Patrozinienkunde auf Ägypten anzuwenden, nämlich das Patrozi-

Zwecke sind hauptsächlich folgende Abschnitte einschlägig.

S. 193-194	Bistum Ṣanabū und Qusqām	Abkürzung:	*Ṣan.*
S. 195-196	Bistum Manfalūṭ und Abnūb	Abkürzung:	*Manf.*
S. 197-198	Bistum Asyūṭ	Abkürzung:	*Asy.*
S. 199-202	Bistum Abū Tīg und Ṭahṭā	Abkürzung:	*A. T.*

Wird auf die Kirchen in Simaikas Verzeichnis Bezug genommen, werden sie einfach als *Simaika + Abkürzung für das Bistum + Nr...* zitiert. So hätte die am Ende von Anm. 19 genannte Kirche hier das Siglum „Simaika, Manf. Nr. 28“; „Simaika, Asy. Nr. 17“ wäre die Kirche des Klaudios in Bāqūr, der für die Clarke-Liste das Siglum „Clarke I 13“ entspräche.

21 Zur Orientierung s. Art. Patrozinienkunde, RGG V, 1961, 159-161 (G. Zimmermann); vgl. auch Art. Patron I (Kirchen-Patrozinium), LThK² VIII, 1963, 187-189 (J.B. Lehner).

22 Art. Patrozinienkunde, aaO 159f; Art. Patron I, aaO 189.

nium als historische Quelle zu erschließen. Dabei läßt sich besonders die Frage nach der Ausstrahlung regionaler oder überregionaler Art stellen, die der Kult eines Heiligen besitzt. Gleichzeitig führt die Frage auch zu negativ klärenden Antworten, d.h. zur Bestimmung der nur lokalen Bedeutung von Heiligenkulten. Dagegen läßt sich die Frage nach den sozialen Trägergruppen, die hinter der Begründung des Patroziniums einer Kirche stehen, für Ägypten bisher nicht stellen, da wir faktisch nichts über die soziokulturellen Verhältnisse wissen, die zu Bevorzugung bestimmter Patrozinien beitragen könnten.[23]

Setzt die europäische Patrozinienforschung mit einer Bestandsaufnahme der vorhandenen bzw. historisch nachgewiesenen Patrozinien einer Region oder eines Territoriums (geographischer Ansatz) bzw. eines Heiligen (hagiologischer Ansatz) ein, so braucht doch im Rahmen dieser Arbeit kein solches Gesamtinventar erstellt zu werden, da es einerseits schon in Ansätzen vorhanden ist, andererseits über die hier verfolgten Absichten, nämlich den Märtyrerkult der ägyptischen Kirche in einer abgegrenzten Region zu erhellen, weit hinausgeht. Dazu einige erläuternde Hinweise:

(1) Ein Inventar der ägyptischen Patrozinien ist durch die Arbeiten von Timm im Rahmen des TAVO ansatzweise vorhanden, und zwar
   a) durch Karte und Beiheft zum modernen Ägypten. Im Beiheft sind auch die Patrozinien der heute in Ägypten vorhandenen Kirchen verzeichnet und mit den in der Liste von Clarke angegebenen konfrontiert. Ergänzungen bzw. Korrekturen lassen sich gewinnen, wenn man zusätzlich die von Simaika publizierte Kirchenliste[24] heranzieht, die ebenfalls das Patrozinium der Kirche benennt.
   b) durch die Karten zum älteren Ägypten, die allerdings im Hinblick auf die Patrozinien erst dann voll auswertbar sind, wenn das zugehörige Beiheft vollständig erschienen ist.[25]

(2) Für den Zweck dieser Arbeit sind eine Reihe von Patrozinien unerheblich bzw. wenig aussagekräftig, und zwar
   a) die Weihung von Kirchen an biblische Gestalten. Die häufigste dieser Weihungen stellt das Patrozinium der Jungfrau Maria (BMV) dar. Von der Viel-

23 Ist schon die ägyptische Sozialgeschichte der koptischen Zeit ein schwieriges Kapitel, so daß die soziale Gruppierung im Blick auf bestimmte Regionen des Landes oder gar auf konkrete Ortschaften weitgehend im Dunkeln liegt, so ist die Frage nach der eventuellen Verknüpfung von sozialer Gruppe und konkreter Frömmigkeitsübung – hier: mit einer spezifischen Form von Heiligenverehrung – mangels Vorarbeiten (und auch Daten?) für Ägypten im Augenblick nicht sinnvoll zu stellen.

24 Zur Publikation der Liste s. Anm. 20. Sowohl in der Liste bei Clarke als auch in Simaikas Verzeichnis wird zu jeder Kirche der Heilige, dem sie geweiht ist, also ihr Patron, aufgeführt.

25 Zu diesem Beiheft s. Anm. 2. Der bisher erschienene Teil zeigt, daß praktisch zu allen in den Kartenblättern ersichtlichen Kirchen auch Angaben über das Patrozinium gemacht werden.

zahl der Weihungen an die Gottesmutter kann man sich leicht durch einen Blick in Timms Übersicht über die koptische-orthodoxen Kirchen nach Heiligennamen überzeugen.[26] Zu den biblischen Gestalten möchte ich hier auch die Erzengel zählen, die äußerst beliebte Kirchenpatrone sind, unter denen wiederum Michael durch die Vielzahl der Weihungen hervorsticht.[27] Daneben sind Weihungen beispielsweise an die Apostel[28] oder an die Drei Jünglinge (im Feuerofen)[29] relativ selten.

b) die Weihung von Kirchen an Mönchsheilige. Diese spielt besonders für Klosterkirchen eine Rolle. Sie bleibt hier wegen der Konzentration auf die Märtyrerheiligen großenteils außer Betracht.[30]

c) Die Weihung von Kirchen an „Allerwelts-Märtyrer". Gemeint sind hier die Märtyrer, deren Verehrung nicht für Ägypten allein charakteristisch ist (etwa Georg) oder die sich so über das gesamte Land verbreitet hat, daß Weihungen von Kirchen an diese Märtyrer wenig spezifisch sind, da sie nur die überregionale Bedeutung des Kultes außerhalb seiner engeren Heimat belegen (Beispiel: Menas). Damit scheiden folgende Patrozinien für eine nähere Betrachtung aus:
   - Georg
   - Menas
   - Merkurios
   - Theodor, und zwar soweit es sich um die Ausprägung „Theodor Anatoleos"[31] dieser Märtyrergestalt handelt. Die zweite Ausprägung der Theodor-Gestalt, nämlich „Theodor Stratelates", gehört zwar auch in diese Liste, wurde aber deshalb einer ausführlichen Behandlung unterzogen, da seine hagiologische „Heimat", nämlich sein Begräbnisort, genau in der hier zu besprechenden Region liegt (s. u. 4.3.3. zu A 21).

Wie aus Timms Liste der Kirchen nach Heiligennamen[32] zu ersehen, sind dies gerade die Märtyrerheiligen, die die größte Zahl an Kirchen besitzen,

26 Timm, Christl. Stätten 147-165; die der Jungfrau Maria geweihten Kirchen ebd. 154-158.

27 Kirchen mit Michael-Patrozinium s. Timm, aaO 161 f. Zu den wenigen Kirchen mit Gabriel- oder Raphael-Patrozinium s. Timm, aaO 148 bzw. 163.

28 Timm, aaO 147 (vier Kirchen); zu berücksichtigen ist aber auch das Petrus-Paulus-Patrozinium (aaO 162: sechs Kirchen), da dessen vollständige Form häufig „Petrus, Paulus und die Apostel" heißt.

29 Timm, aaO 148 (eine Kirche = u. 4.3.3. B II 2 a; dort auch Erläuterungen zum Patrozinium).

30 Es handelt sich für die hier behandelte Region um merkwürdig wenige Kirchen, die wegen ihrer Weihung an Mönchsheilige außer Betracht bleiben. Vgl. dazu Anm. 471 zum Hauptteil.

31 Zu dieser Ausprägung der Theodor-Gestalt s. u. 4.3.3. zu A 3 b. Zur Namensform s. Anm. 262 zum Hauptteil.

32 Timm, Christl. Stätten 147-165 (gibt den heutigen Stand wieder; zur Zunahme der Georgs-Patrozinien in der Gegenwart s. u. 4.3.4.).

die Märtyrern geweiht sind.[33] Dadurch wird es aber schwierig, wenn nicht ganz unmöglich, die Spezifik eines entsprechenden Patroziniums herauszuarbeiten. Man könnte etwa formulieren: Dort, wo die Kirche einem Märtyrer geweiht werden soll, aber keine örtliche Tradition über einen hier begrabenen oder gestorbenen Märtyrer vorhanden ist, erhält diese Kirche vorrangig das Georgs-Patrozinium, sonst eines der anderen oben genannten Patrozinien.

Mag die Ausgrenzung der Patrozinien der biblischen Gestalten und der Mönchsheiligen angesichts des Skopos dieser Arbeit unmittelbar einleuchten, so könnten sich doch gegen die Gruppierung der Märtyrerheiligen in „Allerwelts-Märtyrer" und „individualisierte Märtyrer" Bedenken erheben. Daß aber die oben vorgestellte Viererliste von „Allerwelts-Märtyrern" kein Konstrukt aus dem heutigen Bestand an Patrozinien ist, sondern koptisch-ägyptischer Tradition entspricht, belegt eine Aussage des al-Maqrīzī, in der er die Wertschätzung des Märtyrers Klaudios erläutern will. Er bedient sich dazu eines Vergleiches, indem er feststellt, daß Klaudios bei den koptischen Christen den gleichen Rang besitze „wie Merkurios und Georg und Theodor der General und Menas".[34] Der hohe Rang, den diese einnehmen, ergibt sich aber am deutlichsten aus der großen Anzahl von Kirchen, die ihnen geweiht sind – ein Faktum, das auch dem Muslim al-Maqrīzī nicht entgangen ist.[35]
Den „Allerwelts-Märtyrern" möchte ich also eine Gruppe von Märtyrern gegenüberstellen, die ich als „individualisierte Märtyrer" bezeichne. Bei der hier intendierten Individualisierung geht es keineswegs um das individuelle hagiographische Profil, das auch die „Allerwelts-Märtyrer" besitzen. Vielmehr ist hier die individuelle Bindung des Märtyrers an einen Ort bzw. eine Region gemeint, die für ihn chrarakteristisch ist, also seine Verknüpfung mit dem Ort seines Begräbnisses, der primär oder sekundär (durch Translation begründet) sein kann. Neben dieser Verknüpfung kann er eine solche mit seinem Martyriumsort, wenn dieser vom Begräbnisort verschieden ist (Beispiel: Phoibamon der Soldat, s. o.), oder mit seinem Herkunftsort (Beispiel: Sarapamon der Bischof, s. u. 4.3.3. zu A 1) haben. Ferner kann

33 Georg: Timm, aaO 148-153; Menas: aaO; Merkurios: aaO 160; Theodor Anatoleos: aaO 164. Zur Zunahme des Anteils an Patrozinien dieser Märtyrerheiligen zuungunsten der spezifischeren Märtyrerheiligen s. u. 4.3.4. Die „kleineren" Märtyrer besitzen ganz selten mehr als drei Kirchen in Ägypten.

34 Al-Maqrīzī, Kirchenverz. Nr. 62; vgl. dazu Anm. 417 zum Hauptteil.

35 In interessanter Übereinstimmung mit den Verhältnissen in der Liste von Timm – s. Anm. 32 und 33 – besitzen Georg, Menas, Merkurios und Theodor bei al-Maqrīzī, jeweils signifikant mehr Patrozinien als sie die anderen Märtyrer haben (nach eigener Auszählung der Patrozinien im Kloster- und Kirchenverz.). Den letzteren ist nur im Ausnahmefall mehr als eine Kirche geweiht, während dreien der „Allerwelts-Märtyrer" jeweils mehr als fünf Kirchen (Georg sogar: 14 Kirchen) geweiht sind.

sein Kult an der Begräbnisstätte Ausstrahlungen in der näheren Umgebung haben, wie der Kult des Klaudios im Bereich von Asyūṭ (Kultstätten in Pohe / Asyūṭ / Baqūr, s.u. 4.3.3. zu A 24). „Individualisierte Märtyrer"sind also solche, die eine individuelle Beziehung zu einem spezifischen Ort (spezifischen Orten) besitzen. Gewinnen sie später eine Wertschätzung, die über ihre ursprüngliche Region hinausreicht, werden sie hier weiter als „individualisiert" behandelt, sofern sie ihre alte örtliche Bindung beibehalten (Beispiel: Viktor, Sohn des Romanos, s.u. 4.3.3. zu A 19a I). Die Patrozinien der „individualisierten Märtyrer" sind besonders aufschlußreich für die Geschichte der Märtyrerverehrung in Ägypten und in der hier behandelten Region. Ihnen gilt daher im Hauptteil dieser Studien das Hauptaugenmerk.

0.3. Eine vernachlässigte Quelle zu den Patrozinien Ägyptens: Johann Michael Wanslebens Reiseberichte

Wollen wir von den Patrozinien der Gegenwart, die zum großen Teil selber schon verfestigte Ergebnisse einer langen Tradition darstellen, zu den möglichst ursprünglichen Kultstätten der Märtyrer und Heiligen vorstoßen, so sind uns Quellen sehr willkommen, die den Schritt in die Vergangenheit absichern helfen. Das können allermeist nicht die koptischen hagiographischen Texte selber sein. Denn diese bieten uns zwar alte Traditionen zum Kult des jeweiligen Heiligen – sofern koptische Texte überhaupt vorliegen (bei weitem nicht alle Märtyrer besitzen ein entsprechendes Dossier; vgl. etwa u. 4.3.3. zu A 9 [Johannes von Heraklea] oder zu A 19a II [Viktor von Schū]); sie sind selbst aber der Interpretation bedürftig, da ihre Aussagen über Kultstätten sich nicht direkt verifizieren lassen.[36] Deshalb haben die arabischen Texte des Mittelalters, auf die schon o. 0.1. verwiesen worden war, für unsere Fragestellung einen ganz besonderen Wert. Vergleichbares Material liegt nun auch im Werk eines europäischen Reisenden vor, der vor Ort, d.h. in Ägypten selber, in zuvor (und auch später) nicht praktizierter Weise Informationen über die in Ägypten vorhandenen Kirchen und Klöster gesammelt hat: in Johann Michael Wanslebens Berichten über seine Aufenthalte in Ägypten von 1664 und 1672/73. Gibt er doch in seinem ersten Bericht[37] den Versuch eines „Verzeich-

36 So können wir aus dem Dossier der saʿidischen Klaudios-Texte entnehmen, daß der Begräbnisort des Klaudios „Pohe" heißt, s. Godron, St. Claude 78, 30 u.ö. (s. Index der Eigennamen). Wir sind auch noch in der Lage zu erschließen, daß Pohe in der näheren oder weiteren Umgebung von Asyūṭ gelegen haben muß. Damit endet aber unsere Kenntnis, die wir aus dem koptischen Textdossier gewinnen können: Für eine genaue Lokalisierung sind wir auf Quellen außerhalb des Dossiers angewiesen.

37 „Relazione dello stato presente dell'Egitto ...", Parigi 1671, s.u. S. 6; abgekürzt zitiert als *Rel.*.

nisses aller Kirchen und Klöster der Kopten in Ägypten", das aus einer intensiven Befragung kompetenter koptischer Kleriker in Kairo hervorgegangen ist.[38] Die Angaben dieses „Verzeichnisses" für unsere Region werden im zweiten Bericht[39] dadurch ergänzt, daß er dort zwei Listen mitteilt, in denen die Kirchen (und Klöster) der Region aufgeführt werden und die auf Informationen bzw. Handschriften aus der Region beruhen; dazu kommen Einzelangaben zu Kirchen in Orten der Region, die Wansleben auf seiner Reise nach Oberägypten 1673 berührt hat.[40] Wir sind also in der glücklichen Lage, den einen Bericht am anderen kontrollieren zu können, soweit es die hier behandelte Region betrifft, da beide aus verschiedenen Quellen gearbeitet sind.

Daß Wanslebens Berichte solche Information über die Kirchen Ägyptens enthalten, ist zwar schon lange bekannt, doch ist eine systematische Auswertung bisher nicht erfolgt, soweit ich sehe; ja, die Existenz des „Verzeichnisses", das seit 1671 in italienischer Fassung gedruckt vorliegt, scheint in Vergessenheit geraten zu sein – der Koptologie ist es praktisch unbekannt. Auch die seit 1794 publiziert zugängliche ursprüngliche Fassung des „Verzeichnisses" in deutscher Sprache hat kaum Beachtung gefunden; zwar ist sie durch „verbessernde" Eingriffe des Herausgebers stark entstellt, doch ist ihr Quellenwert für die Geschichte des christlichen Ägypten auch in dieser Gestalt noch evident.[41] Nur für die französische Druckfassung des zweiten Berichtes ist eine intensivere Benutzung in der Literatur festzustellen – allerdings in einer Art, die kaum seiner Bedeutung gerecht wird: häufig nur vom Hörensagen[42] oder unter Entstellung des Wanslebenschen Textes.[43] Kurzum: Die Aufarbeitung von Wanslebens Angaben zu Kirchen und Klöstern bleibt ein Desiderat der Koptologie. Zwar wurde in Timms Arbeiten zum Tübinger TAVO der

38 Zum „Verzeichnis aller Kirchen und Klöster ...", seiner Entstehung und seinen Textzeugen s.u. 2.1. und 2.2.

39 „Nouvelle relation, en forme de journal, d'un voyage fait en Egypte ...", Paris 1677, s.u. S. 6; abgekürzt zitiert als *NR*.

40 Zu den Parallelen zum „Verzeichnis ..." von 1664 und zum ergänzenden Material im zweiten Reisebericht s.u. 2.3. Die beiden Listen von Kirchen werden im Hauptteil der Arbeit als B I und B II bezeichnet, die Reisenotizen zur Region südlich von Asyūṭ als B III.

41 „Johann Michael Wanslebs bisher ungedruckte Beschreibung von Aegypten im Jahr 1664", hrsg. v. Jeremias David Reuß, in: Sammlung der merkwürdigsten Reisen in den Orient (hrsg. v. H. E. G. Paulus) Bd. III, Jena 1794, 1-122; s.u. S. 8 und Anm. 33 zum Hauptteil. Der Text des „Verzeichnisses ..." ebd. 88-96. Zu den Eingriffen des Herausgebers Reuß in den Wanslebenschen Text s.u. 3.2.2.

42 Vgl. Evetts' Bem. zu al-Maqrīzī, Klosterverz. Nr. 14, in der er Wanslebens Text von Wüstenfeld übernimmt (Evetts, Abū Ṣāliḥ 310 Anm. 1).

43 Vgl. Amélineau, Géogr. 222 Anm. 4 (dazu u. Anm. 145 zum Hauptteil) und Maurice Martin in seiner Bem. zu Sicard, Œuvres I 14 Anm. 2 (dazu u. Anm. 324 zum Hauptteil). Beide Autoren verballhornen Wanslebens gedruckten Text – und zwar gerade in der Namensüberlieferung!

Wert der Wanslebenschen Texte erkannt[44], deren Einbeziehung blieb jedoch höchst mangelhaft, da die Erstdrucke von 1671 bzw. 1677 nicht zur Verfügung standen.[45] Auch die Edition der deutschen Fassung des ersten Berichtes wird genannt[46], ihre Benutzung aber bleibt ganz unzureichend[47]; der zweite Bericht wird zwar häufiger herangezogen, doch nur in seiner Übersetzung ins Englische.[48] Angesichts dieses Befundes, der sicher auch mit der Seltenheit der Erstdrucke zusammenhängt, schien es mir geboten, dieses „habent sua fata libelli" endlich umzukehren – zumal Wanslebens Angaben gerade für die Märtyrerpatrozinien reichen Ertrag bringen.

Diesem Vorhaben kamen nun noch zwei glückliche Umstände zugute, die dafür sorgten, den Ertrag von Wanslebens Texten weiter zu steigern:

a) die Möglichkeit, Wanslebens deutsche Fassung des ersten Berichtes im direkten Zugriff kontrollieren zu können, nämlich durch Kollation einer zeitgenössischen zuverlässigen Abschrift, die in der Göttinger Universitätsbibliothek verwahrt wird (leider blieb mir die Benutzung des in Gotha befindlichen Originals verwehrt)[49]; die Kollation erwies die Unzuverlässigkeit des 1794 publizierten Textes.[50]
b) die Wiederentdeckung von Wanslebens handschriftlicher italienischer Erstfassung des zweiten Berichtes, die in der Bibliothèque Nationale zu Paris verwahrt wird.[51] Auf der Grundlage eines Mikrofilmes der Handschrift ergab

44 Timm, Christl.-kopt. Ägypten I 10.

45 Timm, op.cit. I 31 Anm. 154.

46 Timm, aaO.

47 Timm sagt aaO, daß er den ersten Reisebericht – „Relazione ...", s.o. Anm. 37 – nach der Publikation der deutschen Fassung zitiere. Doch ergibt ein Vergleich der Orte, die bei Timm und in der vorliegenden Arbeit einen Ortsartikel haben, durchweg, daß der erste Reisebericht von Timm *nicht* herangezogen wird; als Beispiele vgl. die in Anm. 2 genannten Ortsartikel.

48 Timm, aaO; die englische Übersetzung des zweiten Reiseberichts wird im Gegensatz zur deutschen Fassung des ersten Berichtes ständig für die Ortsartikel herangezogen. Zur englischen Übersetzung von 1678 und zur deutschen Übersetzung durch H.E.G. Paulus (1794) s.u. Anm. 24 zum Hauptteil.

49 Originalhs.: Gotha, Forschungsbibliothek (ehem. Herzogliche Bibliothek) Cod. Chart. A 101 (in dieser Arbeit als *Rel.Germ.Ms.A* bezeichnet); Abschrift, die für Hiob Ludolf angefertigt wurde: Göttingen, Niedersächsische Staats- und Universitätsbibliothek 4° Cod.Ms. Hist. 835 (in dieser Arbeit als *Rel.Germ.Ms.B* bezeichnet). Zu den Hss. s.u. S. 7f. unter a; zu den Gründen, warum mir die Gothaer Hs. verschlossen blieb, s.u. Anm. 26 zum Hauptteil.

50 Zur Unzuverlässigkeit der Reußschen Ausgabe der deutschen Fassung des ersten Berichtes (*Rel.-Germ.*) s.u. 2.2. und 3.2.2. In der Namensüberlieferung ist Reuß häufiger das Opfer von Mißverständnissen geworden, was für die Feststellung der Orts- und Personennamen recht fatal ist.

51 Paris, Bibliothèque Nationale, Ms. Italien 435 (früher 10263^2; olim Baluze 211); in dieser Arbeit als *NR Ital.* bezeichnet. Zu dieser Hs. s.u. S. 9-11 unter b. Es handelt sich hier um einen Rechenschaftsbericht, den Wansleben für den französischen Minister Colbert angefertigt hat.

sich, daß die Angaben zu den Kirchen und Klöstern bei der Redaktion der französichen Druckfassung teilweise stark gelitten haben.

Insgesamt ergab sich aus der Heranziehung der Handschriften deren Überlegenheit über die gedruckten Texte, so daß sich eine alleinige Bezugnahme auf die Druckfassungen verbot. So blieb kein anderer Weg, als die für die hier behandelte Region relevanten Abschnitte aus Wanslebens Berichten in einer kritischen Neuedition vorzulegen. Nur dieses Verfahren bietet dem Leser die Möglichkeit, die auf der Basis von Wanslebens Angaben gewonnenen Aussagen über Märtyrer- und Heiligenkultstätten zu verifizieren; nur so ist es möglich, eine historische Quelle ersten Ranges für die wissenschaftliche Öffentlichkeit zurückzugewinnen.

0.4. Zum Verfahren in der hier vorgelegten Arbeit

Sicher ist es nicht so, daß Wanslebens Verzeichnisse die in der Region ehemals vorhandenen Märtyrerkultstätten erschöpfend wiedergeben. Dazu ist ihr zeitlicher Abstand zur Blütezeit der Märtyrerverehrung in Ägypten zu groß. Doch ermöglichen sie im Sinne der hier angestrebten Fruchtbarmachung der Patrozinien eine solche Fülle von Beobachtungen und Aufschlüssen, daß sie als der geeignete Ausgangspunkt erschienen, um sich einer Topographia Christiana der Region anzunähern. Um einen Eindruck davon zu geben, welche Märtyrer durch die von Wansleben verzeichneten Patrozinien repräsentiert sind, hier eine Übersicht:

- Georg
- Menas
- Merkurios
- Theodor Anatoleos
- Theodor Stratelates
- Apater (und Herai)
- Sarapamon (der Bischof)
- Klaudios
- Koluthos
- Johannes von Heraklea
- Viktor, Sohn des Romanos
- Viktor von Schū
- Phoibamon der Soldat
- Philotheos (von Antiochia)

Von diesen 14 Märtyrern haben acht eine ganz enge Beziehung zur hier behandelten Region, da dort ihre Martyriums- und/oder Begräbnisstätte liegt. Bei zwei weiteren wurde (wird) die Verlagerung des Kultes in die Region angenommen, was zu diskutieren sein wird. Ziehen wir von den bei Timm verzeichneten 29 verschiedenen Märtyrerpatrozinien, die heute noch belegt sind (ohne die Patrozinien „neuer Märtyrer"), sechs als nicht für Ägypten spezifisch ab, so ergibt sich, daß mehr als ein Drittel der verbleibenden Patrozinien intensiv mit dem hier behandelten geographischen Bereich verknüpft ist – ein Beleg für die Kontinuität der Märtyrerfrömmigkeit dieser Region. Das ist gleichzeitig ein Indiz dafür, daß der ausgewählte Bereich besonders geeignet ist, um Untersuchungen zur ägyptischen Märtyrerverehrung anzustellen.

So evident der Wert von Wanslebens Texten ist, so wenig erschließen sie sich von selbst. Hier hilft zwar in vielen Fällen die vierfache Bezeugung durch die Texte – Bericht I (für 1664) mit seiner Parallele in Bericht II (für 1672/73), beide jeweils in Handschrift und Druckausgabe – weiter, die Heranziehung von externen Daten ist jedoch ganz unerläßlich. So ist zwar die Identifizierung von Wanslebens Ortsangaben im großen und ganzen unproblematisch – s. u. Abschnitt 4.2.2. –, doch bedarf sie vielfach genauer Kenntnis der ägyptischen topographischen Nomenklatur und ihrer Geschichte. Um ein Beispiel zu geben: Der von Wansleben verwendete Name *Abnūb al-Ḥammām* ist nicht einfach eine von mehreren Formen des Namens der Stadt Abnūb, sondern die Bezeichnung eines administrativen Distriktes, dem außer Abnūb noch andere Ortschaften angehören. Das läßt sich aber erst dann erheben, wenn die Analyse der Wanslebenschen Texte mit Daten zur ägyptischen Verwaltungsgeschichte verküpft wird (s. u. 4.2.2. zu A 19). Erst solche Verfahren ermöglichen es dann, koptische Ortsnamen einwandfrei zuzuordnen, etwa ϩⲁⲙⲉⲓⲟⲟⲣ ≙ *Umm al-Quṣūr* oder ⲡⲁⲡⲟⲣ ≙ *(Dêr) Buṣra / Biṣra* (s. u. 4.2.2. zu A 9 bzw. 4.3.3. zu A 21).

Noch dringender ist die Heranziehung von externen Datenkomplexen zu den Angaben, die Wansleben über die Weihung von Kirchen macht. Märtyrergestalten wie „Johannes von Heraklea“ oder „Theodor, Sohn des Johannes“, denen wir in seinen Texten begegnen, bedürfen einer eingehenden hagiologisch-hagiographischen Erläuterung, um sie ihr (regionstypisches) Profil gewinnen zu lassen; sie sind so in der bisherigen Sekundärliteratur fast unbekannt, aber charakteristisch für die ägyptische Märtyrerfrömmigkeit (s. u. 4.3.3. zu A 9 bzw. A 21). Finden wir bei Wansleben einen Märtyrer „Clodius“, so ist die nach dem Oberflächenbefund auf der Hand liegende Identifizierung als „Klaudios“ ganz trügerisch: Es handelt sich vielmehr um eine Wiedergabe des Märtyrernamens „Koluthos“, was sich zwar zwingend, aber eben nur durch Heranziehung wenig bekannten hagiographischen Materials nachweisen läßt (s. u. 4.3.3. zu A 5b). Mit anderen Worten: Die durch Wanslebens Texte aufgeworfenen Probleme der historischen Deutung schlagen eine Brücke von den Märtyrerpatrozinien der Gegenwart zur Mätyrerverehrung der koptischen Kirche des ersten Jahrtausends. Sie können, da sie an örtlichen Verehrungsstätten festgemacht sind, also mit dem topographischen Interesse der ägyptischen Märtyterverehrung[52] korrelieren, als hervorragende Leitlinien zu den ursprünglichen Zentren des jeweiligen Kultes dienen.

Gewiß setzt die Hauptfragestellung der vorliegenden Arbeit bei den ursprünglichen Verehrungsstätten der Märtyrer dieser Region, d. h. ihren Begräbnisstätten,

52 Zum Phänomen des topographischen Interesses s. o. Anm. 9.

an, aber auch bei sekundär-ursprünglichen[53] Kultstätten wie Martyriumsorten oder durch Translation begründeten Begräbnisstätten. Für diese Fragestellung besitzen die Wanslebenschen Texte, wie dargelegt, einen hohen Aussagewert, sie liegen aber nicht in einer unmittelbar auswertbaren Form vor. Die hier vorgelegte Arbeit muß daher ein Dreifaches leisten: die Texte selber in auswertbarer Form vorlegen, ihr Verständnis erschließen und über sie hinaus zu Fixpunkten des ägyptischen Märtyrerkultes vorstoßen. Das macht drei Arbeitsschritte notwendig, nämlich

- kritische Edition der Texte;
- Erläuterung der Wanslebenschen Texte, wo sie nicht aus sich heraus verständlich sind;
- hagiologisch-hagiographische Aufarbeitung der so gewonnenen Aussagen.

Dabei können der zweite und dritte Schritt nicht voneinander getrennt werden, da einerseits die Erläuterung der Texte hagiologisch-hagiographisches Material einbeziehen muß, das erst ein wirkliches Verständnis ermöglicht, andererseits die Texte selbst zu neuen Einsichten in die koptische Hagiologie und Hagiographie führen. Erläuterung und Aufarbeitung greifen also ineinander. Da weiterhin einige Prolegomena notwendig sind, um den historischen Hintergrund, die Entstehung und den Charakter der einschlägigen Texte bei Wansleben zu verstehen, läßt sich die Arbeit grob in drei Teile gliedern:

(1) Prolegomena: Abschnitt 1 und 2
(2) Kritische Edition: Abschnitt 3
(3) Erläuterung und Auswertung der Texte (Hagiologisch-hagiographischer Kommentar zur Edition): Abschnitt 4

Dabei ist zu beachten, daß es nicht etwa ein Hauptziel dieser Studien ist, Wansleben zu kommentieren. Worum es geht, ist, seine Texte für die Frühgeschichte der ägyptischen Märtyrerverehrung fruchtbar zu machen. Wegen des bereits angesprochenen Problems des Zugangs zu den Texten kommt das nicht ohne die Diskussion textinterner Probleme aus. Doch bleiben Aussagen der hier publizierten Texte dann unkommentiert, wenn sie sich auf Einzelheiten von Wanslebens Ägypten-Aufenthalten beziehen, so interessant diese auch sein mögen – etwa die Anga-

53 Als „sekundär-ursprünglich" bezeichne ich solche Begräbnisstätten von Märtyrern, an denen der Leib des Heiligen nicht im Anschluß an das Martyrium bestattet wurde, sondern an den er erst später – nach vorherigem Begräbnis an anderer Stelle – gelangt ist. Wichtigster Entstehungsgrund solcher Begräbnisstätten ist die Translation des Märtyerleibes. Ursprünglich ist die neue Begräbnisstätte insoweit, als der Märtyrer nunmehr hier seine Heimat hat, also nicht etwa als fremder Heiliger gilt; vgl. Baumeister, Martyr Invictus 90 Anm. 33. Ein illustrativer Beleg dafür ist die Translation des Theodor Stratelates in den Gau von Schōtep, s. u. 4.3.3. zu A 21 // B I 21.

ben zum Studienaufenthalt im Abessinier-Kloster bei Dêr al-Muḥarraq (vgl. u. 3.3.1. Notiz A 13).

Wanslebens „Verzeichnis aller Kirchen und Klöster" von 1664 und das Parallelmaterial dazu aus seinem zweiten Reisebericht wird hier also als eine Art Leitfaden benutzt, um der ägyptischen Märtyrerfrömmigkeit weiter auf die Spur zu kommen. Dabei ergibt sich fast von selbst, daß eine Reihe von Märtyrerkultstätten, die in dieser Region gelegen haben, in diesem Teil der „Studien zu den Märtyrern des nördlichen Oberägypten" außer Betracht bleiben. Dabei handelt es sich um (von Norden nach Süden):

- die Begräbnisstätte des Bischofs Elias von Kussai / Kōs
- die Begräbnisstätte des Klaudios (vgl. aber u. 4.3.3. zu A 4b und A 24!)
- die Kultstätte des Phoibamon des Soldaten in Asyūṭ, seinem Martyriumsort (vgl. aber u. 4.3.3. zu A 19c!); damit verknüpft ist die Frage nach einer Kultstätte von Nebenfiguren des Mart. Phoibamon, die in dieser Stadt ihr Martyrium erlitten haben, nämlich des Ischyrion und seiner Genossen.
- die Begräbnisstätte des Lakaron bei Asyūṭ

Diesen Märtyrern und ihrem Kult wird in einem weiteren Teil der „Studien", der weitgehend vorbereitet ist, nachgegangen.

Ergänzungsbedürftig ist das hier gegebene Bild von der Topographia Christiana der Region in jedem Fall. Doch glaube ich, die wichtigsten Elemente, die die Struktur des Bildes bestimmen, anhand des von mir gewählten Leitfadens klar dargelegt zu haben.

0.5. Zu einigen grundlegenden Abkürzungen

0.5.1. Abkürzungen, die in der Kommentierung der Heiligenpatrozinien ständig gebraucht werden

0.5.1.1. Abkürzungen für Quellen

A (+ Nr., Beispiel: A 9)	Orts- oder Kirchennotiz aus Wanslebens „Verzeichnis aller Kirchen und Klöster der Kopten in Ägypten". Zur Gliederung des Textes in Notizen, zu ihrer Zählung und zum Zitierungssystem s.u. 3.2.3.
Abū Ṣāliḥ	Edition und Zitationsweise s. Anm. 17

B I/II/III (+ Nr., Beispiel: B I 13, B II 2a)	Orts- oder Kirchennotiz aus dem Parallel- oder ergänzenden Material zum „Verzeichnis ...“ in Wanslebens zweitem Reisebericht. Zur Gliederung des Textes in Notizen, zu ihrer Zählung und zum Zitierungssystem s. u. 3.2.3.
Clarke (+ Buchstabe + Nr., Beispiel: Clarke H 8)	Kirche in der Liste der koptisch-orthodoxen Kirchen bei Clarke, Christian Antiquities, s. Anm. 19.
al-Maqrīzī, Kirchenverz. (+ Nr.)	Edition und Zitationsweise s. Anm. 18; die Zählung ist die von Wüstenfeld.
al-Maqrīzī, Klosterverz. (+ Nr.)	Edition und Zitationsweise s. Anm. 18; die Zählung ist die von Wüstenfeld.
NR	„Nouvelle Relation ...“, die französische Druckfassung von Wanslebens zweitem Reisebericht (s. Anm. 39); zitiert nach Seiten und Zeilen, etwa „NR 398, 17“.
NR Ital.	„Nouvelle Relation ...“, Italice; die italienische handschriftliche Erstfassung von Wanslebens zweitem Reisebericht (s. Anm. 51). Zitiert wird hier der Parte II der Hs. nach Wanslebens Paginierung, s. Anm. 44 zum Hauptteil.
Rel.	„Relazione dello stato presente dell'Egitto ...“, die italienische Druckfassung von Wanslebens erstem Reisebericht (s. Anm. 37); zitiert nach Seiten und Zeilen, etwa „Rel. 227, 15“.
Rel.Germ.	„Relazione ...“, Germanice; die deutsche handschriftliche Erstfassung von Wanslebens erstem Reisebericht, und zwar a) in ihrer Publikation durch J.D. Reuß, s. Anm. 41 b) bei Bezugnahmen auf die deutsche Fassung allgemein (ohne Bezug auf die konkrete Textform bei Reuß oder in den Hss.).
Rel.Germ.Ms.A	Das Gothaer Original von Rel.Germ., s. Anm. 49; konnte in dieser Arbeit nicht benutzt werden (s. Anm. 26 zum Hauptteil).
Rel.Germ.Ms.B	Die Göttinger Abschrift des Gothaer Originals von Rel.Germ., s. Anm. 49; zitiert wird nach der ursprünglichen Paginierung der Hs.

Reliquienliste, HPEC II (3)	Ein in die koptische Patriarchengeschichte eingearbeitetes Verzeichnis von Kirchen mit Heiligenreliquien; publiziert in: History of the Patriarchs of the Egyptian Church Vol. II Part 3 (edd. A.S. Atiya / Y. ^{c}Abd al-Masīḥ / O.H.E. KHS-Burmester), Le Caire 1959.
Simaika, A.T./Asy./ Manf./Ṣan. (+ Nr., Beispiel: Simaika, Asy. Nr. 17)	Kirche im Verzeichnis der koptisch-orthodoxen Kirchen bei Simaika, Dalīl II, s. Anm. 20.
Timm, Christl. Stätten	S. Anm. 1.

0.5.1.2. Abkürzungen für Sekundärliteratur

Amélineau, Géogr.	S. Anm. 5.
Baumeister, Martyr Invictus	S. Anm.9.
Clarke, Christian Antiquities	S. Anm. 19.
Delehaye, MartEg	Hippolyte Delehaye, Les Martyrs d'Egypte, AnBoll 40, 1922, 5-154, 299-364.
Graf, GCAL I	Georg Graf, Geschichte der christlichen arabischen Literatur, Bd. I: Die Übersetzungen (Studi e Testi. 118), Città del Vaticano 1944 (Nachdr. 1966).
Halm, Ägypten I bzw. II	Heinz Halm, Ägypten nach den mamlukischen Lehensregistern, Teil I: Oberägypten und das Fayyūm, Wiesbaden 1979; Teil II: Das Delta, Wiesbaden 1982 (Beihefte TAVO Reihe B Nr. 38/1 bzw. 2).
Martin, Inventaire	Maurice Martin, Inventaire des monastères d'Egypte connus au début du XVIIIe siècle, in: Sicard, Œuvres III 186-198 (= Annexe III).
Meinardus, Christian Egypt^{2}	Otto F.A. Meinardus, Christian Egypt, Ancient and Modern, 2. rev. ed., Cairo 1977.
Meinardus, Inventory of Relics	Otto Meinardus, An Inventory of the Relics of Saints in the Coptic Churches of Egypt, OstkStud 17, 1968, 134-173.
Meinardus, Martyria of Saints	Otto F.A. Meinardus, The Martyria of Saints: The Wall-Paintings of the Church of St. Antony in the

	Eastern Desert, in: Medieval and Middle Eastern Studies in honor of Aziz Suryal Atiya (ed. by Sami A. Hanna), Leiden 1972, 311-343.
O'Leary, Saints	DeLacy O'Leary, The Saints of Egypt. An Alphabetical Compendium of Martyrs, Patriarchs and Sainted Ascetes in the Coptic Calendar, Commemorated in the Jacobite Synaxarium, London und New York 1937.
Ramzī, Qāmūs II (4)	S. Anm. 15.
Sicard Œuvres I-III	Claude Sicard, Œuvres I-III (hrsg. v. Maurice Martin und [für Bd. III] Serge Sauneront) (Bibliothèque dEtude. 83-85), Le Caire 1982.
Simaika, Dalīl II	S. Anm. 20.
SMRO	Sammlung der merkwürdigsten Reisen in den Orient (vgl. Anm. 41).
TAVO	Tübinger Atlas des Vorderen Orients.
Timm, Christl.-kopt. Ägypten I-III	S. Anm. 2.
Viaud-Muyser, Pèlerinages	Gérard Viaud, Les Pèlerinages coptes en Egypte, d'apres les notes du Qommos Jacob Muyser (Bibliothèque d'Etudes Coptes. 15), Le Caire 1979.
Wansleben, Histoire	J.M. Vansleb (d.i. Johann Michael Wansleben), Histoire de l'Église d'Alexandrie fondée par S. Marc ..., Paris 1677; vgl. Anm. 45 zum Hauptteil.

0.5.2. Sonstiges

Bl.	Blatt einer Hs., besonders solcher in modernen Sprachen; Vorderseite: *Vs.*, Rückseite: *Rs.*
fol.	Blatt einer Hs.; Vorderseite: *rto.*, Rückseite: *vso.* (beim sog. Abū Ṣāliḥ wurde dem Usus des Hrsg. gefolgt, die Vorder- bzw. Rückseite als a bzw. b zu kennzeichnen).
Kol.	Kolumne einer in mehreren Kolumnen geschriebenen Hs.; linke Kolumne: *Kol.I*, rechte Kolumne: *Kol.II*.
ON	Ortsname (nomen loci). Die Transkription koptischer Ortsnamen ist, so hoffe ich, aus sich heraus verständlich. Die Transkription arabischer Ortsnamen folgt den im Tübinger TAVO befolgten Prinzi-

	pien[54] – vgl. etwa Halm, Ägypten I/II – mit zwei Ausnahmen:
	a) Wiedergabe der Diphthonge *ai* und *au*: Die Kontraktionslänge wird durch ˆ markiert, also *Dêr* und *Kôm* (Halm: *Dair* und *Kaum*, Timm: *Dēr* und *Kūm*).
	b) Behandlung des Ortsnamenstyps $K_1aK_2āK_3iK_4a$; dieser wird zu $K_1aK_2áK_3K_4a$ gekürzt, s. Anm. 110 zum Hauptteil.
p.	Seite einer Hs., und zwar nach der Paginierung durch Schreiber der Hs.; *nie* die Seite eines gedruckten Buches.
PN	Personenname (nomen personae)
S.	Seite eines gedruckten Buches; *nie* die Seite einer Hs. Die Seitenzahl eines Buches wird in dieser Arbeit nur dann durch „S." markiert, wenn die Weglassung zu Mißverständnissen führen würde (etwa bei Konkurrenz von Zählung nach Seiten und nach Nummern).
Syn.Aeth.	„Synaxarium Aethiopicum", das Synaxar der äthiopischen Kirche. Zu Benutzung und Zitationsweise in dieser Arbeit s. Anm. 16.
Syn.Alex.	„Synaxarium Alexandrinum", das Synaxar der koptischen Kirche. Zu Benutzung und Zitationsweise in dieser Arbeit s. Anm. 16.
Z.	Zeile der Seite einer Hs. / eines gedruckten Buches. Zur eindeutigen Identifikation von Passagen in Hss. / Druckausgaben werden hier häufig die Zeilenzahlen beigegeben. Diese werden von der Seitenzahl der Hs. / des Druckes einfach durch Komma getrennt, „Z." also weglassen, wenn keine Mißverständnisse entstehen können. Es heißt also durchweg einfach „(p.) 138, 7" statt „S./p. 138 Z. 7". Bei unübersichtlichem Schrift- bzw. Satzspiegel werden die unteren Zeilen einer Seite von unten an gezählt und erhalten

54 Die lautliche Behandlung moderner ägyptischer Ortsnamen entnehme ich dem „Geographischen Wörterbuch" von Muḥammad Ramzī (s. o. Anm. 15). Dieses ist die einzige verläßliche Quelle für Vokalismus und Kürzungen gegenüber der „klassischen" Form und bewahrt vor willkürlicher Behandlung des Ortsnamensmaterials. Ich lese also ᶜArab Miṭêr und Duwêna, nicht ᶜArab Muṭēr (Timm) oder Diweina (Survey of Egypt).

den Zusatz „von unten“ (abgekürzt als *v.u.*); Beispiel: „237, 5 v.u.“ oder „p. 138, Z. 3 v.u.“.

(Zeilenzählung) Zeilenzählung auf der Seite einer Hs. / Druckausgabe wird zur sicheren Identifizierung einer Textpassage auch dann benutzt, wenn der Text keine explizite Zählung bietet. S.o. bei Z.

1. WANSLEBENS ÄGYPTENAUFENTHALTE UND IHR LITERARISCHER NIEDERSCHLAG

Johann Michael Wansleben, aus Thüringen stammender und in Frankreich verstorbener Gelehrter und Orientreisender[1], ist eine schillernde Persönlichkeit, deren Wertschätzung bis heute schwankt und häufig durch negative Gesichtspunkte bestimmt ist.[2] Schwierig ist schon die Frage, unter welchem Namen man ihn am

1 Zur ersten Information über diesen bedeutenden Vertreter der Orientalistik s. Art. Wansleben, Johann Michael, KWCO 361 (C.D.G. Müller); Oleg V. Volkoff, A la recherche de manuscrits en Égypte, RAPH 30, Le Caire 1970, 66-80; Jean-Marie Carré, Voyageurs et écrivains français en Égypte, 2. éd. revue et corr., T. I, Le Caire 1956, 29-34; Art. Wansleben, Johann Michael, ADB 41 (1896), 159-162 (Viktor Hantzsch). Die mit viel Liebe geschriebene, Wansleben weithin rehabilitierende Biographie von A. Pougeois (Vansleb, savant orientaliste et voyageur. Sa vie, sa disgrace, ses œuvres, Paris 1869) scheint in Deutschland kaum Beachtung gefunden zu haben; sie fehlt in den biographischen Art. von Müller und Hantzsch. Allerdings krankt sie sehr daran, den „französischen" Lebensabschnitt Wanslebens ganz in den Mittelpunkt zu stellen, also die Jahre 1670 bis 1679. Zur Verdeutlichung der Relationen in der biographischen Darstellung durch Pougeois folgende Gegenüberstellung:

Jahre 1635-1670 ≙ S. 5-18
1670-1679 ≙ S. 19-312!

Wichtige Grundlageninformationen (Hinweise auf Wansleben-Hss.!) nebst Publikation von Dokumenten, die Wanslebens Tätigkeit für die Königliche Bibliothek und für Colbert beleuchten, finden sich bei Henri Omont, Missions archéologiques françaises en Orient aux XVIIe et XVIIIe siècles. Documents publiés par..., P. 1.2 (Collections de documents inédits sur l'histoire de France. Sér. 1: Histoire Politique. 72), Paris 1902; ebd. I 54-174: Chap. III „Voyages du Père Wansleben en Egypte, en Asie Mineure et à Constantinople" (S. 54-66: Einführung: 66-174: Dokumente). Beachte auch die Appendices VII-IX (= S. 879-951) in Bd. II, die Listen über von Wansleben für Paris erworbene Handschriften, Münzen und andere Gegenstände bieten.

2 Dabei spielen besonders die Vorwürfe „Undankbarkeit" (gegen seinen Förderer Herzog Ernst I. von Sachsen-Gotha) und „ausschweifender Lebenswandel" eine Rolle, ersterer insbesondere in der älteren deutschsprachigen Literatur. Als repräsentatives Beispiel vgl. den Art. Wansleben (Johann Michael) in: Großes vollständiges Universal-Lexicon aller Wissenschafften und Künste (Zedlers Universallexikon) Bd. 52 (1747), 2001 f.; ebd. 2002 heißt es: „Man beschuldiget ihn nicht nur, daß er ein unordentliches Leben geführet, und die ihm zu seinen Reisen vorgeschossenen Gelder meistens auf eine unziemliche Weise durchgebracht, sondern man findet auch davon genugsame Beweise in seinem Journal... Es ist zu mercken, daß dieser undanckbare Gast Höchstgedachten Fürsten (d. i. Herzog Ernst) ein eintziges mahl nennet, und sonst nur noch einmahl obenhin erwehnet." – Eine moderne Version der gegen Wansleben erhobenen Vorwürfe findet sich noch in dem von Patze 1968 gegebenen Abriß der thüringischen Geschichte (unter Weglassung des Namens): „Die Empfehlung des gothaischen Prinzenerziehers und Orientalisten Hiob Ludolf, ..., einen Gesandten zum Kaiser von Äthio-

besten zitiert[3] – hat er selbst sich doch neben seinem deutschen Namen gleich drei verschiedene Namensformen zugelegt: (latinisiert) Jo(h)annes Michael Wanslebius bzw. Vanslebius[4] / (italianisiert) Giovanni Michele Vanslebio / (französisiert) Jean Michel Vansleb.[5] Geboren am 1. November 1635 in (Groß-)Sömmerda in Thürin-

pien zu schicken ... scheiterte allein schon an der Unredlichkeit des ausgesandten Boten ..." (Hans Patze, Geschichtliche Einführung, in: Handbuch der historischen Stätten Deutschlands IX: Thüringen Hg. v. Hans Patze (KTA 313), Stuttgart 1968, XVII-LXXI (LIV)).

3 Vgl. etwa die Lemmatisierung im eben zitierten Art. in Zedlers Universallexikon: „Wansleben, oder Wansleb, Vanslebius, Vanslep (Johann Michael)." Zum Problem der verschiedenen Namensformen s. Omont, Missions archéologiques (s. Anm. 1) I 54 Anm. 1 und die Bemerkungen dazu von Ludwig Keimer, Quelques détails oubliés ou inconnus sur la vie et les publications de certains voyageurs européens venus en Egypte pendant les derniers siècles, BIE 31 (session 1948-49), 121-175 (169f.). Keimer stellt zu Recht die sehr deutsche Grundform des Namens, nämlich Wans-leben, heraus. Alle anderen Namensformen sind – bewußte oder unbewußte – Abwandlungen dieser Grundform, vgl. die folgende Anm. Welche Variationen dieses Familiennamens auch im deutschen Sprachraum möglich sind, zeigt der Überblick über die Familiengeschichte der thüringischen Wansleben (o. ä.), den Alfred Wandsleb zusammengestellt hat (Das Thüringische Geschlecht Wandsleben, Mühlhausen (1936-) 1940).

4 Ich vernachlässige hier die singuläre Form „de Wanslebiis", die von Omont angeführt wird (s. Anm. 3) und meines Erachtens einen Versuch darstellt, den Namen „Wansleben" sozial gehoben zu latinisieren. Durchgesetzt hat sich – nach der älteren Form „Wanslebius" – die Form „Vanslebius", die Wansleben dann – auf dem Hintergrund von Latein als herrschender Wissenschaftssprache – häufig als seine „wissenschaftliche Signatur" benutzt. Als Beispiel dafür vgl. das von Keimer besprochene handschriftliche Exlibris Wanslebens (aaO 166-170; Abbildung ebd. 167 Fig. 16): „Ex libris Fr. Johannis Michaelis Vanslebii. Erffordiensis Turingi. Dominicani."

5 Sieht man einmal von kleineren Varianten ab – wie etwa Wanslebius statt Vanslebius –, so stellen die vier verschiedenen Namensformen ein klares System dar, nämlich eine Grundform (der deutsche Name) und drei abgeleitete Formen (die Anpassungen des Namens an das Lateinische / Italienische / Französische). Jede der Formen hat ihren eigenen Verwendungsbereich – je nach der Sprache der Texte, in der sich Wansleben jeweils bewegt (deutsch / italienisch / französisch) oder als wissenschaftliche Signatur (lateinisch; dann nicht unbedingt durch die Sprache des jeweiligen Textes bedingt; vgl. Anm. 4). Angesichts dieser Systematik der Namensformen wird das „Problem des eigentlichen Namens" des Gelehrten (s. Anm. 3) hinfällig, da alle Formen auf das deutsche „Wansleben (o. ä.)" zurückgehen.

gen[6] als Sohn eines lutherischen Pfarrers[7], wurde er nach schon recht abenteuerlichen Lebensumständen in seiner Jugend Schüler und Gehilfe von Hiob Ludolf, dem Begründer der äthiopistischen Studien in Europa[8], der sich von 1654 bis 1677 im Dienste Ernsts I. „des Frommen", Herzogs zu Sachsen-Gotha und Altenburg[9], in Gotha aufhielt.[10] Wansleben hat zwei große Ägypten- bzw. Orient-Reisen unternommen, und zwar

6 Der Ort liegt ca. 20 km nnö. von Erfurt am rechten Ufer der Unstrut. Der differenzierende Zusatz „Groß-" unterscheidet Sömmerda von der angrenzenden Siedlung Wenigen-Sömmerda; vgl. Art. Sömmerda (Hans Patze), in: Handbuch der historischen Stätten Deutschlands IX: Thüringen (s. Anm. 2 a. E.) 401 f.
Der Geburtsort Wanslebens wird meistens – unzutreffend – als Erfurt angegeben. Das mag mit Wanslebens Selbstbezeichnung „d'Erffordia", s. weiter unten im Text den Titel seiner „Relazione..." von 1671, oder „Erffordiensis", s. Anm. 4 a. E., zusammenhängen. Diese Herkunftsbezeichnung ist gut zu erklären, da Wanslebens Familie aus Erfurt stammte, s. Wandsleb, op. cit. (Anm. 3 a. E.) 15-20. Wanslebens Vater wurde in Erfurt geboren und ist dort verstorben; er amtierte von 1631 bis 1640 als Pfarrer in Sömmerda, um dann wieder nach Erfurt zu gehen, s. Anm. 7. Wanslebens Geburtsort wird z. B. eindeutig durch seine Eintragung in die Universitätsmatrikel von Königsberg dokumentiert, wo er am 3. Juni 1654 als „Johannes Michel Wanschleb (sic), Macro Sommerdanus Thuringus" immatrikuliert wird (Die Matrikel der Albertus-Universität zu Königsberg i. Pr. Bd. I: Die Immatrikulationen von 1544-1656. Hg. v. Georg Erler (Publikationen des Vereins für die Gesch. von Ost- und Westpreußen. 16 (1)), Leipzig 1910, S. 539 = SS 1654, Nr. 39).

7 Johann(es) Wansleben, geb. um 1595 in Erfurt, gest. 1684 ebd. 1627 Lehrer am Gymnasium in Erfurt; 1631-1640 Pfarrer in Sömmerda; von 1640 bis zu seinem Lebensende Pastor zu St. Andreae in Erfurt. Daten nach Wansleb, op. cit. 20.

8 Zu Hiob (Job) Ludolf (Leutholf) vgl. Art. Ludolf, Hiob, KWCO 243 f. (Ernst Hammerschmidt); dort weitere Lit.

9 Zu Leben und Wirksamkeit des Herzogs Ernst s. August Beck, Ernst der Fromme, Herzog zu Sachsen-Gotha und Altenburg. Ein Beitrag zur Geschichte des siebenzehnten Jahrhunderts, Theil 1.2, Weimar 1865 (Eine Kurzfassung der Biographie aus der Feder von Beck in ADB 6 (1877), 302-308). Auf diese Biographie ist deshalb besonders hinzuweisen, weil in ihr die Darstellung der „äthiopischen Interessen" des Herzogs breiten Raum einnimmt, dementsprechend auch die Entsendung Wanslebens nach Ägypten und Äthiopien ausführlich in Vor- und Nachgeschichte geschildert wird (dagegen nicht die Reise selbst). Demgegenüber ist das moderne und großangelegte Handbuch zur Geschichte Thüringens äußerst wortkarg; die „Äthiopischen Interessen" des Herzogs und Hiob Ludolf werden zwar (mehr am Rande) behandelt, Wanslebens Mission aber mit keinem Wort (!) erwähnt: Geschichte Thüringens. Hg. v. Hans Patze und Walter Schlesinger (= Mitteldeutsche Forschungen. 48), Bd. IV: Kirche und Kultur in der Neuzeit, Köln und Wien 1972, 20 f.; dass., Bd. V: Politische Geschichte in der Neuzeit. Teil 1 Teilbd. 1, ebd. 1982, 241 f. Diese Behandlung des Themas erstaunt insbesondere deshalb, weil Wanslebens Mission selbst in Patzes Abriß der thüringischen Geschichte von 1968 erwähnt wird, s. Anm. 2 a. E.

10 Ludolf war schon seit 1652 als Legations-Sekretär beim Reichstag in Regensburg für den Herzog tätig. Seit 1654 Hofmeister (Erzieher) der fürstlichen Prinzen in Gotha, seit 1658 – nach juristischer Promotion in Altdorf – herzoglicher Hofrat. 1677 bittet Ludolf um seine Entlassung aus dem herzoglichen Dienst, um in Frankfurt a. M. ganz seinen wissenschaftlichen Arbeiten zu leben. Daten nach Jöcher, Gelehrten-Lexicon II (1750), 2574 f.

a) von 1663 bis 1665; die Reise führte (nur) nach Ägypten, wo Wansleben sich fast das ganze Jahr 1664 aufhielt.[11]

b) von 1671 bis 1676; diese Reise führte außer nach Ägypten nach Kleinasien und Konstantinopel, wo Wansleben sich fast zwei Jahre aufhielt.[12] Der Ägyptenaufenthalt dauerte dieses Mal über anderthalb Jahre, von März 1672 bis Okt. 1673.[13]

Die erste Reise unternahm Wansleben durch Empfehlung Ludolfs im Auftrage des Herzogs Ernst von Sachsen-Gotha; sie sollte ihn eigentlich nach Äthiopien führen.[14] Die zweite Reise fand in französischem Auftrage, nämlich dem des Ministers Colbert, statt; ihr Hauptzweck war, „die größtmögliche Menge an guten Manuskripten und antiken Medaillen (Münzen) für die Königliche Bibliothek"[15]

11 Ein zusammenfassender Überblick über die erste Ägyptenreise fehlt – im Gegensatz zur zweiten Reise – bisher in der Literatur.

12 Von März 1674 bis Januar 1676; Wansleben war über einige Zwischenstationen – u.a. Chios; Smyrna – von Ägypten nach Konstantinopel gelangt, von wo er dann im Januar 1676 nach Frankreich zurückgerufen wurde, s. Omont, Missions archéologiques (s. Anm. 1) I 65f. Eine ausführliche Schilderung von Wanslebens Tätigkeit nach seiner Abreise von Ägypten bis zu seiner Rückkehr nach Paris bei Pougeois, Vansleb (s. Anm. 1) 154–299. Die Basis für Pougeois' Darstellung ist Wanslebens Tagebuch über diese Zeit in französischer Sprache, das – leider unvollständig – in der Hs. Paris, Bibliothèque Nationale Ms. Nouv. acq. franç. 4193, foll. 1-160 enthalten ist, damals aber noch nicht von der Bibliothèque Nationale erworben war. Jean Jacques Champollion-Figeac, älterer Bruder des Entzifferers der Hieroglyphen und zu dieser Zeit Bibliothekar des Palastes von Fontainebleau, hatte das Ms. ausfindig gemacht und dem Abbé Pougeois, Pfarrer von Bourron (d.h. dem Todesort Wanslebens), zugänglich gemacht; s. Omont, op. cit. I 64, bes. Anm. 2 und 3; zur Auffindung des Ms. vgl. Pougeois, op. cit. 313f.

13 Wansleben traf am 18. März 1672 in Damiette ein und schiffte sich am 28. Oktober 1673 in Rosette zur Weiterreise ein, s. Omont, op. cit. I 65. Ein kurzgefaßter Überblick über den zweiten Ägyptenaufenthalt bei Volkoff, Recherche de manuscrits (s. Anm. 1) 66-78; ausführliche Darstellung bei Pougeois, op. cit. 33-153 – dieser kommt allerdings kein besonderer Quellenwert zu, da sie auf dem gedruckten Text von Wanslebens eigener Reisebeschreibung beruht, den wiederum Champollion-Figeac dem Pfarrer von Bourron zur Verfügung stellte (Pougeois, op. cit. 32 Anm. 1).

14 Zu den „Äthiopischen Interessen" des Herzogs und zu Vorgeschichte und Plan der Reise s. Beck, Ernst der Fromme (s. Anm. 9) I 562-572. Beck teilt auch die ausführliche Instruktion des Herzogs für Wansleben über Zweck und Durchführung der Reise mit: op. cit. II 162-166 (Urkunde 44: „Instructions-Puncta für Johann Michael Wansleben"; aus Cod. Chart. A 101 der Herzogl. Bibliothek (heute: Forschungsbibliothek) zu Gotha; zu dieser Hs. s.u. Anm. 26). Ägypten war in der Instruktion nur als eine Zwischenstation vorgesehen, für die aber eine gewisse Aufenthaltsdauer veranschlagt wurde – zum Anknüpfen von Kontakten, Einholen von Informationen und Erlernen der arabischen Sprache, vgl. bes. Punkt 3 der Instruktion (aaO 164). Daß Wansleben von Ägypten nicht weiter nach Äthiopien gereist ist, wurde und wird ihm als leichtfertige Verletzung einer übernommenen Pflicht vorgeworfen (vgl. u. Anm. 19); seine sehr guten Gründe, das Wagnis der Äthiopienreise nicht auf sich zu nehmen, haben weithin kaum Beachtung gefunden.

15 Zitat aus der Einleitung der Instruktion für Wansleben, Omont, op. cit. (s. Anm. 1) I 58. Omont teilt den gesamten Text der detaillierten Instruktion für die zweite Orientreise mit: „Instructions

zu erwerben.[16] Zwischen den beiden Reisen liegt Wanslebens Italienaufenthalt (1665-70), während dessen er zum Katholizismus übertritt und sich dem Dominikaner-Orden anschließt.[17] Die Verknüpfung der Fakten von Nichterreichen des Reisezieles Äthiopien, Nichtrückkehr nach Gotha und Konversion führt zu vehementen verbalen Angriffen auf den „undankbaren" Wansleben, die das Bild des Gelehrten in der deutschen Forschung lange negativ gefärbt haben.[18] Aber auch seine zweite Reise bringt ihm nicht die erhoffte und verdiente Anerkennung: Wanslebens Tätigkeit während der Reise stellt Colbert (zu Unrecht) nicht zufrieden.[19] Der Reisende fällt in Ungnade und erhält selbst seine Aufwendungen nicht erstattet.[20] Er muß schließlich froh sein, beim Pfarrer (curé) von Bourron bei Fontainebleau eine Bleibe zu finden. Wansleben wird dessen Adjunkt (vicaire) und

pour M. Vansleb s'en allant au Levant, le 17ᵉ mars 1671", op. cit. I 58-63; ebd. 63 Anm. 1 Nachweis der vorherigen Editionen (darunter Pougeois, Vansleb 20-28).

16 Zur Vorgeschichte der Reise und zu Wanslebens Aufträgen s. Omont, op. cit. I 56-64. Colbert sah als Hauptziel der Reise Äthiopien an: „Le Roy envoyant le sieur Vanslebe en Levant, et particulièrement en Éthiopie..." (aaO 63). Das ominöse Wort „Äthiopien" kommt zwar in der Instruktion für Wansleben nicht vor, doch erweist es sich wieder als Fallstrick für ihn: Der Abbruch seiner geplanten Reise nach Äthiopien in Oberägypten bedeutet „Vernachlässigung des Hauptzieles seiner Mission" – so urteilt Omont in op. cit. 65.

17 Der Zeitraum 1665-70 liegt weitgehend im Dunkeln – soweit es nicht um die Kontroverse zwischen Wansleben und dem Gothaer Hof im Hinblick auf die Durchführung des Auftrages und die Rückkehr nach Deutschland geht; dazu s. Beck, Ernst der Fromme (s. Anm. 9) I 573-583. Im übrigen gibt es nur sehr spärliche und häufig divergierende Angaben über Wanslebens Lebensumstände in Italien, etwa zu den Fragen, wann er sich nach Florenz bzw. Rom begab oder wann er genau zum Katholizismus übertrat.

18 Dabei scheint mir die Abkehr Ludolfs von seinem Schüler, die durch seine Enttäuschung über den Fehlschlag der Äthiopienreise leicht erklärbar ist, wissenschaftsgeschichtlich die entscheidende Rolle zu spielen: Ludolf hat sich nach 1665 recht häufig über Wansleben und von ihm vorgetragene Ansichten sehr abfällig geäußert; vgl. etwa das Zitat bei Pougeois, Vansleb 402. Dazu kommt dann der Chor der deutschen Autoritätsanbeter, die in Wanslebens Verhalten einen Treuebruch gegenüber seinem Fürsten, fast eine Majestätsbeleidigung sehen. Als eine typisch barocke Blüte dieser Haltung zu Wansleben s. das Schulprogramm, das Gottfried Vockerodt, Rektor des Gymnasiums zu Gotha, für die Feier zur Eröffnung des Schuljahrs am 19. Sept. 1718 geschrieben hat: Joannes Michael Wansleb abutens Serenissimi Saxoniae Ducis, B. Ernesti, gratia, et suppeditatis ad propagandam inter exteros veritatem evangelicam subsidiis; ..., Gothae 1718 (Titel dieses überaus seltenen Druckes, der nur aus sechs unpaginierten Blättern besteht, nach dem Exemplar der Forschungsbibliothek Gotha; Besprechung des Werckchens erfolgt an anderer Stelle).

19 Diese Unzufriedenheit beruht wiederum auf der Verfehlung des Hauptzieles der Reise im Sinne des Auftraggebers; vgl. dazu Anm. 16. Colberts Unrecht gegenüber Wansleben besteht darin, daß er nicht zur Kenntnis genommen hat, welche Schätze der Reisende für Paris erworben hatte, vgl. Omont, Missions archéologiques II App. VII-IX (s. Anm. 1) – darunter solche Unikate wie den sog. Abū Ṣāliḥ (Omont, aaO 886: App. VII, 4. Sendung (aus Kairo, Jan. 1673), Anhang Nr. 2).

20 Darstellung der Behandlung durch Colbert bei Pougeois, Vansleb 300-306. Pougeois hat außerdem die Gründe für die Ungnade des Ministers in einem eigenen Abschnitt seines Buches ausführlich untersucht: „Deuxième partie: Discussion de la disgrace de Vansleb", ebd. 325-393.

stirbt schon bald, nur 43 Jahre alt geworden, am 12. Juni 1679 in Bourron.[21] In der Kirche des Dorfes befindet sich seine Begräbnisstätte.[22]

Die hier vorgestellten Daten sollen nur eines ermöglichen, nämlich Wanslebens Ägypten-Aufenthalte einigermaßen grob historisch einzuordnen. Eine Darstellung seiner Biographie bleibt angesichts der Häufung von Fehlinformationen bzw. Fehleinschätzungen in der bisher vorliegenden Literatur ein wissenschaftshistorisches Desiderat – ganz abgesehen davon, daß sein ereignisreicher und farbiger Lebenslauf als solcher schon romanhafte Züge trägt. Was für unseren Zusammenhang besonders interessiert, ist der literarische Niederschlag, den Wanslebens Ägypten-Reisen gefunden haben – zumal diese ganz stark durch das Interesse des Reisenden für das koptische (und äthiopische) Christentum und seine Geschichte bestimmt sind. Über beide Ägypten-Aufenthalte hat Wansleben nämlich Beschreibungen angefertigt, die noch zu seinen Lebzeiten im Druck erschienen sind. Das sind:

a) „Relazione dello stato presente dell'Egitto, nella quale si dà esattissimo ragguaglio delle cose naturali del paese; del governo politico che vi è; della religione de'Copti; ... Scritta dal Signore Gio. Michele Vanslebio, d'Erffordia, hora Religioso dell'Ordine de'Predicatori; ...", Parigi 1671[23] (hinfort abgekürzt als *Rel.*).

b) „Nouvelle relation, en forme de journal, d'un voyage fait en Egypte par le P. Vansleb, R.D., en 1672 et 1673", Paris 1677[24] (hinfort abgekürzt als *NR*).

Zu beiden Reiseberichten ist zu vermerken, daß sie ursprünglich nicht in der

21 Zu Wanslebens Aufenthalt in Bourron und seinem Tod dort s. Pougeois, op. cit. 307-312. Das Todesdatum wird durch das Register der Kirche von Bourron für 1679 gesichert, s. den Text der Notiz des Pfarrers über das Begräbnis aaO 312 Anm. 2.

22 Bereits 1679 in der Kirche beigesetzt, s. die eben genannte Notiz im kirchlichen Register von Bourron. Am 6. Sept. 1859 unter Aufsicht des Pfarrers Pougeois exhumiert und an gleicher Stelle neu beigesetzt; Pougeois folgte dabei Anregungen von J.J. Champollion-Figeac, der sich stark für eine Rehabilitierung Wanslebens einsetzte, 1861 wurde über der Grabstätte ein Gedenkstein angebracht – wiederum auf Betreiben von Champollion-Figeac. Zur Exhumierung und zur Neuherrichtung der Grabstätte s. Pougeois, op. cit. 313-324.

23 Eine vorherige Ausgabe Florenz („in Fiorenza") 1670, die in der Lit. verschiedentlich genannt wird – s. etwa Beck, Ernst der Fromme (s. Anm. 9) I 583 –, kann ich nicht nachweisen. Sie erscheint mir auch nach der Datierung des an den Großherzog von Toskana, Cosma III. Medici, gerichteten Widmungsschreibens der Ausgabe Paris 1671 unwahrscheinlich (Paris, 20. März 1671; s. Blatt 3 Rs.).

24 Weitere Ausg.: Paris 1698 (s. Kammerer, Bibliogr. Nr. 2184). Engl. Übers.: The present state of Egypt; or, a new relation of a late voyage into that kingdom..., London 1678 (s. Kammerer Bibliogr. Nr. 2186); deutsche Übers. (leicht gekürzt): Neue Beschreibung einer Reise nach Ägypten in den Jahren 1672. 1673 in Form eines Tagebuches verfaßt..., in: Sammlung der merkwürdigsten Reisen in den Orient. Hg. v. Heinrich Eberhard Gottlob Paulus, Bd. III, Jena 1794, 123-384 (zur Bearbeitung des Textes durch Paulus s. ebd. 125f.; ebd. 397-412 Anmerkungen von Paulus zu Wanslebens Text).

Sprache verfaßt wurden, in der sie dann publiziert worden sind. Vielmehr ist Rel. von 1671 ursprünglich in deutscher Sprache abgefaßt worden – nämlich als Rechenschaftsbericht für den Gothaer Hof, den Wansleben dann nach seinem Verbleiben in Italien und seinem Übertritt zum Katholizismus in eine italienische Version umgearbeitet hat. Dagegen beruht NR von 1677 auf einem ursprünglich italienisch geschriebenen Manuskript – von Wansleben in der Sprache verfaßt, die ihm nach dem Abbruch seiner Beziehungen zu Deutschland zum persönlichen Ausdrucksmittel geworden war.[25] Die Sprachen, in denen die Berichte ursprünglich geschrieben waren, lassen sich deshalb so eindeutig angeben, weil die entsprechenden Manuskripte Wanslebens erhalten geblieben sind. Es handelt sich dabei um folgende Hss.:

a) Gotha, Forschungsbibliothek (ehem. Herzogliche Bibliothek) Cod. Chart. A 101.[26] Diese Hs. stellt einen Konvolut dar, der aus Aktenstücken besteht, die sich auf den „Fall Wansleben" beziehen.[27] Zu diesen Stücken gehört auch der deutsche Reisebericht, den Wansleben an Herzog Ernst schickte, s. die Bemerkung in Cyprians Katalog der Gothaer Hss.: „Aus Ägypten[28] schickte er dem Fürsten einen Bericht über jene

25 Vgl. die Briefe von der zweiten Reise, in denen Wansleben über seine Mission Bericht nach Paris erstattet und die Omont publiziert hat (s. Anm. 1): Alle bis auf zwei – Lettre V und XX – sind italienisch geschrieben; nur die beiden genannten Briefe sind französisch abgefaßt.

26 Katalogisiert von Ern. Sal. Cyprianus, d. i. Ernst Salomon Cyprian, Catalogus codicum manuscriptorum Bibliothecae Gothanae, Lipsiae 1714, 64-66; dort als Cod. Chartaceus in folio CI aufgeführt. Ein neuerer gedruckter Katalog der Hss. der Gothaer Herzoglichen Bibliothek (heute: Forschungsbibliothek) existiert nicht. Die Handschrift ist weiterhin in der Bibliothek vorhanden, wie mir die Direktion bestätigte (briefliche Auskunft von Dr. Helmut Claus vom 19. 11. 1982). Meine Bitte, mir zwecks Auswertung der Hs. einen Mikrofilm zur Verfügung zu stellen, wurde (vorläufig) abgelehnt, „da diese Materialien bereits seit einiger Zeit bearbeitet werden" (Dr. H. Claus im genannten Brief).

27 Cyprianus, op. cit. 64: „Volumen acta cum Wanslebio complexum." Cyprianus schlüsselt den Inhalt nicht im einzelnen auf, erwähnt nur, daß in dem Bande – neben dem Reisebericht – auch die arabisch geschriebenen Briefe des koptischen Patriarchen Matthäus an Herzog Ernst und des *Qummuṣ* Johannes enthalten seien (zur Edition dieser Briefe s. Beck, Ernst der Fromme (s. Anm. 9) I 576 Anm. 820). Drei Stücke aus dem Konvolut hat Beck, op. cit. in der Dokumentensammlung in Bd. II veröffentlicht: Urkunden 44 (Instructions-Puncta für J. M. Wansleben; s. o. Anm. 14); 45 (deutsche Übers. des äthiopischen Passes für Wansleben); 49 (Brief Nikolaus Röse an den Sekretär des Herzogs Ernst mit Bericht über Wansleben als Dominikaner in Rom; Auszüge aus diesem Stück auch bei Omont, op. cit. 55 Anm. 2).

28 Cyprianus geht also davon aus, daß Wansleben seinen Bericht bereits aus Ägypten nach Gotha geschickt hat – eventuell in Briefen, wofür die Formulierung *membratim* „Stück für Stück, abschnittsweise" sprechen könnte; in diesem Sinne jedenfalls Pougeois, Vansleb 399 f. (ohne Angabe einer Quelle für seine Behauptung). Sehr viel wahrscheinlicher ist Becks Darstellung, der schreibt, daß man von Ende 1663 bis zum Frühjahr 1665 in Gotha keine Nachricht von Wansleben erhalten habe (op. cit. I 572); den Reisebericht habe Wansleben im Herbst 1665 aus Italien nach Gotha geschickt – mit dem Versprechen, Vorrede und Schluß nachzuschicken (op. cit. 580). Für diese

Gegend, der Stück für Stück in deutscher Sprache (*lingua vernacula*) abgefaßt war; dieser ist – bei weitem umfangreicher als der publizierte Bericht[29] – in diesem Bande (d.i. Cod. Chart. A 101) enthalten."[30] Zwar ist der Bericht in dieser Hs. bis heute unpubliziert; er ist aber indirekt zugänglich, da eine Tochterhandschrift zum Gothaer Ms. 1794 ediert worden ist. Es handelt sich dabei um eine Abschrift vom Gothaer Original, die Hiob Ludolf für sich anfertigen ließ und die er teilweise mit Randbemerkungen versehen hat.[31] Diese Abschrift gelangte 1774 in die Göttinger Universitätsbibliothek, wo sie heute noch verwahrt wird (Göttingen, Niedersächsische Staats- und Universitätsbibliothek 4° Cod. Ms. Hist. 835).[32] Der Göttinger Universitätsbibliothekar Jeremias David Reuß hat diese Hs. dann unter dem Titel „Johann Michael Wansleb's bisher ungedruckte Beschreibung von Aegypten im Jahr 1664" veröffentlicht, und zwar im Band III der von Heinrich Eberhard Gottlob Paulus herausgegebenen „Sammlung der merkwürdigsten Reisen in den Orient."[33] So sind wir in der Lage, uns ein Bild von der

Version spricht die Notiz auf dem ersten Blatt der Göttinger Abschrift des Gothaer Reiseberichtes, die J. D. Reuß, der Herausgeber der Göttinger Abschrift (s. u. Anm. 33), mitteilt: „Johann Michael Wanslebens Relation von dem gegenwärtigen Zustande Ägypten-Landes A. 1665 nach seiner Wiederkunft aus demselben Ort aufgesetzt und auf der Post anhero (scil. Gotha) geschickt. ..." (SMRO III 9). Die von Reuß in der Einleitung zu seiner Ausgabe angegebene Entstehungszeit 1664 (also noch in Ägypten; SMRO III 6) scheint mir demgegenüber ein Flüchtigkeits- oder Druckfehler.

29 Das ist Rel. von 1671.

30 Cyprianus, op. cit. 65.

31 Ludolf hat sich diese Abschrift machen lassen, als ihm das Gothaer Original nicht mehr direkt zugänglich war, d.h. nach seiner Übersiedlung nach Frankfurt (s.o. Anm. 10); das bezeugt ein Vermerk über die Rücksendung des Originals nach Gotha (am 15. Febr. 1698), den Reuß in seiner Ausgabe der Abschrift mitteilt, s. u. Anm. 33. Ludolf muß die Reisebeschreibung also als sehr wichtig für seine Arbeit angesehen haben. Die italienische Druckausgabe hat er mit äußerstem Argwohn betrachtet, wovon seine Randbemerkungen in der Abschrift Zeugnis ablegen (Edition bei Reuß, s. u. Anm. 33). Dieses Mißtrauen zeigt sich auch in der einleitenden Bemerkung, die Ludolf dem Gothaer Original beigeschrieben hat; mitgeteilt bei Cyprianus, op. cit. 65f.

32 Katalogisiert bei Wilhelm Meyer (Hg.), Die Handschriften in Göttingen Bd. II (Verzeichnis der Handschriften im Preußischen Staate. I: Hannover. 2 = Göttingen. 2), Berlin 1893, 278 als Histor. 835; das Gothaer Original in Cod. Chart. A 101 wird dort nicht erwähnt, ist aber im Handexemplar der Handschriftenabteilung der Göttinger Bibliothek handschriftlich nachgetragen.

33 H. E. G. Paulus (Hg.), SMRO III, Jena 1794, 1-122:

S. 3-8 Einleitung des Hg. J. D. Reuß
8-9 Einleitende Bemerkungen von H. Ludolf (und von anderer Hand: Rücksendung des Originals nach Gotha) auf dem ersten Blatt der Hs.
10-121 Text von Wanslebens Reisebeschreibung
121-122 Randbemerkungen H. Ludolfs zur Abschrift.

Auf S. 387-397 von SMRO III finden sich erläuternde Anmerkungen von H. E. G. Paulus, dem Hg. des Bandes, zu Wanslebens Bericht über seine erste Ägyptenreise.

Erstfassung des Berichtes über Wanslebens erste Ägypten-Reise zu machen.[34] Ich bezeichne die deutsche Fassung als *Rel. Germ.* (d. h. Relazione ... Germanice), wobei ich dem Gothaer Original das Siglum A, der Göttinger Abschrift das Siglum B gebe.[35]

b) Paris, Bibliothèque Nationale Ms. Italien 435 (früher 10263²; olim Baluze 211).[36] Die Hs. enthält 159 Blätter, die als Blatt 1 bis 31 und 33 bis 160 gezählt sind (ein Blatt 32 ist nicht vorhanden). Diese Zählung stammt nicht von Wanslebens Hand; er hat vielmehr seinen Bericht in drei Teilen verfaßt, denen er je ein eigenes Titelblatt und eine eigene Paginierung gegeben hat:

a) Parte I Titelblatt und pp. 1-52
b) Parte II Titelblatt und pp. 1-158
c) Parte III Titelblatt und pp. 1-50.

Das Ms. enthält also drei Titelblätter und 260 Seiten (130 Blätter) mit Text. Dazu kommt eine Reihe von Blättern mit Zeichnungen (etwa Blatt 27/28); vier Blätter sind

34 Dieses Bild ist insofern kein ganz getreues, als sich der Hg. Reuß die Freiheit genommen hat, den Text der Hs. zwar nicht zu kürzen, aber „... Rauhigkeiten wegzuschleifen und sie (scil. die Reisebeschreibung) durch größere Reinheit des Ausdrucks lesbarer zu machen“ (SMRO III 7). Die Differenz zwischen Hs. und Druck wird im Katalog der Göttinger Hss. (o. Anm. 32; „... doch ist oft der Ausdruck geändert“) und von Omont, op. cit. I 55 Anm. 1 („Il y a des differences avec l'édition.“) vermerkt. Beispiele für Reuß' Eingriffe in den Text s. u. 3.2.2.

35 Da die Gothaer Hs. unpubliziert und im Moment für mich nicht zugänglich ist (s. o. Anm. 26), und da Differenzen zwischen der Göttinger Hs. und ihrer Edition bestehen (s. Anm. 34), werden wir es mit zwei Textzeugen zu tun haben, die ich dann vereinfacht als (1) *Rel. Germ.* = Druckausg. der Göttinger Hs. (2) *Rel. Germ. Ms. B* = Hs. Göttingen, Cod. Ms. 4° Hist. 835 bezeichne.

36 Katalogisiert von Antonio Marsand, I manoscritti italiani della Regia Biblioteca Parigina, Vol. II, Parigi 1838, S. 190-192 (= No. 856 des Katalogs von Marsand); das Ms. wird hier noch unter der alten Nummer 10263² aufgeführt. Marsand bezeichnet die Hs. als „Giornale de' viaggi fatti nel Levante da Giovanni Michele Vanslebio, di Erfordia“. Er lobt das Reisetagebuch in den höchsten Tönen. Das Ms. auch verzeichnet bei Giuseppe Mazzatinti, Inventario dei manoscritti italiani delle biblioteche di Francia Vol. I (Manoscritti italiani della Biblioteca Nazionale di Parigi [I]) (= Indici e Cataloghi V (1)), Roma 1886, S. 92; die Hs. wird hier unter ihrer neuen Nummer Italien 435 aufgeführt, aber nur inventarmäßig in wenigen Worten charakterisiert.

nicht beschrieben (Blatt 30, 31, 133 und 160).[37] Das Ms. stellt die von Wansleben im Herbst 1675 in Konstantinopel redigierte „endgültige" Form seines Reisetagebuches dar, die in italienischer Sprache abgefaßt ist und als Rechenschaftsbericht für Colbert bestimmt war.[38] Die Teile des Berichtes geben Rechenschaft über folgende Zeiträume:

a) Parte I — April 1671-März 1672
b) Parte II — März 1672-Okt. 1673
c) Parte III — Okt. 1673-März 1674.

Die 1677 erschienene Druckfassung in französischer Sprache (NR), die im Prinzip nur den auf Ägypten bezüglichen Teil des Berichtes enthält (≙ Parte II = Blatt 33 Vs. – Blatt 132 Rs. der Hs.)[39], ist eine gekürzte (und streckenweise umgearbeitete) Übersetzung

37 Überblick über die Paginierung der Hs.:

Blatt 1-31	*Parte I*
1 Vs.	Titel zu Parte I
2 Vs.-26 Rs.	pp. 1-50
27/28	Zeichnung
29 Vs.-29 Rs.	pp. 51-52
30-31	leer
Blatt 32-132	*Parte II*
33 Vs.	Titel zu Parte II
34 Vs.-38 Rs.	pp. 1-10
39	Zeichnung
40	Zeichnung
41 Vs.-43 Rs.	pp. 11-16
44/45	Zeichnung
46 Vs.-46 Rs.	pp. 17-18
47	Arab. Dokument
48 Vs.-48 Rs.	pp. 19-20
48-50	Zeichnung
51 Vs.-79 Rs.	pp. 21-78
80/81	Zeichnung
82 Vs.-89 Rs.	pp. 79-94
90	Zeichnung
91 Vs.-102 Rs.	pp. 95-118
103/104	Zeichnung
105 Vs.-105 Rs.	pp. 119-120
106/107	Zeichnung
108 Vs.-115 Rs.	pp. 121-136
116/117	Zeichnung
118 Vs.-119 Rs.	pp. 137-140
120	Zeichnung
121 Vs.-122 Rs.	pp. 141-144
123	Zeichnung
124 Vs.-125 Rs.	pp. 145-148
126/127	Zeichnung
128 Vs.-132 Rs.	pp. 149-158
133	leer
Blatt 134-160	*Parte III*
134 Vs.	Titel zu Parte III
135 Vs.-159 Rs.	pp. 1-50
160	leer

38 Die Adressierung des Berichtes an Colbert ergibt sich aus den Titelblättern der drei Teile. Zur Redigierung des Berichtes – Wansleben bezeichnet diese Fassung als „aggiustato e corretto" – vgl. die in der Hs. angegebenen Daten: Parte II begonnen am 7. Okt. 1675, abgeschlossen am 8. Dez. 1675 (Blatt 33 Vs. über dem Titel); Parte III abgeschlossen am 2. Nov. 1675 (Blatt 159 Rs. unten); Absendung (aller Teile) nach Paris über D. Magy, französischen Konsul in Kairo, der damals im Begriffe stand, von Smyrna nach Frankreich zu reisen, am 11. Dez. 1675 (Blatt 1 Vs. unten). Zur Abfassung des dreiteiligen Berichtes s. auch die Briefe von Wansleben an Colbert vom 21. Nov. und 18. Dez. 1675, die Omont veröffentlicht hat (Lettre XXXIX und XL, Omont, op. cit. I 163 und 165).

39 Dieser Teil hat in der Hs. folgenden Titel (Blatt 33 Vs. = Titelblatt zu Parte II): „Memorie della seconda parte del giornale di Gio. Michele Vanslebio di Erfordia, nel quale egli descrive li luoghi e paesi che hà visto e le curiosità che in essi hà osservato in tempo della sua dimora di 20 mesi in Egitto, il qual viaggio egli hà fatto per ordine di S. M.^{ta} Chr.^{ma} Ludovico XIV. Re di Francia e Navarra, e mandato di Constantinopoli a Monsig.^{r} Colbert, segretario e ministro di Stato di S. M.^{ta} Chr.^{ma} l'$\overline{ao}$ 1675."

der italienischsprachigen Version.[40] Die Hs. gelangte in die Bibliothek des Historikers und Bibliothekars Etienne Baluze (Stephanus Baluzius).[41] Später kam sie in die Königliche Bibliothek zu Paris, wo sie als Ms. 10263^2 geführt wurde. Bei der Umgliederung der Handschriftensammlung der Bibliothèque Nationale in verschiedene, nach Sprachen gegliederte Fonds kam sie in den „Fonds italien" und erhielt die heutige Bezeichnung „Italien 435". Zwar lobt Marsand, der erste Beschreiber der Hs., das Reisetagebuch in den höchsten Tönen.[42] Die Hs. hat aber trotz dieses Lobes kein größeres Interesse gefunden; sie ist weder publiziert noch in größerem Umfang exzerpiert worden – was leicht erklärlich ist, da sie wegen des Vorliegens von NR als im Prinzip veröffentlicht galt.[43] Zur Problematik dieser Einschätzung s. u. Die italienische Version des Berichtes über Wanslebens zweite Ägypten-Reise nenne ich *NR Ital.* (d. h. Nouvelle relation... Italice).[44] Sie ist mir durch einen Mikrofilm der Hs. zugänglich, den mir die Bibliothèque Nationale dankenswerterweise zur Verfügung gestellt hat.[45]

Wanslebens Reiseberichte sind – neben seiner „Histoire de l'Eglise d'Alexan-

40 S. Omont, op. cit. I 64 Anm. 1. Genauer gesagt entsprechen die S. 104-421 von NR dem Parte II des ital. Ms. in seinem zeitlich geordneten Ablauf. NR 1-4 bieten eine knappe Zusammenfassung des Parte I des Ms., während NR 5-104 Themen behandeln, die Ägypten insgesamt betreffen, etwa „Description generale de l'Egypte" (NR 5-20) oder „Du Nil" (NR 43-64); diese sind aus den verschiedensten Teilen des Parte II herausgenommen und nach vorne gestellt worden. NR 5-421 läßt sich also nicht ohne weiteres mit dem Parte II des ital. Ms. vergleichen, da dessen Aufbau in der franz. Fassung stark verändert worden ist. Die abschließenden Seiten 421 bis 423 von NR bieten einen gedrängten Überblick über die Reisestationen Wanslebens von seiner Abreise aus Ägypten bis zu seiner Rückkehr nach Paris; sie sind kaum eine Zusammenfassung von Parte III des Ms. zu nennen.

41 Zu Baluze s. den Art. Baluze 4 in DBF 5 (1951), 23-25 (A. Martin). Baluze war von 1667 bis 1700 Bibliothekar von Colberts Bibliothek; in dieser Tätigkeit bereicherte er auch seine eigenen Sammlungen (aaO 24). Zur Wansleben-Handschrift in seiner Bibliothek s. Bibliothecae Baluzianae pars tertia: Complectens codices manuscriptos, diplomata et collectanea V. C. Stephani Baluzii, ohne Ort und Jahr (Paris 1719), S. 31 sub no. 211.

42 Marsand, aaO (s. Anm. 36).

43 Auch Omont, einer der besten Handschriftenkenner Europas überhaupt, verwendet die Hs. für sein Wansleben-Kapitel nur ganz am Rande, obwohl sie häufig Aufschluß zu den von ihm publizierten Dokumenten geben kann. Neben zwei Bezugnahmen auf die Hs. (op. cit. I 59 Anm. 1; 64 Anm. 1) bietet er zweimal kurze Passagen aus dem Text: op. cit. I 67 Anm. 1; 76 Anm. 1). Die Erwähnung der Hs. in op. cit. I 90 Anm. 1 ist unzutreffend; an dieser Stelle wäre auf Rel. von 1671 zu verweisen gewesen.

44 Da wir die aus Parte I bzw. III des Ms. entnommenen Teile von NR für unsere Zwecke völlig vernachlässigen können – vgl. Anm. 40 –, vereinfache ich die Stellenangaben aus NR Ital. folgendermaßen: *NR Ital.* + Angabe der Seite nach Wanslebens Paginierung des Parte II (Beispiel: NR Ital. p. 130). Zur Verifizierung der Blattzählung der Hs. s. die Konkordanz in Anm. 37.

45 Die hier gemachten Angaben zur Hs. sind als vorläufige Mitteilungen zu betrachten, die nur eine grobe Orientierung über den Inhalt geben. Woran ich in diesem Zusammenhang interessiert bin, ist die Nennung von Kirchen, die Heiligen und Märtyrern geweiht sind, in der Hs. – nicht an ihrer Gesamtedition, so wünschenswert diese auch ist. Zu weiteren Auskünften aus der Hs. an interessierte Kollegen bin ich aber gerne bereit.

drie“[46] – von hohem Wert nicht nur für den Zustand Ägyptens und der koptischen Kirche zur Zeit seiner Reisen, sondern auch für die Geschichte des Christentums in Ägypten; bringt Wansleben doch eine Vielfalt an Informationen, die aus seiner Kenntnis der „Altertümer“ und der Literatur der koptischen Kirche gewonnen sind. Das wird insbesondere für die „Nouvelle Relation“ anerkannt[47]; daß die „Relazione“ an dieser Wertschätzung nicht teilhat, mag mit der Seltenheit des Buches zusammenhängen.[48] Trotz der Anerkennung des Wertes von NR und der Bedeutung von Rel. erstaunt es allerdings, die beiden Werke so unvollständig ausgewertet zu sehen – besonders was die Topographia Christiana Ägyptens betrifft. So krankt die verdienstvolle Übersicht von Maurice Martin über die am Anfang des 18. Jahrhunderts bekannten Klöster Ägyptens[49] ganz entscheidend daran, daß Rel. gar nicht[50] und NR zu wenig geprüft eingearbeitet ist. Ganz sicher kommt den Schriften des Claude Sicard, deren Edition[51] die Übersicht angehängt ist, eine zentrale Bedeutung für die Kenntnis der christlichen Stätten Ägyptens zu. Im gleichen Atemzug müssen aber auch die Werke Johann Michael Wanslebens genannt werden.[52]

46 J. M. Vansleb, Histoire de l'Église d'Alexandrie fondée par S. Marc, que nous appelons celle des Jacobites-Coptes d'Egypte. Ecrite au Caire même, en 1672 et 1673, Paris 1677. Auch dieses Werk war ursprünglich italienisch abgefaßt unter dem Titel „La Chiesa Alessandrina fondata da S. Marco, la quale è la Chiesa delli Copti di Egitto...“; Hss. der italienischen Fassung sind erhalten (mehr dazu an anderer Stelle). Die italienische Fassung wurde von Wansleben in Konstantinopel in ihre endgültige Gestalt gebracht, s. Brief Wanslebens an Colbert vom 25. Jan. 1675 (Omont, op. cit. I 148), und an Colbert nach Paris gesandt, wo sie etwa Mitte des Jahres 1675 eintraf, also lange vor Wanslebens italienischsprachigen Reiseberichten (Brief Carcavy an Wansleben vom Juni 1675, s. Omont, op. cit. I 157). Colbert äußerte sich nach Lektüre des Werkes sehr ungehalten über diese Investition von Arbeitszeit und -kraft seines Abgesandten (Brief Colbert an Wansleben vom 4. Juli 1675, s. Omont, op. cit. I 161).

47 Vgl. etwa die Einschätzung von Hantzsch in der ADB (s. o. Anm. 1; „Das bedeutendste Werk Wansleben's ist seine „Nouvelle relation...“, aaO 162) und die Beurteilung durch Keimer, op. cit. (s. Anm. 3) 170.

48 S. schon den Vermerk in Trommlers koptischer Bibliographie von 1767: „Omnes Wanslebii libri... nunc admodum rari sunt.“ (Carolus Henricus Tromlerus, Bibliothecae Copto-Jacobiticae specimen, Lipsiae 1767, 58). Auch die Göttinger Unversitätsbibliothek besitzt kein Exemplar des Buches; s. dazu die Klage des Herausgebers der deutschen Fassung des Werkes, der nicht in der Lage war, deutsche und italienische Fassung zu vergleichen (Reuß, Einleitung zu Rel. Germ. (s. Anm. 33) 7). Ich selbst habe das Exemplar der Niedersächsischen Landesbibliothek in Hannover benutzt (Signatur: Gp-A 441).

49 Martin, Inventaire; s. Abkürzungsverz.

50 Rel. wird nicht zitiert und fehlt auch im Literaturverz. zu Martins Ausgabe der Werke Sicards, vgl. Sicard, Œuvres III 199-210 (209).

51 Sicard, Œuvres I-III; s. Abkürzungsverz.

52 Ein erstaunlich gutes Gespür für die Auswahl der Reiseberichte, die den größten Ertrag für die Kenntnis Ägyptens bieten, zeigte der Herausgeber der „Sammlung der merkwürdigsten Reisen in den Orient“, Heinrich Eberhard Gottlob Paulus: In seiner Sammlung finden sich sowohl die

Der Rückgriff auf die Hss. der Werke Wanslebens mag angesichts des Vorliegens von Druckfassungen recht überflüssig erscheinen. Er ist es aber keineswegs – besonders nicht im Hinblick auf die Topographia Christiana. Das liegt einmal am Schicksal der Berichte, das sie zwischen Abfassung und Drucklegung erfahren haben, denn sie sind nicht etwa nur übersetzt, sondern in relevanter Weise *gekürzt und umgearbeitet* worden. Insgesamt läßt sich sagen, daß die Hss. eine *zuverlässigere Fassung* bieten, weil Kürzung und Bearbeitung häufig ohne rechten Sinn und Verstand oder mit einer sekundären Tendenz erfolgen.[53] Ein repräsentatives Beispiel: In *Abnûb il hammám* soll es ein Kloster geben, das einem Heiligen geweiht ist, der so genannt wird:

Rel. 213	*Rel. Germ. 93*
B. Poctore	Mari Poktor
già detto il Kattivo,	Schu
perche fù persecutore de' Christiani,	*om.*
e fù figlio	ibn
d'un Visir Romano	rumanos il Wesir

Poktor/Poctore ist eine Wiedergabe des christl.-arab. Namens *Buqṭur* (gespr. *Boqṭor*), der aus kopt. ⲃⲓⲕⲧⲱⲣ „Viktor" entstanden ist.[54] An unserer Stelle werden nun zwei Heilige namens Viktor, die in benachbarten Orten Kirchen besitzen, kontaminiert, nämlich Viktor von Šū (*Buqṭur Šū*)[55] und Viktor, Sohn des Romanos

Berichte Wanslebens (SMRO III, Jena 1794) als auch die damals gedruckt vorliegenden Berichte Sicards (SMRO IV, ebd. 1798 und V, ebd. 1799). Paulus verfaßte übrigens auf Grund seiner Kenntnisse der einschlägigen Literatur eine historische Geographie Ägyptens (H. E. G. Paulus, Aegypten, in: Handbuch der alten Erdbeschreibungen nach J. B. D'Anvilles Handbuch bearb. v. Paul Jakob Bruns. Neue umgearb. Aufl. Vierter Teil: Africa, und Aegypten, Nürnberg 1800, 1-164).
Angesichts der Bedeutung von Wanslebens Berichten ist es erstaunlich, daß die vom Kairener Institut Français d'Archéologie Orientale herausgegebene höchst verdienstvolle Reihe „Collection des voyageurs occidentaux en Égypte" noch keine Neuausgabe zugänglich macht. Allerdings bedürften Wanslebens Schriften einer Edition, wie sie Serge Sauneron klarsichtig für die Werke Sicards in die Wege geleitet und Maurice Martin dann publiziert hat (Sicard, Œuvres I-III).

53 Die Gründe, die Wansleben zu solchen Eingriffen bewegten, sind nicht recht ersichtlich. Hiob Ludolf hat für Rel. die Schuld auf Wanslebens Übertritt zum Katholizismus und auf die Mitwirkung von Mönchsbrüdern bei der Ausarbeitung geschoben, vgl. seine handschriftlichen Vermerke zu Rel. Germ. Ms. A (ed. Cyprianus, s. Anm. 31 a. E.) und zu Rel. Germ. Ms. B (ed. Reuß, s. Anm. 33). Die Eingriffe in NR Ital. können überhaupt erst jetzt, d. h. bei Vergleich des Druckes mit der Hs., durchschaut werden.

54 Der Zusammenhang *Buqṭur* (*Boqṭor*) / ⲃⲓⲕⲧⲱⲣ / *Victor* wurde von Wansleben nicht durchschaut – wie noch lange in der europäischen Forschung, vgl. etwa die Verballhornungen, die ich in der Einleitung zu meiner Dissertation (Horn, Mart. Viktor; s. Abkürzungsverz.) zusammengestellt habe: u. a. „Mar Buchter" (Lepsius), „Maria Bokté" (A. C. Harris), „Pictor" (Wüstenfeld) (Einl., Abschnitt I 3c, Anm. zu „Apa Viktor").

55 Zu diesem Heiligen s. u. 4.3.3 zu A 19a II // B I 17.

(„des Ministers"; *Buqṭur ibn Rumānôs al-wazīr*)[56].[57] Der Zusatz „Šū" beim ersten Heiligen bezeichnet den Namen eines Ortes, der auf dem Ostufer des Nil gegenüber Asyūṭ lag.[58] Sehen wir von dieser Kontamination ab, stellen wir folgende bearbeitetenden Eingriffe in den ursprünglichen Text fest:

a) Der christl.-arab. Ehrentitel *Mārī* (≙ kopt. ⲁⲡⲁ) wird durch B. = Beatus ersetzt.
b) Der differenzierende Zusatz *Šū* wird durch „früher der Böse genannt" wiedergegeben. Das ist ein Versuch, den unverstandenen Ortsnamen zu übersetzen. Dabei ist offensichtlich an die arab. Wurzel *sā'a* „böse sein" gedacht, zu der ein Substantiv *sū'* „Böses, Übel" gebildet wird.[59]
c) Nachdem nun das Epitheton des Heiligen „übersetzt" war, mußte natürlich erklärt werden, warum dieser Viktor (wenn auch früher) den Beinamen „der Böse" trug; also wurde der „erklärende" Zusatz „weil er ein Christenverfolger gewesen ist" hinzugefügt.
d) Viktor ist in Rel. der Sohn „eines Wesirs Romanos". Gemeint ist aber nicht irgendein Wesir, sondern „Romanos der Wesir", nämlich der berühmte – in vielen Märtyrergeschichten genannte – hohe Amtsträger des Kaisers Diokletian.[60]

Zuverlässiger sind die Hss. auch dort, wo es um die Überlieferung von Namen, insbesondere Ortsnamen geht. Diese sind bei der Drucklegung – weil weitgehend unbekannt und unverstanden – besonders gefährdet. Schon die Verwechslung eines Buchstabens kann hier zu groben Verunstaltungen führen. Wansleben hat auf Grund seiner guten Kenntnisse des Arabischen eine Transkription arabischer Namen entwickelt (sowohl deutsch als auch italienisch), die er zwar nicht explizit begründet, die aber ein feines Gespür für die sprachlichen Verhältnisse des Ägyptisch-Arabischen verrät. Vgl. etwa die Transkriptionen

56 Zu diesem Heiligen s. Horn, Mart. Viktor, insbes. die Einleitung (ebd. Abschnitt I 2c zur an der hier besprochenen Stelle gemeinten Kirche des Viktor). Der Vater des Viktor wird im Mart. Viktor als ⲣⲱⲙⲁⲛⲟⲥ ⲡⲉⲥⲧⲣⲁⲧⲏⲗⲁⲧⲏⲥ „Romanos der General" und als „mit Königen auf einer Stufe stehend" (Mart. Viktor (ed. Budge) 3,12f.) bezeichnet. Er gehört in vielen koptischen Märtyrerlegenden zu den engsten Beratern des Kaisers Diokletian – daher wohl das arab. *al-wazīr* „der Minister" – und ist in einer typisch ägyptischen Version von deren Einleitungsgeschichte führend an der Einleitung der Christenverfolgung beteiligt („Geschichte vom Rat des Romanos"; zu dieser Version von Martyriumseinleitungen mehr in einer anderen Folge dieser „Studien").

57 Zur Kontamination der beiden Heiligen, durch die zwei verschiedene Kirchen in verschiedenen Orten zu einer werden, s. u. den Kommentar zur Stelle in Rel. Germ. (Abschn. 4.3.3).

58 Der Ortsname heute noch (indirekt) erhalten im ON *Dêr Šū* (3 km nördl. Abnūb). Auch Wansleben hat (später) das Epitheton des Heiligen richtig als ON „Sciú" gedeutet, s. NR 366 bzw. NR Ital. p. 133. Zum Epitheton „von Schu" des Viktor s. Hinweis in Anm. 55.

59 Wehr, WB 399a. Den Hinweis zur Deutung der italienischen „Übersetzung" des Epithetons verdanke ich meinem Kollegen Antonio Loprieno (Perugia-Göttingen).

60 Vgl. Anm. 56.

(1) Omil Kossûr (≙ *Umm al-Quṣūr*)[61]
(2) Abnûbil hammâm (≙ *Abnūb al-Ḥammām*)[62],
in denen die Zusammenschreibung des Artikels „il" (≙ *al-*) mit dem vorhergehenden Substantiv klar die Syllabierung der zusammengesetzten Ortsnamen wiedergibt (*Um|mil|Qu|ṣūr, Ab|nū|bil|Ḥam|mām*). Zur Verdeutlichung der Betonungsverhältnisse verwendet Wansleben zwei Akzentformen, nämlich

a) den Accentus acutus zur Angabe des betonten Vokals, etwa il maállak (≙ *al-muʿallaq*) „das hängende (Kloster)"[63] oder Benekélb (≙ *Banī Kalb*)[64]; allerdings wird nicht jeder mehrsilbige Name mit einem Akzent versehen.
b) den Zirkumflex zur Angabe langer Vokale, die betont sind, etwa Ballôt (≙ *Ballūṭ*)[65]; der Zirkumflex wird aber nicht systematisch verwendet: Lange betonte Vokale können auch durch den Accentus acutus markiert werden, etwa Abutíg (≙ *Abū Tīg*)[66], oder unbezeichnet bleiben, etwa Buwet (≙ *Buwêṭ*)[67].

Eine Eigenheit von Wanslebens Transkription der Ortsnamen sei hier noch kurz angemerkt: Ortsnamen, die mit dem arab. Artikel beginnen, werden prinzipiell ohne Artikel wiedergegeben, also Kossíe für *al-Qūṣīya* (nicht il Kossíe)[68] oder Demsihíe (Demsihíje) für *al-Timsāḥīya* (nicht il Demsihíe)[69].

Die Pariser Setzer Wanslebens haben seine Transkriptionen zwar im großen und ganzen sorgfältig ausgeführt, doch ergibt der Vergleich Rel. / Rel. Germ. und NR / NR Ital. eine ganze Reihe von interessanten Aufschlüssen, teilweise auch Korrekturen. Besondere Bedeutung kommt für die Kontrolle der Drucke Rel. Germ. Ms. B zu, da der Herausgeber von Rel. Germ. einerseits das Opfer einer Reihe von Lesefehlern (oder Satzfehlern) geworden ist – etwa Beirkelb statt Benekélb[70] oder

61 Rel. Germ. Ms. B p. 121; in Rel. Germ. 92 ohne Zirkumflex wiedergegeben. Dagegen in Rel. 210 mit Getrenntschreibung des Artikels: Om il Kossûr.

62 Rel. Germ. Ms. B p. 122; in Rel. Germ. 93 ohne die beiden Zirkumflexe wiedergegeben. Dagegen Rel. 213: Abnûb i hammám.

63 Rel. Germ. Ms. B p. 122 „il maálaka" (in Rel. Germ. 92 verlesen/ verdruckt als „il maabaka", ohne Akzent), was in Rel. 212 zu Recht zu „il maálak" (scil. *dêr ... al-muʿallaq*) verbessert wird.

64 Rel. Germ. Ms. B p. 121 (in Rel. Germ. 92 verlesen/verdruckt als „Beirkelb", ohne Akzent) = Rel. 210; s. auch NR 361.

65 Rel. Germ. Ms. B p. 121 (in Rel. Germ. 92 ohne Zirkumflex); dagegen hat Rel. 209 Ballót (≙ NR 361).

66 Rel. Germ. Ms. B p. 123 (in Rel. Germ. 93 ohne Akzent) = Rel. 214; s. auch NR 367. Vgl. auch den Wechsel Zirkumflex/Akzent in Anm. 65.

67 Rel. Germ. Ms. B p. 123 = Rel. Germ. 93; in Rel. 214 zu Búbet verballhornt.

68 Rel. Germ. Ms. B p. 121 (in Rel. Germ. 92 ohne Akzent) = Rel. 209.

69 Rel. Germ. Ms. B p. 121 (in Rel. Germ. 92 ohne Akzent): Demsihíe ≙ Rel. 209: Demsehíje; vgl. NR 361: Timsahíe.

70 Vgl. Anm. 64.

Adodie statt Aclodii[71] –, andererseits der Meinung war, Wanslebens Akzentsetzungen vernachlässigen zu können.[72]

Da wir wegen einer Reihe von Parallelen in Wanslebens Angaben über Kirchen und Klöster Ägyptens auch Rel. bzw. Rel. Germ. mit NR bzw. NR Ital. vergleichen können, ergeben sich sehr gute Überprüfungsmöglichkeiten zur Feststellung der besten Überlieferungsformen. Ein Beispiel: Für den Ort *Sidfa* (*Ṣidfā*)[73] (südl. *Abū Tīg*) bietet Rel. 214 Sitfe und NR 368 Sitfe; demgegenüber hat Rel. Germ. 93 Fitfe, was (leider) durch Rel. Germ. Ms. B p. 123 bestätigt wird. Der Textvergleich ergibt hier eindeutig, daß einer der seltenen Fälle eines Abschreibfehlers des Kopisten der Göttinger Hs. vorliegt. Diese Möglichkeit der internen Kontrolle innerhalb eines Textkorpus, das inhaltlich von größter Bedeutung für die Geschichte des christlichen Ägypten ist, kann im Hinblick auf Gattung, Zuverlässigkeit des Gewährsmannes und Entstehungszeit der Werke nur als einmalig bezeichnet werden.

71 Wansleben latinisiert diesen Namen zu „Aclodius“ (≙ kopt. ⲕⲗⲁⲩⲇⲓⲟⲥ) und versucht dann, ihn in den für den Kontext „richtigen“ Kasus zu setzen. So lesen wir hier in Rel. Germ. Ms. B p. 121: „... die andere (scil. Kirche) zu B. Adodio (am Rande korr. zu: Aclodio) Martyre“; Reuß formuliert in Rel. Germ. 92 die Weihung der Kirche in einen Genitiv um – daher müßte es bei ihm statt „die andere b. Adodie, eines Märtyrers“ heißen „die andere b. Aclodii“. Rel. 209 formuliert „..., e l'altra del B. Clodio Martire“.

72 Als Beispiele für Weglassung der Akzentsetzungen in Ortsnamen der Hs. Rel. Germ. Ms. B durch Reuß vgl. Anm. 61-66.

73 Die ältere Form des ON ist *Sidfa*, die heutige Form *Ṣidfā*, s. Ramzī, Qāmūs II (4),19.

2. WANSLEBENS VERZEICHNIS DER KIRCHEN UND KLÖSTER: ENTSTEHUNG, TEXTZEUGEN, PARALLELEN

2.1. Das Verzeichnis und seine Entstehung

Wansleben hat während seines ersten Ägypten-Aufenthaltes 1664 versucht, sich möglichst vollständige Informationen über die in Ägypten vorhandenen Kirchen und Klöster der koptischen Kirche zu verschaffen. Dazu holte er eine Zeitlang erfahrene Mönche und Priester – darunter auch den Vorsteher des Syrer-Klosters im Wādi 'n-Naṭrūn[74] – in Kairo zusammen und befragte sie nach den Kirchen und Klöstern.[75] Diese Versammlung fand, wie Wansleben sagt, auf seine Kosten statt.[76] Das dabei eingeschlagene Verfahren war folgendes:

74 Bei Wansleben als „*Reis* oder Abt aus dem Closter *il Seijide fi berriet-jschihâd*, das ist Unser lieben Frauen in *Macarij* Wüsten" bezeichnet (Rel. Germ. Ms. B p. 116 ≙ Rel. 119; in Rel. fehlen die arabischen Bezeichnungen). Mit dem Marien-Kloster in der Wüste Sketis (*as-Sayyida fī barrīyat Šīhāt*; *Šīhāt* < ϣιϩητ „Sketis", s. Graf, Verzeichnis 69), das in Wanslebens „Verzeichnis" neben den Klöstern des Makarios, Pschoi und von Baramus genannt wird (Rel. Germ. 96 ≙ Rel. 221), ist eindeutig das Syrer-Kloster (*Dêr as-Suryān*) gemeint. Denn nur dieses bestand noch neben den drei anderen genannten Klöstern in der zweiten Hälfte des 17. Jahrhunderts, s. Hugh G. Evelyn White, The Monasteries of the Wâdi 'n Natrûn. Part II: The History of the Monasteries of Nitria and of Scetis (ed. by Walter Hauser) (= Publications of the Metropolitan Museum of Art. Egyptian Expedition. 7), New York 1932, 417-421. Die Weglassung des Zusatzes „der Syrer" bei Wansleben ist ein interessantes Zeugnis für das Erlöschen der Gemeinschaft syrischer Mönche im Kloster; dazu s. Evelyn White, op. cit. 414-416 (Wansleben, Rel. ist dort nicht verarbeitet). Wansleben hat vom Aussterben der syrischen Gemeinschaft gewußt, s. folgende Anm. zur Tagungsstätte der Versammlung.

75 Die Versammlung fand in *ʿIzbat as-Suryān*, dem ehemaligen Hospiz des Syrer-Klosters in Kairo, statt (Rel. Germ. Ms. B p. 116 *Esbet Issorjân* ≙ Rel. 198 *Ezbet issorján*). Wansleben erläutert das Gebäude in Rel. Germ. nicht weiter, ergänzt aber seine Ausführungen in der ital. Fassung dahingehend, daß man sich versammelte „im Hospiz der syrischen Mönche, das auf arabisch *Ezbet issorján* genannt wird (das heute, weil es keine Mönchsbrüder dieser Nation in Ägypten mehr gibt, als Hospiz der Mönche von St. Makarius dient), in der Straße, die *Háret il Meks* heißt" (Rel. 198 f.). Dieses Zeugnis für das Erlöschen der syrischen Mönchsgemeinschaft in Ägypten fehlt bei Evelyn White, op. cit. 414-416, s. Anm. 74.

76 Rel. Germ. B p. 116. Der Hinweis auf die Kosten fehlt in Rel. Dieser Hinweis hat Wansleben harte Kritik eingebracht – wird ihm doch vorgeworfen, hier das ihm von Herzog Ernst anvertraute Geld für eine höchst unnütze Veranstaltung verschleudert zu haben (Beck, Ernst der Fromme (s. Anm. 9) I 573). Dieser Vorwurf ist sehr typisch für deutsche Fehleinschätzungen von Wanslebens Verdiensten, verkennt er doch völlig, welchen Schatz hier der Getadelte erworben hat!

„(Ich) ... fragte sie von allen Kirchen und Clöstern im gantzen Lande. Der erfahrenste unter ihnen muste (p. 117) anfangen, die anderen musten *examinieren*, und ließ ich sie solang über die Sache *disputiren*, biß sie alle einig wurden, dann schrieb ich, und obgedachter Abt schrieb auch selbst, dessen *Arabisches Exemplar* ich noch bey mir habe."[77]

Die Ergebnisse wurden also zweifach festgehalten, d.h. auf deutsch (bzw. in deutscher Transkription) und auf arabisch. Die Ordnung der Befragung erfolgte nach einem der in Ägypten geläufigen geographisch-mnemotechnischen Prinzipien: Kairo (einschließlich seiner Umgebung) – von Kairo nilaufwärts – von Kairo nilabwärts[78]; in Wanslebens eigenen Worten:

„Unsere Ordnung, so wir gehalten, ist diese: Von *Cairo* haben wir angefangen, dann sind wir in Alt-*Cairo* kommen, von dar den Niel[*sic*] aufwerts auf beyden Seiten so hoch, biß keine Christen-Kirchen mehr in Aegypten zu finden sind. Nach diesem haben wieder in *Cairo* angefangen, und sind den Nil hinunder auf beyden Seiten biß *Alexandria*."[79]

Aus dem so gewonnenen Material hat Wansleben dann innerhalb seines Reiseberichtes von 1665 (Rel. Germ. Ms. A) das Kapitel erstellt, dem er den Titel gibt:

77 Rel. Germ. Ms. B p. 116f. ≙ Rel. 199f. Rel. weicht in einigen Einzelheiten leicht ab:
a) Wansleben bezeichnet sich hier als „Vorsitzender (Presidente) und Leiter (Direttore) dieser Versammlung".
b) Nicht der erfahrenste Teilnehmer begann mit der Darstellung, sondern jeder der Teilnehmer war wechselweise für einen Tag der Berichterstatter.
c) Das arabische Exemplar der Niederschrift über die Ergebnisse wird nicht als im Besitze von Wansleben erwähnt.

78 Nach ähnlichen Prinzipien werden kirchliche topographische Verzeichnisse, z.B. Bistümerlisten, geordnet; vgl. etwa die von Amélineau oder Munier edierten Listen (Amélineau, Géogr. 571-583; Munier, Recueil 43-65). Dabei macht die Anordnung für Unterägypten gewisse Probleme, während sie für Oberägypten durch den Lauf des Nils klar vorgegeben ist (d.h. entweder von der Deltaspitze nilaufwärts oder von Philae nilabwärts). Wansleben selbst hat in seinem Bistümerverzeichnis (Histoire de l'Eglise d'Alexandrie (s. Anm. 46) 17-26) die alphabetische Abfolge der Orte gewählt und damit die „ägyptische Ordnung" seiner koptisch-arabischen Vorlage zerstört (aaO 17; vgl. u. Anm. 96). Dagegen folgt die Anordnung der Bistümer, die „gegenwärtig" (d.h. 1672/73) bestehen, bei Wansleben für Oberägypten dem Prinzip „nilabwärts", s. op. cit. 26f.

79 Rel. Germ. Ms. B p. 117 ≙ Rel. 200; bemerkenswerte Abweichungen in Rel.:
a) Der Beginn mit Kairo wird begründet („essendo il Cairo il capo di tutto l'Egitto").
b) Der Vermerk, wie weit nilaufwärts das Verzeichnis reicht, fehlt in Rel. (Rel. Germ. „bis keine Christen-Kirchen mehr in Aegypten zu finden sind", d.h. bis Esna).
c) Das Ende des Verzeichnisses wird nicht mit Alexandria, sondern mit „sino ad Alessandria, e Damiata, dove finisce l'Egitto" angegeben; die Ergänzung ist als gelehrte Glosse zu betrachten, da in Damiette (Dimyāṭ) überhaupt keine Kirche verzeichnet wird.

„Begreift in sich ein Verzeichnüß aller Kirchen und Clöster der Copten in Aegypten."[80]

Auf ein Problem der in der geschilderten Weise gewonnenen Informationen, die in das Verzeichnis eingegangen sind, weist er am Schluß des Kapitels hin:

„Und ist hierbey zu gedencken, daß meine Münche von den vielen fragen und *disputiren* endlich gantz verdroßen wurden, daß ich wohl nicht so genau forschen können, wie ich gern gewolt. Were nun irgend ein *error* mit untergelauffen, so hette man mir denselben zugut zu halten."[81]

Diese sehr menschliche Warnung vor zu hohen Ansprüchen an Wanslebens Verzeichnis ist in Rel. unter den Tisch gefallen.[82] Wansleben unterdrückt damit zwar eine Information, die für die Interpretation zu berücksichtigen ist, doch wird sich zeigen, daß das Verzeichnis zwar nicht unfehlbar, aber in hohem Maße zuverlässig ist, wir seinem Verfasser also wenig zugute halten müssen.

2.2. Textzeugen

Das „Verzeichnis" als Teil des Berichtes über Wanslebens erste Reise nach Ägypten teilt dessen handschriftliche bzw. editorische Schicksale. Über diese war oben in 1. Bericht erstattet worden. Wir brauchen daher hier nur noch eine Liste der Fundstellen in den Textzeugen zu geben:

A. Deutsche Fassung
  I. Handschriften
    1. Rel. Germ. Ms. A (zur Zeit für mich nicht zugänglich)[83]
    2. Rel. Germ. Ms. B p. 116,14-126,26[84]

80 Rel. Germ. Ms. B p. 116; von Reuß in Rel. Germ. 88 zu „Verzeichniß aller Klöster und Kirchen der Kopten in Aegypten" umgemodelt. Der Titel gehört in Rel. Germ. zu Cap. V des Teiles III („Von der Religion und geistlichen Sachen") des Berichtes. Da Rel. den Stoff des Verzeichnisses auf zwei Kapitel des Werkes verteilt, von denen das eine die Einleitung, Kairo und Oberägypten enthält, das andere Unterägypten, gibt es dort zwei Überschriften:
(1) „Cap. VI. Nel. quale si fà il racconto di tutti ili Monasterij, e Chiese de' Copti, che hanno in Egitto, dal Cairo contr' acqua, lungo il Nilo." (Rel. 198).
(2) „Cap. VII. Si raccontano tutte le Chiese, e Conventi de' Copti, che si trovano in Egitto, dal Cairo sino ad Alessandria, uscendo per la porta, chiamata *Bab innassr*." (Rel. 217).
Der konzise Charakter des deutschsprachigen Titels geht hier im Wortreichtum der italienischen Kapitelüberschriften unter.

81 Rel. Germ. Ms. B p. 126,21-26; Rel. Germ. 96 ist stilistisch stark überarbeitet.

82 Rel. 222 schließt einfach mit der Notiz über die letzte verzeichnete Kirche und versieht diese mit der Bemerkung: „E questa è l'ultima del nostro catalogo."

83 Vgl. Anm. 26.

84 Die Hs. wurde von mir in der Handschriftenabteilung der Niedersächsischen Staats- und Universi-

II. Drucke
  1. Unpubliziert
  2. Publiziert in Rel. Germ. 88-96 (mit erheblichen stilistischen Eingriffen des Herausgebers Reuß in den Text der Hs.; häufig Fehler in der Wiedergabe der Namen)

B. Italienische Fassung
  I. Handschriften
    – nicht bekannt
  II. Druck
    Rel. 198-222[85]

Hier noch eine Übersicht über die Teile des Verzeichnisses in den Textzeugen:

Textzeuge:	Rel. Germ. Ms. B	Rel. Germ.	Rel.
(0) Einleitung	p. 116,17-117,10	88	198-200
(1) Kairo und Umgebung	p. 117,12-118,16	88-89	200-203
(2) Nilaufwärts (Oberägypten)	p. 118,17-124,21	89-95	204-217
(3) Nilabwärts (Delta)	p. 124,22-126,20	95-96	217-222
(4) Schlußbemerkung	p. 126,21-26	96	*om.*[86]

Zum Verhältnis der deutschen zur italienischen Fassung vgl. den Schluß von 1.; dort auch zum hohen Zeugenwert von Rel. Germ. Ms. B. Vgl. weiter die Konfrontation eines Teiles des Verzeichnisses in verschiedenen Fassungen unten in 3.3.

Bei Zitaten aus dem „Verzeichnis" wird in jedem Falle der Fassung von Rel. Germ. Ms. B der Vorzug gegeben. Abweichungen von diesem Text in Rel. Germ. werden nur dann angegeben, wenn es sich um (Lese- oder Druck-)Fehler im Namensmaterial handelt, da es sich im übrigen durchweg um stilistische „Verbesserungen" durch den Herausgeber handelt, die keinen Anspruch auf Authentizität besitzen. Will man eine Stelle aus Rel. Germ. Ms. B in der Publikation Rel. Germ. auffinden, so benutze man die Konkordanz oben in der Vorbemerkung. Die Entsprechungen zu den Stellen aus Rel. Germ. Ms. B in der italienischen Fassung von Rel. werden durchweg mit dem Zeichen „entspricht" (≙) notiert. Dabei werden wichtigere Abweichungen angegeben; vgl. das Verfahren in Anm. 77 und 79. In einzelnen Fällen können Zitate auch direkt aus Rel. gegeben werden – nämlich dann, wenn dort Material geboten wird, das in Rel. Germ. (Ms. B)

tätsbibliothek Göttingen eingesehen und für die Zwecke dieser Arbeit ausgewertet (kollationiert bzw. exzerpiert). Für die Erlaubnis zur Benutzung der Hs. danke ich dem Leiter der Handschriftenabteilung, Herrn Dr. Klaus Hänel.

85 Der relativ große Umfang des „Verzeichnisses" in Rel. im Vergleich zu Rel. Germ. Ms. B / Rel. Germ. erklärt sich nicht etwa durch Erweiterungen, sondern durch das kleine Format des Buches: Duodezformat / in-12°.

86 Vgl. Anm. 82.

nicht enthalten ist; als Beispiel vgl. Anm. 75. Solches Material kann durchaus authentisch sein, nämlich aus Unterlagen stammen, die Wansleben nicht in den offiziellen Bericht für den Gothaer Hof eingearbeitet hat; dann kommt Rel. primärer Quellenwert zu.

In den Zitaten aus Rel. Germ. Ms. B wurde der Wortlaut von Wanslebens Text in jedem Falle beibehalten, auch wenn er nicht dem Sprachgebrauch des modernen Neuhochdeutschen entspricht. Die Orthographie und Zeichensetzung wurde dagegen ganz geringfügig „modernisiert", etwa in der Frage von Groß- und Kleinschreibung oder der Verwendung des Bindestriches.[87] Wansleben hat zur Hervorhebung von Wörtern – Personennamen, Ortsnamen, Wörter aus fremden Sprachen (auch dem Lateinischen!) – einen zweiten Schrifttyp verwendet, offensichtlich „lateinische" Schrift zur Absetzung von der sonst gebrauchten „deutschen" Schrift (so jedenfalls die Göttinger Abschrift). Diese Art der Hervorhebung wird hier durch *Kursivschrift* wiedergegeben.

2.3. Parallelmaterial zum Verzeichnis

Im Bericht über seinen zweiten Aufenthalt in Ägypten 1672/73 bietet Wansleben eine Reihe von Angaben über Kirchen und Klöster, die das „Verzeichnis" von 1665 teils bestätigen, teils korrigieren, aber auch ergänzen. Diese finden sich gehäuft im Bericht über die Reise nach Oberägypten, die er vom 24. Februar bis zum 24. April 1673 von Kairo aus unternahm, und die ihn bis zum Weissen Kloster bei Sohag führte.[88] Neben einer Reihe von Notizen zu einzelnen Orten und ihren Kirchen aus Anlaß der Berührung dieser Orte[89] sind zwei Passagen für unsere Zwecke besonders wichtig, da in ihnen Kirchen jeweils einer ganzen Region listenmäßig – also dem „Verzeichnis" vergleichbar – zusammengestellt werden. Es handelt sich um

87 Beispiele:
Rel. Germ. Ms. B: alt *Cairo*; hier: Alt-*Cairo*.
Rel. Germ. Ms. B: *Examiniren*; hier: *examiniren*.
Rel. Germ. Ms. B: Christen Kirchen; hier: Christen-Kirchen.
Vgl. weiter das in der Einleitung zur Edition Gesagte, s. u. 3.2.2.

88 NR Ital. p. 126,12-150,18 („Il mio viaggio nell'Egitto superiore") ≙ NR 354-405 („Voyage de l'Egypte superieure"). Der Bericht hat mehrere Unterabschnitte, die eigene Überschriften haben, etwa „Del mio viaggio à Tahta, con il Vescovo di Siut" (NR Ital. p. 132,34-137,7 von unten; vgl. u. Anm. 94). Die französische Fassung ist gegenüber NR Ital. gekürzt und stark bearbeitet.

89 Vgl. besonders die Routenbeschreibung des Weges, den Wansleben von Asyūṭ nach Ṭahṭā genommen hat, in der viele Orte mit ihren Kirchen erwähnt werden (NR 365-369); als Beispiel s. die Notiz zu Mūšā (Wansleben: *Muscie*) in NR 366, 6-12 (≙ NR Ital. p. 133,4-6): „...; dann *Muscie*, ein anderes Dorf ebenfalls zu unserer Rechten, wo die Kopten früher eine Kirche besaßen, die dem *Mari Poctor Sciú* geweiht war, der diesen Namen nach der Stadt *Sciú* bekommen hat, die nahe *Abnúb* liegt und heute zerstört ist." Vgl. auch Anm. 94.

(1) „Lista delle chiese e monasterii che sono nel Clima di Momfallot" (Liste der Kirchen und Klöster in der Diözese[90] von Manfalūṭ; NR Ital. p. 128, letzte Z.-129,18)[91]

(2) „Lista delle chiese e monasterii che sono nel Clima di Siut." (Liste der Kirchen und Klöster in der Diözese[90] von Asyūṭ; NR Ital. p. 130,17-32)[92].

Diese Listen, die anscheinend die Kirchen der beiden Bistümer vollständig wiedergeben wollen, sind keineswegs Wiederholungen der entsprechenden Partien im „Verzeichnis". Ihre Anordnung weicht von diesem ab; sie bieten zudem in diesem Gebiet einige Kirchen mehr als dort genannt und präzisieren teilweise die dortigen Angaben. Durch sie wird auch die Kontamination der beiden Viktor-Kirchen im „Verzeichnis" durchschaubar. Sie sind also offensichtlich aus anderen Quellen als den 1664 erschlossenen geschöpft. Ob sie auf mündliche Information (durch die Ortsbischöfe von Manfalūṭ und Asyūṭ)[93] zurückgehen oder auf schriftliche Quel-

90 Wanslebens Terminus „Clima" geht auf arab. *iqlīm* zurück, das seinerseits aus griech. κλῖμα entlehnt ist. Das Wort bedeutet „Gegend, Region; Provinz (Verwaltungs-)Distrikt" (Wehr, WB 18b) und wird in Ägypten für einen Verwaltungsdistrikt verwendet, der der heutigen *mudīrīya* „Provinz" entspricht (Wehr a.a.O.). Zwar gibt es die (mamlukischen) Provinzen Manfalūṭ und Asyūṭ, s. Halm, Ägypten I 99-102 und 88-99; ich glaube aber nicht, daß diese hier von Wansleben gemeint sind, da ihre Gebiete anders abgegrenzt sind. So gehörte das Ostufer gegenüber von Asyūṭ zur Provinz Asyūṭ und nicht, wie in Wanslebens erster Liste (zweiter Teil) zum Distrikt von Manfalūṭ, s. Halm a.a.O.. Da auch die Provinz Asyūṭ viel weiter südlich reichte als das „Clima di Siùt" bei Wansleben (s. Halm, Ägypten I 88-99 und Karten 7, 8), liegt es hier nahe, an andere Distrikte als die der staatlichen Administration zu denken. Diese Distrikte sind solche der *kirchlichen Einteilung* des Landes, d.h. Sprengel eines Bischofs. Daß das wirklich so ist, zeigt ein Vergleich der Verwaltungssprengel („Clima") bei Wansleben mit den Diözesen (*abrūšīya*) der koptischen Kirche in den Listen von Clarke und Simaika: Die Bezirke decken sich großenteils; insbesondere *gehört das Ostufer von Asyūṭ* – der heutige *markaz* (Kreis) Abnūb, der ehemals ein eigenes Bistum bildete – *zum Bistum Manfalūṭ* (heute: *abrūšīyat Manfalūṭ wa-Abnūb*, s. Simaika, Dalīl II 195f.). Angesichts dieses Befundes scheint es mir richtig, „Clima" hier mit „Diözese" zu übersetzen.

91 Die Liste in leicht bearbeiteter Form in NR 361f. Daß es sich um ein selbständiges Dokument handelt, ist dort nicht mehr zu erkennen, da die Überschrift weggefallen ist. Der Text geht einfach einleitungslos mit „Il y a..." zu den Kirchen und Klöstern der „Province de Momfallót" (NR 360) über. Zur Bewertung der französischen Fassung s. oben 1. am Ende.

92 Die Liste in bearbeiteter Form in NR 364f. Zwar hat sie hier ebenfalls eine Art Überschrift („Les Eglises & Monasteres des Chrêtiens Coptes qui sont dans cette Province, sont ceux qui suivent: ..."), doch hat sie einen schwerwiegenden Eingriff erfahren: Die erste Notiz der Liste in NR Ital. (zu Siùt, p. 130,18f.) ist nämlich in NR aus der Liste herausgenommen und mit den Angaben zu den koptischen Christen in Asyūṭ verbunden worden (NR 364,5-10). Zur Bewertung der französischen Fassung s. oben 1. am Ende.

93 Den Bischof von Asyūṭ, Amba Johannes, hat Wansleben 1673 kennengelernt, und die beiden schlossen Freundschaft miteinander, s. NR Ital. p. 130,35-38 (≙ NR 363; hier sind einige Informationen weggefallen); Wansleben hat ihn auf einer Reise, die der Erfüllung bischöflicher Aufgaben diente, begleitet, vgl. Anm. 95. Ob er auch mit dem Bischof von Manfalūṭ Bekanntschaft geschlossen hat, läßt sich aus NR Ital. // NR nicht erheben. Einen Bischof hat es dort zur Zeit von Wanslebens Reise

len aus bischöflichen Archiven zurückgreifen, läßt sich nicht endgültig entscheiden. Ersteres halte ich für wahrscheinlicher, vgl. die Informationen über Kirchen, die Wansleben in den Teil der Reise einstreut, den er gemeinsam mit Amba Johannes, dem Bischof von Asyūṭ, unternommen hat.[94] Für letzteres kann allerdings angeführt werden, daß Wansleben mindestens eine Hs. des bischöflichen Archivs von Asyūṭ benutzt und exzerpiert hat: Sein Katalog der Bistümer Ägyptens („Catalogue des Villes Episcopales, qui étoient anciennement en Egypte")[95] ist aus einer Hs. geschöpft, die ihm der Bischof Amba Johannes bei seinem Aufenthalt in Asyūṭ zur Verfügung gestellt hat.[96]

Auch in diesem Fall ist der Rückgriff auf die italienisch abgefaßte Hs. dringend geboten: Bei der glättenden Bearbeitung und Kürzung zur französischen Fassung

gegeben, s. Wansleben, Histoire de l'Eglise d'Alexandrie (s. o. Anm. 46) 26. Bei der Schilderung von Wanslebens Aufenthalt in Manfalūṭ ist vom Bischof nicht die Rede, sondern nur von Bekannten, die Wansleben bereits 1664 kennengelernt hatte (NR Ital. p. 128,23-27; in NR weggelassen). Das könnte damit zusammenhängen, daß der Bischof nicht in Manfalūṭ residierte, da es dort damals keine koptische Kirche gab. Vgl. das Fehlen einer solchen Kirche im „Verzeichnis" und in der Liste von 1673, dazu den ausdrücklichen Hinweis in NR 360; dieser fehlt zwar in NR Ital., geht aber auf Wanslebens Information vor Ort bzw. seine Kenntnis des sog. Protais-Berichtes zurück, den er in Kairo exzerpiert hat (NR Ital. p. 119,6 v. u.-122,6 v. u. ≙ NR 405-413; Wanslebens Exzpert ist in NR an eine andere Stelle versetzt worden!). Im Protais-Bericht (über eine Reise von Kairo nach Oberägypten) findet sich nämlich die Bemerkung, daß die Christen von Manfalūṭ ihre Kirche eine Meile von dort in „Benikelbe" (*Banī Kalb*) haben. Diese Bemerkung hat Wansleben sicher gelesen, aber nicht in das Exzerpt in NR Ital. aufgenommen. Vgl. weiter u. 4.3.3 den Kommentar zu Banī Kalb; dort auch zur Edition dreier Fassungen des Protais-Berichtes.

94 Wansleben hat den Bischof auf einer dienstlichen Reise nach Ṭahṭā begleitet, von dort aus selbständig das Weiße und das Rote Kloster besucht und ist dann mit dem Bischof nach Asyūṭ zurückgekehrt (13. bis 22. März 1673; NR Ital. p. 132,34-137,7 v. u. ≙ NR 365,20-377,25). Im Bericht über die Hinreise nach Ṭahṭā gibt es eine ganze Reihe von Angaben zu Kirchen in Orten, die die beiden berühren – als Beispiel vgl. Mūšā, o. Anm. 89 – oder in denen Amba Johannes als Bischof tätig wird – als Beispiel vgl. die Diakonatsweihe in Nazlat aš-Šahīd, wo eine Kyriakos-Kirche genannt wird (NR 369). Daß der Bischof über den Bezirk hinaus tätig wird, der in Wanslebens Liste der Kirchen des Distriktes Asyūṭ genannt wird (dazu s. o. Anm. 90), darf nicht verwundern – ist er doch gleichzeitig Bischof der Diözesen Abū Tīg und Girgā, s. Wansleben, Histoire (s. Anm. 46) 26.

95 Wansleben, Histoire 17-26.

96 Wansleben, aaO 17: „Hier das Verzeichnis dieser Bistümer, das sehr genau ist, weil ich es einem alten koptischen Manuskript entnommen habe, das mir der Bischof von Asyūṭ namens Amba Johannes mitgeteilt hat, als ich 1673 bei ihm war. Ich habe sie (scil. die Bistümer) nach der Ordnung des Alphabetes angeordnet. ..." Zur Veränderung der Ordnung des Ms. durch Wansleben vgl. Anm. 78. Das Asyūṭer Ms. läßt sich teilweise rekonstruieren, wenn man verwandte koptische Bistümerlisten heranzieht, wie sie etwa von Munier, Recueil 43-65 publiziert wurden. Warum Munier dieses wichtige indirekte Zeugnis für die koptische Bistümergliederung nicht aufgenommen hat, bleibt unerfindlich – bringt er doch Wanslebens Übersicht über den „gegenwärtigen" Bestand an Bistümern der koptischen Kirche (Wansleben, Histoire 26f. ≙ Munier, Recueil 65f.). Dazu mehr an anderer Stelle.

von NR ist nicht nur der Listen-Charakter der beiden Teilverzeichnisse verlorengegangen, sondern es haben sich auch eine Reihe von schwerwiegenden Fehlern eingeschlichen. So sind die von Wansleben in der Hs. gesetzten Punkte (...) für Ortsnamen, die er nicht in Erfahrung bringen konnte, in NR einmal völlig mißdeutet, das andere Mal an eine völlig falsche Stelle gesetzt. Ein gewisser Vorteil von NR ist die recht konsequente Akzentuierung der Ortsnamen, von der Wansleben in NR Ital. nur sparsam Gebrauch macht.[97] Allerdings scheint mir die Akzentuierung von NR stark an der der entsprechenden Ortsnamen in Rel. orientiert zu sein. Das spricht für sekundäre Einführung bei der Ausarbeitung der französischen Fassung nach der Rückkehr nach Paris 1676.

Bei Zitaten aus der „Reise nach Oberägypten" wird – parallel zum Verhältnis Rel. Germ. Ms. B / Rel., s. o. 2.2 a. E. – in jedem Falle der Fassung von NR Ital. der Vorzug gegeben. Die entsprechenden Stellen in der französischen Fassung von NR werden durchweg mit dem Zeichen „entspricht" (≙) notiert. Wichtigere Abweichungen dort werden angegeben bzw. kommentiert. Die Ergänzung von NR durch Material, das in NR Ital. nicht aufgenommen wurde, ist recht selten anzutreffen.[98] Für unseren Hauptzweck, die Topographia Christiana, bietet NR in dieser Hinsicht kaum Material, das NR Ital. ergänzt.[99] Vielmehr werden eher Informationen aus NR Ital. im Prozeß der Umarbeitung zu NR verunstaltet.

In den Zitaten aus NR Ital. wird der Wortlaut von Wanslebens Text in jedem Falle beibehalten. Orthographie und Zeichensetzung wurden ganz geringfügig modernisiert; das betrifft besonders die unterschiedslose Schreibung von *u* und *v* (Wansleben schreibt durchweg *u* für *u* und *v*, wenn es sich um Kleinbuchstaben handelt). Eine Hervorhebung von Wörtern – Personen- und Ortsnamen u. a. – durch einen anderen Schrifttyp, wie wir sie für Rel. Germ. Ms. B festgestellt haben, ist in NR Ital. nicht gebräuchlich. Ortsnamen z. B. werden genauso geschrieben wie der übrige laufende Text. NR verwendet hier demgegenüber die Kursivierung. In Anlehnung daran werden in Zitaten aus NR Ital. die Ortsnamen durchweg in *Kursivschrift* hervorgehoben.

Eine kleine Eigenart von Wanslebens Transkription aus dem Arabischen sei hier noch erwähnt: Transkribiert er in NR Ital. mit *h*, so setzt er in vielen Fällen, in

97 Vgl. etwa *Buk*, *Ballot*, *Tetelie* in NR Ital. p. 129,3-9 mit *Búk*, *Ballót*, *Tetelíe* in NR 361.

98 Beispiele: Die gelehrte Glosse zur Zahl der Dörfer in der Provinz Manfalūṭ (NR 360,2 v. u.-361,3); der Hinweis auf Herai (bei Wansleben Erázi, sic.), die Schwester und Mitmärtyrerin des Apater, dem in Asyūṭ eine Kirche geweiht ist (NR 364,7-9; eventuell aus Wanslebens Lektüre des Synaxars geflossen); die Angabe über die Rückkehr von Ṭahṭā nach Asyūṭ (NR 377,5-3 v. u.; wahrscheinlich aus Wanslebens persönlichem Tagebuch entnommen).

99 Zu erwähnen ist der Hinweis auf Herai, die Schwester des Märtyrers Apater, in NR, s. Anm. 98.

denen dieses *h* arabischem *Ḥā'* oder *Ḫā'* entspricht, ein arabisches *τ* als diakritisches Zeichen unter dieses *h*. Als Beispiele dafür vgl. etwa *medbaḥ* oder *Scieḥ*, was *maḏbaḥ* bzw. *Šêḫ* entspricht.[100]

100 NR Ital. p. 131,23 bzw. 140,4. Wansleben differenziert nicht zwischen *τ* und *τ̇*, setzt also für beide arabischen Phoneme das gleiche Zeichen *ḥ*. Treten die entsprechenden Worte in NR auf, bleibt das *h* unmarkiert; in einigen Fällen transkribiert NR *ch*, etwa *Sciech* für *Šêḫ*, NR Ital. *Scieḥ*.

3. DIE ANGABEN WANSLEBENS ÜBER DIE KIRCHEN UND KLÖSTER IM GEBIET DES XI. bis XIV. OBERÄG. GAUES: EDITION DES EINSCHLÄGIGEN MATERIALS

3.1. Vorbemerkung zur Abgrenzung der Textausschnitte

Angesichts der Bedeutung der Hss. von Rel. Germ. und NR Ital. für die christliche Topographie Ägyptens wäre eigentlich mindestens eine Edition des gesamten „Verzeichnisses" aus Rel. Germ. Ms. A bzw. B und des Parallelmaterials aus NR Ital. wünschenswert. Im Rahmen dieser Arbeit kann eine solche Edition – schon wegen des erforderlichen Kommentierungsaufwandes – nicht vorgelegt werden. Andererseits ist ein Rückgriff auf die Hss. für die Klärung der Märtyrer- und Heiligenkultstätten der Region unabdingbar. Um einerseits dem Leser die Möglichkeit der Kontrolle meiner Aussagen zu geben, andererseits aber auch um wichtige Quellen wenigstens teilweise nutzbar zu machen, habe ich mich zu einer Teiledition entschlossen. Ich bringe also nicht nur die Belegstellen, die ganz direkt die Märtyrer dieser Region betreffen, sondern biete auch deren Kontext, der sie im Grunde erst voll verständlich macht.

Für eine Teiledition ist eine sinnvolle Auswahl der Textausschnitte erforderlich. Wichtigster Gesichtspunkt der Auswahl ist logischerweise die hier zu behandelnde Region. Dieser Gesichtspunkt ist dem Anliegen von Wanslebens „Verzeichnis" zwar fremd[101], aber nicht illegitim – bietet er doch die Möglichkeit, das Parallelmaterial aus NR fast insgesamt einzubeziehen. Denn merkwürdigerweise konzentrieren sich die Parallelen bei Wanslebens genau auf die Region „XI. bis XIV. oberäg. Gau". Es sei daran erinnert, daß Kirchenlisten der Art, wie sie o. 2.3 besprochen wurden, in NR Ital. für andere Gebiete nicht vorhanden sind. Nur Wanslebens Reisenotizen aus Oberägypten bieten noch einige Angaben zu Kirchen, die außerhalb der Region liegen, hauptsächlich im Gebiet des IX. und X. oberäg. Gaues.[102] So ist der hier vorgenommene Schnitt zwar willkürlich, aber insgesamt sehr ertragreich.

101 Will Wansleben doch ein Gesamtverzeichnis aller Kirchen und Klöster Ägyptens geben, ohne dieses selbst nach Distrikten oder Diözesen zu gliedern (siehe man von der Unterteilung „nilaufwärts" / „nilabwärts" ab, die ihren Ausgangspunkt in Kairo nimmt); vgl. o. Abschnitt 1. Doch ist Wansleben selbst eine Verzeichnung der Kirchen nach Distrikten/Diözesen nicht fremd geblieben, s. die in Abschnitt 2.3 besprochenen Listen.

102 Neben Wanslebens Besuch im Weißen und Roten Kloster (NR Ital. p. 134,27-137,26 ≙ NR 370,1-377,21) ist hier besonders seine Wegebeschreibung von Duwêna bis Ṭaḥṭā zu nennen: NR Ital. p.

Fragen wir nun konkret nach den durch die historische Geographie vorgegebenen Schnittstellen im Text von Wanslebens „Verzeichnis“ bzw. im Parallelmaterial aus NR.

(1) Die Nordgrenze der Region, d.h. des XIV. oberäg. Gaues, hatten wir für das Westufer etwa bei Dêr Mawās angesetzt.[103] Die nördlichste Kirche innerhalb des so abgegrenzten Gebietes in Wanslebens „Verzeichnis“ ist dann die Kirche von Dairūṭ aš-Šarīf (Wansleben: *Tarût ischerif* bzw. *Tarut iscierîf*): Rel. Germ. Ms. B p. 120,28f. ≙ Rel. 208,14-16. Im Parallelmaterial in NR wird noch eine weitere Kirche in dieser Gegend erwähnt, die im „Verzeichnis“ nicht vorkommt, aber hier zu besprechen ist, nämlich die Kirche von Amšūl (Wansleben: *Emsciul* bzw. *Emsciúl*): NR Ital. p. 130,18f. ≙ NR 364,6-10.[104]

(2) Die Südgrenze der Region, d.h. des XI. oberäg. Gaues, ist im Prinzip in der Gegend des heutigen Abū Tīg zu suchen. Helck setzt sie ca. 2-3 km nördlich des Ortes an, während Gomaà sie ca. 2-3 km südlich von Abū Tīg sucht.[105] Zwar spricht einiges für Gomaàs Überlegungen zu den Grenzen des Gaues[106], doch wurde hier der Abgrenzung Helcks gefolgt. Dafür spricht nämlich, daß nördlich von Abū Tīg eine Bistumsgrenze liegt, modern gesprochen: die Grenze zwischen den Bistümern Asyūṭ und Abū Tīg.[107] Diese Grenze lag auch schon zu Wanslebens Zeit dort, wie seine Liste der Kirchen des Distriktes Asyūṭ zeigt. Der südlichste verzeichnete Ort ist dort Duwêna, das ca. 5 km nordwestlich Abū Tīg liegt (NR Ital. p. 130,28f. ≙ NR 364,26-29).[108] Außer-

133,33-134,26 ≙ NR 367,21-369,28; vgl. etwa Ṭimā: Kirche des *Abū Fām al-Ausīmī* oder Nazlat aš-Šahīd: Kirche des Kyriakos.

103 Mit Helck, Gaue 106 und Gomaà, Ägypten 106; vgl. o. Abschnitt 3.1.

104 Amšūl liegt ca. 7 km nordwestlich Dairūṭ aš-Šarīf. Es gehört in mamlukischer Zeit zur Provinz al-Ušmūnain, vgl. auch Wansleben an der genannten Stelle („im Distrikt von al-Ašmūnên“). Kirchlich gehört es heute zur Diözese von Ṣanabū und Qusqām, s. Simaika, Dalīl II 193, Nr. 18. Dieser Befund spricht für die Lage des Ortes im Grenzbereich des XIV./XV. oberäg. Gaues. Wegen der Verbindung des Heiligen der Kirche von Asyūṭ zu Amšūl wurde der Ort hier einbezogen, ohne damit eine endgültige Aussage über seine Gebietszugehörigkeit machen zu wollen.

105 Helck, Gaue 100 bzw. Gomaà, Ägypten 89-91; zu dem von Helck, Gaue 99 angeführten Dokument für die Zugehörigkeit von Abū Tīg zum X. oberäg. Gau s. Gomaà, Ägypten 90.

106 Das gilt besonders für seine Rekonstruktion des Ostufergebietes des Gaues, das in seiner Ausdehnung dem Gebiet auf dem Westufer entspricht, s. Gomaà, Ägypten 95f. Vgl. dazu u. 4.3.3. zu A 21 // B I 21.

107 Nördlich von Abū Tīg liegt ebenfalls eine administrative Grenze, nämlich die (moderne) Grenze zwischen dem *markaz* Asyūṭ und dem *markaz* Abū Tīg. Das nördlichste Dorf des letzteren ist Bāqūr ca. 6 km nördlich Abū Tīg, vgl. Ramzī, Qāmūs II (4),17.

108 Duwêna liegt wie Bāqūr, s. Anm. 107, verwaltungsmäßig im *markaz* Abū Tīg, s. Ramzī, Qāmūs II (4),18. Im Gegensatz zu letzterem gehört es heute nicht mehr zum Bistum Asyūṭ, sondern zur Diözese Abū Tīg, s. Simaika, Dalīl II 199, Nr. 4.

dem wird Abū Tīg von Wansleben als eigener Bischofssitz bezeichnet.[109] Der Ort bleibt hier also außerhalb der Betrachtung.

Mit Duwêna haben wir nun einen südlichsten Ort der Region gefunden, der im „Verzeichnis“ nicht aufgeführt wird. Dort liegt zwischen *Sawije* (Rel. Germ. Ms. B p. 122,27 ≙ Rel. 214,7f. *Savíje*; heute *az-Zauya* < *az-Zāwiya*), das ganz sicher innerhalb der hier behandelten Region liegt, und *Abutíg* (Rel. Germ. Ms. B p. 123,1-4 ≙ Rel. 214,15-18) noch ein Ort, für den wir klären müssen, ob er in die Region gehört oder nicht. Wansleben bezeichnet ihn als *Beled il Denagiele* (Rel. Germ. Ms. B p. 122,28-30 ≙ Rel. 214,9-14 *Belled il Denágele*); das sieht nach einem ON *Balad ad-Danagīla* bzw. (Rel.) *Danāgila* aus. Wir können die durch Rel. nahegelegte zweite Form als die wahrscheinlichere ansehen, da sie einem ganz häufigen Ortsnamentyp der Region entspricht, nämlich dem vierkonsonantigen Typ mit femininer Endung, der den Vokalismus $K_1aK_2\bar{a}K_3iK_4a$ aufweist und in der heutigen Aussprache durchgängig zu $K_1aK_2\acute{a}K_3K_4a$ verkürzt wird.[110] Trotz der sehr typischen Form des Namens läßt sich aber ein Ort *(Balad) ad-Danāgila (Danagla)* in der Gegend von Abū Tīg nicht nachweisen.

Wenn wir nun die von Wansleben für den Ort angegebenen Kirchen heranziehen – es handelt sich um ein Marien-Kloster „auf dem Berge“ und eine Kirche des Erzengels Michael „unten“ – liegt die Auflösung der Lokalisierungsfrage fast auf der Hand: Es handelt sich um den Ort, der heute als *Dêr al-Ganādila (Ganadla)* wohlbekannt ist[111]; zu den beiden Kirchen s. Simaika, Dalīl II 199 (Abū Tīg Nr. 9 und 11).[112] Wansleben hat einfach *g* und *d* im ON

109 Wansleben, Histoire (s. Anm. 46) 26. Schon 1664 wußte Wansleben, daß der Ort Bischofssitz ist, vgl. das Verzeichnis in Rel. Germ. Ms. B p. 95,17-96,10.

110 Vgl. etwa folgende Ortsnamen aus der Region:
a) as-Sarāqina > -Saráqna
b) al-ʿAtāmina > -ʿAtámna
c) al-ʿAṭāwila > -ʿAṭáula
d) al-Maʿābida > -Maʿabda
e) al-Balāyiza (Balāʾiza) > -Baláiza.
Die Karten des Survey of Egypt verzeichnen solche Ortsnamen in der Form -Sarâqna, -ʿAtâmna, -Aṭâwla usw., die dann auch weithin Eingang in die Literatur gefunden hat. Diese Schreibform stellt – als Kompromiß zwischen „klassischer“ Form und moderner Aussprache – eine Unform dar und sollte vermieden werden.

111 Vgl. Clarke, Christian Antiquities 171,175; W. M. Flinders Petrie, Gizeh and Rifeh, BSAE 13 (1907),2. Besonders bekannt ist er (indirekt) durch die in der Nähe liegende Klosteranlage von Wadi Sarga und die dort gemachten Funde geworden, s. die Lit. bei C. C. Walters, Monastic Archaeology in Egypt, Warminster 1974, 246 unter P.

112 Daß der erste Bestandteil des Namens einmal *Balad* (Wansleben), einmal *Dêr* (heutige Bezeichnung) lautet, kann dabei nicht stören, sondern ist bezeichnend für die ägyptische Ortsnamengebung. Das Kloster liegt nämlich abseits des dörflichen Siedlungsbereiches am Hang des Gebel („auf

verwechselt – ein Hörfehler bei der Befragung von 1664, bei dem sicher seine Kenntnisse des Äthiopischen mitgewirkt haben.[113] Der Ort liegt ca. 15 km ssö. Abū Tīg am Rande des Fruchtlandes, damit also eindeutig südlich der Grenze der Region und scheidet daher für unsere Betrachtungen aus. Im „Verzeichnis" ist also die Notiz zu *Sawije (Savíje)* die letzte, die wir für unsere Region heranzuziehen haben.

Haben wir so mit Hilfe der historischen Geographie die in Betracht kommenden Textausschnitte festgelegt, so seien diese hier nun noch einmal nach den Texten zusammengestellt:

A. Der Ausschnitt aus dem „Verzeichnis" von 1664
Rel. Germ. Ms. B p. 120,28-122,27 ≙ Rel. 208,14-214,8
(von *Tarût ischerif* ≙ *Tarut iscierîf* bis *Sawije* ≙ *Savíje* (einschl.)[114]

dem Berge"), wird aber zum Bezirk der Ortschaft (*balad*) gerechnet. Das Dorf al-Ganadla liegt am Rande des Kulturlandes („unten") und hat seine eigene Kirche. Ganz ähnliche Verhältnisse finden wir in Wanslebens Liste der Kirchen und Klöster des Distriktes Asyūṭ für die Ortschaften Durunka und Rīfa, s. 4.3.3 Notizen B II 2 und 3. Die Klöster können nun entweder – häufig gerade bei ihrem Verfall – Besiedlung anziehen, so daß es zur Bildung neuer Ortschaften kommt, vgl. etwa Dêr Durunka und Dêr Rīfa neben den ursprünglichen Dörfern, oder auch selbst, wenn geeignet, als Siedlungsraum genutzt werden. Dafür bietet das Dorf az-Zauya (Zāwiya) ein schönes Beispiel: Liegt bei Wansleben das Athanasius-Kloster noch „hinter dem Dorf", so liegt das Dorf heute im ehemaligen Kloster und wird auch Dêr az-Zauya genannt, s. Petrie aaO (s. Anm. 111) und Pl. XXXVIII A ebd. (Ansicht des Dorfes). Ähnliche Prozesse können auch zur Entstehung des heutigen Namens Dêr al-Ganadla beigetragen haben; vgl. Martin, Inventaire No. 49 (Anm. 2).

113 Höchstwahrscheinlich hat hier äth. (Geʿez) *danāgĕl*, Plur. zu *dĕngĕl* „Jungfrau" Pate gestanden, das gegenüber der unverständlichen Bezeichnung -*Ganādila* den Vorteil bot, verstehbar zu sein: „Dorf der Jungfrauen". Diese Assoziation legte sich für Wansleben vielleicht auch deshalb nahe, weil zuerst ein Kloster beim Dorf genannt wird; Wanslebens „Jungfrauen" wären dann Nonnen. Das Äthiopische hat für Wansleben auch während seines Ägyptenaufenthaltes von 1664 eine große Rolle gespielt; so las und kopierte er mehrere Wochen äthiopische Hss. im Abessinier-Kloster bei *Dêr al-Muḥarraq*, s. u. 4.3.3. Notiz A 13.

114 Rel. 210,18-212,6 enthält eine Erweiterung gegenüber Rel. Germ. Ms. B, die sich auf Wanslebens Aufenthalt im Abessinier-Kloster Dêr al-Muḥarraq und in Manfalūṭ bezieht. Sie dürfte aus Wanslebens persönlichen Aufzeichnungen bzw. seiner Erinnerung geflossen sein. Da sie nichts zum „Verzeichnis" beiträgt und eigentlich dessen Rahmen sprengt, wurde die Erweiterung in der Edition weggelassen. Hier der Text in deutscher Übersetzung: „Die Erlaubnis, Bücher abzuschreiben, erhielt ich vom Patriarchen der Kopten, der mich durch verschiedene Briefe wirkungsvoll an den Erzpriester (wohl: *qummus*) von Moharrak und an die wichtigsten Herren in Manfalūṭ empfahl, die (*211*) mich nicht nur mit größter Höflichkeit in ihren Häusern aufnahmen, sondern mich auch auf ihre Kosten unterhielten die ganze Zeit über, die ich mich dort aufhielt. Mehr noch: sie stellten mir das Reittier, und es begleitete mich immer einer von ihnen jedes Mal, wenn ich mich an einen anderen Ort in der Nachbarschaft begeben wollte, um etwas zu besichtigen oder mich über etwas zu informieren. Dann noch stand mir einer von ihnen, als ich krank wurde, immer zur Seite, bei Nacht und bei Tage; und als sie sahen, daß mein Übel gefährlich war, nahmen sie auf ihre Kosten ein Postschiff, gaben mir einen Begleiter und übergaben mich in die Hände des Patriarchen in

B. Die Parallelmaterialien von 1673

I. NR Ital. p. 128,1v. u. – 129,18 ≙ NR 361,3-362,3
(Liste der Kirchen und Klöster im Distrikt von Manfalūṭ)

II. NR Ital. p. 130,17-32 ≙ NR 364,5-10 und 364,15-365,4
(Liste der Kirchen und Klöster im Distrikt von Asyūṭ)

III. NR Ital. p. 132,37-133,25 ≙ NR 366,2-367,20
(Notizen zur Reise nach Ṭahṭā, erster Teil: Von Asyūṭ bis Duwêna)

Hier wäre der Vollständigkeit halber noch anzufügen:

B. IV. NR Ital. p. 138,1-6 und 138,30-34 ≙ NR 377,28-378,18 und 380,1-15
(Besuche in Klöstern bei Asyūṭ)[115]

Doch wurde dieser Textausschnitt für die Edition nicht berücksichtigt, da er einerseits kaum zusätzliche Informationen bringt, andererseits die Weihungen dieser Klosteranlagen (Athanasius-, Marien-, Severus-Kloster) außerhalb des Skopos dieser Arbeit liegen. Die einschlägigen Stellen werden aber bei den Nennungen der Klöster in den Texten A und B I-III im Kommentar angeführt werden.

3.2. Vorbemerkung zur Darbietung der Texte

3.2.1. Parallelanordnung von handschriftlicher und gedruckter Fassung

Wie oben ausgeführt, stellen die Drucke der Reiseberichte Wanslebens, also Rel. und NR, bearbeitete Fassungen der deutschen bzw. italienischen Erstfassungen dar. Der hohe Quellenwert, der den hss. Erstfassungen zukommt, macht ihre Publikation in höchstem Maße wünschenswert. Die hier vorgelegte Teiledition aus den Hss. wird deren Überlegenheit aufweisen. Doch kommt sie nicht ohne den Vergleich mit den gedruckten Fassungen aus, da ja auch diese auf die Arbeit Wans-

Kairo. Dessen mache ich so besondere Erwähnung, damit der Welt die große Liebe dieser Christen bekannt werde, die sie bereitwillig den Franken erweisen, die dorthin kommen, und die große Ehrfurcht, die sie vor ihrem Patriarchen haben. (*212*) Seine Briefe nämlich küßten sie und drückten sie sich an die Stirn; andere trugen sie zu den Kranken im Glauben, damit ein Heilmittel durch den Segen, der in diesen geschrieben stand, gegen ihre Krankheiten zu finden."

115 Wansleben besuchte am 24. März 1673 zusammen mit dem Bischof von Asyūṭ ein Kloster des Athanasius „wenige Stunden von Asyūṭ entfernt" – wahrscheinlich das Kloster von az-Zauya, das ca. 12 km südl. Asyūṭ liegt, vgl. u. 4.3.3 Notiz A 27 bzw. B II 4. Auf dem Wege wurde auch das Marien-Kloster von Durunka aufgesucht, vgl. dazu u. 4.3.3 Notiz A 26 bzw. B II 2. Wansleben war von beiden Klöstern sehr enttäuscht; zum Ausgleich ließ er sich in einige Felsgräber beim Marien-Kloster führen, dessen Umgebung von Grabhöhlen übersät ist (NR Ital. p. 138,7-29 ≙ NR 378,19-379,29; vgl. dazu Meinardus, Christian Egypt^{2} 394 f.). Vom Marien-Kloster aus war auch das Severus-Kloster zu sehen, das er aber offensichtlich nicht besucht hat; zur Lage dieses Klosters vgl. Meinardus, aaO 395.

lebens zurückgehen und stellenweise Material enthalten, das in den Hss. nicht enthalten ist.[116] Im Sinne der Möglichkeit, erste und gedruckte Fassung direkt vergleichen zu können, wurde die Form der parallelen Anordnung der Texte aus Rel. Germ. Ms. B / Rel. bzw. NR Ital. / NR gewählt. Dieses Verfahren empfiehlt sich gegenüber dem bloßen Verweis auf die entsprechenden Stellen in Rel. bzw. NR auch deshalb, weil die Beschaffung der Texte Wanslebens für die meisten Benutzer schwierig sein dürfte.[117] Außerdem macht es das ständige parallele Blättern in verschiedenen Büchern unnötig. Die Fundstellen der Textabschnitte in den Hss./ Drucken werden jeweils direkt neben den Abschnitten angegeben, um ein leichtes Auffinden zu ermöglichen.

3.2.2. Zur Sprachform der Texte

Das Ziel dieser Teiledition ist es, den *originalen Wortlaut* der Texte Wanslebens zugänglich zu machen, nicht aber, eine diplomatisch getreue Wiedergabe der Textausschnitte vorzulegen. Daher hat sich der Herausgeber erlaubt, einige kleinere Eingriffe in Orthographie und Zeichensetzung Wanslebens vorzunehmen – niemals aber mit dem Ziel, eine Orthographie herzustellen, die den Konventionen des modernen Neuhochdeutsch bzw. Italienisch entspricht. So blieben etwa *hierbey*, *gewolt*, *were*, *hette* / *li*, *descrittione* stehen und wurden nicht durch *hierbei*, *gewollt*, *wäre*, *hätte* / *gli*, *descrizione* ersetzt. Schon gar nicht wurden ältere Formen, Konstruktionen oder Ausdrucksweisen durch entsprechende moderne ersetzt – also nicht etwa *und es ist hierbei zu bedenken, daß* ... statt Wanslebens *und ist hierbey zu gedencken, daß* oder *wäre ... unterlaufen* statt *were ... untergelauffen*. Dieses Verfahren steht in scharfem Kontrast zu Reuß' Edition von Rel. Germ. Ms. B, die die Hs. stillschweigend modernisiert und „stilistisch verbessert".[118] Man vergleiche als Beispiel nur den Beginn der Einleitung zum „Verzeichnis" (Rel. Germ. Ms. B p. 116,17ff ≙ Rel. Germ. 88,3ff.):

Wansleben	*Reuß*
Wir geben dem Leser hierbey ein vollkommen Verzeichnüß aller Kirchen und Clöster der Copten in Ober und unter Egypten, in und außerhalb *Cairo*, welches ich mit großer Mühe nach folgender Gestalt zusammengetragen. Ich ließ in *Cairo* in *Esbet Issorjân* alle Tage eine Zeitlang 8, bißweilen	Ich liefere hier ein *vollständiges Verzeichniß aller Kirchen und Klöster der Kopten in Ober- und Unterägypten*, in und außer Kairo, das ich mit großer Mühe auf folgende Art zusammengetragen. Ich lies in Kairo, in *Esbet Issorian* täglich eine Zeitlang acht, bisweilen mehr, der erfah-

116 Vgl. Anm. 75 und 114 für Rel. und Anm. 98 für NR.

117 Vgl. Anm. 48; s. auch Anm. 50 und 74 (zur Nichtberücksichtigung von Wansleben, Rel. in sonst sorgfältig gearbeiteten Werken).

118 Zu Reuß' eigenen Aussagen über seine Eingriffe in den Text der Hs. s. Anm. 34.

mehr, von den aller erfahrensten München und Priestern auf meine Kosten zusammen kommen,...	rensten Mönche und Priester auf meine Kosten zusammen kommen...

Oder ein typisches Beispiel für Ortsnotizen aus dem „Verzeichnis“ (Rel. Germ. Ms. B p 117,17-20 ≙ Rel. Germ. 89,23-26):

Wansleben	*Reuß*
Aufm Land sind Kirchen:	Auf dem Lande sind folgende Kirchen.
Zu *Dora* eine Kirche zu St. Georgen. Das Kloster *Aduwije* hart am Nil auf der Ostseyte. Die Kirche heißt zu Unser lieben Frauen.	In *Dora*, eine Kirche St. Georg; das Kloster *Aduwije*, am Ufer des Nils auf der Ostseite, bey welchem die Kirche zu unser Frauen heißt.

Es ist leicht zu sehen, daß solche Art der Edition zwar Wanslebens Aussagen sinngemäß wiedergibt, deren Sprachform aber grundlegend verändert. Sie kann eigentlich keine Textedition im modernen Sinne genannt werden, sondern stellt eine neue, bearbeitete Fassung dar. Auf ihre Wiedergabe konnte hier daher getrost verzichtet werden, zumal sie sich auch als wenig hilfreich für die Lesung der Göttinger Hs. erweist, diese vielmehr in einer Reihe von Fällen verliest (was besonders für aus dem Arabischen übernommene Namen und Bezeichnungen gilt).

Steht nun das hier eingeschlagene Verfahren der Edition in scharfem Kontrast zu Reuß' Art der Textdarbietung, so bleibt noch etwas zu den Eingriffen des Herausgebers zu sagen. Diese, wenngleich geringfügig, sind im deutschen Text von Rel. Germ. etwas stärker als im Italienischen von NR Ital.

a) Im deutschen Text von Rel. Germ. wurde in einer Reihe von Fällen – immer dann, wenn es der Klarheit der Satz- oder Wortgliederung diente – von Wanslebens Schreibweise abgewichen, nämlich
   - in der Frage der Groß- und Kleinschreibung; Wansleben schreibt z.B. – ganz regellos – eine Reihe von Substantiven mit kleinem Anfangsbuchstaben. Diese werden von mir mit Großbuchstaben geboten, also etwa Hs. *ohrt*, hier *Ohrt* (aber nicht: *Ort*).[119]
   - in der Frage der Markierung von Umlauten. Häufig lese ich in der Hs. *westwarts* oder *ostwarts* (aber auch: *westwärts, ostwärts*). Ich setze hier ganz regelmäßig *westwärts* bzw. *ostwärts*.
   - in der Frage der Setzung heute nicht mehr gebräuchlicher diakritischer Zeichen. Wansleben versieht z.B. das *y* mit ¨, also *ÿ* (*hierbeÿ*). Ich verwendet das *y* ohne ¨, schreibe also *hierbey*.
   - in der Frage der Zeichensetzung. Zwar sehe ich nicht von Wanslebens Zeichensetzung ab, versuche aber, sie der Gliederung des Zusammenhanges anzupassen. Beispielsweise habe ich den Zusammenhang störende Kommata

119 Vgl. auch Anm. 87.

weggelassen, in anderen Fällen aber gliedernde Satzzeichen hinzugefügt, aber auch das nur in ganz geringem Maße.

- in der Frage der Schreibung zusammengesetzter Worte. Wanslebens *Ertz Engell* wird hier stillschweigend zu *Ertzengell*. Der wichtigste Fall ist aber die Getrenntschreibung zusammengehöriger Elemente. Hier wurde das *Mittel des Bindestriches* eingesetzt, um den Zusammenhang zu verdeutlichen. Ich schreibe also *Ober- und Unter-Egypten* (Wansleben: *Ober und unter Egypten*) oder *Christen-Kirchen* (Wansleben: *Christen Kirchen*).[119]

b) Im italienischen Text von NR Ital. waren entsprechende Eingriffe sehr viel seltener notwendig. Das hängt mit der sehr viel stärkeren Normierung der italienischen Schriftsprache schon im 17. Jahrhundert zusammen, auch wenn diese bei weitem noch nicht heutigem Standard entspricht, aber auch damit, daß sich bestimmte Fragen hier gar nicht mit der Schärfe stellen, wie sie uns in einem entsprechenden deutschen Text begegnen (etwa: Groß- oder Kleinschreibung von Substantiven), oder überhaupt nicht auftreten (Markierung von Umlauten; Komposita). Das Hauptproblem ergab sich bei der Wiedergabe der Minuskel *u* in der Hs., die Wansleben unterschiedslos – entsprechend der Orthographie der Zeit – für die heutigen Zeichen *u* und *v* gebraucht.[120] Ich bin nicht dem Usus von Rel. gefolgt, wo *u* und *v* im Anlaut der Worte einheitlich als *V* gedruckt werden, in ihrem Inlaut aber einheitlich als *u*.[121] Vielmehr habe ich – wenn auch nicht ganz durchgängig – prävokalisches und intervokalisches *u* der Hs. zu *v* modernisiert, also *vedono* (Hs. *uedono*) und *rovine* (Hs. *rouine*). Diese Eingriffe dienen der Lesbarkeit des Textes, sind aber leicht zu kontrollieren, da überall, wo in der Edition das Zeichen *v* steht, in der Hs. der Buchstabe *u* geschrieben ist.

Im übrigen wurden manchmal Wortanfänge am Satzbeginn, die Wansleben mit Kleinbuchstaben geschrieben hat, in der Edition mit initialem Großbuchstaben versehen, ohne das besonders zu vermerken.

In der Edition ist also, bis auf die genannten editorischen Eingriffe, Wanslebens originaler Text zu finden; das gilt auch für die von ihm verwendeten Abkürzungen, die nur in einigen Einzelfällen aufgelöst wurden.[122] Das hat – besonders im Hin-

120 In weit geringerem Maße stellt sich das hier angesprochene Problem für die entsprechende Majuskel (im Wortanfang), hier schreibt Wansleben einheitlich *V*, also *Vescouo*, nicht *Uescouo*.

121 Rel. druckt also *vna*, *verso*, *vedere*, während Wansleben in NR Ital. *una*, *uerso*, *uedere* schreibt; dagegen im Inlaut: *doue*, *due*, *cauallo* (Wansleben ebenso).

122 Häufig gebrauchte Abkürzungen in NR Ital. sind:
a) *seg.^{ti}* für *seguenti* „folgende“;
b) die Abkürzung des Adverbs auf *-mente*, also etwa *solam.^{te}* für *solamente* „allein, nur“;
c) die Abkürzung des Superlativs auf *-issim-*, also etwa *gran.^{me}* für *grandissime* „sehr große“.
Diese Abkürzungen sind leicht zu durchschauen und wirken manchmal etwas überflüssig, da durch sie nur eine minimale Zahl von Buchstaben eingespart wird, etwa *uastiss.^{me}* für *uastissime* „sehr

blick auf den deutschen Text von Rel. Germ. Ms. B – die Konsequenz der geringeren Verständlichkeit des Textes, weil uns viele Schreib- und Sprachformen ungewohnt geworden sind. Der „altdeutsche" Charakter von Wanslebens deutschem Text zu Rel. mag manchen Benutzer verwirren. Doch kamen modernisierende Eingriffe im Interesse des Wortlautes des Originales nicht in Betracht. Von einer durchgehenden „neuhochdeutschen" Übersetzung habe ich abgesehen, da eine solche einerseits die sprachhistorische Distanz zu Wanslebens Deutsch überbewerten würde[123], andererseits ständig in der Gefahr stände, Wanslebens sprachlichen Stil zu „verbessern", vgl. o. zu Reuß' Bearbeitung des Textes. Bei Unklarheiten im Blick auf die sprachliche Seite des Textes befrage man den Kommentar zur Edition (u. 4.3.3); dort werden im Normalfall die zum Verständnis des Textes notwendigen Informationen geboten.

Ortsnamen und teilweise auch die Namen der Heiligen, denen die Kirchen / Klöster geweiht sind, werden in der Textedition durch *Kursivschrift* hervorgehoben. Das lehnt sich an Wanslebens Mittel an, in Rel. Germ. Ms. B solche Namen durch einen anderen Schrifttyp hervorzuheben, bzw. an die Kursivierung, wie sie im Druck von NR verwendet wird; vgl. dazu o. jeweils am Ende von 2.2 und 2.3.

3.2.3. Zur Gliederung der Texte in Abschnitte (Notizen) und zum Zitierungssystem

Den hier edierten Textausschnitten wurde eine Zählung beigegeben, die sich an der Gliederung der Texte orientiert und ein leichteres Zitieren und Auffinden von Textpassagen ermöglichen soll. Dabei erhalten die Abschnitte Kennbuchstaben, die ihre Herkunft aus den beiden Reiseberichten angeben:

A = Text aus Rel. Germ. Ms. B // Rel.
B = Text aus NR Ital. // NR.

ausgedehnte". Sie entsprechen wohl Schreibkonventionen der Zeit, werden aber nicht systematisch angewendet, also *solamente* neben *solam.*[te], *seguenti* neben *seg.*[ti].

123 Auch Wanslebens deutscher Text von Rel. ist dem Neuhochdeutschen zuzurechnen; er ist nicht etwa auf Frühneuhochdeutsch geschrieben! Zwar trennen uns jetzt dreihundert Jahre von dieser Ausprägung der deutschen Sprache, doch liegt ein großer Teil der Schwierigkeiten mit dem Text nicht in der Veränderung der deutschen Sprache zwischen 1665 und 1985, sondern im Fehlen einer verbindlichen Normierung für die deutsche Schriftsprache dieser Zeit. Eine solche Normierung ist für die gleichzeitige französische und italienische Schriftsprache schon weithin erreicht, weshalb die in diesen Sprachen geschriebenen Wansleben-Texte viel verständlicher wirken. Dagegen kämpfen wir im deutschen Text mit *hette* (≙ *hätte*), *were* (≙ *wäre*), *ostwerts* (≙ *ostwärts*), finden aber auch *ostwärts*, verstehen nicht, warum *alß* (≙ *als*) und *biß* (≙ *bis*) geschrieben werden, wogegen es *heist* (≙ *heißt*) und *lies* (≙ *ließ*) heißt, selbst der Landesname findet keine einheitliche Form: Im Wechsel finden wir *Egypten* und *Aegypten*, usw. usf.

Die Textausschnitte aus B erhalten zusätzlich römische Zahlen als Erkennungsmerkmal, die den in der Übersicht am Ende von 3.1 verwendeten entsprechen, also B I / B II / B III (/ B IV).

Innerhalb der so markierten Textausschnitte wird nun eine fortlaufende Zählung eingeführt, die die jeweiligen Ausschnitte in Abschnitte zerlegt. Diese Abschnitte orientieren sich an der Gliederung des Textes nach Orten. Wansleben hat uns nämlich für A und B II eine einfache Orientierungshilfe an die Hand gegeben: Für jeden Ort, für den er Kirchen bzw. Klöster nennt, beginnt er in den Hss. einen neuen Absatz. Dem entspricht in B I ein Numerierungssystem (Westufer 1-11 und Ostufer 1-10), das nicht die Kirchen, sondern die Orte zählt. Die Anordnung der Kirchen und Klöster nach den Orten bzw. Ortslagen, denen sie zuzurechnen sind, ist für Wansleben also in A und B I/II der leitende Gesichtspunkt der Textgliederung. An diesen können wir uns gut anschließen, so daß sich in der Gliederung der Textausschnitte nach Orten die Abschnitte A 1 bis A 27[124], B I 1 bis 21 und B II 1 bis 8 ergeben. Das Gliederungsprinzip ließ sich auf den andersartigen Abschnitt B III, der Stationen der Reise nach Ṭahṭā verzeichnet, problemlos ausdehnen (Abschnitte B III 1 bis 4; die Einleitung – Aufbruch von Asyūṭ – wurde nicht mitgezählt). Die Überschriften bzw. Teilüberschriften der Listen B I und B II werden als B I Titel, B I Titel W (= Teilüberschrift für das Westufer), B I Titel O (= Teilüberschrift für das Ostufer), B II Titel bezeichnet.

Wir haben damit eine konsequent nach Orten gegliederte Serie von Notizen über Kirchen und Klöster der Region, die ich als „Ortsnotizen" bezeichnen möchte. Abgekürzt werde ich diese Ortsnotizen einfach als „Notiz" zitieren und zur Identifizierung die laufende Nummer des Abschnittes beigeben, also etwa die Ortsnotiz so kennzeichnen: Notiz A 26 = B I 2. Werden für einen Ort mehrere Kirchen angegeben, gebe ich bei Bezugnahme auf eine konkrete Kirche Kleinbuchstaben zur Kennzeichnung bei; die zuerst genannte Kirche erhält *a*, die zweite *b* usw. Im Falle Durunka werden in B I 2 zwei Kirchen bzw. Klöster genannt, während A 26 nur eine aufführt. Hier ergibt sich dann:

B I 2a ≙ A *om.*
B I 2b ≙ A 26.

124 Zusätzlich wird in der Auswertung von einem Abschnitt A 0 die Rede sein. Dieser ist nicht im Textausschnitt A enthalten, sondern stellt eine hypothetische Größe dar, die aus der Notiz B II 1 abgeleitet wurde. Diese Notiz behandelt Asyūṭ, macht aber gleichzeitig eine Aussage über den Ort, wo der Leib des Heiligen ruht, dem die Kirche von Asyūṭ geweiht ist. Der Ort liegt in der Nähe von Dairūṭ aš-Šarīf, das in Notiz A 1 behandelt wird, vgl. Anm. 104. Da der Ort nördlicher als Dairūṭ an der Grenze der hier behandelten Region liegt, wurde ihm die Bezeichnung A 0 zugewiesen, die nicht mit einem Textausschnitt in A korreliert, sondern als bloße Ordnungsnummer zu verstehen ist.

Treten Kleinbuchstaben auf, haben wir es also immer mit der Verzeichnung einer Kirche/eines Klosters zu tun, die/das einem bestimmten Heiligen geweiht ist[125]; Beispiel: A 19e ist die dem Merkurios geweihte Kirche, die in der Ortsnotiz zu Abnūb (A 19) als fünfte Anlage genannt wird. Damit haben wir ein eindeutiges und praktikables Referenzsystem für die hier edierten Texte gewonnen.

125 Eine Ausnahme gilt für die Notiz B III 4, die nur eine Kirche nennt. Die Ortsnotiz ist sehr lang, sollte aber in der Edition nicht auf den Bericht über die Kirche reduziert werden, um nicht den Charakter der Notiz zu zerstören. Um die Ortsnotiz zu gliedern, wurde sie in drei Unterabschnitte eingeteilt, die als 4a/b/c gezählt werden; die Kleinbuchstaben bezeichnen hier also keine drei im Orte vorhandenen Kirchen. Wird auf die Kirche von Duwêna Bezug genommen, wird diese einfach als B III 4 bezeichnet; der Text dazu findet sich in Abschnitt B III 4a.

3.3. Edition der die Region betreffenden Textausschnitte aus Wanslebens Reiseberichten

*3.3.1. Textausschnitt **A**:*
Aus Wanslebens „Verzeichnis aller Kirchen und Klöster der Kopten in Ägypten“ (Rel. Germ. Ms. B p. 120,28-122,27 ≙ Rel. 208,14-214,8)

Lfd. Nr.		*Rel. Germ. Ms. B*		*Rel.*
A 1	(p. 120,28 f.)	In *Tarût ischerif* ein Closter *B. Sarabamon* Bischofs und Martyrers, westwärts.	(208,14-16)	In *Tarut iscierîf*, verso Ponente, v'è un Convento del B. Sarabamone Vescovo, e Martire.
2	(p. 120,30)	In *Biblau* eine Kirche *B. Theodori* Martyris, westwärts.	(208,17-18)	In *Biblau*, verso Ponente, una Chiesa del B. Teodoro Martire.
3	(p. 121,1-3)	In *Sennabo* sind 2 Clöster, das eine ‖zu‖[1] *Mari Mina* und das andere ‖zu‖[1] *B. Theodori il Mischreki*, und eine Kirche zu *St. Georgen.*	(208,19-23)	In *Sennabo* sono due Conventi, l'uno del B. Mari Mina, e l'altro del B. Teodoro il Mesreki (cioè del B. Teodoro il Levantino) e poi una Chiesa di S. Giorgio.
4	(p. 121,4 f.)	In *Mir* zwo Kirchen, eine zu *St. Georgen*, die andere zu *B. Aclodio*[2] Martyre.	(209,1-3)	In *Mîr* sono due Chiese, l'una di S. Giorgio, e l'altra del B. Clodio Martire.
5	(p. 121,6 f.)	In *Kossíe* zwo Kirchen, ‖zu‖[3] *St. Johannis* des Täuffers et *B. Clodii*, westwärts.	(209,4-7)	In *Kossíe*, verso Ponente, sono due Chiese, l'una di S. Gio: Battista, e l'altra del B. Clodio. Quì ci sono stato.
6	(p. 121,8-15)	In *Buk* eine Kirche zu *St. Michael* Ertzengell. Allhier hat sich unser Herr Christus aufgehalten, alß er nach *Moharrak* gereiset. West(wärts).[4] Gleichfalls ist allhier zu sehen der Ölbaum welcher aus *Josephs* Stab gewachsen, alß ihn unser Herr Christus in die Erde gesteckt, so noch grünet. Von diesem Baum habe ich zwey Stück Holtz mit gebracht, so oben schon erwehnet.	(209,8-19)	In *Bûk*, verso Ponente, è una Chiesa di S. Michele Arcangelo. Quì si tratenne Christo Signore nostro andando à Moharrak. Vi è parimente da vedere quell'Olivo, cresciuto dal bastone di S. Gioseppe, piantato nella terra da nostro Signore, che verdeggia sino al giorno d'hoggi; del quale si trova un' antica profetia, che debba verdeggiare sino al giorno del Giuditio; & io n' hò portati meco due pezzi di rametti.
7	(p. 121,16)	In *Demsihíe* eine Kirche *B. Theodori*, westwärts.	(209,20 f.)	In *Demsehíje*, verso Ponente, una Chiesa del B. Teodoro.
8	(p. 121,17)	In *Ballôt* eine Kirche zu *St. Georgio*.	(209,22 f.)	In *Ballót*, verso Ponente, una Chiesa di S. Giorgio.

Lfd. Nr.		*Rel. Germ. Ms. B*		*Rel.*
A 9	(p. 121,18f.)	In *Omil Kossûr* eine Kirche ‖zu‖[5] *Mari Johannis Heracleensis.*	(210,1f.)	In *Om il Kossûr*, una Chiesa del B. Giovanni Eracleense.
10	(p. 121,20f.)	In *Tetelije* eine Kirche zu *S*t. *Raphael* des Ertzengels.	(210,3f.)	In *Tetelije*, una Chiesa dell' Angelo Rafaelle.
11	(p. 121,22)	In *Benekélb* eine Kirche ‖zu‖[5] *S*t. *Gabriel.*	(210,5f.)	In *Benekélb*, una Chiesa dell' Angelo Gabrielle.
12	(p. 121,23-25)	In der Wüsten auf dem Berg *Koskâm* das berühmbte Closter *Moharrak*, daselbst unser Herr Christus lange Zeit sich aufgehalten hat, westwärts.	(210,7-11)	Nel Deserto di *Koskám* v' è quel famoso Monasterio di Mohárrak, dove habitò un pezzo nostro Signore, con la sua santissima Madre, S. Giosenppe, e Maria Salome.
13	(p. 121,26-29)	Hart darbey ist das *Abyssinische* Kloster zu *S*t. *Peter* und *Paul*, alda ich lange Zeit gewohnet, und Abyssinische Mss.[a] abcopiret. Alhier ist der Copten in *Momfallot* und daherumb ihr Gottesacker und Kirchhof.	(210,12-18; 212,7-13)[6]	Lontano da questo un tiro di mano, è il Convento di SS. Pietro, e Paolo de gl'Abissini, ove, come anco à Momfallôt città poco di là discosta, mi trattenni quasi due mesi, con havervi letto, e copiato molti libri Abissini. . . .[6] Intorno à questi due Monasterij v'è anco il Cimiterio de' Christiani di Momfallôt, e de' villagi circonvicini, i quali non vogliono esser' sotterrati se non in questo luogo santo, per haverlo santificato nostro Signore con li suoi santissimi piedi.
14	(p. 122,1)	In *Gauli* das Closter *Monkurii abuseifein*, westwärts.	(212,14-16)	In *Giauli*, verso Ponente, è il Convento dell' Abbate Mercurio con le due spade.
15	(p. 122,2)	Das Closter *Mari mina il maálaka*, ostwärts.	(212,17-22)	Alla banda di Levante è il Monasterio del B. Mari Mina il maállak, chiamato cosi Maállak, perche è scavato in un scoglio, si che bisogna farsi alzare, e calare per una corda per entrare, & uscire.
16	(p. 122,3)	In *Maabde* eine Kirche zu Unser lieben Frauen.	(212,23 -213,1)	Nel Convento *Maábde* v'è una Chiesa della Madonna.
17	(p. 122,4)	In *Schekelkîl* eine Kirche zu *S. Georgii*, ostwärts.	(213,2f.)	In *Sciekelkîl*, verso Ponente, è una Chiesa della Madonna.
18	(p. 122,5f.)	In *bene Mohammedil chossus* eine Kirche zu Unser lieben Frauen, ostwärts.	(213,4-6)	In *Bene mohammed il chossús*, verso Levante, è una Chiesa della Madonna.

Lfd. Nr.		*Rel. Germ. Ms. B*		*Rel.*
A 19	(p. 122,7-15)	In *Abnûbil hammām* 2 Closter, eines *Mari Poktor Schu ibn rumanôs il Wesîr*, das andere zu Unser lieben Frauen, und hat 4 Kirchen: 1. Zu *Mari Bufâm il gindi*. 2. zu *S.t Johannis* des Teuffers. 3. Zu *B. Mercurii*. 4. Zu Unser lieben Frauen, ost(wärts) |hier ist ein *dubium* blieben, darüber die mönche nicht eins werden können|[7]	(213,7-15)	In *Abnûb il hammám*, vi sono due Monasterij, l'uno del B. Poctore già detto il Kattivo perche fù persecutore de' Christiani, e fù figlio d'un Visir Romano: l'altro della Madonna. Vi sono anco tre Chiese, la prima del B. Buffâm già soldato, la seconda di S. Gio: Battista, la terza del B. Mercurio.
20	(p. 122,16)	In *Bene morr* eine Kirche zu *S.t Georgien*.	(213,16 f.)	In *Benemorr*, una Chiesa di S. Giorgio.
21	(p. 122,17)	In *Bessora* ein Closter *B. Theodori Filii Hanna*.	(213,18 f.)	In *Bessora*, un Convento di S. Teodoro.
22	(p. 122,18 f.)	In *Sijut* eine Kirche zu *Aba dêr*, diß ist eine hübsche Stadt. West(wärts).	(213,20-22)	In *Sijût*, una Chiesa del B. Abbate Dêr. Questa città di Sijût è assai buona, situata verso Ponente.
23	(p. 122,20 f.)	In *Schotb* eine Kirche *B. Mercurii Abu seifein* des Märtyrers.	(213,23 -214,2)	In *Sciótbe*, una Chiesa del beato Mercurio Abu seifein, cioè con le due spade.
24	(p. 122,22)	In *Bakur* eine Kirche *B. Aclodii*, ostwärts.	(214,3 f.)	In *Bakûr*, verso Levante, una Chiesa del beato Clodio.
25	(p. 122,23 f.)	In *Kateia* eine Kirche zu Unser lieben Frauen, westwärts.	(214,5 f.)	In Katéia, à Ponente, una Chiesa della Madonna.
26	(p. 122,25 f.)	In *Doronke* eine Kirche zu Unser lieben Frauen, westwärts.		*om.!*
27	(p. 122,27)	In *Sawije* ein Closter *S. Athanasii*, westwärts.	(214,7 f.)	In *Savíje*, à Ponente, un Monasterio di S. Atanasio.

Apparat:
1 Das Wort ist im Text durchgestrichen.
2 Am Rande „Aclodio“ korr. für „Adodio“ im Text.
3 Das Wort ist im Text durchgestrichen.
4 „West“ am Rande nachgetragen.
5 Das Wort ist im Text durchgestrichen.
6 Zur sekundären Erweiterung Rel. 210,18-212,6 s.o. Anm. 114.
7 Der Satz ist im Text durchgestrichen.

*3.3.2. Textausschnitt **B**: Paralleles und ergänzendes Material aus Wanslebens Bericht über seine Reise nach Oberägypten 1673*

3.3.2.1. **B I**: Die Liste der Kirchen und Klöster im Distrikt von Manfalūṭ (NR Ital. p. 128,1 v. u. – 129,18 ≙ NR 361,3-362,3)

Lfd. Nr.		*≙ A Nr.*		*NR Ital.*		*NR*
B I	Titel	–	(p. 128,1 v. u.)	Lista delle chiese e monasterii che sono nel Clima di Momfallot.	(361,4 f.)	Il y a vingt-une Eglises, ou Monasteres.[1]
B I	Titel W	–	(p. 129,1 f.)	Le chiese, e monasterii che sono nel Clima di Momfallót, alla banda di ponente del Nilo, sono le seg.ti:	(361,5 f.)	Il y en a onze au couchant du Nil, sçavoir,
B I	1	12	(p. 129,3)	1. il monasterio di *Moharrak*,	(361,6)	celuy de *Mohárrak*,
	2	13	(p. 129,3)	2. quello delli Abissini accanto.	(361,6-8)	avec celuy des Abyssins qui est tout proche:
	3	6	(p. 129,3 f.)	3. quello del Angelo Gabrielle à *Buk*.	(361,8 f.)	celuy de l'Archange Gabriel qui est à *Búk*:
	4	7	(p. 129,4)	4. la chiesa di Mari Teodoro in *Timsahíe*,	(361,9 f.)	L'Eglise de Saint Theodore à *Timsahíe*:
	5	8	(p. 129,4 f.)	5. quella di Mari Girges in *Ballot*.	(361,10 f.)	Celle de Saint Georges à *Ballót*:
	6	10	(p. 129,5)	6. quella del Angelo Rafaelle in *Tetelie*.	(361,11 f.)	Celle de l'Archange Raphaël à *Tetelíe*:
	7	*om.*	(p. 129,6)	7. quella di S. Filotao in *Nemíre*.	(361,12 f.)	Celle de Saint Philothée à *Nemíre*:
	8	11	(p. 129,6 f.)	8. quella delli Angeli Gabrielle e Rafaelle in *Benekelb*.	(361,13 f.)	Celle des Archanges Gabriël, & Raphaël à *Benekélb*:
	9	14	(p. 129,7)	9. quella del B. Mercurio in *Giauli*.	(361,14 f.)	Celle de Saint Mercure à *Gauli*:
	10	*om.*	(p. 129,7 f.)	10. quella della Madonna in *Meesra*.	(361,15 f.)	Celle de la Sainte Vierge à *Meéssera*;
	11	9	(p. 129,8 f.)	11. quella di S. Giovanni l'Eracleense in *Om il Kossur*.	(361,16 f.)	& celle de Saint Jean d'Eraclée à *Om il Kossúr*.
B I	Titel O	–	(p. 129,10)	Quelle che sono alla banda di Levante, sono le seg.ti:	(361,18 f.)	Il y en a douze à l'Orient du Nil, sçavoir,
	12	*om.*	(p. 129,11)	1. quella del martire Teodoro, ibn Giovanne, in . . .		*om.*[2]

Lfd. Nr.	≙ *A Nr.*		*NR Ital.*		*NR*
B I 13	15	(p. 129,11 f.)	2. quella del B. Mari Mina il agiaiebi, o sià il miracoloso, in ...	(361,20-22)	le Monastere de S. Menna, Martyr, surnommé le Taumaturge à ...
14	16	(p. 129,12 f.)	3. quella della madonna in *Maabde*,	(361,22 f.)	L'Eglise de la Sainte Vierge à ...
15	17	(p. 129,13)	4. e nel medesimo villagio quella di Mari Girges.	(361,23 f.)	& une autre à *Maábde*:
16	19a	(p. 129,13)	5. quella di Mari Poctor ibn Romanôs, in *Gebrávi*.	(361,24 f.)	Celle de *Mari Poctor* à *Gebrávi*:
17	19a	(p. 129,13 f.)	6. quella di Mari Poctor in *Fadda*.	(361,25 f.)	Une autre du mesme Saint à *Fadda*
18	18	(p. 129,14 f.)	7. quella della madonna in *bene mohammed*.	(361,26 f.)	Celle de la Sainte Vierge à *Bene mohammed*:[3]
19	19	(p. 129,15-17)	8. in *Ibnúb* sono tre chiese,	(361,28 -362,3)	Et les trois qui sont à *Ibnúb il hammám*; à
19a	(19b bzw. f)		la (1) si chiama dêr il adre,		sçavoir, le Monastere de la Sainte Vierge[4];
19b	(19d)		la (2) di S. Giovanne Battista,		l'Eglise de Saint Jean Baptiste; & celle
19c	(19c)		la (3) di Abu Fâm il ghindi.		d'*Abufám il ghindi*.
20	20	(p. 129,17)	9. quella di Mari Girges in *Benemorr*.	(361,27 f.)[5]	Celle de S. George, à *Bene morr*:[5]
21	21	(p. 129,17 f.)	10. quella di Teodoro, figlio di Giovanne in *Bossra*.	(361,19 f.)[6]	celle de S. Theodore Martyr, fils de Jean, à *Bossra*.[6]

Apparat:
1 Zur Weglassung der ursprünglichen Überschrift s. o. Anm. 91.
2 Diesen Teil der Liste eröffnet in NR die Notiz B I 21, s. u.!
3 In NR folgt auf Notiz B I 18 die Notiz B I 20; für den Druck wurde also die Reihenfolge von NR Ital. geändert, wodurch der strenge Nord-Süd-Ablauf der Liste – dazu s. 4.2.3 – gestört wird.
4 Die Bezeichnung der Kirche teilweise (nach dem Seitenumbruch) versehentlich in Kursivschrift.
5 Diese Notiz steht in NR zwischen B I 18 und 19.
6 Diese Notiz eröffnet in NR den zweiten Teil der Liste; dafür fällt Notiz B I 12 in NR weg, s. o.

3.3.2.2. **B II**: *Die Liste der Kirchen und Klöster im Distrikt von Asyūṭ (NR Ital. p. 130,17-32 ≙ NR 364,5-10 und 364,15-365,4)*

Lfd. Nr.	*≙ A Nr.*		*NR Ital.*		*NR*
B II Titel	–	(p. 130,17)	Lista della chiese, e monasterii che sono nel Clima di Siut.	(364,15-17)	Les Eglises & Monasteres des Chrêtiens Coptes qui sont dans cette Province, sont ceux qui suivent:
B II 1	22	(p. 130,18f.)	In *Siut* medesimo è la chiesa di *Aba Dér*, pero il suo corpo non è qui, mà in *Emsciul*, villagio nel Clima di *Ischmunein*.	(364,5-10)[1]	. . . une petite Eglise fort pauvre, dediée à l'Abbé *Dér*, dont le corps, avec celuy de sa sœur *Erazi*[2], reputée Sainte, aussi bien que son frere, reposent à *Emsciúl*, qui est un Villages des dépendances d'*Ischmunein*.[1]
2	26	(p. 130,20-23)	In *Doronke*, che è un gran.mo villagio pero hoggi di rovinato per la gran tirannia delli governatori, sono 2 chiese: nel villagio medesimo è la chiesa delli tre pueri, e dietro del istesso sopra la montagna, è il monasterio della madonna.	(364,18-22)	L'Eglise de *Dorónke*, dediée aux trois enfans de la Fournaise. Le Monastere de la Sainte Vierge, situé sur la Montagne qui est derriere ce Village.
3	*om.*	(p. 130,24f.)	In *Rîfe* nel villagio medesimo è la chiesa di *Mari Kolte*, e dietro di esso, sopra la montagna, il monasterio della madonna.	(364,22-25)	L'Eglise de *Rífe*, dediée à *Mari Colte*. Le Monastere de la Sainte Vierge, derriere ce Village, situé sur la mesme Montagne.
4	27	(p. 130,26f.)	In *Sauvîie*, dietro il villagio è il monasterio di S. Atanasio, grande bensi, ma quasi tutto rovinato.	(364,25f.)	Celuy de *Sauvíe*, dedié à S. Athanase.
5	*om.*	(p. 130,28f.)	In *Doveine*, la chiesa di S. Giovanne Battista, però di memoria solam.te per esser esso intieram.te distrutta, . . . messa sotto un padiglione.	(364,26-29)	L'Eglise de *Doveine*, dediée à S. Jean Baptiste; mais il n'y reste aujourd'huy, que le seul Autel, exposé à l'air.

Lfd. Nr.	≙ *A Nr.*		*NR Ital.*		*NR*
B II 6	24	(p. 130,30)	In *Bagúr*, la chiesa del B. Clodio.	(364,29 -365,1)	Celle de *Bagúr*, dediée à Saint Claude.
7	25	(p. 130,31)	In *Katéi-a* la chiesa di Filotao.	(365,1 f.)	Celle de *Cateia*, dediée à Saint Philotée.
8	23	(p. 130,32)	In *Sciotb*, la chiesa del B. Moncurio, benche rovinato.	(365,2-4)	Celle de *Sciótbe*, dediée à Saint Moncure; mais qui est à present ruinée.

Apparat: 1 Die Notiz B II 1 ist in NR aus der Liste herausgenommen und mit anderen Angaben verknüpft; s. o. Anm. 92.
2 Sic.

3.3.2.3. **B III**: Wanslebens Notizen zur Reise nach Ṭahṭā (Erster Teil: Von Asyūṭ bis Duwêna) (NR Ital. p. 132,34-133,25 ≙ NR 365,20-367,20)

Lfd. Nr.	≙ *A Nr.*		*NR Ital.*		*NR*
–	–	(p. 132,34)	Del mio viaggio à *Tahta*, con il vescovo di Siut.	(365,20)	Voyage à *Tahta*.
–	–	(p. 132,35-37)	Alli 13 di Marzo, un Lunedi, andai con il Vescovo di *Siut*, chiamato Amba Giovanne <...>[1] città nel Egitto superiore, da Siut due giornate incirca lontana, più in sopra, cioè, più verso mezzo giorno.	(365,21 -366,1)	Le Lundy 13. du courant, je partis de *Siút*, avec l'Evesque de la Ville, y laissant mes gens jusqu'à mon retour pour *Tahta*, qui est une autre Ville de l'Egypte superieure, à deux petites journées de Siút, en tirant vers le Midy.
–	–	(p. 132,37 -133,1)	E per meglio vedere il paëse, andavamo per terra, e furono li seguenti luoghi e città per il nostro camino.		*om.*
B III 1	23	(p. 133,3 f.)	1. erano le rovine della antica città di *Sciotb*, in Copto Greco chiamata ⲯⲉⲗⲓⲥ, ⌈le rovine delle⌉[2] la quale lasciavamo alla nostra manca.	(366,2-4)	Nous laissâmes en allant à nostre gauche les ruines de l'ancienne Ville de *Sciotb*, appelée en Copte ίψελις:

Lfd. Nr.		*≙ A Nr.*		*NR Ital.*		*NR*
B III	2	*om.*	(p. 133,3 f.)	Poi era *Rífe*, un bon villagio, che lasciavamo à man dritta.	(366,5 f.)	ensuite *Rífe*, Village assez considerable, à nostre droite.
	3	*om.*	(p. 133,4-6)	Poi il villagio *Muscí-e*, ove in tempo passato era una chiesa di *Mari Poctor Sciú*, detto così dalla città di *Sciú*, che era vicino ad *Abnub*, la quale pero hoggidi è distrutta.	(366,6-12)	puis *Muscíe*, autre Village aussi à nostre droite, où les Coptes avoient autrefois une Eglise dediée à *Mari Poctor Sciú*, qui a pris ce nom de la Ville de *Sciú*, laquelle est aprés d'*Abnúb*, & aujourd'huy ruinée.
	–	–	(p. 133,6-8)	Poi arrivammo a *Doveine*, ove restavamo due giorni, per causa che il Vescovo vi consacrava un altare.	(366,12-16)	A trois heures aprés midy nous arrivâmes à *Doveine*, où nous restâmes deux jours, à cause que l'Evesque de Siút y devoit consacrer un Autel.
	4a	*om.*	(p. 133,9-20)	Dell'origine di questo villagio.[3] L'origine di questo villagio è stato *Tuh*[4] *bekerim*, villagio in vicino, hoggidì però rovinato; una figlia del qual luogo, chiamata *Udeine*, havendo fabricata una[5] chiesa in honore di S. Gio: Battista, fuera del villagio; e trasferendosi per amore della detta chiesa, molti delli inhabitanti, da *Tuh*[4] *bekerim*, al luogo ove era fabricata la chiesa; divenne in successo di tempo questo un villagio, e *Tuh Bekerim* dishabitato.	(366,17 -367,12)	Origine de *Doveine*.[3] Quant à l'origine de ce Village, il doit son commencement à *Tuh Bekerím*, qui estait un Village tout proche, dont il ne reste plus aucun vestige; ce qui arriva de cette maniere. Une Demoiselle de ce lieu appelée *Udeine*, ayant fait bâtir hors de Tuh Bekerím une Eglise, à l'honneur de Saint Jean Baptiste, plusieurs des Habitans firent bâtir des maisons auprés de cette Eglise; de sorte que le nombre des gens qui venoient y habiter, s'augmentant tous les jours; *Tuh Bekerím* devint desert, & le lieu où estoit cette Eglise, devint un Village,

Lfd. Nr.	*≙ A Nr.*		*NR Ital.*		*NR*
			E fù chiamato questo novo villagio *Udeine*, da quella figlia, che hoggi di corrottamente si chiama *Doveine*.		qu'on appella d'abord du nom de cette Demoiselle *Udeine*; & aujourd'huy on l'appelle *Doveine*, par corruption du mot *Udeine*.
			La chiesa poi è stata sovversciata dal *Tueider* che è un braccio del Nilo, che di là passa tutto vicino, si che non vi resta altro di essa, che un altare solam.te sotto il cielo, il quale hora riconsacrò il nostro Vescovo, e vi disse una messa.		Cette Eglise fut ruinée quelque temps aprés par le *Doveider*, qui est un bras du Nil artificiel, qui en lavoit les murailles; & il n'en reste aujourd'huy que l'Autel, sur lequel l'Evêque dit la Messe, aprés l'avoir reconsacré.
B III 4b	–	(p. 133,21 f.)	Il villagio di *Doveine* paga ogn'anno à quello che l'hà arrentato cinquanta milla meidini in danari e 6000 sacchi di grano.		*om.*
4c	–	(p. 133,23-25)	Incontro à *Doveine*, in una pendente della montagna, che in riguardo al villagio è à ponente, si vedono le rovine di due antiche città, l'una chiamata *Bablu*, e l'altra *Billu*. E sono tutte due vicine l'una all'altra.	(367,13-20)	Vis-à-vis de *Doveine*, sur la pente de la Montagne qui y est au Couchant, on voit les restes de deux anciennes Villes, dont l'une s'appelloit *Bablu*, & l'autre *Billu*. Elles sont prés l'une de l'autre; & et mon dessein estoit de les voir, mais l'Evesque de Siút m'en dissuada.

Apparat:
1 In der Hs. hier eine unabsichtliche Auslassung: Es fehlt „Tahta", die Angabe des Zieles der Reise; s. den Fortgang des Textes und NR.
2 Die Worte sind im Text durchgestrichen. Das folgende „1a" über der Zeile nachgetragen.
3 Überschrift zum folgenden Abschnitt; in NR Randtitel.
4 Das *h* in *Tuh* mit dem arab. Buchstaben *Ḥa'* markiert; vgl. o. 2.3 am Ende.
5 *una* steht über dem gestrichenem *la*.

4. DIE ANGABEN WANSLEBENS ÜBER DIE KIRCHEN UND KLÖSTER IM GEBIET DES XI. BIS XIV. OBERÄG. GAUES: AUSWERTUNG DES MATERIALS

4.1. Konkordanz und vorläufige Zusammenfassung zur Edition

4.1.1. Konkordanz zu den Ortsnotizen in Rel. Germ. Ms. B / Rel. (= ***A****) bzw. NR Ital. / NR (=* ***B****)*

A	***B*** *I/II/III*	***B*** *I/II/III*	***A***
1	–	B I 1	12
2	–	2	13
3	–	3	6
4	–	4	7
5	–	5	8
6	B I 3	6	10
7	4	7	*om.*
8	5	8	11
9	11	9	14
10	6	10	*om.*
11	8	11	9
12	1	12	*om.*
13	2	13	15
14	9	14	16
15	13	15	17[126]
16	14	16	19a[128]
17	15[126]	17	19a[128]

126 Die Notizen A 17 und B I 15 laufen unter verschiedenen Ortsnamen, nämlich Šiqilqīl in A 17 und al-Maʿabda in B I 15. Das sieht oberflächlich so aus, als entspräche

A 16 ≙ B I 14 + 15

A 17 ≙ B I om.

Daß das nicht der Fall ist, vielmehr die in B I 15 genannte Kirche mit der in A 17 aufgeführten identisch ist, d. h. auch in dem von der Liste A genannten Ort liegt, wird u. in 4.3.3. zu A 17 // B I 15 nachgewiesen.

127 Während in A 19 die Kirchen und Klöster des Bezirkes Abnūb al-Ḥammām unter einem ON aufgeführt werden, werden sie in der Liste B I unter drei Ortsrubriken (Dêr al-Gabrāwī / „Fadda" / Abnūb) behandelt. Daß die beiden erstgenannten Orte der Liste B I im Bezirk von Abnūb al-Ḥammām liegen, wird u. 4.2.2. zu B I 16 bzw. 17 nachgewiesen.

128 In der Notiz A 19a werden zwei Viktor-Klöster, die zwei verschiedenen Heiligen dieses Namens geweiht sind und an verschiedenen Orten liegen, zu einem kontaminiert, s. u. 4.3.3. zu A 19a. Zur Differenz der Ortsrubriken in A 19a und B I 16 bzw. 17 – Abnūb al-Ḥammām in Liste A, Dêr al-Gabrāwī bzw. „Fadda" in Liste B I – vgl. Anm. 127.

A	***B** I/II/III*
18	B I 18
19	16, 17, 19[127]
20	20
21	21
22	B II 1
23	8; B III 1
24	6
25	7
26	2
27	4

***B** I/II/III*	***A***
B I 18	18
19	19b-f
20	20
21	21
B II 1	22
2	26
3 (s. auch B III 2)	*om.*
4	27
5 (s. auch B III 4)	*om.*
6	24
7	25
8 (s. auch B III 1)	23
B III 1 (s. auch B II 8)	23
2 (s. auch B II 3)	*om.*
3	*om.*
4 (s. auch B II 5)	*om.*

4.1.2. Vorläufige Zusammenfassung

Text A enthält also 27 Ortsnotizen, von denen fünf keine Parallele in Text B haben – was daran liegt, daß sich die Liste B I nicht so weit nördlich erstreckt. Die Texte B I/II/III enthalten formal 33 Ortsnotizen, von denen drei aus B III ergänzendes Material zu in B II bereits behandelten Orten bieten; wir haben es also inhaltlich mit 30 Notizen zu tun. Davon haben 24 eine Entsprechung in Text A; sechs Ortsnotizen bringen Angaben zu Orten, die in A nicht aufgeführt werden. Da in A 19 Kirchen/Klöster unter einem Ort zusammengefaßt werden, die in B I unter drei verschiedenen Orten behandelt werden, ergibt sich eine Zahl von 29 Orten, für die eine Ortsnotiz im Textmaterial A // B vorhanden ist. Dazu kommen die sechs Ortsnotizen aus B, die keine Parallele in A haben. Zu diesen 35 Ortsnotizen finden sich noch Angaben über zwei Orte, die zwar in unserem Gebiet liegen, denen aber keine eigene Ortsnotiz gewidmet ist (Angaben in B II 1 und B III 4 über je einen weiteren Ort). In den 35 Ortsnotizen werden 45 Kirchen bzw. Klöster genannt: 36 in A 1-27, was zu 37 zu korrigieren ist, da das Kloster A 19a eine Kontamination zweier Anlagen darstellt (≙ B I 16 und 17), plus acht Kirchen/Klöster im zusätzlichen Textmaterial aus B (B I 7, 10, 12; B II 2a, 3a und b, 5; B III 3). Zählen wir noch die Kirche hinzu, die wir aus der genannten zusätzlichen Information in B II 1 erschließen können – aus B III 4 läßt sich keine Kirche erschließen[129] –, erhalten wir eine Gesamtzahl von 46 Kirchen/Klöstern, die Wansleben für die Region aufführt. Diese sind im folgenden besonders unter dem Aspekt zu behandeln, welchem

129 Vgl. aber die u. in 4.2.2. zu B III 4 angestellte Vermutung zur Kirche von *Tuh Bekerim* (*Ṭūḫ Bakrīma*).

Heiligen sie geweiht sind. Zuvor aber soll geklärt werden, welches eigentlich die Orte bzw. Ortslagen sind, an denen sie liegen. Das ist eine unabdingbare Voraussetzung für die eindeutige Identifikation der Anlagen und ihrer Weihung.

4.2. Zuordnung der Ortsnotizen zu den Ortslagen und ihren Namen in der heute gebräuchlichen Form

4.2.1. *Zur Anlage des topographischen Verzeichnisses*

Das folgende Verzeichnis versucht, die von Wansleben gegebenen Ortsbezeichnungen mit den modernen Namen (bzw. deren älteren Formen) zu verbinden. Gleichzeitig wird angegeben, wo der Ort eigentlich liegt – das auch dann, wenn Wansleben keinen eigentlichen ON – wie einige Male bei Klöstern – notiert. Die Angaben hier sollen ein möglichst einfaches Auffinden der Orte in der Literatur (Problem der unterschiedlichen Notationsweise von Ortsnamen!) und auf der Karte ermöglichen. Die Ortsnamen werden zuerst in der m. E. besten modernen Form gegeben, d.h. in der Form, wie sie bei Ramzī, Qāmūs II (4) erscheinen; das Werk von Ramzī wird in diesem Abschnitt einfach als *RQ* zitiert. In Klammern folgt dann die Namensform, wie sie die Karten des Survey of Egypt verwenden, dazu für alle Orte, deren Auffindung auf der Karte Schwierigkeiten bereiten könnte, eine Lageangabe. Dafür werden die größeren Orte Dairūṭ, al-Qūṣīya, Manfalūṭ, Abnūb, Asyūṭ und Abū Tīg als Orientierungspunkte benutzt. Falls der Ort bei Timm, Christliche Stätten, unter einer von Ramzī abweichenden Namensform eingeordnet wird, folgt diese Form in der Klammer mit dem Vermerk „Timm: ...“. Auf diese Grundformen folgen wichtige ältere Formen, die das Verständnis des von Wansleben notierten ON erschließen, eventuell auch koptische Namensformen; dies wird mit Hinweisen auf die Literatur versehen, die den Zugang zur jeweiligen Namensüberlieferung eröffnet. Eine Diskussion zu den verschiedenen Formen erfolgt dann, wenn die Ortsnamenüberlieferung bzw. die Lokalisierung für unseren Zusammenhang geklärt werden muß; sie ist aber auch dann notwendig, wenn Wanslebens Angaben sich nicht ohne weiteres mit einem modernen Ort verknüpfen lassen (s. etwa B I 7 und 17).

Die Artikel zu den Ortsnotizen werden mit der Form eröffnet, in der Wansleben den ON schreibt. Dabei werden alle Schreibformen aufgeführt, und zwar immer in folgender Anordnung:

ON in Rel. Germ. Ms. B / ON in Rel. // ON in NR Ital. / ON in NR.

Die Parallelen aus B I/II/III werden also durch einen doppelten Schrägstrich (//) von dem Material aus A getrennt. Gibt es keine Parallele in A, wird vor dem doppelten Schrägstrich ein „om." gesetzt. Sind die Schreibformen des ON in den Textzeugen Rel. Germ. Ms. B / Rel. bzw. NR Ital. / NR identisch, werden sie nur einmal aufgeführt, also ON // ON / ON oder ON / ON // ON.

4.2.2. Topographisches Verzeichnis zu den Ortsnotizen

A 1 // B –
Tarût ischerif / Tarut iscierîf:
Dairūṭ aš-Šarīf RQ II (4),47 (Dairûṭ; Timm: Dērūṭ bzw. Dērūṭ aš-Šarīf). Der Name des Ortes wird heute meist ohne den differenzierenden Zusatz gebraucht: Dairūṭ. Die ältere Bezeichnung der Stadt – wichtig für ihre christliche Geschichte – lautet Darūṭ Sarabām, s. RQ aaO und Halm, Ägypten I 114; das geht auf koptisches *ⲧⲉⲣⲱⲧ ⲥⲁⲣⲁⲡⲁⲙ(ⲱⲛ) zurück (Amélineau, Géogr. 496).[130] Zum älteren ON s. weiter u. 4.3.3. zur Weihung des Klosters.

A 2 // B –
Biblau:
Biblāw RQ II (4),5 (Biblâw, ca. 3,5 km sw. Dairūṭ); vgl. Halm, Ägypten I 110f. Als koptische Bezeichnung des Ortes ist ⲡⲁⲡⲗⲟⲟⲩ überliefert, wozu ⲡⲁⲡⲗⲉⲩ (Amélineau, Géogr. 316f.) eine Variante darstellt, s. Drew-Bear, Nome Hermopolite 193 (dort auch zur griechischen Überlieferung).

A 3 // B –
Sennabo:
Ṣanabū RQ II (4),48 (Ṣanabu, ca. 7,5 km ssw. Dairūṭ); ältere Form: Sanabū, s. Halm, Ägypten I 132. Ramzī gibt aaO als ursprünglichen Namen Sunbū (sic) an. Zur Identifikation mit dem griech. ON Σενοᾶβις s. Drew-Bear, Nome Hermopolite 243.

130 Vgl. auch den Art. ⲧⲉⲣⲱⲧ ⲥⲁⲣⲁⲡⲁⲙⲱⲛ bei Drew-Bear, Nome Hermopolite 290. Allerdings mißversteht Frau Drew-Bear die Angaben bei Amélineau aaO: „Térôt Sarabân" (Drew-Bear: Terôt Sarban) ist eine Normalisierung des ON à la Amélineau und steht keineswegs so im Synaxar zum 7. Kīhak; wir lesen dort vielmehr (nach Korrektur) *Dirwat Sarabān* – eine der älteren arab. Namensformen für den heutigen Ort Dairūṭ (aš-Šarīf), zu denen und zu deren Verballhornungen RQ aaO und Halm aaO zu vergleichen sind. Auch ist die Identität von Dirwat Sarabān und Dairūṭ aš-Šarīf nicht etwa nur eine mit Vorsicht zu betrachtende These von Amélineau, sondern ganz sicher; weiteres Material dazu s. u. 4.3.3. zu A 1.

A 4 // B –
Mir / Mîr:
Mêr RQ II (4),78f. (Meir, ca. 6,5 km westl. al-Qūṣīya; Timm: Miyar); Mair bei Halm, Ägypten I 123. Vgl. Art. Μοῖραι bei Drew-Bear, Nome Hermopolite 172f.[131]

A 5 // B –
Kossie:
al-Qūṣīya RQ II (4),75f. (El-Qûṣîya). Dem arab. ON entspricht kopt. (saʿid). ⲕⲱⲥ, vgl. dazu nunmehr den Art. Κούσσαι bei Drew-Bear, Nome Hermopolite 147-151, spez. 150 (die einfache Form des ON fehlt bei Amélineau, Géogr. 401f. und Westendorf, KHWB 477). Ein älterer arab. Differenzierungsname ist Qūṣaqam oder Quṣqam (und weitere Varianten dazu, s. RQ aaO), der die Stadt vom weiter im Süden gelegenen Qūṣ (Qūṣ Warwīr) unterscheidet, die saʿid. ebenfalls ⲕⲱⲥ (bzw. ⲕⲱⲥ ⲃⲓⲣⲃⲓⲣ) heißt (Westendorf, KHWB 477). Dieser arab. Differenzierungsform entspricht saʿid. ⲕⲱⲥⲕⲁⲙ, s. Amélineau, Géogr. 397-399[132]; Westendorf aaO; Drew-Bear, aaO 150f. Der Wüstenrand westl. von al-Qūṣīya wird nach der erweiterten Namensform der Stadt als *ḥāgir* bzw. *gabal Qūṣaqām (Quṣqām)* bezeichnet, s.u. zu A 12.

131 Die von Drew-Bear nur unter Vorbehalt genannte koptische Form ⲙⲟⲉⲓⲣ (bisher nur ein Beleg) erscheint durch die Nennung des Ortes in den von Michael Green publizierten Teschlōt-Texten in neuem Licht (A Private Archive of Coptic Letters and Documents from Teshlot, OMRO 64, 1983 (ersch. Dez. 1984), 61-122). Dort findet sich der ON in Text F 1964/4.8,3 als ⲡⲙⲁⲉⲓⲣ (lies evtl. nach Pl. 8a ⲡⲙⲟⲉⲓⲣ, keinesfalls aber ⲡⲙⲉⲉⲓⲣ, s. Anm. 2 zur Transkription) und ist eindeutig auf Mêr zu beziehen, s. Green aaO 114 (mit falscher Wiedergabe des ON als ⲡⲙⲉⲉⲓⲣ). Die koptische Form dürfte lautlich etwa als [p-maʾı́r (p-moʾı́r)] realisiert worden sein, d.h. das Graphem ⲁ (o) den Vokal der Vortonsilbe, die Graphemkombination ⲉⲓ aber den Vokal der Tonsilbe bezeichnen. Das läßt sich aus einer alten arab. Wiedergabe des ON als *Maʾīr (> Mayīr)* erschließen, die einer Reihe von Verballhornungen zugrunde liegt, s.u. 4.3.3. zu al-Maqrīzī in der Lit. zu A 4. Aus dieser Form ist auch heutiges *Mêr* zu erklären: (nicht: < *Mair*). Mit (ⲡ)ⲙⲁⲉⲓⲣ ≙ *Maʾīr* haben wir endlich das Bindeglied gefunden, das die Brücke von griech. Μοῖραι zu modernem *Mêr* schlägt.

132 Amélineau trennt „Qosqâm“ von „Qousîeh“ (op.cit. 401f.), weil er die beiden Bezeichnungen für Namen verschiedener Orte hält (aaO 398, mit scharfer Zurückweisung der – richtigen – Gleichsetzung durch Quatremère). Er lokalisiert den Ort „Qosqâm“ in die Nähe des Klosters Dêr al-Muḥarraq und weist zu Recht darauf hin, daß das Kloster nicht mit Quṣqām identisch ist, auch wenn es die Bezeichnung „Kloster von Quṣqām“ führt (aaO 398f.) Diese geht darauf zurück, wie Amélineau zu Recht betont, daß das Kloster in dem Teil des Wüstenlandes liegt, der zu Quṣqām gerechnet wird. Quṣqām (Quṣaqām o.ä.) ist aber, wie oben aufgezeigt, nichts anderes als ein Differenzierungsname, der das nördliche ⲕⲱⲥ ≙ *al-Qūṣīya* vom südlichen ⲕⲱⲥ ≙ *Qūṣ* unterscheidet; das wird von Amélineau gründlich verkannt. Seine Art. „Qosqâm“ und „Qousîeh“ sind daher zusammenzuziehen.

A 6 // B I 3
Buk / Bûk // Buk / Búk:
Būq RQ II (4),77 (Bûq, ca. 5 km ssö. al-Qūṣīya); vgl. Halm, Ägypten I 100 s.v. Kafr Būq. Zur Identifikation mit dem aus griech. Urkunden bekannten Dorf Πῶκις s. Drew-Bear, Nome Hermopolite 230.

A 7 // B I 4
Demsihíe / Demsehije // Timsahíe:
at-Timsāḥīya RQ II (4),75 (El Timsaḥîya, ca. 5 km ssw. al-Qūṣīya); vgl. Halm, Ägypten I 102.

A 8 // B I 5
Ballôt / Ballót // Ballot / Ballót:
Ballūṭ RQ II (4),76 (Ballûṭ, ca. 7,5 km ssö. al-Qūsīya); vgl. Halm, Ägypten I 100. Kopt. ist der ON bisher nicht belegt; griech. entspricht Παλλῦτις, s. Drew-Bear, Nome Hermopolite 190.

A 9 // B I 11
Omil Kossûr / Om il Kossûr // Om il Kossur / Om il Kossúr:
Umm al-Quṣūr RQ II (4),76 (Umm el-Quṣūr, auf halber Strecke zwischen al-Qūṣīya und Manfalūṭ am Nil gelegen); vgl. Halm, Ägypten I 102. Der ältere Name des Ortes ist wahrscheinlich Ḥamyūr < ϩⲁⲙⲉⲓⲟⲟⲣ, s.u. 4.3.3. zur Weihung der Kirche des Ortes.

A 10 // B I 6
Tetelije // Tetelie / Tetelíe:
At-Tatālīya RQ II (4),80 (El-Tatâlîya, ca. 11 km südl. al-Qūṣīya in der Nähe des Kulturlandrandes).

A 11 // B I 8
Benekélb // Benekelb / Benekélb:
Banī Magd RQ II (4),77 (Beni Magd, ca. 4 km westl. Manfalūṭ); früherer Name des Ortes ist Banī Kalb (so auch noch Simaika, Dalīl II 195, Nr. 2), s. RQ aaO; dort auch zu den Gründen für die rezente Umbenennung.

A 12 // B I 1
„auf dem Berg *Koskâm*“ / „nel deserto di *Koskám*“ // (in B I fehlt eine Lageangabe):
Die Bezeichnung des Wüstengebirges, an dessen Rand etwa 7,5 km sw. al-Qūṣīya das Kloster Dêr al-Muḥarraq liegt, ist vom Namen Quṣqām (Qūṣaqām) der Stadt al-Qūṣīya abgeleitet, s.o. zu A 5. In der ägyptischen Ortsnamengebung ist es ganz

üblich, den Wüstenrand (die dem Wüstengebirge vorgelagerte Niederwüste bzw. den Steilabfall des Wüstengebirges, *ḥāgir*)[133] bzw. das an das Kulturland angrenzende Wüstengebirge (den Gebel, *gabal*) nach einem in der Nähe liegenden wichtigeren Ort zu benennen: *ḥāgir* + *ON* bzw. *gabal* + *ON*; dem entspricht kopt. -saʿid. ⲡϩⲁⲛⲧⲟⲟⲩ + *ON*[134] bzw. ⲡⲧⲟⲟⲩ + *ON*[135]. Die Zurechnung des Steilabfalles des Wüstengebirges zum Niltal hin schwankt: Er kann dem Wüstengebirge zugerechnet und ⲧⲟⲟⲩ/*gabal* genannt werden, aber auch in die Übergangszone zwischen Kulturland und Wüste einbezogen und dann als ϩⲁⲛⲧⲟⲟⲩ/*ḥāgir* bezeichnet werden.[136] Im Sinne des hier geschilderten Benennungsprinzips wird in A 12 der Wüstenrand nach der Stadt al-Qūṣīya bezeichnet. Die Lageangabe für das Kloster ist dann – unter Wegfall des Elementes „Berg" – zu einem zweiten Namen der Anlage geworden: Es kann einfach „Kloster (von) Koskam" genannt werden.[137]

A 13 // B I 2
„hart darbey" / „lontano da questo un tiro di mano" (d. h. in Bezug auf das unter A 12 genannte Kloster) // „accanto" / „tout proche" (d. h. in Bezug auf das unter B I 1 genannte Kloster):
Zur Lage vgl. A 12 // B I 1.

A 14 // B I 9
Gauli / Giauli // Giauli / Gauli:
al-Gaulī (< al-Gāwalī) RQ II (4),75 (El-Gâwli, ca. 7,5 km sö. Manfalūṭ am Nil; Timm: al-Gāwlī).

133 Die hier vorgetragene Bestimmung der Bedeutung von *ḥāgir*, das in den Ortsangaben für ägyptische Klöster eine große Rolle spielt, stützt sich auf die grundlegenden Bemerkungen von J. Gardner Wilkinson und W. E. Crum (nach Informationen von Charles Kuentz); vgl. Horn, Mart. Viktor, Einleitung I 2c und Arn. van Lantschoot, Recueil des colophons des manuscrits chrétiens d'Egypte. Tome I: Les colophons coptes des manuscrits sahidiques (Bibliothèque du „Muséon" 1), Louvain 1929, No. I Anm. 3 unter 1. Zur semantischen Entsprechung zwischen arab. *ḥāgir* und kopt. ϩⲁⲛⲧⲟⲟⲩ, auf die Crum aufmerksam gemacht hat, s. van Lantschoot aaO; vgl. auch Crum, Dict. 441b.

134 Vgl. Anm. 133 und s. insbesondere van Lantschoot aaO.

135 Vgl. die Beispiele bei Crum, Dict. 441b („in many place-names").

136 Dieses Schwanken erklärt sich aus der Möglichkeit zweier Betrachtungswinkel im Blick auf den Steilabfall: vom Kulturland her, dann Teil der Übergangszone zur Wüste, also ϩⲁⲛⲧⲟⲟⲩ bzw. *ḥāgir*/von der Wüste her, dann Teil des Wüstengebirges, also ⲧⲟⲟⲩ bzw. *gabal*. Die Möglichkeit zweier Betrachtungswinkel erklärt somit die (scheinbare) partielle Synonymität der beiden Wörter, die van Lantschoot aaO konstatiert.

137 Zur Bezeichnung des Klosters als „Kloster (von) Koskam" s. Amélineau, Géogr. 264 f. und 397-399. Amélineau trennt allerdings die Bezeichnung „Koskam" in ganz unzutreffender Weise von der Stadt al-Qūṣīya, s. o. Anm. 132.

A 15 // B I 13
(ohne Ortsangabe) // „in ..." / „á ...":
Das hier verzeichnete Kloster liegt ca. 2 km nnw. des Ortes al-Maʿabda – vgl. dazu A 16 // B I 14 – am Steilabfall des Wüstengebirges. Es ist auf der Karte 1:100000 des Survey of Egypt, Blatt Manfalûṭ, eingetragen („Ancient Monastery"); vgl. auch Karte II bei Meinardus, Christian Egypt[2] („D. Mari Mina"). Das Kloster wird auf Grund seiner Lage von al-Maqrīzī als *dêr maġārat Šiqilqīl* „Kloster der Höhle (= Aushöhlung im Gebelhang) von Šiqilqīl" bezeichnet. Zu dieser Lageangabe vgl. u. B I 12 a. E.; weitere Angaben zum Kloster s. u. 4.3.3. zur Weihung der Anlage.

A 16 // B I 14
Maabde / *Maábde* // *Maabde* / „á ..."[138]:
al-Maʿabda (< al-Maʿābida)[139] RQ II (4),4f. mit dem unterscheidenen Zusatz *al-Ġarbīya* (El-Maʿâbda, ca. 15 km nw. Abnūb). Der ältere Name des Ortes lautet Ṭahanhūr, vgl. RQ aaO und Halm, Ägypten I 97, das auf den kopt. ON ⲧⲁϩⲁⲛϩⲱⲣ (Crum, Dict. 679b s.v. ϩⲱⲣ) zurückgeht.[140] Der Wegfall des ON *Maabde* in NR ist ein eindeutiger Redaktionsfehler.[141]

138 Hier hat Wansleben ganz unsorgfältig redigiert. Der ON *Maabde* steht in NR Ital. in Notiz B I 14, gilt aber auch für B I 15 („nel medesimo villaggio"). Wansleben hat den ON in NR zur Notiz B I 15 gezogen; ihm fehlte dann für B I 14 ein ON, den er durch unberechtigte Suspensionspunkte ersetzte. Die unsorgfältige Bearbeitung des Textes zeigt sich auch darin, daß in NR die Notiz B I 15 eine Marien- statt einer Georgs-Kirche aufführt; das geht auf die häufiger zu beobachtende Benutzung des Druckes Rel. für die Redaktion von NR zurück.

139 Wanslebens Form *Maabde* zeigt, daß die „klassische" Namensform -*Maʿābida* schon zu seiner Zeit zu -*Maʿabda* gekürzt wurde. Zu dieser Verkürzung des ON-Typs $K_1aK_2āK_3iK_4a$, der in dieser Arbeit immer in seiner gekürzten Form zitiert wird, s. o. Anm. 110. Der heutige Name geht auf älteres *Banī Maʿbad* zurück, s. RQ II (4),5, also auf die Bezeichnung einer arabischen Stammesgruppe.

140 Der bisher einzige Beleg für den kopt. ON ⲧⲁϩⲁⲛϩⲱⲣ – die Belegstelle ist bei Crum aaO nicht genannt – findet sich im Kolophon einer saʿidischen Hs., die von Lagarde ediert (Paul de Lagarde (ed.) Aegyptiaca, Gottingae 1883, 209-291) und von Crum katalogisiert (Crum, Cat. BM 162) worden ist. Kritische Neuedition des Kolophons durch A. van Lantschoot, Requeil des Colophons (s. o. Anm. 133) No. LXII; der ON ebd. 2 (fol. 51 rto.), 14. Die Angaben des Kolophons zur Kirche von ⲧⲁϩⲁⲛϩⲱⲣ werden u. 4.3.3. zu A 16 // B I 14 besprochen.

141 Zur unsorgfältigen Redigierung der Notizen B I 14 und 15 in NR gegenüber NR Ital. s. Anm. 138.

A 17 // B I 15

Schekelkîl / Sciekelkîl // „nel medesimo villagio" (scil.: wie B I 14 ≙ A 16) / *Maábde*[142]:

Šiqilqīl RQ II (4),6 (Shiqilqîl, ca. 14,5 km wnw. Abnūb am Nil); auch Šaqalqīl, s. Halm, Ägypten I 96. Die Georgs-Kirche in Šiqilqīl ist nur in Rel. Germ. Ms. B/ Rel.[143] genannt; NR Ital./NR kennen an dieser Stelle nur eine Kirche[144], die sich in al-Maʿabda befinden soll. Daß die Angaben sich nicht widersprechen, vielmehr auch in NR Ital./NR die Ortschaft Šiqilqīl gemeint ist, wird unten 4.3.3. zur Weihung der Kirche nachgewiesen.

A 18 // B I 18

bene Mohammedil chossus / Bene Mohammed il chossús // bene mohammed / Bene Mohammed:

Banī Muḥammadīyāt RQ II (4),10f. (Beni Muḥammadîyât, ca. 7,5 km westl. Abnūb am Nil). Der heutige ON gilt für eine steuerliche Gemeinde, auf deren Grund und Boden ein Siedlungskomplex mit drei administrativen Gemeinden liegt, die alle *Banī Muḥammad* heißen und jeweils durch einen differenzierenden Zusatz zum Namen unterschieden werden, s. RQ II (4),9f. Wanslebens Zusatz *il chossús* zum Namen des Ortes in Rel. Germ. MS. B/Rel. geht auf den Namen des wichtigen Ortes *al-Ḫuṣūṣ* zurück.[145] Zu diesem Ort s. Halm, Ägypten I 93; Ramzī

142 Der ON *Maabde* ist bei der Redigierung von NR aus B I 14 in NR Ital. nach B I 15 versetzt worden, was zwar inhaltlich NR Ital. („nel medesimo villagio") entspricht, der Notiz B I 14 aber die Ortsrubrik raubt. Dazu s. Anm. 138.

143 Bei der Redigierung von Rel. wurde aus der Georgs-Kirche des Ortes eine Kirche der Jungfrau Maria. Das stellt einen Flüchtigkeitsfehler dar („aberratio oculi", s. die „Chiesa della Madonna" unmittelbar vorher in Notiz A 16), und geht nicht etwa auf eine nachträgliche Korrektur Wanslebens zurück. Das Georgs-Patrozinium der Kirche wird nämlich durch die Notiz B I 15 in NR Ital. bestätigt. Demgegenüber stellt die Weihung an die Jungfrau Maria in NR B I 15 eine Korrektur der Vorlage anhand der fehlerhaften Notiz A 17 in Rel. dar. Solche Rückgriffe auf Rel. bei der Redaktion von NR gegen das Zeugnis von NR Ital. sind häufiger zu beobachten. Wanslebens ältere handschriftliche Unterlagen – d.h. sein persönliches Exemplar von Rel. Germ. – haben für die Abfassung von NR offensichtlich keine Rolle gespielt.

144 Georgs-Kirche in NR Ital. B I 15, Kirche der Jungfrau Maria in NR B I 15. Das Georgs-Patrozinium in NR Ital. wird durch Rel. Germ. A 17 bestätigt, während das Marien-Patrozinium in NR auf die Notiz A 17 in Rel. zurückgeht, die fehlerhaft redigiert ist, s. Anm. 143.

145 Al-Ḫuṣūṣ ist im Mittelalter offensichtlich der wichtigste Ort des Ostufers gegenüber von Asyūṭ und in arabischen Quellen häufig erwähnt, s. u. zu A 19 // B I 19; dort auch zur Frage der Lokalisierung des Ortes. Al-Ḫuṣūṣ ist auch als Sitz eines koptischen Bischofs überliefert, s. Munier, Recueil 36, II 2; 37,4; 41, II 10; 64,37. Die letztgenannte Stelle in einem Bistümerverzeichnis der koptischen Kirche, das Munier aus Cod. Vat. Copt. 45 publiziert hat, gibt auch eine koptische Entsprechung zum arab. On: ϯⲕⲁⲗⲁⲃⲓ. Dazu gibt es eine Parallele in Wanslebens Verzeichnis der Bistümer, das er 1673 aus einer kopt.-arab. Hs. in Asyūṭ exzerpiert hat – s. o. Anm. 95 und 96 – und das von Munier nicht berücksichtigt worden ist: „*Chossus*, en Copte *Callabi*" (Wansleben, Histoire

will ihn mit al-Ḥammām (s.u. zu A 19) identifizieren. Der Zusatz zum Namen erklärt sich daraus, daß das Dorf Banī Muḥammad ursprünglich zum steuerlichen Bezirk von al-Ḫuṣūṣ gehörte, dann in osmanischer Zeit aus diesem ausgegliedert und als Banī Muḥammad selbständig wurde, so. RQ II (4),9f. Der Zusatz zum Namen ist in RQ nicht verzeichnet; Wanslebens Namensform stellt daher einen interessanten Beleg für die Verwaltungsgeschichte der Region dar.

A 19 // B I 19
Abnûbil hammâm / Abnûb il hammám // Ibnúb / Ibnúb il hammám[146]:
Abnūb RQ II (4),3 (Abnûb); früher auch Abnūb an-Naṣārā „Abnūb der Christen" genannt und unter diesem Namen aus dem steuerlichen Bezirk al-Ḫuṣūṣ ausgegliedert, s. RQ aaO Wanslebens Zusatz *il hammâm* (≙ *al-ḥammām* „das Bad") ist auch sonst in einer Form des ON belegt; Abnūb al-Ḥammām RQ aaO. Ramzī möchte diese Form darauf zurückführen, daß der Gemeindebezirk Abnūb an den von al-Ḥammām angrenzte; dieses Dorf liegt ca. 2,5 km sö. von Abnūb. Die Erklärung ist nur dann richtig, wenn Ramzīs Annahme zutrifft, al-Ḥammām sei früher der wichtigere Ort gewesen, da es mit der Stadt al-Ḫuṣūṣ identisch ist, deren Name schon länger verschwunden ist (RQ II (4),3f.). Ramzīs Identifikationsvorschlag bringt die Lösung einer Frage, die bisher in der Literatur unbeantwortet blieb. Der ON al-Ḫuṣūṣ ist zwar gut bekannt, vgl. Halm, Ägypten I 93 und Amélineau,

19,21; mit fehlerhafter Wiedergabe der ON (!) zitiert bei Amélineau, Géogr. 222 Anm. 4). Wanslebens Vorlage hat also ziemlich genau der Fassung von Cod. Vat. Copt. 45 entsprochen, was auch an anderer Stelle zu beobachten ist, s.u. zu B III 1. Das kopt. (ϯ)ⲕⲁⲗⲗⲁⲃⲓ/*Callabi* geht wohl eindeutig auf ⲕⲁⲗⲓⲃⲉ (S) : ⲕⲁⲗⲓⲃⲓ (B) „Hütte" zurück, das aus dem Griechischen entlehnt ist (καλύβη, s. Westendorf, KHWB 61). Fraglich ist nur das Verhältnis zum arab. ON (al-ḫuṣūṣ „die Hütten", Wehr, WB 217a) – stellt der koptische Name, da sonst nicht belegt, eine Rückübersetzung des arab. ON dar, oder ist der arabische Name eine Lehnwiedergabe des kopt. ON? Bis zum Auftauchen weiteren Materials läßt sich die Frage nicht entscheiden.

146 Die Form des ON in NR weicht von NR Ital. – ohne Zusatz *il hammám*! – ab. Das geht auf die Redigierung von NR anhand der entsprechenden Notiz in Rel. zurück, s.o. Anm. 143. Die Weglassung des Zusatzes in NR Ital. ist nicht etwa ein unabsichtliches Versehen, sondern ganz bewußt: In der Notiz B I 19 wird nämlich ein anders abgegrenzter Bezirk – der der Stadt Abnūb im engeren Sinne – behandelt, als es in der Notiz A 19 der Fall ist; vgl. dazu am Ende des Art. zu A 19 // B I 19. Die Ergänzung des ON in NR aufgrund von Rel. stellt sich damit als fehlerhaft dar.

Géogr. 222 f.[147], die Lokalisierung des Ortes war aber unklar[148]. Das ist merkwürdig, da der Ort im Mittelalter offensichtlich das wichtigste Zentrum auf dem Ostufer gegenüber Asyūṭ war; er war auch der Sitz eines koptischen Bischofs.[149] Ramzīs Vorschlag der Gleichsetzung mit al-Ḥammām kann hier nicht vollständig diskutiert werden. Hier sei nur vermerkt, daß ihn Wanslebens Angaben unter A 18 und A 19 schwer erschüttern, weil

a) der Name al-Ḫṣūṣ 1664 noch nicht ganz untergegangen ist, wie der Ortsname Banī Muḥammad al-Ḫuṣūṣ zeigt (A 18);
b) andererseits der Name al-Ḥammām bereits 1664 belegt ist. Der Ortsname müßte also schon längere Zeit den alten Namen al-Ḫuṣūṣ verdrängt haben, wenn die Stadt Abnūb 1664 einen Zusatz in ihrem Namen führt, der auf den ON der Nachfolgegemeinde von al-Ḫuṣūṣ zurückgeht.

Die hübsche (wenn auch volksetymologische) Geschichte, die Ramzī zur Verdrängung des Namens al-Ḫuṣūṣ erzählt – Auffindung eines alten Bades (*ḥammām*) im Ort, die zu seiner Neubenennung in der Volkssprache führt – und die vor der Regierungszeit des Mohammed Ali spielt, wird durch Wanslebens lapidare Angaben noch unwahrscheinlicher als sie es ohnehin ist.

147 Amélineau kennt nur einen Beleg für al-Ḫuṣūṣ aus der kopt.-arab. Lit., nämlich aus dem Syn. Alex. zum 8. Kīhak (Paēse und Thekla; Syn. Alex. (Forget) I (Textus) 144,4 bzw. I (Versio)198,4; nach dem Index zu Forgets bzw. Bassets Ausgabe des Syn. Alex. tatsächlich die einzige Nennung im Synaxar). Dort heißt es, daß die beiden Märtyrer Bediensteten des Statthalters im Bezirk von al-Ḫuṣūṣ übergeben werden, um sie von Alexandria nach Oberägypten zu bringen. Amélineau sieht sich nicht in der Lage, den Ort zu identifizieren; seine Sicherheit, mit Hilfe eines vollständigen koptischen Textes des Mart. Paēse und Thekla den hier gemeinten Ort sicher lokalisieren zu können (aaO 222), war jedoch unbegründet, da der inzwischen publizierte saʿid. Text überhaupt nicht von einem entsprechenden Ort spricht, die Heiligen vielmehr dem Eutychianos, Dux der Thebais, übergeben werden (Reymond-Barns, Martyrdoms 77, fol. 86vso. I 6 ff.). Der Ortsname al-Ḫuṣūṣ im Syn. Alex. dürfte auf Beeinflussungen des Mart. Paēse und Thekla durch die Viktor-Tradition zurückzuführen sein, die dort verschiedentlich zu beobachten sind. Viktor, Sohn des Romanos, hat ja in der Nähe von al-Ḫuṣūṣ den Märtyrertod erlitten und ist dort begraben (s. u. 4.3.3 zu A 19a I // B I 16). Der Dux Eutychianos aber, dem Paēse und Thekla übergeben werden, spielt im Mart. Viktor eine markante Rolle als Peiniger („Drittes Martyrium“, Budge, Mart. 26-33).
Amélineau kannte das Bistümerverzeichnis des Cod. Vat. Copt. 45 anscheinend nicht, in dem das Bistum al-Ḫuṣūṣ : ⲧⲕⲁⲗⲗⲁⲃⲓ belegt ist, und tut deshalb Wanslebens entsprechende Notiz in dessen Bistümerverzeichnis (s. o. Anm. 145) vorschnell ab (aaO 222 Anm. 4, mit einigen Fehlern zum Zitat). Verwunderlich ist, daß er die Nennungen von al-Ḫuṣūṣ bei Abū Ṣāliḥ und al-Maqrīzī nicht heranzieht; dann wäre eine genauere Lokalisierung des Ortes als „Oberägypten“ möglich gewesen.

148 Auch Wansleben kannte den ON. Wir finden ihn
a) als Zusatz *il chossús* im ON *Mohammed il chossús* der Notiz A 18, s. o. zu A 18 // B I 18.
b) als Namen eines Bischofssitzes *Chossus* in Wanslebens Bistümerverzeichnis, wo auch eine kopt. Entsprechung *Callabi* angegeben wird (Wansleben, Histoire 19,21), s. o. Anm. 145.

149 Belege für al-Ḫuṣūṣ als Bischofssitz s. o. Anm. 145; dort auch zur koptischen Entsprechung des ON in Bistümerverzeichnissen (Cod. Vat. Copt. 45; Wansleben).

Ich halte es für sehr viel wahrscheinlicher, daß Abnūb al-Ḥammām die Bezeichnung eines größeren Gemeindebezirkes ist, zu dem neben Abnūb auch eine Reihe von Dörfern gehört, die heute selbständige Gemeinden bilden. Dafür sprechen gerade Wanslebens Angaben zum Ort in A 19: sechs bzw. sieben Klöster/Kirchen in Abnūb al-Ḥammām – eine ganz singuläre Zahl außerhalb Kairos im „Verzeichnis"! Diese Klöster/Kirchen verteilen sich aber neben Abnūb selbst auf vier heute selbständige Gemeinden, s. u. zu den Kirchen. So befindet sich die eine der unter A 19a erwähnten Viktor-Kirchen im Dorf Dêr al-Gabrāwī (vgl. B I 16), das erst Mitte des 19. Jh. als Gemeinde verselbständigt wurde (RQ II (4),11). Zu Wanslebens Zeit zählte es aber offensichtlich, administrativ gesehen, zum Gemeindebezirk von Abnūb; das ergibt sich auch aus anderen Nennungen der Viktor-Kirche als in Abnūb befindlich.[150] Wanslebens Bezeichnung „Abnūb al-Ḥammām" erklärt sich daher am besten als Name nicht der Stadt Abnūb allein, sondern als Name des administrativen Bezirks, in dem auch al-Ḥammām liegt. Diese Ansetzung wird aufs schönste durch B I 19 in NR Ital. bestätigt: Der Name lautet dort nur *Ibnúb*, und es werden nur drei Kirchen aufgeführt. Das Fehlen des Zusatzes *il hammám* ist kein Lapsus, da die in A 19 verzeichneten Kirchen in B I teilweise unter anderen Ortsnamen genannt werden (B I 16 und 17). Was in B I 19 verzeichnet wird, sind tatsächlich die Kirchen des engeren Bereiches der Stadt Abnūb, s. u., und nicht die des ganzen Bezirkes Abnūb. Insofern ist die Ergänzung des ON um den Zusatz *il hammám* in NR in gewisser Weise irreführend und zeigt, daß Wansleben das Verhältnis der Ortsnamen im „Verzeichnis" und in der Liste B I zueinander nicht durchschaut hat.

A 20 // B I 20
Bene morr / Benemorr // Benemorr / Bene morr:
Banī Murr RQ II (4),11 (Beni Murr, ca. 7 km ssö. Abnūb).

A 21 // B I 21
Bessora // Bossra:
Biṣra RQ II (4),5 f. (Biṣra, ca. 15 km sö. Abnūb am Nil); eine sehr geläufige andere Namensform lautet Buṣra (gesprochen Boṣra), vgl. etwa Gomaà, Ägypten 95 und Gustave Lefebvre, Égypte chrétienne. §V: Nouvelle série d'inscriptions coptes et grecques, ASAE 15,1915,113-139 (126). Das hier genannte Kloster liegt sehr wahrscheinlich im Ortsteil Dêr Biṣra (Boṣra), vgl. RQ II (4),11 und Lefebvre aaO (Deir Buṣra, ca. 1 km östl. des Dorfes Biṣra). Während Wanslebens Namensform in B I 21 der heutigen ganz nahesteht, verweist der ON in A 21 auf die ältere Geschichte

150 Vgl. zu Abnūb als Lagebestimmung der Kirche/des Klosters u. 4.3.3. zu A 19a // B I 16 (Das Viktor-Kloster an der Begräbnisstätte des Heiligen).

des Namens. Wir finden nämlich im „Atlas" bzw. im „Index géographique" zur Description de l'Égypte Namensformen, die ähnlich auch in den Karten zu Lepsius' großem Tafelwerk auftreten:

	Description[151]	Lepsius, Denkmäler[152]
Biṣra:	Aboû Sorrah[153]	Abu Surra[154]
Dêr Biṣra:	Dêir Aboû Sorrah[153]	—[154]

Die der Transkription entsprechende arabische Form wird in der Description als *(Dêr) Abū Surra* angegeben.[155] Vergegenwärtigen wir uns, daß der Ehrentitel *Abū (Abī, Abā)* im Arabisch der ägyptischen Christen gern zu *Bū (Bī, Bā)* verkürzt wird, so befinden wir uns mit *Bī (Bā) Surra* schon in relativer Nähe zu Wanslebens Form *Bessora*; noch näher kommen wir ihr, wenn das zweite Nomen den Artikel hat (Kürzung des vorhergehenden langen Vokals): *Bī (Bā) 's-Surra*, beides etwa gesprochen als *bessorra*. Wir finden nun in anderen Quellen ein Kloster, das in dieser Gegend liegen muß und einen nicht recht erklärbaren Namen trägt, nämlich das Kloster von *Abū 's-SRY*. Diese Bezeichnung dürfte eng mit der Form *Abū ('s-) Surra* zusammenhängen; dazu s. weiter zu den Kirchen/Klöstern unten 4.3.3 unter A 21 // B I 21.

---

151 Description de l'Égypte, ou recueil des observations et des recherches qui ont été faites en Égypte pendant l'expédition de l'armée française. Atlas (Carte topographique 1:100000), Paris o.J., Feuille 12: Siout bzw. Index géographique, ou liste générale des noms de lieux de l'Égypte, distribuée par provinces, et servant de concordance entre les Mémoires de la Description de l'Égypte et les Planches de l'Atlas géographique (zusammengest. von E. Jomard), in: Description de l'Égypte ... État moderne T. II (2), Paris 1822, 787-846 (hier: 801, linke Kol.).

152 LD I Abt. 1 Blatt 3 bis (Karte, die von Heinrich Kiepert auf der Basis des Atlas der Description und anderer Unterlagen verfaßt wurde).

153 Ich verkürze hier den Befund auf der Karte bzw. im Index für die Zwecke dieser Analyse. Dort sind nämlich d r e i Ortslagen eingetragen, in denen das Element *Aboû Sorrah* vorkommt: Nezlet Aboû Sorrah in der topographischen Position des heutigen Biṣra / Dêir Aboû Sorrah = heutiges Dêr Biṣra / Aboû Sorrah, ca. 4 km östl. Nezlet Aboû Sorrah / Biṣra direkt am Fluß gelegen. Der letztgenannte Ort ist äußerst merkwürdig, da er in einer Gegend liegt, für die die Karten des Survey of Egypt keine Besiedlung angeben. Ich halte diesen Ort für eine Dublette zu Nezlet Aboû Sorrah / Biṣra und habe den von der Description angegebenen Namen des heutigen Biṣra zu Aboû Sorrah vereinfacht.

154 Von den drei in der Description angegebenen Orten, die das Element Abū Surra im Namen führen (s. Anm. 153), läßt Kieperts Karte einen weg, nämlich Dêr Abū Surra / Dêr Biṣra. Auch hier habe ich im Sinne des in Anm. 152 geschilderten Befundes vereinfacht. Im Text zu Lepsius, Denkmäler wird der Name des Dorfes Biṣra als „El Bosra" angegeben (LD, Text II, 1904, 157 f.). Zu Lepsius' Exploration in der Gegend von Biṣra (Boṣra) und seinen Funden bei der Kirche von (Dêr) Biṣra s. u. 4.3.3. zu A 21 // B I 21 (Zur Begräbnisstätte des Theodor Stratelates im Gau von Schôtep: 2. Zur Lokalisierung des Ortes ⲡⲁⲧⲱⲣ).

155 Description de l'Égypte. Atlas aaO bzw. Index géographique aaO, s. Anm. 151.

A 22 // B II 1
Sijut / Sijût // Siut / (Siút)[156]:
Asyūṭ RQ II (4),25f. (Asyūṭ). Wanslebens Form schließt an die früher neben Usyūṭ und Asyūṭ sehr gebräuchliche Form Suyūṭ an, vgl. Evetts (ed.), Abū Ṣāliḥ 245 Anm. 5; alle Formen gehen auf den kopt. ON ⲥⲓⲟⲟⲩⲧ (S) : ⲥⲓⲱⲟⲩⲧ (B) für Lykopolis zurück, der Doppelkonsonanz im Anlaut aufweist, vgl. Westendorf, KHWB 480.

Die Notiz in B II 1 enthält noch einen weiteren Ortsnamen, der ganz im Norden unserer Region anzusiedeln ist:
om. // *Emsciul / Emsciúl*:
Amšūl RQ II (4),43f. (Amshûl, ca. 7 km nw. Dairūṭ); vgl. auch Halm, Ägypten I 105. Amšūl liegt nach den mamlukischen Lehensregistern in der Provinz von al-Ušmūnain (Halm aaO); das stimmt mit Wanslebens Angabe „im Distrikt (Clima) von al-Ašmūnên" überein. Kirchlich gehört das Dorf nicht zur Diözese von (al-Minya bzw. Mallawī und) al-Ašmūnên, sondern zum Bistum von Ṣanabū und Qusqām, s. Simaika, Dalīl II 193, Nr. 18. Das sprach für die Einbeziehung des Ortes in die hier behandelte Region, s. Anm. 104. Zu den koptischen Bezeichnungen für den Ort vgl. u. 4.3.3. zur Weihung der Kirche. Diese wird dort unter der Abschnittnummer A 0 behandelt; vgl. dazu Anm. 124.

A 23 // B II 8
Schotb / Sciótbe[157] *// Sciotb*[157] */ Sciótbe*[158] (s. auch B III 1 *Sciotb*):
Šuṭb RQ II (4),28 (Shuṭb, ca. 6 km sö. Asyūṭ); vgl. auch Halm, Ägypten I 97. Der arab. Name geht auf den kopt. ON ϣⲱⲧⲡ für Hypselis zurück, s. Amélineau, Géogr. 423f. (s. v. Schatab!) und Westendorf, KHWB 482. Die Gleichsetzung Šuṭb = Hypselis hat auch Wansleben vollzogen, s. u. B III 1.

156 Der Name der Stadt Asyūṭ findet sich in NR nicht in der Liste der Kirchen des Distriktes Asyūṭ, da die Ortsnotiz zu Asyūṭ – B II 1 in NR Ital. – aus der Liste herausgenommen und mit anderen Angaben zur Stadt verknüpft worden ist. Die Schreibung *Siút* findet sich beispielsweise in NR 363,23.

157 Die italienische Notation des ON in Rel. bzw. NR Ital. unterscheidet sich durch das angehängte *e* im Auslaut des Wortes in Rel.; dadurch entsteht eine zweite Silbe mit Vokal (etwa *šot/be*), die dann die Markierung der zu betonenden Silbe durch den Akzent erforderlich macht. Das *e* soll wohl nur die Funktion haben, das wortschließende postkonsonantische *b* der arabischen Vorlage bzw. der deutschen Transkription für das Italienische aussprechbar zu machen. In NR Ital. hat Wansleben ebenso wie in der deutschen Notation in Rel. Germ. auf eine solche Hilfe verzichtet.

158 Die Veränderung der Notation des ON in NR gegenüber NR Ital. stellt wiederum einen Rückgriff auf Rel. bei der Redigierung der französischen Fassung dar; vgl. dazu Anm. 143 und 146. Zur Interpretation dieser Notationsweise (mit angehängtem *e* und Akzent über *o*) s. Anm. 157. Vgl. aber NR in Notiz B III 1: *Sciotb* wie in NR Ital., s. Anm. 178.

A 24 // B II 6
Bakur / Bakûr // Bagúr:
Bāqūr RQ II (4),17f. (Bâqûr, ca. 6 km nördl. Abū Tīg); ältere Form ist Baqūr, s. RQ aaO und Halm, Ägypten I 90. Wanslebens Angaben in B II 6 beruhen übrigens eindeutig auf einer oberägyptischen Quelle, wie die Notation des *q* als *g* zeigt (saʿid. Aussprache des *q* als *g*).

A 25 // B II 7
Kateia / Katéia // Katéi-a / Cateia:
al-Mutīʿa RQ II (4),27 (El-Mutîʿa, ca. 12 km osö. Asyūṭ am Nil). Der ältere Name des Ortes ist al-Qatīʿa, s. RQ aaO und Halm, Ägypten I 94; an diese Form des ON schließt Wanslebens Transkription an.

A 26 // B II 2
Doronke / om.[159] // *Doronke / Dorónke*:
Durunka RQ II (4),27f. (Durunka, ca. 4,5 km südl. Asyūṭ am Fruchtlandrand); vgl. Halm, Ägypten I 99 (s. v. Udrunka). Etwa 3 km südl. von Durunka hat sich am Wüstenrand eine Ansiedlung gebildet, die zum Gemeindebezirk von Durunka gehört, heute aber in administrativer Hinsicht selbständig ist: Dêr Durunka RQ II (4),28 (Deir Durunka). Ramzī hält Dêr Durunka – in vermeintlichem Anschluß an Amélineau, Géogr. 202 – für identisch mit dem im Syn. Alex. erwähnten Ort *Ibsīdīyā*. Es ist zu beachten, daß Kirchen beider Dörfer für Wanslebens Notiz in Betracht kommen, da seine Verzeichnisse größtenteils nach den Gemeindebezirken, nicht so sehr nach den Dörfern im engeren Sinne aufgebaut sind; vgl. o. zu Abnūb al-Ḥammām in A 19.

A 27 // B II 4
Sawije / Sauíje // Sauvîie / Sauvíe:
az-Zauya (< az-Zāwiya) RQ II (4),27 (El-Zâwya, ca. 13 km südl. Asyūṭ am Wüstenrand; Timm; Dēr az-Zāwīya). Wansleben hat den arab. ON augenscheinlich als *(az-) Zawīya* verstanden, wie seine Transkription zeigt; vgl. dazu die Namensform bei Timm. Eine fotografische Ansicht des Ortes, der heute in der alten Klosteranlage liegt, bietet Petrie.[160] Der Ort wird wegen seiner heutigen Lage auch *Dêr az-Zauya* genannt.[161] So tritt er bei Timm, Christliche Stätten wie in

159 Der ON fehlt in Rel., da die gesamte Ortsnotiz A 26 in Rel. Germ. bei der Redigierung von Rel. ausgefallen ist, s. die Edition in 3.3.1.

160 W. M. Flinders Petrie, Gizeh und Rifeh. With chapters by Sir Herbert Thompson and W. E. Crum, BSAE 13, London 1907, Pl. XXXVIII A.

161 Petrie, op. cit. 2 („Deir Zowyeh“).

Simaikas Liste nur in dieser Form auf, während er in Clarkes Liste noch az-Zāwiya genannt wird.[162]

B I 1
s. o. A 12

B I 2
s. o. A 13

B I 3
s. o. A 6

B I 4
s. o. A 7

B I 5
s. o. A 8

B I 6
s. o. A 10

B I 7
om. // *Nemíre*:
Den hier genannten Ort kann ich nur aus dem „Atlas" bzw. „Index géographique" der Description de l'Égypte und der (daraus abgeleiteten) Karte bei Lepsius, Denkmäler nachweisen: *Nāmīr.*[163] Der Ort liegt nach den Karten ca. 4-5 km nw. al-ʿAtamna (El-ʿAtâmna, ca. 7,5 km wsw. Manfalūṭ) am Fruchtlandrand. Das entspräche der Lage des heutigen Ortes Banī Šaʿrān RQ II (4),82 (Beni Shaʿrân); Ramzī gibt aaO keine ältere Namensform an, sondern sagt nur, daß der Ort in osmanischer Zeit aus dem Gemeindebezirk von Ballūṭ – s. o. A 8 – ausgegliedert worden ist. Auch die hier von Wansleben verzeichnete Kirche gibt uns im Augenblick keine Möglichkeit, den Ort genauer zu bestimmen; s. u. zur Weihung der Kirche. Allerdings paßt die Lage von Nāmīr bzw. Banī Šaʿrān ganz ausgezeichnet zum Ablauf der strikt von Norden nach Süden angeordneten Notizen B I 3 bis B I 10.

162 Die Nachweise s. u. 4.3.3 zu A 27 unter Weitere Lit. zum Kloster: Quellen.

163 Description de l'Égypte. Atlas (s. o. Anm. 151), Feuille 13: Manfaloût bzw. Index géographique (s. o. Anm. 151) 802, rechte Kol.; LD I Abt. 1 Blatt 3 bis (vgl. o. Anm. 152).

B I 8
s. o. A 11

B I 9
s. o. A 14

B I 10
om. // *Meesra* / *Meéssera*:
Masraᶜ RQ II (4),31 (Masraᶜ, ca. 16 km wnw. Asyūṭ). Wanslebens schwankende Transkription macht die Identifikation mit dem modernen Ort etwas zweifelhaft. Jedoch sprechen zwei Argumente stark für sie:

a) die Lage von Masraᶜ. Sie entspricht nämlich genau dem Nord-Süd-Aufbau der Notizen B I 3 bis B I 9, da der Ort ca. 4,5 km südl. von al-Gaulī (Notiz B I 9, s. o.) liegt; vgl. auch zu B I 7 a. E.

b) Die Entsprechung der Weihung der Kirche am Orte. Masraᶜ besitzt nämlich eine Marien-Kirche, wie sie auch für den Ort bei Wansleben verzeichnet ist.

B I 11
s. o. A 9

B I 12
om. // (ohne Ortsangabe) / om. (statt dessen: Kirche des Märtyrers Theodor, Sohnes des Johannes):
Wanslebens Notiz, die nur in NR Ital. überliefert ist, enthält keine Ortsangabe; der Autor setzt statt eines ON Punkte, weil er nicht in Erfahrung bringen konnte, zu welchem Ort die genannte Kirche gehörte. Bei der Redaktion von NR ist die Notiz dann verlorengegangen – wohl, weil Wansleben glaubte, die in B I 12 und B I 21 genannten Kirchen seien wegen der Identität ihrer Weihung identisch. Im Text von NR rückte an die Stelle der Notiz B I 12 einfach die Notiz B I 21, womit Wansleben eine gehörige Konfusion angerichtet hat. Denn er hat damit gegen das Anordnungsprinzip der Notizen B I 12 bis 21 verstoßen, die wiederum von Norden nach Süden geordnet sind, wie wir das schon für die Notizen B I 3 bis 10 festgestellt haben, vgl. o. zu B I 7 und B I 10. Die in B I 21 genannte Kirche von Biṣra (Buṣra) ist die südlichste des Ostuferbereiches; ihre Versetzung an die Spitze der Liste für das Ostufer als Ersatz für die ihrer Lage nach ungeklärte Kirche in B I 12 ist ein Mißgriff, der in der Literatur zu Verwirrung geführt hat.[164] Gerade hier zeigt sich nun der Wert der hs. Überlieferung: Es ist nämlich tatsächlich so, daß sowohl im Nor-

164 Vgl. besonders Martin, Inventaire Nr. 41. Zu den dort geschlagenen Kapriolen s. u. 4.3.3. zu B I 12 unter Weitere Lit. zur Kirche/zum Kloster (Martin/Maspero).

den als auch im Süden des Ostufergebietes eine Kirche (ein Kloster) des Märtyrers Theodor liegt. Zum im Süden gelegenen Kloster von Biṣra (Buṣra) s. u. zur Weihung der Kirche in B I 21. Die nördliche Anlage, heute *Dêr al-Amīr Tadrus* genannt, liegt dort, wo der Gabal Abū 'l-Fūda (Gebel Abû Fôda in den Karten des Survey of Egypt) gegenüber von Manfalūṭ ganz nahe an den Nil herantritt, an der Nordseite eines Wadi, das sich in den Gebel hineinzieht (Wādī Dêr al-Amīr Tadros). Das Kloster ist in die Karten des Christlichen Ägypten, die Meinardus vorgelegt hat, eingetragen („D. Todros")[165]; auch die Karte 1:100000 des Survey of Egypt verzeichnet es („El Amîr Tadrus Monastery").[166] Die Klosteranlage wurde 1980 im Rahmen eines Survey der Universität Göttingen, der archäologlischen Fundstätten im Gebiet des alten XII. oberäg. Gaues galt, aufgesucht; sie wird in Text und Karten des Surveyberichtes als „Fundplatz 5" geführt.[167]

Betrachtet man die Lage des Klosters – ca. 7 km von al-Maʿabda, der nächsten größeren Ortschaft auf dem Ostufer, entfernt –, dann erstaunt es nicht, daß Wansleben die Kirche ohne Ortsangabe aufführt. Dazu kommt noch ein weiterer Grund: Das Kloster ist nämlich nicht dem Gemeindebezirk von al-Maʿabda zugeordnet, sondern gehört (gehörte) kirchlich zu einem Dorf, das auf dem Westufer des Nils liegt, nämlich Banī Šiqêr RQ II (4),77 (Beni Shiqeir, ca. 5,5 km nördl. Manfalūṭ, gegenüber der Stelle, wo der Gabal Abū 'l-Fūda direkt an den Nil herantritt; Timm: Banī Šuqēr). Unter diesem Ort wird es dann auch in den vorliegenden modernen Kirchenlisten geführt – wobei unerkannt bleibt, um welche Kirche es sich eigentlich handelt.

	Ort	*Kirche I*	*Kirche II*
Timm S. 61:	Banī Šuqēr	BMV	Theodor der Orientale
Simaika, Manf. Nr. 3:	Banī Šiqêr al-Balad	BMV	–
Nr. 4:	Banī Šiqêr al-Gabal	–	Theodor der Feldherr (mit dem Vermerk „antik")
Clarke H 3 und 4:	Banī Šiqêr	BMV	Theodor der Feldherr

Die Angaben bei Timm und Clarke erwecken den Eindruck, als lägen beide Kirchen im Dorfe Banī Šiqêr. Das wird aber durch Simaikas Differenzierung korrigiert: Die Marien-Kirche liegt im Dorfe (*al-balad*), die Theodor-Kirche auf dem Berge (*al-Gabal*) von Banī Šiqêr. Zu letzterer Angabe vgl. das zur Notiz A 12 Gesagte. Wo liegt aber nun der „Berg von Banī Šiqêr"? Die Antwort lautet: Obwohl das Dorf (heute) auf dem Westufer liegt, liegt der nach ihm benannte

165 Map II bei Meinardus, Christian Egypt².

166 Benutzt wurde hier die Karte 1:100000 des Survey of Egypt, Blatt Manfalût. Die Eintragung des Namens befindet sich dort ganz in der Nähe des oberen Blattrandes.

167 Bericht über die Göttinger Survey Kap. III 1.2 und Kap. VI 1.2 (dort auch Abb.); vgl. auch u. 4.3.3. zu B I 12.

Gebel auf dem Ostufer. Dazu folgender topographischer Befund: Während der westliche Wüstenrand ca. 10 km vom Dorf entfernt ist, liegt der Steilabfall des östlichen Wüstengebirges in nur etwas über 2 km Entfernung von Banī Šiqêr – man braucht eigentlich nur den Nil zu überqueren, um dort zu sein. Daß das nicht nur Konstruktion aus der Betrachtung der Landkarte ist, ergibt sich aus Beobachtungen des genannten Göttinger Surveys. Die Wadis, die sich gegenüber Banī Šiqêr in das Wüstengebirge ziehen, werden nämlich in ihrem Mündungsbereich als – teils islamische, teils christliche – Friedhöfe genutzt; so findet sich auch ein großer koptischer Friedhof in der Mündung des Wādī Dêr al-Amīr Tadrus unterhalb des Klosters.[168] Diese Friedhöfe werden nun von den Dörfern des Westufers aus belegt – ein klares Zeugnis für die Zuordnung dieses Teiles des Wüstengebirges zu Gemeinden auf der anderen Seite des Flusses.

Die hier entwickelte Lagebestimmung für das Kloster (die Kirche) des Theodor macht sehr klar, warum hier eine Ortsangabe bei Wansleben fehlt; wir könnten sie hypothetisch als „auf dem Berge von Banī Šiqêr" (*fī gabal Banī Šiqêr*) ansetzen. Das ist kein bloßes Konstrukt, wenn wir al-Maqrīzīs Lagebestimmung des Menas-Klosters (oben A 15) vergleichen. Er nennt es „Kloster der Höhle von Šiqiqīl" (*dêr maġārat Šiqilqīl*), bezeichnet es also nach seiner Lage am Steilabfall des Gebel.[169] Der Gebel wird hier nach dem Dorfe Šiqilqīl – s. o. A 17 – benannt, das in einiger Entfernung zum Gebirge liegt – es ist sogar zu al-Maqrīzīs Zeiten von ihm durch einen Nilarm getrennt, wie der Autor ausführt.[170] Auf der Insel, auf der das Dorf liegt, liegt auch noch ein zweites – nämlich Banī Šiqêr.[171] Angesichts dieses Befun-

168 AaO Kap. VI 1.2 (mit Abb.); vgl. auch die Beschreibung von Gaston Maspero, Ruines et paysages d'Égypte, Paris 1910, 21f.

169 Al-Maqrīzī, Klosterverz. Nr. 12. Der Autor expliziert die Ortsbezeichnung *maġāra* „Höhle, Grotte" selbst durch die Angabe, daß das Kloster „am Gebel hänge (*muʿallaq*) und in den Fels hineingehauen sei" (arab. Text 38,14). Die Ortsbezeichnung trifft auf viele Klöster zu, die am Steilabfall des Gebel liegen und Höhlungen ausnutzen, die durch altägyptische Grabbauten bzw. Steinbrucharbeiten entstanden sind. Vgl. in unserer Region etwa die Lage der Klöster von Dêr Durunka (A 26 // B II 2b) oder Dêr Rīfa (B II 3b).

170 Al-Maqrīzī aaO: „Ihm (scil. dem Kloster) gegenüber liegt eine Insel (*gazīra*), die ganz von Wasser umgeben ist und die Šaqalqīl genannt wird; auf dieser befinden sich zwei Dörfer, von denen das eine Šaqaqīl, das andere Banī Šuqair (Šiqêr) ist." (arab. Text 38,17f.). Wir haben hier also den überraschenden Befund, daß zwei Dörfer in Insellage genannt werden, von denen das eine heute auf dem Ostufer, das andere auf dem Westufer liegt. Wenn wir al-Maqrīzī ernstnehmen, ist die heutige Lage der Dörfer durch Verlagerung von Nilarmen zu erklären, wodurch die alte *gazīra* zerrissen wurde und deren Teile dann mit dem östlichen bzw. westlichen Fruchtland zusammenwuchsen. Ein solcher Vorgang ist durchaus denkbar. Die von al-Maqrīzī beschriebene Lage von Šaqalqīl erklärt dann auch, weshalb wir – von der heutigen topographischen Situation aus undenkbar – einen Gemeindebezirk (*nāḥiya*) von Šaqalqīl unter den Westuferbezirken finden (Kirchenverz. Nr. 56).

171 Al-Maqrīzī aaO. Zur damaligen und heutigen Lage des Dorfes s. Anm. 170.

des kann es nun nicht mehr erstaunen, daß an den Gebel von Šiqilqīl, wo das Menas-Kloster liegt, der Gebel von Banī Šiqêr anschließt, in dem sich das Theodor-Kloster befindet.

B I 13
s.o. A 15

B I 14
s.o. A 16

B I 15
s.o. A 17

B I 16
om. // *Gebrávi*:
Dêr al-Gabrāwī RQ II (4),11 (Deir el Gabrâwi, ca. 8 km nnw. Abnūb am Rande des Kulturlandes). Das Dorf ist erst seit 1861/62 selbständige Gemeinde, s. RQ aaO; für die Zeit von Wanslebens Ägyptenaufenthalten dürfen wir annehmen, daß es zum Gemeindebezirk von Abnūb (al-Ḥammām) gehörte, vgl. o. zu A 19 und s. weiter unten 4.3.3. zur Weihung der Kirche. Der ON dürfte auf ein Epitheton des Ortsheiligen zurückgehen; das substantivierte Nisben-Adjektiv *al-gabrāwī* kann ich aber noch nicht klar deuten.[172] Der Ort ist bekannt geworden durch die Publikation der Felsengräber im Steilabfall des Gebel, die N. de Garis Davies bearbeitet hat.[173] Die Felsgräber wurden bis zur Publikation von Davies nicht als die von Dêr al-Gabrāwī, sondern als die von (oder: hinter) Banī Muḥammad (s.o. A 18) bezeichnet.[174] Das beleuchtet den unselbständigen Charakter des Dorfes: Der

172 Dieses typisch ägyptisch-arab. substantivierte Nisbenadjektiv möchte ich vorläufig auf *gabr* „Einrenkung“, das Verbalsubstantiv zu *gabara* „(Knochen) einrenken, einrichten“ zurückführen (Wehr, WB 98). Es würde sich dann auf die speziellen Heilungskräfte des Märtyrers Viktor beziehen: Er ist „der Knochenrichter“, also speziell für Knochenbrüche und Verrenkungen zuständig – so wie der Märtyrer Koluthos besonders für Augenkrankheiten zuständig ist (s. 4.3.3. zu B II 3a). Zur Heilung von Knochenbrüchen durch Viktor, Sohn des Romanos, vgl. die im äth. Mart. Viktor berichtete Geschichte, wie Viktor im Truppenlager Hierakion einen Zimmermann mit gebrochenem Bein heilt (Esteves Pereira, Acta Martyrum I (Textus), CSCO 37 (Script. Aeth. 20), 1907, 238,15-26 bzw. dass. I (Versio), CSCO 38 (Script. Aeth. 21), 1907, 216,27-217,3).

173 Norman de Garis Davies, The Rock Tombs of Deir el-Gebrâwi Part I und II, ASE 11 und 12, London 1902.

174 Zum Nomenklaturwechsel, der auf Davies zurückgeht, s. Davies, opt. cit. I 2 Anm. 1. Zur älteren Bezeichnung der Gräber im Steilabfall des Gebel vgl. etwa A Handbook for Travellers in Egypt (Murray's Handbook), 5. Aufl. London 1875, 367f. und Ägypten, Handbuch für Reisende von K. Baedeker. Zweiter Theil: Ober-Ägypten und Nubien bis zum Zweiten Katarakt (bearb. von August Eisenlohr), Leipzig 1891, 46.

Gebel wird nach einer in der Nähe liegenden, schon selbständigen Gemeinde benannt.[175]

B I 17
om. // *Fadda*:
Einen ON Fadda konnte ich bei aller Mühe nicht auffinden. Gehen wir von der Weihung der Kirche aus – sie ist offensichtlich einem anderen Viktor als dem Heiligen von Dêr al-Gabrāwī gewidmet, was das Fehlen des Epitheton „Sohn des Romanos" zeigt–, so finden wir sehr schnell eine solche Viktor-Kirche in der Nachbarschaft, nämlich Simaika, Manf. Nr. 28 ≙ Clarke, H 24: die Kirche von *Dêr Buqṭur Šū* („Kloster des Viktor von Šū"). Der ON wird heute durchweg zu *Dêr Šū* verkürzt: Dêr Šiw (sic, im Inhaltsverzeichnis zu RQ II (4) aber: Dêr Šū)[176] RQ II (4), 6 (Deir Shû, ca. 3 km nördl. Abnūb; Timm: Dēr Buqṭur Šū). Das Dorf ist erst 1899 aus dem Gemeindebezirk von Abnūb ausgegliedert worden, und zwar nur in administrativer Hinsicht (nicht in Grundbesitz- und Finanzfragen, RQ aaO). Zum Heiligen, der dem Ort den Namen gegeben hat, s.u. 4.3.3. zur Weihung der Kirche. In der heutigen Namensform ist nur noch sein unterscheidendes Epitheton „von Šū" erhalten; vgl. dazu den parallelen Fall Dêr (Mārī) Buqṭur (ibn Rūmanôs) al-Gabrāwī > Dêr al-Gabrāwī, s.o. zu B I 16. Berücksichtigt man diese Entstehung des ON, so wird Ramzīs Annahme, Dêr Šū sei identisch mit *Qaṣr Šū*, nämlich dem Ort, in dem Viktor nach dem Syn. Alex. als Soldat Dienst getan habe (Amélineau, Géogr. 392f.), völlig hinfällig: Das Truppenlager Šū, in dem Viktor sein Bekenntnis ablegte, hat diesem zwar sein Epitheton gegeben; es wird aber dadurch nicht mit einem Ort identisch, der seinen Namen nach einem Kloster dieses Heiligen führt!

Wansleben hat das Epitheton des Heiligen „von Šū", das hier fehlt, gekannt, s. den Namen des Viktor-Klosters A 19a (mit Kontamination der beiden Viktore) und die Weihung der Kirche in der Notiz B III 3. An der letztgenannten Stelle hat er es auch richtig als ON gedeutet – aber so, daß Viktor seinen Beinamen „von der Stadt *Sciú*, die nahe bei *Abnūb* lag" habe. Hier ist ganz offensichtlich der Ort *Dêr (Buqṭur) Šū* gemeint – zumal er mit der Bemerkung versehen wird „die heute jedoch zerstört ist"; das ist eine für christliche Stätten typische Phrase bei Wansle-

175 Deshalb ist es sehr unzutreffend, wenn Davies meint, für die Benennung der Gräber nach dem Dorfe Banī Muḥhammad gebe es keinen rechten Grund (op. cit. aaO).

176 Zu Ramzīs auf den ersten Blick merkwürdiger Vokalisation *Šiw* vgl. die Form *Hiw* für den ON der Stadt, die normalerweise als *Hū* (o.ä.) bezeichnet wird; s. dazu Serge Sauneron, Villes et légendes d'Égyptes, 2ᵐᵉ éd. revue et complétée, BdE 90, Le Caire 1983, 87 Anm. 2 und 190f. Anm. 5. Der möglicherweise „offiziellen" Form des ON *Šiw* stehen aber die an der letztgenannten Stelle vorgetragenen Bedenken entgegen; da kein anderes Material zur Vokalisation vorliegt, wurde hier an der Transkription *Šū* (bzw. in deutschem Kontext auch: Schū) festgehalten.

ben, mit der das Erlöschen der christlichen Besiedlung bzw. des christlichen Kultes notiert wird. Wansleben hat also keineswegs an das römische Truppenlager Šū gedacht, das hinter dem Beinamen steht. So schief Wanslebens Erläuterung des Epithetons ist, so gibt sie uns doch den Schlüssel zum Verständnis des von ihm in B I 17 notierten ON *Fadda* an die Hand. War im Jahre 1673 der christliche Kult in Dêr (Buqṭur) Šū schon längere Zeit erloschen, so ist es gut denkbar, daß die Liste, die Wansleben als Vorlage benutzt hat, einen entsprechenden Vermerk hatte; vgl. dazu die „antik" (*aṯarīya*)-Vermerke, die Simaika bei einer Reihe von Kirchen in seinen Listen angebracht hat.[177] Auf diese Weise ist es möglich, Kirchen im tradierten Bestand weiter aufzuführen, gleichzeitig aber klarzumachen, daß sie (zur Zeit) nicht mehr kultisch genutzt werden. Ein solcher Vermerk könnte hier von der Wurzel *faḍḍa* „beendigen, schließen" (Wehr, WB 640b) gebildet vorliegen, also etwa *Dêr Mārī Buqṭur Šū – fuḍḍa* „Das Kloster ... – es wurde (und ist) beendigt". Wansleben hätte dann übersehen, daß die Bezeichnung für das Kloster (bzw. die Kirche desselben) gleichzeitig den ON darstellt, wie wir oben festgestellt haben. Er hat einen Namen für den Ort, in dem das Kloster (die Kirche) liegt, vermißt – und deshalb den Vermerk „beendigt" als ON interpretiert, den wir nun als rätselhaften *Fadda* in der Notiz B I 17 lesen.

Ein endgültiger Nachweis ist die hier vorgetragene Erklärung zwar nicht, aber doch die beste augenblicklich mögliche Lösung der Frage nach dem ON in der Notiz. Von Wansleben gemeint ist hier ganz unzweifelhaft die Kirche des Ortes, der heute Dêr (Buqṭur) Šū heißt.

B I 18
s.o. A 18

B I 19
s.o. A 19

B I 20
s.o. A 20

B I 21
s.o. A 21

177 In unserer Region werden folgende Kirchen mit diesem Vermerk versehen: Simaika, San. Nr. 7.11.13; Manf. Nr. 4 (≙ Notiz B I 12). 15 (≙ Notiz A 15 // B I 13); Asy. Nr. 7 (≙ Notiz A 26 // B II 2b). 12 (≙ Notiz B II 3b); Abū T. Nr. 4 (≙ Notiz B II 5 // B III 4a).

B II 1
s.o. A 22

B II 2
s.o. A 26

B II 3
om. // *Rîfe* / *Rífe* (s. auch B III 2 *Rífe*):
Rīfa RQ II (4),28 (Rīfa, ca. 9,5 km ssö. Asyūṭ). Wird teilweise in älteren Quellen mit Durunka, s.o. A 26, zusammen genannt, vgl. Halm, Ägypten I 96 und 99 (Bezirk *Udrunka wa-Rīfa*). Der koptische Name des Ortes lautet ⲉⲣⲏⲃⲉ, s. Amélineau, Géogr. 165. Wie im Falle Durunka hat sich bei den Klosteranlagen am Wüstenrand ca. 3 km westl. Rīfa eine neue Ansiedlung gebildet: Dêr Rīfa. Diese lag ursprünglich am Steilabfall des Wüstengebirges, wurde aber zu Beginn des 20. Jahrh. auf das Kulturland verlegt, s. Meinardus, Christian Egypt[2] 395 f. Wiederum ist damit zu rechnen, daß Kirchen in beiden Ortsteilen in der Notiz genannt werden; s.u. 4.3.3. zu den Weihungen der Kirchen.

B II 4
s.o. A 27

B II 5
om. // *Doveine* (s. auch B III 4 *Doveine*):
Duwêna RQ II (4),18 (Diweina, ca. 5 km nw. Abū Tīg). Wansleben erzählt in der Notiz B III 4 die Geschichte der Entstehung des Ortes, dessen Kern die von ihm genannte Kirche Johannes des Täufers sein soll. Die Entstehung von Duwêna ging auf Kosten des benachbarten Ortes, den Wansleben als *Tuh Bekerím* bezeichnet und der heute verschwunden ist. Zu dieser Ortschaft s.u. zu B III 4.

B II 6
s.o. A 24

B II 7
s.o. A 25

B II 8
s.o. A 23

B III 1
Sciotb[178]:
Zum Ortsnamen und zur Lage des Ortes s.o. A 23. Wansleben gibt uns hier auch den „koptisch-griechischen“ ON als ⲯⲉⲗⲓⲥ, was er in NR zu ἰψελις korrigiert. Eine noch weiter verbesserte Fassung finden wir dann in Wanslebens Bistümerverzeichnis der koptischen Kirche[179], wo es heißt: „*Sciotb*, en Grec *Hypselis*, elle est dans le Saïd proche & au delá de *Siát* (sic), mais ajourd'huy entiérement ruinée.“[180] In diese Notiz ist deutlich Wanslebens Reiseerfahrung eingegangen, wie sie sich in der Notiz B III 1 niederschlägt. Die Basis von Wanslebens Gleichsetzung ist aber das von ihm in Asyūṭ abgeschriebene Manuskript.[181] Wir können an dieser Stelle sogar den Wortlaut seiner Vorlage feststellen. In ihr stand tatsächlich – wie in NR Ital. – ⲯⲉⲗⲓⲥ = *Šuṭb*, wie sich aus dem verwandten Verzeichnis im Cod. Vat. Copt. 45 ergibt, das Munier veröffentlicht hat.[182] Dort lautet die Gleichung nämlich: ⲯⲉⲗⲓⲥ (sic) = *Šuṭb*![183]

B III 2
Rífe:
Zum Ortsnamen und zur Lage des Ortes s.o. B II 3.

B III 3
om. // *Muscí-e* / *Muscíe*:
Mūšā RQ II (4),29 (Mûsha, ca. 9 km ssö. Asyūṭ); ältere Namensform ist Mūša, vgl. RQ aaO und Halm, Ägypten I 93f. Wanslebens Transkription legt eine Form *Mūšīya* nahe; dazu ist auf den ON zu verweisen, wie ihn Yaqūt überliefert: *al-Mūšīya* (RQ bzw. Halm aaO). Der „koptische Name“ *Mūša* bei Ramzī aaO geht auf ein Mißverständnis der Ausführungen von Amélineau, Géogr. 266 zurück; auch dort ist der ON ein arabischer, wenn auch im Syn. Alex. überliefert.

178 An dieser Stelle steht in beiden Textzeugen *Sciotb*, d.h. die Form, die NR Ital. sowohl hier, als auch in Notiz B II 8 bietet. An der letztgenannten Stelle hatte NR den ON anhand von Rel. zu *Sciótbe* „verbessert“, s.o. Anm. 158; das ist hier unterblieben und zeigt den nur sekundären Wert der Form in B II 8.

179 Wansleben, Histoire 17-26; zur von Wansleben verwendeten Basishandschrift des Verzeichnisses s.o. Anm. 96.

180 Wansleben, Histoire 24,11-13.

181 S.o. Anm. 96.

182 Munier, Recueil 62-65.

183 AaO 64, 38. Einen weiteren Fall, in dem sich Wanslebens Vorlage parallel zu Cod. Vat. Cop. 45 rekonstruieren läßt, s.o. Anm. 145 (zu Munier, Recueil 64,37).

B III 4
Doveine:
Zum Ortsnamen und zur Lage des Ortes s. o. B II 5; weiter wird genannt:
om. // *Tuh bekerim*[184]/*Tuh Bekerím*:
Mit diesem Namen bezeichnet Wansleben den Ort, der in der Nachbarschaft von Duwêna gelegen hat und mit der Entstehung dieser Siedlung nach und nach verschwunden ist. Dieses Dorf hat es tatsächlich gegeben; es hieß *Ṭuḫ Bakrīma*, s. RQ II (4),18 s. v. Duwêna und Halm, Ägypten I 98. Sein Name ist heute noch in einer Flurbezeichnung der Gemarkung Duwêna erhalten, dem „Becken (*ḥôḍ*) von Bakrīma" (RQ aaO). Der Prozeß des Aussterbens der Siedlung Ṭūḫ Bakrīma zeigt sich auch in einer Namensänderung in den Quellen: Der ON wird zu *Ṭūḫ al Ḫarāb* „das verödete Ṭūḫ" (RQ aaO). So erhält Wanslebens Erzählung von der Entstehung des Dorfes Duwêna, so volksetymologisch sie im übrigen ist, im Punkte des Ablösungsverhältnisses der Siedlungen völlig recht. Es erweist sich wiederum der hohe Wert, der seinen Berichten zukommt.

Der Ort Ṭūḫ Bakrīma ist eventuell der Begräbnisort des Märtyrerbischofs Kallinikos, s. den Abschnitt „Zum Martyriums- und Begräbnisort des Kallinikos" des Exkurses zu meinen „Studien zu den Märtyrern des nördlichen Oberägypten I".[185] Mit dem Absterben des Ortes wäre dann auch der Kult des Märtyrers erloschen. Das würde gut das Schweigen der arabischen Quellen über die Begräbniskirche des Kallinikos erklären.

4.2.3. Zwischenbemerkung zum topographischen Aufbau der Listen Wanslebens

Wie verschiedentlich im topographischen Verzeichnis ausgeführt, ist die Nord-Süd-Richtung für die Abfolge der Notizen Wanslebens charakteristisch. Das erstaunt für das „Verzeichnis" (Text A) überhaupt nicht, da das dem expliziten Programm Wanslebens für die Behandlung des Niltales von Kairo flußaufwärts entspricht, s. o. 2.1. Ebenfalls ist diese Anordnung für Wanslebens Notizen zur Reise nach Ṭahṭā (B III) logisch. Dagegen ist die Nord-Süd-Anordnung für die regionalen Listen B I und B II nicht von vornherein zwingend; doch sind sie großenteils nach diesem Prinzip aufgebaut. Sind diese Listen, wie zu vermuten, ihrer Herkunft nach in der Region selbst anzusiedeln, so verwundert die genaue Abfolge von Norden nach Süden nicht besonders – anders als im Falle von Text A, der ja aus der Distanz, nämlich von Kairo aus, erarbeitet worden ist. Um die jeweils sehr gute Landeskenntnis von Wanslebens Gewährsleuten zu beleuchten, soll im folgenden

184 Das *h* in *Tuh* ist mit dem arab. Zeichen *Ḥā'* markiert; s. dazu o. 2.3 am Ende.

185 Jürgen Horn, Studien zu den Märtyrern des nördlichen Oberägypten I: Märtyrerverehrung und Märtyrerlegende im Werk des Schenute. Beiträge zur ältesten ägyptischen Märtyrerüberlieferung (GOF Reihe IV: Ägypten. Bd. 15), Wiesbaden 1986, S. 69f.

kurz den Unregelmäßigkeiten im Aufbau der Texte Aufmerksamkeit geschenkt werden (Schrägstriche bezeichnen in der Aufstellung den Sprung vom West- auf das Ostufer und umgekehrt).

(1) *Text A*
  a) Strikte Nord-Süd-Abfolge:
  Notizen A 1-8, 10-11, 14 / 15-21 / 22-23, 26-27.
  b) Von dieser Abfolge abweichend:
  A 9, 12, 13, 24, 25.

(2) *Text B I*
  a) Strikte Nord-Süd-Abfolge:
  Notizen B I 3-10 / 12-17, 19-21.
  b) Von dieser Abfolge abweichend:
  B I 1, 2, 11, 18.

(3) *Text B II*
  a) Strikte Nord-Süd-Abfolge:
  Notizen B II 1-5
  b) Von dieser Abfolge abweichend:
  B II 6-8.

Betrachten wir nun die von der Abfolge abweichend eingeordneten Notizen, so ergeben sich eine Reihe von Entsprechungen:

A	=	*B*	*In A richtig eingeordnet:*
9		I 11	B I 18
12		1	B II 8
13		2	
24		II 6	
25		7	

In der Mehrzahl der Fälle scheint es sich also um „immer dieselben Kandidaten“ zu handeln, deren Einordnung Probleme macht. Diese Einordnungsprobleme ergeben sich meist aus einem einfachen Sachverhalt der ägyptischen Geographie: Überall dort, wo das Kulturland eine größere Breite erreicht und mehrere Siedlungen etwa auf gleicher Höhe liegen, stellt sich die Frage, ob man die Beschreibung am Fluß oder am Wüstenrand beginnt; hat man sich entschieden, erweist es sich meist als – wohl auch mnemotechnisch – praktisch, etwa erst zwei, drei Dörfer, die benachbart am Wüstenrand liegen, zu behandeln und anschließend in das Kulturland bzw. an den Fluß zu gehen, auch wenn das ein Zurückspringen nach Norden bedeutet. Ein bezeichnendes Beispiel dafür ist das Vorgehen von Text A ab A 22 (Asyūṭ): A 23, 24, 25 liegen am Nil; anschließend wird an den Wüstenrand gesprungen (A 26, 27), woran sich die nächste Notiz (Dêr al-Ganadla, s. o. 3.1) gut anschließt, aber dann ein Zurückspringen nach Norden an den Nil erforderlich macht (Abū Tīg, Rel.Germ.Ms. B p. 123,1-4 ≙ Rel. 214,15-18). Eine andere Lösung des Problems zeigt an dieser Stelle Text B II: Nach Asyūṭ (B II 1) wird erst der Wüstenrand abgegangen (B II 2-4), dann Duwêna genannt (B II 5), das südlich davon liegt, um sich anschließend von Süden nach Norden am Nil entlangzuarbeiten (B II 6-8). Hier wird also eine Kreisbewegung vollzogen, die allerdings deshalb so ungestört verläuft, weil der Bereich relativ klein ist und keine weiteren Kirchen in der Mitte des Kulturlandes aufzuführen sind. Störungen der Beschreibungsbewegung zeigen sich in diesem Bereich auch in al-Maqrīzīs Verzeichnis der Klöster und Kirchen, das im Prinzip der Nord-Süd-Abfolge verpflichtet ist. Während er die Klöster südlich Asyūṭ klar in dieser Abfolge bringt (Nr. 47ff.), wobei er ja nur dem Fruchtlandrand zu folgen braucht, finden wir die Kirchen der Dörfer des Fruchtlandes in folgender Ordnung (zum Vergleich die Abfolge in B II):

	al-Maqrīzī	*B II*
Durunka	Ki. Nr. 59	2
Rīfa	60	3
az-Zauya	(s. Kl. Nr. 53)	4
Mūšā	Ki. Nr. 61	om.
Duwêna	om.	5
Bāqūr	62	6
al-Qaṭīʿa	63	7
Šuṭb	om.	8

Hier wird ersichtlich, daß die Anordnungsprobleme in derselben Weise auf Kosten einer ganz strikten Nord-Süd-Folge gelöst werden.

Vergleichbare Probleme der Anordnung sind auch für die Stellung der Notizen, die noch nicht besprochen wurden, maßgeblich:

a) A 9 // B I 11

Der Ort Umm al-Quṣūr liegt als einziger des Bereiches direkt am Nil, und zwar fast auf gleicher Höhe wie A 7 // B I 4, etwas nördlicher als A 8 // B I 5. Er wird in Text A im Sinne des oben skizzierten Zurückspringens zum Wüstenrand bzw. zum Fluß als A 9 nachgetragen; die Liste B I scheint ihn wegen seiner Lage erst eimal ganz vergessen zu haben, um ihn dann ganz zum Schluß des Westuferteiles aufzuführen.

b) A 12,13 // B I 1,2

Die beiden hier genannten Klöster „auf dem Berge Qusqām" liegen als einzige der Anlagen des Bereiches A 6-14 // B I 1-11 am Wüstenrand. Sie wurden daher an einer passend erscheinenden Stelle nachgetragen – so Text A –[186] bzw. der Liste vorangestellt (vielleicht auch wegen ihrer Bedeutung) – so Liste B I –.

186 Warum die beiden Klöster vom Berge Qusqām gerade nach Notiz A 11 aufgeführt werden, läßt sich allerdings nur vermuten. Logischer wäre für uns eine frühere Einordnung in das „Verzeichnis", etwa nach Notiz A 5 (al-Qūṣīya = Qusqām) oder A 6 (Būq, das 1664 Residenz des Bischofs

c) B I 18
Der Ort Banī Muḥammad ist in Text A richtig vor Abnūb al-Ḥammām (A 19) eingeordnet. Zwar steht er auch in B I vor Abnūb (B I 19), doch gehen ihm zwei Orte voraus, die zum Gemeindebezirk von Abnūb gehören (B I 16 und 17). Ob hier die von A abweichende Behandlung nach Ortschaften, nicht Gemeindebezirken zur Störung des Ablaufes geführt hat? Zwar liegen B I 16 und 17 geographisch gesehen tatsächlich nördlicher als B I 18, aber für ägyptische Betrachtungsweise ist nicht die geographische Nordrichtung (Kompaßnord) maßgeblich, sondern Norden durch den Lauf des Nil bestimmt: flußabwärts = nördlich, flußaufwärts = südlich. In Bezug auf den Nillauf, der hier eine Strecke weit ostwestliche Richtung verfolgt, liegen B I 16 und 17 aber flußaufwärts, d.h. südlich, von B I 18.

Lassen sich so fast alle Störungen des Nord-Süd-Ablaufes der Texte hinreichend erklären, so kann zusammenfassend gesagt werden:

(1) Die Listen folgen in der Anordnung der Ortsnamen prinzipiell der durch den Nillauf bestimmten Richtung von Norden nach Süden; kleinere Abweichungen können sich dann ergeben, wenn abwechselnd das West- und das Ostufer des Nils behandelt werden.[187]

von Qusqām-al-Muḥarraq ist, s.u. 4.3.3. zu A 6 // B I 3). Eventuell bildete Notiz A 11 insoweit einen Einschnitt, der sich für Nachträge eignete, als hier die Bischofskirche der Diözese Manfalūṭ genannt wurde (s.u. 4.3.3. zu A 11 // B I 8). Allerdings gehört(e) Dêr al-Muḥarraq (und sein Nachbarkloster) nicht zur Diözese Manfalūṭ, sondern zu der von Qusqām und war zeitweilig Sitz des Bischofs dieser Diözese; vgl. etwa (zum modernen Zustand) den Anhang zu Abschnitt G der Kirchenliste bei Clarke, Christian Antiquities. Vielleicht war die Nennung der ersten Kirche des Bistums Manfalūṭ, der Kirche in Banī Kalb (A 11), der Anlaß, schnell noch die bisher fehlenden Klöster am Wüstenrand nachzutragen – oder Wansleben hat die Anlagen zu stark mit Manfalūṭ in Verbindung gebracht, da er selbst die Klöster von dort aus besucht hat, s.o. Anm. 114.

187 Wir begegnen nie dem Verfahren, das ständig – je nach geographischer Höhe – vom West – auf das Ostufer und umgekehrt gesprungen wird. Vielmehr wird jeweils ein abgegrenzter Bereich auf dem einen Ufer behandelt, um anschließend einen entsprechenden Bereich auf dem anderen durchzugehen, auch wenn man dadurch wieder ein Stück weiter nach Norden gerät. Vgl. dazu in unserer Region die Übergänge
a) A 14 / A 15: A 14 nennt die südlichste Kirche des Bistums Manfalūṭ auf dem Westufer, während A 15 die nördlichste Kirche auf dem Ostufer aufführt, die nördlicher als die in A 11 genannte des Westufers liegt.
b) A 21 / A 22: A 21 nennt die südlichste Kirche des Bistums Manfalūṭ auf dem Ostufer, während A 22 die nördlichste Kirche des Bistums Asyūṭ auf dem Westufer aufführt, die nördlicher als die in A 21 genannte liegt.
Eine Radikallösung in dieser Hinsicht stellen die von al-Maqrīzī angelegten Verzeichnisse dar: Er behandelt die Kirchen und Klöster des Niltales so, daß er zuerst das Ostufer, dann das Westufer von Norden nach Süden abgeht. Die Umschaltstellen liegen daher nur bei Klosterverz. Nr. 23/24 bzw. Kirchenverz. Nr. 25/26; so wird ein häufigeres Springen vom einen auf das andere Ufer vermieden.

(2) Für jede abweichende Einordnung einer (oder mehrerer) Ortsnotiz(en) gibt es prinzipiell einen Grund, der in den topographischen Verhältnissen der jeweiligen Region (bzw. in den damit korrelierenden Problemen der Arbeitstechnik ägyptischer Autoren) zu suchen ist.

Diese Feststellungen erscheinen mir deshalb wichtig, weil häufig genug vergleichbare Elaborate ägyptischer Autoren nicht ernst genug genommen werden: Ihre Anordnung des Materials wird für willkürlich erklärt, um dann um so leichter umstellen, korrigieren oder emendieren zu können.[188]

4.3. Die von Wansleben verzeichneten Kirchen und Klöster nach den Heiligen, denen sie geweiht sind

4.3.1. Einige grundsätzliche Bemerkungen zum Problem: Kloster oder Kirche?

Definieren wir „Kloster" dadurch, daß es sich dabei um eine kirchliche Einrichtung, gleichzeitig Baulichkeit handelt, die von einer Gemeinschaft von Mönchen (Nonnen) genutzt wird, die den Regeln könobitischen Lebens folgt, so ist für jede bauliche Anlage, die wir als Kloster bezeichnen wollen, das Vorhandensein einer könobitischen Gemeinschaft notwendig. Wir dürften also den größten Teil der traditionell als Kloster (*dêr*) bezeichneten Bauten gar nicht so nennen, weil bei ihnen eine aktive könobitische Gemeinschaft fehlt; das gilt auch dann, wenn die Kirche des ehemaligen Klosters nunmehr als Gemeindekirche genutzt wird – erst recht dann, wenn sie nur noch ein- oder zweimal im Jahr zu Festen des örtlichen Heiligen aufgesucht wird. Die strikte Anwendung des in der Definition gesetzten Kriteriums „könobitische Gemeinschaft" würde nur eine verschwindend geringe Anzahl von baulichen Anlagen in Ägypten als „Kloster" gelten lassen – viel weniger als die von Wansleben als solche aufgeführten. Doch gibt es die ägyptische Tradition, bestimmte Anlagen als *dêr* (Kloster) zu bezeichnen, auch wenn sie nur als Gemeindekirchen oder auch nur ganz sporadisch genutzt werden. Es fragt sich aber, ob diese Tradition wirklich so irrführend ist, wie sie Walters in einer Grundsatzbemerkung einschätzt.[189] Denn in der Bezeichnung *dêr* hält sich die Erinne-

188 Vgl. etwa Martin, Inventaire Nr. 41: Der Autor erkennt zwar, daß Wanslebens Liste B I im Prinzip von Norden nach Süden aufgebaut ist; er nimmt den in diesem Abschnitt geschilderten Aufbau aber nicht ernst genug und kommt zu einer (doppelten) Fehlidentifizierung des Klosters, s.u. 4.3.3. zu B I 12. Als Beispiele dafür, wie der Aufbau solcher Listen, wenn er erkannt ist, die eindeutige Identifizierung von Kirchen/Klöstern ermöglicht, s.u. 4.3.3. zu A 18 // B I 18 (= al-Maqrīzī, Kirchenverz. Nr. 21) und zu B I 7 (Lage der Kirche von *Nemíre*).

189 C. C. Walters, Monastic Archeology in Egypt (Modern Egyptology Series), Warminster 1974, 247 (Schlußwort zur Bibliographie).

rung daran, daß hier einmal eine klösterliche Gemeinschaft vorhanden war, auch wenn aktuell keine solche vorhanden ist. Die mißbräuchliche Anwendung auf eine Anlage, die niemals Kloster gewesen ist – was Walters im Hinblick auf die Menas-Stadt moniert –[190], konnte ich für unsere Region in keinem einzigen Falle feststellen.[191]

Der drastische Rückgang des monastischen Lebens in Ägypten seit dem Mittelalter hat nun auch in der ägyptischen Nomenklatur Wirkungen gehabt: Viele Klosterkirchen, die früher als *dêr* bezeichnet wurden, werden später nur noch *kanīsa* „Kirche“ genannt, weil sie nicht mehr monastischen Zwecken dienen. Dabei kann es im Einzelfall Fluktuationen in der Bezeichnung geben – bedingt durch das Spannungsverhältnis zwischen pietätvoller Bewahrung des tradierten Namens und Klarlegung der aktuellen Nutzung der Baulichkeit. Das kann teilweise zu Kompromißlösungen in der Nomenklatur führen, die auf dem hier beschriebenen Hintergrund nicht mehr so widersprüchlich erscheinen wie sie oberflächlich betrachtet klingen. Zwei schöne Beispiele dafür aus Wanslebens Listen sind

a) Kirche B I 19a: „Sie nennt sich *Dêr al-ʿAḏrā*ʾ (Kloster der Jungfrau).“
b) Kirche B II 2b: „(eine der beiden Kirchen in Durunka, nämlich) das Kloster der Jungfrau Maria“.

Der Gesichtspunkt pietätvoller Bewahrung des alten Namens zeigt sich nun besonders in dem von Wansleben 1664 in Kairo gesammelten Material (Text A), das bei weitem mehr Klöster in der Region verzeichnet als die 1673 vor Ort gesammelten Listen B I und B II. Die Kairener Mönchsversammlung hat also bei weitem häufiger den Begriff *dêr* benutzt, als es in der Region selber noch – jedenfalls in offiziösen Listen – üblich war. Wansleben hat dann auch getreulich jede Anlage, die ihm 1664 als *dêr* genannt wurde, als „Kloster“ notiert. Das sei durch eine Konfrontation der entsprechenden Notizen verdeutlicht; ohne Zusatz angeführt bedeuten sie: im Text ist „Kloster“ notiert.

Text A	*Text B*
A 1	–
3a	–
3b	–
6: Kirche!	B I 3
12	1
13	2
14	9: Kirche!

190 Walters aaO.

191 So erweist sich etwa die Behauptung, die Anlage bei der Marien-Kirche am Gebelhang von Rīfa, die Dêr Rīfa genannt wird, sei eigentlich kein Kloster gewesen (Johann Georg Herzog zu Sachsen; Meinardus), als nicht haltbar; s. u. 4.3.3. zu B II 3b (Zur Lage der Klosteranlage).

Text A	*Text B*
A om.	(B I 12: Kirche!)[192]
15	13: Kirche!
19a I[193]	16: Kirche!
19a II[193]	17: Kirche!
19b	19a: Kirche!
21	21: Kirche!
26: Kirche!	B II 2b: Kirche = Kloster (s. o.)
om.	3b
27	4

Text A gibt uns also zwölf Anlagen als „Klöster" an, während B I/II nur fünf so benennt; ganze drei Klöster sind zwischen den beiden Textgruppen unstrittig: A 12 // B I 1 (Dêr al-Muḥarraq), A 13 // B I 2 (Abessinier-Kloster bei Dêr al-Muḥarraq), A 27 // B II 4 (Athanasios-Kloster von az-Zauya). B II 3b (Marien-Kloster von Rīfa) liegt in einem Ort, der in Text A nicht behandelt wird. B I 3 widerspricht anscheinend der Tendenz der Listen B I/II, im Gegensatz zu Text A den aktuellen Zustand festzuhalten. Es bezeichnet die Anlage von Būq, die Notiz A 6 als Kirche führt, als Kloster. Das könnte damit zusammenhängen, daß hier eine Baulichkeit vorhanden ist, die dem Bischof von (al-Qūṣīya-) al-Muḥarraq als Residenz dient.[194] Der in B I/II zu konstatierende Schwund im Klosterbestand der koptischen Kirche entspricht sicher eher der historischen Realität des 17. Jahrh. als das häufige Auftreten von „Klöstern" in Text A.

Das Spannungsverhältnis zwischen den beiden Textgruppen in der Frage „Kloster oder Kirche?" ist aber insofern lehrreich für die Geschichte der koptischen Kirche, als wir sehen, daß die alten Klöster nicht einfach untergehen, sondern daß sie zu einem großen Teil weiterleben. Ihre Kirchen werden nämlich nicht total aufgegeben, sondern mindestens zu den Festen des Ortsheiligen, häufig aber auch

192 Die in der Notiz B I 12 genannte Theodor-Kirche wurde deshalb mit Einschränkungen als Klosteranlage aufgeführt, da sowohl der bauliche Befund als auch der bis heute tradierte Name (*Dêr al-Amīr Tadrus*) auf ein ehemaliges Kloster verweisen; s. u. 4.3.3. zu B I 12.

193 Das in Notiz A 19a genannte „Kloster des Apa Viktor von Schū, Sohnes des Ministers Romanos" stellt eine Kontamination zweier Klosteranlagen dar, nämlich des Klosters des Apa Viktor, Sohnes des Romanos, und des Klosters des Viktor von Schū; s. dazu 4.3.3. unter A 19a. Die beiden in A 19a vermischten Klöster werden hier als A 19a I bzw. A 19a II unterschieden.

194 Dazu s. Wanslebens interessante Bemerkung zum Bistum al-Muḥarraq in seinem Verzeichnis, das die 1664 bestehenden Bistümer der koptischen Kirche aufführt (Rel. Germ. Ms. B p. 95,17-96,10 ≙ Rel. 140,18-141,10): „... 5. Zu *Moharrak* in der Wüsten Koskuâm; der Bischoff wohnt aber in *Buk*, von welchem Ohrte am Ende weitleuffig. 6. ...« (Rel. Germ. Ms. B p. 95,25-96,2; die Bemerkung über den Wohnsitz des Bischofs ist in Rel. weggelassen). Die „weitläufigen Ausführungen" über den Ort Būq beziehen sich auf die Geschichte, wie Jesus dort den Stab Josephs einpflanzt; dazu s. Wanslebens Notiz A 6 und Rel. Germ. Ms. B p. 95,25-96,2 ≙ Rel. 165,11-16.

als Gemeindekirchen – vgl. aus unserer Region etwa A 19a I // B I 16, A 19a II // B I 17, A 19b // B I 19a, A 21 // B I 21 –[195] genutzt. So kommen denn alle bei Wansleben genannten Klöster in den modernen Kirchenverzeichnissen der koptischen Kirche vor – ein schöner Beleg für starke historische Kontinuität. Sie werden dort aber als Kirchen (*kanīsa*) verzeichnet, mit der einzigen Ausnahme des bis heute als Kloster bestehenden Dêr al-Muḥarraq. Dabei wird in den Listen von Clarke und Simaika systematisch die alte Bezeichnung von Kirchen als *dêr* vermieden – sofern diese nicht die Ortsnamensgebung beeinflußt hat und damit nur in der Kolumne „Ort“ auftritt.[196] Dieser Befund sei mit einer Gegenüberstellung illustriert; in dieser werden die Anlagen mit monastischer Kontinuität, die Klöster vom Berge Quṣqām (o. A 12 und 13), weggelassen.[197]

Klöster bei Wansleben		*Kirchen bei*	
Text A	*Text B*	*Clarke*	*Simaika*
A 1	–	G 12	Ṣan. Nr. 12
3a	–	6	6
3b	–	5	5
6 (Kirche)	B I 3	25	30
14	9 (Kirche)	H 8	Manf. Nr. 8
om.	[12 (Kirche)][198]	4	4[199]
15	13 (Kirche)	11	15[199]

195 Zur mindestens temporären Nutzung dieser alten Klosteranlagen bei den örtlichen Festen vgl. al-Maqrīzī, Klosterverz. Nr. 13-15; zu ihrem heutigen Weiterbestehen vgl. die unten folgende Übersicht, in der Wanslebens „Klöster“ mit den Kirchen der Listen von Clarke und Simaika konfrontiert werden.

196 Solche Beeinflussung der Ortsnamensgebung durch die alten Klosteranlagen ist in unserer Region mehrfach zu beobachten; ich stelle diese Fälle gegenüber:

	Ortsname bei Wansleben	Ortsname bei Clarke/Simaika
A 19a I // B I 16	Abnūb al-Ḥammām // Gabrāwī	Dêr al-Gabrāwī
A 19a II // B I 17	Abnūb al-Ḥammām // „Fadda“	Dêr Buqṭur Šū
B II 2b	Durunka	Dêr Durunka
B II 3b	Rīfa	Dêr Rīfa
A 27 // B II 4	az-Zāwiya	Dêr az-Zāwiya (Zauya)

197 Das bis heute bestehende Kloster Dêr al-Muḥarraq bleibt bei Clarke und Simaika – wie die anderen fortbestehenden Klöster – außerhalb der eigentlichen Liste. Bei Clarke wird es als Anhang zum Abschnitt G seiner Liste gesondert aufgeführt. Simaika widmet den Klöstern einen eigenen Abschnitt im Vorspann der Kirchenliste (Dalīl II 173), wo dann auch das Dêr al-Muḥarraq genannt wird; vgl. auch op. cit. 124f.

198 Zur Begründung, warum diese Anlage hier unter den Klöstern aufgeführt wird, s. Anm. 192.

199 Von Simaika mit dem Vermerk *aṯarīya* „antik“ versehen, s. Anm. 177. Dieser Vermerk verweist darauf, daß die Kirchen nicht mehr ständig genutzt, aber weiter als Teil des tradierten Bestandes geführt werden.

Klöster bei Wansleben		*Kirchen bei*	
Text A	*Text B*	*Clarke*	*Simaika*
A 19a I	B I 16 (Kirche)	H 24	Manf. Nr. 28
19a II	17 (Kirche)	25	29
19b	19a (Kirche)	23	26
21	21 (Kirche)	14	18
26 (Kirche)	B II 2b (s. o.)	I 5	Asy. Nr. 7[199]
om.	3b	8	12[199]
27	4	12	16

Die Gegenüberstellung macht klar, daß die Tendenz von B I/II, kirchliche Bestandsverzeichnisse zu „entmonastisieren", die historische Situation sicher zutreffend beschreibt. Im Blick darauf läge es nahe, Text A ebenfalls zu „entmonastisieren", also nur die unstrittigen Fälle als Klöster zu behandeln (d. h. A 12 // B I 1, A 13 // B I 2, A 27 // B II 4, evtl. auch B II 3b). Das hieße aber, den historischen Aussagewert, der in der Bezeichnung „Kloster" liegt, zu vernachlässigen; liegt in ihr doch ein Zeugnis für das frühere Vorhandensein einer monastischen Gemeinschaft und damit für die Geschichte des Mönchtums in Ägypten. Wanslebens Aussagen in Text A dürfen daher nicht unterdrückt werden – zumal sie weitgehend durch das Klosterverzeichnis unterstützt werden, das al-Maqrīzī seiner „Geschichte der Kopten" beigegeben hat. Auch al-Maqrīzī stand schon vor Problemen der hier besprochenen Art, da er seine Beigaben zur „Geschichte" säuberlich in zwei Teile gegliedert hat, ein Verzeichnis der Klöster und eines der Kirchen. Er hat sich dafür entschieden, Anlagen selbst dann in das Klosterverzeichnis aufzunehmen, wenn er ausdrücklich notiert, daß dort kein Mönch mehr vorhanden ist.[200] Entscheidend war für ihn der Gesichtspunkt, ob die Anlage einmal monastisch besiedelt war, nicht aber die aktuelle Form der Nutzung. Auf diese Weise hat er uns eine Fundgrube von historischen Informationen für die Geschichte des Klosterwesens, aber auch der ägyptischen Heiligenverehrung geliefert. Ohne hier in Einzeldiskussionen zur Identifikation der Anlagen einzutreten, sollen nun Wanslebens Angaben über Klöster in Text A mit denen von al-Maqrīzī zusammengestellt werden; für die Einzeldiskussion s. das Patrozinienverzeichnis in 4.3.3.

Wansleben, Text A	*al-Maqrīzī, Gesch. der Kopten*
A 1	s. Kirche Nr. 49[201]
3a	Kloster Nr. 39 ?
3b	40
12	42
13	om.[202]

200 Vgl. aus unserer Region die Fälle al-Maqrīzī, Klosterverz. Nr. 14, 39, 40, 43, 46, 47.

201 Al-Maqrīzī betont ausdrücklich, daß diese Kirche „einem Kloster ähnlich" sei (arab. Text 60,18). Vgl. dazu 4.3.3. unter A 1.

202 Das Fehlen des Äthiopier-Klosters bei Dêr al-Muḥarraq überrascht etwas. Sollte es Anfang des 15.

Wansleben, Text A	*al-Maqrīzī, Gesch. der Kopten*
A 14	Kloster Nr. 44
15	12
19a I	13
19a II	14
19b	(vgl. Kirche Nr. 22a)
21	Kloster Nr. 15
27	53

Wanslebens Angaben finden also durchweg eine Stütze bei al-Maqrīzī und beweisen damit die Zuverlässigkeit seiner Gewährsleute. Auch für die beiden weiteren Klöster in B II finden sich Parallelen bei al-Maqrīzī (B II 2b ≙ Kloster Nr. 48(b), B II 3b ≙ Kloster Nr. 50). Versuchen wir nun, die obige Übersicht mit der Vergleichstabelle zu den modernen Kirchenverzeichnissen zu verbinden, so ergibt sich, daß wir praktisch alle von Wansleben aufgeführten Klöster sowohl bei al-Maqrīzī (Stand von ca. 1400 A.D.) als auch als heutige Kirchen der koptischen Kirche verifizieren können. Gäbe es die Wanslebenschen Verzeichnisse nicht, wäre die Herstellung der Verbindung „heutige Kirche" – „bei al-Maqrīzī beschriebenes Kloster (bzw. Kirche)" in vielen Fällen äußerst schwierig. Ihnen kommt bei der Erforschung der im Mittelalter (und früher) vorhandenen Kirchen und Klöster eine eminent wichtige Rolle zu, wie sich auch im Patrozinienverzeichnis zeigen wird (u. 4.3.3.).

Die Ausführungen dieses Abschnittes sollen dazu dienen, das Problemfeld „Kloster oder Kirche" zu beleuchten. Sie sollten vor allen Dingen vor einer zu strikten Handhabung der eingangs angeführten Definition warnen und das historische Gefälle kennzeichnen, das Klöster bzw. ihre Kirchen zu (Gemeinde-, Gelegenheits-) Kirchen macht. Dieses Gefälle ist durchaus auch umkehrbar; heute gibt es eine Reihe von Klöstern wieder, die Clarka 1912 und Simaika 1932 (zu Recht) nur als Kirchen verzeichnet haben. Ein treffendes Beispiel dafür ist das Menas-Kloster bei al-Maʿabda (A 15 // B I 13):

ca. 1400 A. D.	al-Maqrīzī, Kloster Nr. 12: Kloster
1664 bzw. 1673	Wansleben: Kirche, die aber noch als Kloster bezeichnet wird
1912	Clarke G 11: Kirche
1932	Simaika Manf. Nr. 15: Kirche
1980	Beobachtung des Göttinger Surveys: wieder Kloster

Bleibt nun nur noch zu klären, wie die Nomenklatur hier gehandhabt werden soll. Da Quellen aus ganz verschiedenen Zeiten herangezogen werden, ist eine

Jahrh. noch nicht bestanden haben? Ich halte es allerdings für eher möglich, daß es so sehr als Teil der Anlage Dêr al-Muḥarraq angesehen wurde, daß auf eine selbständige Aufführung des Klosters verzichtet wurde; vgl. die Hinweise bei Martin, Inventaire Nr. 39 und u. 4.3.3. zu A 13 // B I 2.

eindeutige Festlegung von vornherein unmöglich. Beispiel: die Viktor Kirche, die im heutigen Dêr al-Gabrāwī liegt (A 19 a I // B I 16); die Kirche ist als Märtyrer-Grabkirche entstanden, um die sich später ein Kloster bildete. Dieses war anscheinend noch im 16. Jahrh. von Mönchen besiedelt, 1673 aber nur noch Kirche. Als solche wird sie von Clarke und Simaika verzeichnet; heute wird sie als Gemeindekirche des koptischen Dorfes genutzt. Angesichts solcher Entwicklung wird es vielleicht verständlich, wenn ich je nach Zusammenhang einmal von Viktor-Kirche, das andere Mal von Viktor-Kloster spreche.

Im übrigen wird bei den einzelnen Anlagen nicht speziell diskutiert werden, ob es sich um Kloster oder Kirche handelt. Eine entsprechende Klärung liegt besonders für die Anlagen, die nicht Märtyrern geweiht sind, ganz außerhalb des Skopos dieser Arbeit; sie wäre im Rahmen einer Geschichte des ägyptischen Klosterwesens zu leisten. Für das Grundsätzliche sind die notwendigen Informationen, so glaube ich, in diesem Abschnitt zusammengestellt.

4.3.2. Zur Anlage des kommentierten Patrozinienverzeichnisses

Jede Notiz zu einer Kirche bzw. einem Kloster erhält einen eigenen Abschnitt, in dem das Patrozinium erläutert wird. Die Abschnitte werden entsprechend dem o. 3.2.3 vorgestellten Numerierungssystem, dessen Basis die Gliederung der Texte in Ortsnotizen ist, gezählt. Paralleles Material in den Texten A bzw. B I/II/III wird gemeinsam behandelt; an den entsprechenden Stellen der Listen aus Text B wird dann nur auf den Kommentar zur Parallelstelle in Text A verwiesen. Die kommentierten Abschnitte sind von ganz verschiedener Länge – je nach Art bzw. Problematik des Patroziniums der Anlage. Dazu sei noch einmal auf den Skopos und die einleitenden Bemerkungen zu dieser Arbeit verwiesen. Daraus ergeben sich drei Stufen der Kommentierung zu den 45 Patrozinien der Region[203]:

(1) Patrozinien, deren Inhaber nicht Heilige im engeren Sinne sind; darunter fallen hier Weihungen an die Jungfrau Maria (sieben Fälle)[204], an Johannes den Täufer

203 Entsprechend den Ausführungen o. 4.1.2. müßten hier eigentlich 46 Patrozinien zu den 46 von Wansleben genannten Kirchen/Klöstern auftreten. Die Differenz erklärt sich daraus, daß eine dieser Kirchen, nämlich A 19f, eine Dublette zum Kloster A 19b darstellt, s. den Kommentar zu A 19f, und daher hier vernachlässigt wurde. Die Patrozinien verteilen sich numerisch wie folgt auf die Gruppen:

Gruppe 1 („Biblische Gestalten")	15
Gruppe 2 („Allerwelts-Heilige")	14
Gruppe 3 („Spezifische Heilige")	16
Patrozinien insgesamt	45

204 Die Kirchen bzw. Klöster A 12 // B I 1, A 16 // B I 14, A 18 // B I 18, A 19b // B I 19a, A 26 // B II 2, B I 10 und B II 3b sind der Jungfrau Maria geweiht; s. den Kommentar in 4.3.3.

(drei Fälle)[205], die Drei Jünglinge des Daniel-Buches (ein Fall)[206] und an einen (oder mehrere) der Erzengel (drei Fälle)[207]; dazu eine an die Apostel Petrus und Paulus (ein Fall)[208]. Hier wurde der Kommentar auf ein Minimum beschränkt; Ausnahmen gelten nur, wenn die Lokalisierung oder Identifizierung der Anlage unklar oder strittig ist.

(2) Patrozinien, deren Inhaber „Allerwelts"-Heilige sind, d.h. solche, die keine spezifische Verbindung zu einer individuellen Region in Oberägypten besitzen.[209] Darunter fallen hier die „Allerwelts"-Märtyrer Georg (fünf Fälle)[210], Menas (zwei Fälle)[211], Merkurios (drei Fälle)[212] und Theodor, soweit es sich um die Anatoleos-Gestalt handelt bzw. die genauere Bestimmung nicht möglich ist (drei Fälle)[213]. Dazu kommt eine Weihung an den Erzbischof Athanasius[214] – übrigens die einzige in der Region, die außerhalb der Gruppe 1 einem Nicht-Märtyrer gilt. Auch hier wurden die kommentierenden Hinweise knapp gehalten, was die Heiligengestalten betrifft – ausführlicher allerdings dann, wenn es Schwierigkeiten bei der Identifizierung bzw. Zuordnung gibt. Einer einwandfreien Lokalisierung der jeweiligen Anlage wurde in jedem Falle Platz eingeräumt.

(3) Patrozinien, deren Inhaber stark individualisierte Heilige sind, d. h. solche, die insbesondere eine Bindung an einen bestimmten Kultort bzw. eine bestimmte

205 Die Kirchen A 5a, A 19d // B I 19b und B II 5 sind Johannes dem Täufer geweiht; s. den Kommentar in 4.3.3.

206 Hier handelt es sich um die Kirche von Durunka, B II 2a; s. den Kommentar in 4.3.3.

207 Erzengel-Weihungen haben die Kirchen (Klöster) A 6 // B I 3, A 10 // B I 6 und A 11 // B I 8; s. den Kommentar in 4.3.3.

208 Das Abessinier-Kloster bei Dêr al-Muḥarraq (A 13 // B I 2) ist den Aposteln Petrus und Paulus geweiht; s. den Kommentar in 4.3.3.

209 Entsprechend den Ausführungen in der Einleitung sind das die Märtyrer Georg, Menas, Merkurios und Theodor. Betont sei hier noch einmal, daß diese Eingruppierung im Blick auf Oberägypten erfolgt: Daher gehört die Theodor-Stratelates-Gestalt hier nicht zu den „Allerwelts-Heiligen", da sie einen spezifischen Kult in der Region besitzt. Daß Menas einen spezifischen Kult in der Menas-Stadt besitzt, kann unter dem genannten Blickwinkel hier vernachlässigt werden; dasselbe gilt für den Merkurios-Kult in Alt-Kairo.

210 Die Kirchen A 3c, A 4a, A 8 // B I 5, A 17 // B I 15 und A 20 // B I 20 sind dem Georg geweiht; s. den Kommentar in 4.3.3.

211 Die Kirchen bzw. Klöster A 3a und A 15 // B I 13 sind dem Menas geweiht; s. den Kommentar in 4.3.3.

212 Die Kirchen A 14 // B I 9, A 19e und A 23 // B II 8 sind dem Merkurios geweiht; s. den Kommentar in 4.3.3.

213 Theodor-Weihungen haben die Kirchen A 2, A 3b (Anatoleos) und A 7 // B I 4; s. den Kommentar in 4.3.3. Zu Theodor Stratelates, der in dieser Region zu den individualisierten Heiligen gehört, s. Gruppe 3 unter a.

214 Das Kloster A 27 // B II 4 ist dem Erzbischof Athanasius geweiht; s. den Kommentar in 4.3.3. Dort auch zu abweichenden Interpretationen der Weihung der Anlage.

Region haben. Es handelt sich dabei für unsere Region immer um Märtyrerheilige, und zwar um 16 Weihungen an zehn verschiedene Patrone. Diesen wurde jeweils eine ausführliche Kommentierung zuteil, da sie im Zentrum der vorliegenden Arbeit stehen. Dabei läßt sich noch danach unterscheiden, ob die (primäre oder sekundäre) Begräbnisstätte des Märtyrers in der hier behandelten Region oder außerhalb davon liegt – wobei darauf hinzuweisen ist, daß die Heiligen der letzteren Gruppe häufig eine besondere Beziehung zur Region haben, auch wenn sie nicht dort begraben sind.

a) Märtyrer, deren Begräbnisstätte im Gebiet des XI.-XIV. oberäg. Gaues liegt (zehn Patrozinien)
   - Apater (und Herai): A 0; A 22 // B II 1
   - Klaudios: A 4b; A 24 // B II 6
   - Johannes von Heraklea: A 9 // B I 11
   - Viktor, Sohn des Romanos: A 19a I // B I 16
   - Viktor von Schū: A 19a II // B I 17; B III 3
   - Theodor Stratelates: A 21 // B I 21; B I 12

b) Märtyrer, deren Begräbnisstätte in anderen Gebieten liegt (sechs Patrozinien)
   - Sarapamon: A 1
   - Phoibamon der Soldat: A 19c // B I 19c
   - Philotheos: A 25; B I 7
   - Koluthos: A 5b; B II 3a

Allen diesen Märtyrern wird eine ausführliche Behandlung zuteil, was ihren Kult in der Region betrifft – besonders aber dann, wenn es um die Lokalisierung ihrer Begräbnisstätte geht, die ja in jedem Falle das Zentrum ihres Kultes bildet. Dazu wird versucht, den Märtyrerheiligen, deren Gestalt bisher nur unscharf umrissen ist, eine festere Kontur zu geben bzw. sie schärfer gegen Namensgenossen abzugrenzen (etwa Johannes von Herakles, Sarapamon, Phoibamon der Soldat).

Jeder Abschnitt der Kommentierung läßt sich als ein in sich geschlossener Artikel eines Nachschlagewerkes zur Topographia Christiana der Region verstehen. Er wird daher mit einem Lemma (Kopf des Abschnittes) eröffnet, das den Stoff der Kommentierung charakterisiert. Das Lemma eines jeden Abschnittes zerfällt in drei Teile: Lage der Kirche bzw. des Klosters / Weihung der Kirche bzw. des Klosters, wie sie von Wansleben angegeben wird / Identifikation des Patrons der Kirche bzw. des Klosters.

(1) Lemma I: Lage der Kirche bzw. des Klosters. Hier wird der Name des Ortes, an dem die Anlage liegt, bzw. deren Lage im Gelände entsprechend der Identifizierung in 4.2.2. angegeben. Die Form der ON entspricht modernem Gebrauch und den Konventionen, wie sie für den Tübinger Atlas des Vorderen Orients verwendet

werden.[215] Für den Kommentar wichtige ältere Formen oder Varianten des ON werden zusätzlich angegeben, also etwa *al-Maʿabda (*früher: *Ṭahanhūr)* und *Biṣra (Buṣra).* Wanslebens Schreibformen werden für das Lemma dann berücksichtigt, wenn sie eine inhaltliche Modifikation bedeuten, etwa *Abnūb al-Hammām* (nicht: *Abnūb*) für Kirchen der Ortsnotiz A 19, da dieser ON einen Bezirk bezeichnet, der größer ist als der engere Gemeindebezirk von Abnūb[216].

(2) Lemma II: Weihung der Kirche bzw. des Klosters.[217] Hier werden die Angaben, die Wansleben über die Weihung der Anlage macht, so wiedergegeben, wie sie in den 3.3. edierten Texten auftreten. Im Prinzip finden sich also, entsprechend zum kommentierten Verzeichnis der Ortsnamen in 4.2.2., vier Schreibformen der Weihungsangabe, soweit Parallelen zwischen den Texten A und B bestehen; findet sich die Notiz nur in Text A oder B, ergeben sich nur zwei Schreibformen. Bei der Notation wurde nach dem in 4.2.1. dargestellten Muster verfahren. Dadurch ergibt sich folgende Anordnung:

> Weihungsangabe in Rel. Germ. Ms. B / Weihungsangabe in Rel. // Weihungsangabe in NR Ital. / Weihungsangabe in NR.

Erläuterungen, die so nicht im Text stehen, werden in runde Klammern gesetzt, also etwa die Weihung der Kirche an die Jungfrau Maria in NR B I 15, wo der Text nur „eine weitere Kirche“ bietet. Eine Abweichung von der Textform in der Edition ergibt sich bei den Weihungsangaben in Rel. Germ. Ms. B, die Wansleben, gelehrtem Usus folgend, latinisiert hat. Diese werden im Lemma II in den Nominativ versetzt, also etwa A 15 *S. Georgius* (Text: „(eine Kirche zu) *S. Georgii*“) oder A 24 *B. Aclodius* (Text: „(eine Kirche) *B. Aclodii*“).

(3) Lemma III: Patron(in) der Kirche bzw. des Klosters. Hier wird der Patron unter einer Namensform angegeben, die eine möglichst eindeutige Identifizierung ermöglicht; Patrozinien der Jungfrau Maria werden mit dem Siglum BMV (= Beata Maria Virgo) bezeichnet, der Name Johannes des Täufers kann als Johannes Bapt. (= Baptista) gekürzt werden. Für die Märtyrerheiligen wurde eine Anlehnung an die Namensformen der koptischen Texte erstrebt, also etwa Klaudios (nicht: Claudius u. ä.) oder Phoibamon (nicht: Phoebammon); die „Allerwelts-“Märtyrer werden allerdings unter eingebürgerten Namen genannt, also Georg, Menas, Theodor. Den beiden Ausprägungen der Theodor-Gestalt in Ägypten werden, unter Rückgriff auf die koptischen Epitheta ⲠⲈⲤⲦⲢⲀⲦⲎⲖⲀⲦⲎⲤ „der General“ und

215 Erinnert sei an die Abweichungen in der Diphtongwiedergabe (*Dêr, Kôm*) und in der Behandlung des Ortsnamentyps $K_1aK_2āK_3iK_4a$ (*al-Maʿābida* > *al-Maʿabda*); s. Einleitung und Anm. 110.

216 Die Notiz B I 19 (NR Ital.) gibt mit *Ibnúb* nicht etwa die Kirchen desselben Bezirkes wie in A 19 an, sondern die einer enger abgegrenzten Einheit; s. dazu 4.2.2. unter A 19 // B I 19.

217 In den Fällen A 12 // B I 1 und A 13 // B I 2, wo Wansleben den Namen der Anlage – (Dêr al-) Muḥarraq bzw. „Abessinier-Kloster“ – gegenüber der Weihung in den Vordergrund stellt, wurde das Lemma II durch den Namen des Klosters ersetzt bzw. durch diesen ergänzt.

πανατολεος „der Östliche“, die Zusätze *Stratelates* und *Anatoleos* gegeben, also Theodor Stratelates bzw. Theodor Anatoleos.[218] Besonders den Märtyrerheiligen wird zwecks eindeutiger Identifikation das Datum ihres Gedenktages nach dem koptischen Festkalender beigegeben, das bei Gleichnamigkeit eine eindeutige Unterscheidung ermöglicht. In einigen Fällen ergibt sich der Patron nicht ohne weiteres aus Wanslebens Weihungsangaben. Dann nimmt das Lemma III das Ergebnis der Diskussion im Kommentar vorweg; zur Begründung ist dann der Kommentar zu befragen.

Auf das Lemma folgen zwei Arten von Bemerkungen, von denen die zweite im Prinzip nur bei individualisierten Märtyrerheiligen auftritt:

a) Bemerkungen zu Wanslebens Weihungsangaben. Das betrifft einmal Widersprüche zwischen den Textzeugen – vgl. etwa u. zu A 17 // B I 15 oder zu A 25 // B II 7 –, insbesondere aber die Rückschlüsse, die Wanslebens Schreibformen ermöglichen. Diese lehnen sich nämlich in den handschriftlichen Fassungen recht eng an den Usus christlich-arabischer Nomenklatur an und stellen wichtige Zeugen für die koptische Tradition dar, vgl. etwa zu *Aclodius* in A 4b oder zu *Filotao* in (A 25) // B II 7. Gerade hier zeigt sich der große Wert, der den Hss. zukommt – sind doch die interessanten Schreibformen bei der Redigierung der Druckfassungen ein Opfer von europäisierenden Tendenzen geworden, vgl. A 4b *Aclodius* > *Clodio* oder B II 7 *Filotao* > *Philotée* oder A 21 *Theodorus filius Hanna* > *Teodoro* (!). Das letzte Beispiel zeigt den Wert der Überlieferung von Beiworten: Rel. Germ. bringt ein charakteristisches Epitheton des Theodor Stratelates, dessen Weglassung in Rel. den Heiligen unerkennbar macht; einen parallelen Fall für NR Ital./NR finden wir in B I 16: *Mari Poctor ibn Romanôs* > *Mari Poctor* (!).
b) Kurzgefaßte Literaturangaben zum (Märtyrer-)Heiligen, dem die Weihung gilt. Dabei wird im Prinzip nur auf Standardliteratur verwiesen, also keine Bibliographie zum Heiligen in seiner ägyptischen Ausprägung erstrebt. Diese

218 Wird auf die christl.-arab. Form des Heiligennamens Bezug genommen, wird diese einheitlich als *Tadrus* wiedergegeben; die arab. Entsprechungen zu den kopt. Namen der beiden Theodore lauten dann *Tadrus al-Amīr* (später: *al-Isfahsalār*) bzw. *Tadrus al-Mašriqī*. Zur ersteren Form ist zu bemerken, daß sie uneindeutig ist, da das *amīr*-Epitheton für beide Heilige verwendet wird; außerdem wird es dem Namen meist vorangestellt: Finden wir *al-Amīr Tadrus*, so bleibt unklar, welcher Theodor gemeint ist – erst ein weiteres Epitheton würde die Zuordnung klären. Ein solches wurde für Theodor Stratelates mit *ibn Yūḥannā (Ḥannā)* „Sohn des Johannes“ entwickelt, s. 4.3.3. zu A 21 // B I 21 (Zur Identifikation der Märtyrergestalt).

Die hier verwendete Form *Tadrus* stellt eine ganz geläufige Verkürzung der in der christl.-arab. Literatur weit verbreiteten Schreibform *Tādurus* für den Heiligennamen dar und wird heute etwa *tadros* ausgesprochen; daneben steht eine Ausspracheform *todros*, was auf **Tudrus* zurückginge. Die Schreibform *Tādurus* hat weithin die älteren Transkriptionen des Namens als *Ṯāʾūdūrus* (> Tāʾ*ūdūrus)* o.ä. abgelöst.

Angaben sollen einen ersten Zugang zur Heiligengestalt und der ihr gewidmeten koptischen – vielfach auch: und/oder zur christlich-arabischen – Literatur ermöglichen. Ist die Heiligengestalt unklar oder in der bisherigen Lit. nur unzureichend behandelt, wird ein besonderer Abschnitt des Kommentars „Zur Identifikation des Heiligen" eingeführt.

Jeder der Artikel des Kommentars enthält – gleich, ob es sich um Märtyrerheilige oder um sonstige Weihungen handelt – einen eigenen Abschnitt, in dem Lit. verzeichnet wird, die die betreffende Kirche bzw. das Kloster nennt oder weitere Angaben dazu macht. Absolute Vollständigkeit wurde dabei nicht erstrebt, doch habe ich versucht, alles mir Bekannte, das zur historischen Kenntnis der jeweiligen Anlage beiträgt, zusammenzustellen. Dieser Abschnitt wird von mir in zwei Teile untergliedert, über deren Abgrenzung sich diskutieren läßt, „Quellen" und „Literatur".

(1) Quellen: Hier werden im Lande selbst entstandene Aufzeichnungen, die die Kirchen bzw. Klöster und ihre Weihung bezeugen, aufgeführt, etwa die Angaben des sog. Abū Ṣāliḥ oder des al-Maqrīzī, aber auch Kolophone koptischer Hss. Dazu kommen die Nennungen in den Kirchenlisten, die Clarke, Simaika und Timm[219] vorgelegt haben. In Einzelfällen werden hier auch Berichte europäischer Reisender aufgeführt, sofern sie über die Anlage auf Grund von persönlichem Augenschein berichten. Die Anordnung folgt dem Zeitpunkt der Entstehung der Quellen.

(2) Literatur (im engeren Sinne = Sekundärlit.): Unter dieser Überschrift wird versucht zusammenzustellen, was über die Kirche bzw. das Kloster geschrieben worden ist, und zwar sofern es weiterführende Hinweise – insbesondere zur Geschichte der Anlage und anderer Lit. – enthält. Ausgeschlossen wurden also bloße Nennungen der Anlage; zu bekannteren Klöstern habe ich mich auf eine Auswahl des Wichtigeren beschränkt. Hauptanliegen der Lit.-Angaben ist, den Kult des jeweiligen Heiligen an diesem Ort zu erhellen. Die Titel werden in der Reihenfolge ihres Erscheinungsdatums (teilweise Entstehungsdatums) angeordnet, um ältere Aussagen besser von jüngeren unterscheiden zu können. Bei den Klöstern wurde jeweils das „Inventaire" von Martin an die Spitze gestellt, da dieser Autor versucht, alle Nennungen der Anlage bis zum Beginn des 18. Jahrh. zusammenzustellen.

Die Angaben in diesem Abschnitt beschränken sich nicht nur etwa auf die

219 Zwar ist Timms Verzeichnis der heute in Ägypten vorhandenen Kirchen bzw. Klöster (Timm, Christl. Stätten) ein europäisches Produkt, doch geht es auf amtliche Unterlagen der koptischen Kirche zurück, die Z. Riad Salāma aus Kairo nach Tübingen vermittelt hat, vgl. op. cit. 1f. Die Problematik solcher Unterlagen, die Timm klar war (ebd. 11), spiegelt sich an vielen Stellen der Arbeit; als Beispiel vgl. die in 4.3.3. zu A 19b // B I 19a nachgewiesene Dublette. Der genannten Basis von Timms Verzeichnis wegen wurde es hier dem Bereich der Quellen zugeordnet.

Nennung der betreffenden Stellen. Sie werden vielmehr immer dann kritisch diskutiert bzw. ergänzt, wenn

(a) die Quellen textliche Probleme enthalten, ihre Deutung auf die jeweils behandelte Anlage nicht eindeutig ist oder sie in der bisherigen Lit. falsch interpretiert wurden.

(b) die Sekundärliteratur zu falschen Lokalisierungen oder falschen Identifizierungen der Anlage bzw. ihres Heiligen kommt, aber auch bei sonstigen Irrtümern, die für die Geschichte des jeweiligen Kultes relevant sind (und die leider recht häufig zu beobachten sind).

Es handelt sich hier also um ein Kritisches Quellen- und Literaturverzeichnis, dessen Benutzung den Leser über den bisher erreichten Forschungsstand hinausführen soll.

Die häufig auftretenden Differenzen oder Widersprüche in Quellen und (Sekundär-)Literatur zu Lokalisierung oder Identifizierung einer Kirche bzw. eines Klosters machen es notwendig, die Lage gesondert zu diskutieren, soweit sich das nicht durch die kritischen Bemerkungen zu einer Quelle oder zu einem Titel der Lit. erledigen läßt. Das hier eingeschlagene Verfahren ist je nach Problemlage verschieden: Ergeben sich Differenzen erst aus einem Teil der zusätzlich angeführten Lit., wird die Lokalisierung als Teil des Abschnittes „Literatur" im Anschluß an das Verzeichnis von Quellen/Lit. erörtert. Bei prinzipiellerer Bedeutung der Lokalisierungsfrage wird ein eigener Abschnitt „Zur Lage der Kirche/des Klosters" gebildet.

Dem Skopos dieser Untersuchung entsprechend kommt dem Kommentar zu den Patrozinien der Märtyrer besondere Bedeutung zu, die der Region in besonderer Weise verbunden sind; vgl. eingangs dieses Abschnittes die Gruppe 3 der Patrozinien, wo bereits die wichtigen Gesichtspunkte für den Kommentar genannt wurden. Für die jeweils wichtigen Fragenkomplexe werden eigene Abschnitte gebildet, die durch eine Überschrift hervorgehoben werden, etwa „Zu Identifikation und Namen des Heiligen" (A 0) oder „Die Kirche als Begräbnisstätte (Topos) des Märtyrers" (A 19a I // B I 16). Wegen der Verschiedenheit der Problemlagen sind auch diese Kommentarabschnitte inhaltlich sehr verschieden; eine allgemeine Gliederung der Kommentarartikel zu den Märtyrern läßt sich hier nicht angeben.

Bei dem hier geschilderten Verfahren der Kommentierung zu den Kirchen und Klöstern, die Wansleben in seinen Ortsnotizen aufführt, ist es unvermeidlich, daß Kommentarartikel von sehr unterschiedlicher Länge, auch unterschiedlichem Gewicht entstehen. So wird manche Dorfkirche, die der Jungfrau Maria oder dem Heiligen Georg geweiht ist, nur einen äußerst knappen Artikel erhalten – schon aus Mangel an Quellen. Dagegen werden die Begräbniskirchen von Märtyrern mit einer ganz ausführlichen Behandlung versehen, bekommen wir hier doch Verdichtungspunkte des für Ägypten charakteristischen christlichen Kultes zu fassen. Das denkbare Verfahren, im Interesse der Fragestellung der Arbeit nur die Märtyrerpatrozinien oder gar nur die Patrozinien der Märtyrer zu kommentieren, die stark individualisierte Heilige sind – oben Gruppe 3 –, wurde angesichts der Bedeutung von Wanslebens Texten als Quellen verworfen. Es wäre dadurch nicht nur das Bild von der Topographia Christiana der Region zu einer bestimmten Zeit verzerrt worden – eine Einbuße, die man vielleicht hätte in Kauf nehmen können –, sondern auch eine große Gefahr herbeigeführt worden, nämlich die Zerschneidung von Kontextbeziehungen, die für die Interpretation der Märtyrerpatrozinien unbedingt herangezogen werden müssen. So ist die Feststellung, um welches Viktor-Kloster es sich in A 19a handelt, nicht davon zu trennen, welche Kirchen sonst in der Ortsnotiz A 19 behandelt werden, d.h. wir müssen dazu auch wissen, was es mit dem Marien-Kloster A 19b und der Marien-Kirche A 19f auf sich hat. Aus diesem Grunde wird im folgenden eine Gesamtkommentierung vorgelegt, in der aber die Märtyrerpatrozinien der Gruppe 3 eine ganz besondere Rolle spielen werden.

4.3.3. Kommentiertes Patrozinienverzeichnis zu den Kirchen und Klöstern der Region anhand von Wanslebens Listen

A 0 (< B II 1b)
Lage: Amšūl
Weihung: *Aba Dér* / Abbé *Dér* ... avec ... sa soeur *Erazi*
Patron der Kirche: Apater (und seine Schwester Herai) (28. Tūt)
- Delehaye, MartEg 94 und 109 (Apater et Heraïs)
- O'Leary, Saints 79f. (Apater and Eirene)
- Bibl. SS II, 1962, 227f. (verf. von Maria Vittoria Brandi)

Zu Identifikation und Namen der Heiligen

Die Identifizierung der Heiligen ist unproblematisch. Es handelt sich um diejenigen, derer am 28.Tūt gedacht wird, s. den Titel ihrer Märtyrerlegende (AME 78,4) und Syn. Alex. (Forget bzw. Basset) sub dato und vgl. weiter:
- Liturg. Verzeichnis (Typikon) Leiden, Insinger 39, p. 183,8f. (W. Pleyte und P.A.A. Boeser (edd.), Manuscrits coptes du Musée d'Antiquités des Pays-Bas à Leide, Leide 1897, 212)
- Difnār (ed. O'Leary) I 24f.
- Burmester, Ṭuruḥāt I 162
- ʿAbd al-Masīḥ, Doxologies IV 39.

Für ihre Märtyrerlegende ist auf BHO 73 (bohairisch) und 74 (äth.) zu verweisen;

vgl. dazu Baumeister, Martyr Invictus 102f. Einige kleinere saʿidische Fragmente des Mart. Apater und Herai hat Orlandi veröffentlicht.[220]

Was ein gewisses Problem macht, sind die Formen der Namen des Geschwisterpaares. Wanslebens Wiedergabe geht auf die arab. Formen zurück:

a) Der Bruder heißt ganz regelmäßig *Abādīr*, was als *Abā Dīr* interpretiert wird; vgl. etwa Syn. Alex. aaO / Difnār aaO / ʿAbd al-Masīḥ aaO; s. auch Syn. Aeth. (Budge) I 96-99.

b) Der Name der Schwester ist als *Īrāʾī* zu lesen; so richtig bewahrt bei Nau, Ménologes, PO X 189 sub dato und im Syn. Aeth. (Budge) aaO. Meistens wird er aber in der verschriebenen Form *Īrānī* tradiert, so etwa Syn. Alex. aaO / Difnār aaO / ʿAbd al-Masīḥ aaO und im Kalendarium des Abū ʾl-Barakāt sub dato (PO X 255). Die Verschreibung erklärt sich, wie auch sonst ganz häufig, aus falscher Punktierung der Schriftzeichen: ارائى wird zu ارانى ; sie hat zu der mißverständlichen zweiten Bezeichnung der Heiligen als „Irene" geführt. Ich vermute, daß Wanslebens Transkription *Erazi* auf eine Hs. mit der richtigen Form des Namens zurückgeht; das z in der Transkription könnte nämlich einem Zeichen für *Hamza* entsprechen, das Wansleben hier anbringen wollte, etwa: *Era*ء*i*. Die zwar häufige, aber fehlerhafte Form *Īrānī* > „Irene" ist in allen Fällen zu *Īrāʾī* „Herai (Erai)" zu korrigieren.

Die arab. Bezeichnung der Heiligen als *Abādīr wa-Īrāʾī uḫtuhu* „Apater und seine Schwester Erai" geht auf koptische Bezeichnungen zurück, die wir kennen als

(1) said.: ⲁⲡⲁⲧⲏⲣ ⲙⲛ̄ ϩⲏⲣⲁⲓ ⲧⲉϥⲥⲱⲛⲉ (Orlandi aaO)[221]; der weibliche Name auch ϩⲏⲣⲁⲉⲓ geschrieben.[222]

(2) boh.: ⲁⲡⲁⲧⲏⲣ ⲛⲉⲙ ⲏⲣⲁⲓ ⲧⲉϥⲥⲱⲛⲓ (AME 78,2 und passim); in der späteren boh. Kirchenpoesie tritt der Name der Schwester auch als ⲏⲣⲁⲏ auf (Difnār aaO; Burmester aaO), ja sogar unter dem Einfluß des Schreibfehlers in der arab. Form als ⲏⲣⲁⲛⲏ (ʿAbd al-Masīḥ aaO).

220 Tito Orlandi, Koptische Papyri theologischen Inhalts. Hrsg. und in das Ital. übersetzt. (MPÖN N.S. 9), Wien 1974, 149-154 („Martirio di Ter ed Erai"). Die äußerst fragmentarischen Reste dieses saʿid. Textes weisen starke Abweichungen gegenüber der boh. Version auf.

221 Die saʿid. Form der Bezeichnung tritt so nicht in den von Orlandi edierten Fragmenten auf; sie wurde aus den einzeln auftretenden Namen erschlossen: ⲁⲡⲁⲧⲏⲣ s. K2563c rto.,3; K2563f rto.,1; ϩⲏⲣⲁⲓ s. K2563d rto.,4; ⲧⲉϥⲥⲱⲛⲉ s. K2563h rto.,1.

222 Als ϩⲏⲣⲁⲉⲓ tritt der Name in den von Rossi publizierten Fragmenten des Mart. der Ama Herai auf (Francesco Rossi [ed.], I Martirii di Gioore, Heraei, Epimaco e Ptolomeo con altri frammenti, Memorie della R. Accademia delle Scienze di Torino Ser. 2, T. 38, 1888, 233-308 [262-271] = ders. [ed.], I Papiri copti del Museo Egizio di Torino trascritti e tradotti Vol. I [5], Torino 1887, 32-41). Vgl. etwa op. cit. pag. I,2; II,16; IV,26f. u. ö. Die Tradition der Märtyrerin Ama Herai hat bei der Abfassung der boh. Version des Mart. Apater und Herai Pate gestanden, s. AME 86, 13-15; 91,5f.; 94,6-95,15 (der Name der Ama Herai überall ⲏⲣⲁⲓ geschrieben) und vgl. dazu Baumeister, Martyr Invictus 102f.

Während die Deutung des Namens der Schwester als koptische Form des griech. PN Ἡραΐς[223] keine Probleme bietet[224], hat sich der kopt. PN des Bruders bisher der Analyse (erst recht einer Deutung) entzogen. Ausgangspunkt aller bisherigen Vorschläge ist die zutreffende Beobachtung, daß der Name des Märtyrers ständig ohne den Apa-Würdentitel gebraucht wird, also niemals als ⲁⲡⲁ ⲁⲡⲁⲧⲏⲣ auftritt, obwohl die Titulierung zu erwarten wäre (vgl. ⲁⲡⲁ ⲃⲓⲕⲧⲱⲣ, ⲁⲡⲁ ⲕⲗⲁⲩⲇⲓⲟⲥ u.a.). Einigkeit besteht nun darin, daß der Name bereits den ⲁⲡⲁ-Titel enthält, also mit ihm zu einer Einheit verschmolzen ist, wie wir das auch für andere Märtyrer kennen, s. etwa ⲁⲡⲁⲛⲟⲩⲃ (<ⲁⲡⲁ + ⲁⲛⲟⲩⲃ) oder ⲁⲡⲁⲡⲟⲗⲓ (<ⲁⲡⲁ + ⲁⲡⲟⲗⲓ), vgl. Crum, Dict. 13a. Die „einfachste" Analyse ist nun die, den PN ⲁⲡⲁⲧⲏⲣ einfach in die Bestandteile ⲁⲡⲁ + ⲧⲏⲣ zu zerlegen, also ⲧⲏⲣ für den eigentlichen Personennamen zu erklären. Crum erwägt diese Möglichkeit[225], Heuser und Orlandi scheinen sie für erwiesen zu halten.[226] Crum hat allerdings darauf hingewiesen, daß ⲧⲏⲣ sonst nicht als PN belegt ist; er erwägt daneben ⲡⲁⲧⲏⲣ, für das er aber nur einen Beleg kennt.[227] Die letztere Form, die allerdings auch Abkürzung sein könnte, liegt möglicherweise in der Namensform ⲁⲡⲁ ⲡⲁⲧⲏⲣ für den Märtyrer vor.[228] Die Zahl der Belege für ⲡⲁⲧⲏⲣ hat sich – allerdings in der griech. Form Πατηρ –[229] seither durch Crums Edition von Papyri aus Aphrodito erhöht.[230] Crum verweist in der

223 Zum in der Sprache der griechischen Urkunden aus Ägypten häufig belegten Namen s. Friedrich Preisigke, Namenbuch, Heidelberg 1922, 122.

224 Vgl. Gustav Heuser, Die Personennamen der Kopten I (Untersuchungen) (Studien zur Epigraphik und Papyruskunde Bd. I Schrift 2), Leipzig 1929, 86 (ϩⲉⲣⲁⲉⲓ); 87 (ⲁⲣⲁⲉⲓ), 89 (ⲁⲣⲁⲉⲓ, ⲓⲣⲁⲉⲓ). Die oben im Text aufgeführten Standardformen des Namens ϩⲏⲣⲁ(ⲉ)ⲓ (S): ⲏⲣⲁⲓ (B) fehlen bei Heuser!

225 W.E. Crum, Egyptian Martyrs (Rez. zu Hyvernat-Balestri, AM I und Esteves Pereira, AM [Aeth.] I), JThS 10 (1908-09), 459-465 (461 f.).

226 Heuser, Personennamen (s. Anm. 224) 41 (ⲧⲏⲣ unter den PN von wahrscheinlich ägyptischer Herkunft); Orlandi, op.cit. (s. Anm. 220) zerlegt den Namen in ⲁⲡⲁ + ⲧⲏⲣ, s. die in Anm. 221 genannten Stellen, und hält den zweiten Bestandteil ganz offensichtlich für den eigentlichen PN, s. schon die Überschrift des Abschnittes „Martirio di Ter ed Erai".

227 Crum, op.cit. (s. Anm. 225) 461. Der dort in Anm. 9 angeführte Beleg Brit. Mus. Or. 6225 (3) ist später von Crum veröffentlicht worden: W.E. Crum in Greek Papyri in the British Museum Vol. IV: The Aphrodito Papyri (ed. H.J. Bell) Nr. 1605,1 (= P. Lond. IV 1605). Inzwischen lassen sich weitere Belege für die Form ⲡⲁⲧⲏⲣ angeben, s. Paul E. Kahle (ed.), Bala'izah. Coptic Texts from Deir el Bala'izah in Upper Egypt, London 1954, Nr. 291 vso., 25 und Anm. 22 zur Übers. (drei weitere Belege); Helmut Satzinger (ed.), Koptische Urkunden III (Ägyptische Urkunden aus den Staatlichen Museen Berlin), Berlin 1968, Nr. 331,2.

228 Crum führt im zit. Artikel (s. Anm. 225) zwei Belege an, aaO 462 Anm. 1; füge hinzu: Budge, Misc. Texts 14,30, s. Crum, Dict. 13a.

229 Vgl. dazu Preisigke, Namenbuch 287; alle Belege stammen aus P. Lond. IV, also aus den Aphrodito-Papyri (s. folgende Anm.).

230 Crum (ed.), P. Lond. IV (s. Anm. 227) Nr. 1553,40; 1554 vso.,22; 1557,20.26.28; alle Belege stammen aus griech.-kopt. Steuerlisten. Zum kopt. Beleg aus Aphrodito, der im Register zu P. Lond. IV als griechischsprachig behandelt ist, s.o. Anm. 227; dort auch weitere koptische Belege.

Edition zwar weiterhin auf seine Position von 1909, doch könnte ein erneutes Ansetzen bei der eigenartigen Form ⲡⲁⲧⲏⲣ/Πατηρ mehr Licht auf den Namen werfen. Crum kam zu seinem non liquet wohl deshalb, weil eine Entlehnung des PN aus dem Griech. (<πατήρ „Vater") von vornherein auszuschließen ist, eine Entstehung aus dem Ägyptischen aber nicht nachzuweisen ist. Ich möchte nun – ausgehend von der Beobachtung, daß der Name außerhalb von koptischen Kontexten nicht nachweisbar ist – eine Möglichkeit der Entstehung des PN aus ägyptischem Sprachgut aufzeigen. Es läßt sich nämlich eine sehr gut zu begründende Etymologie des Namens angeben:

ⲡⲁⲧⲏⲣ < *p3 ꜥdr* „der Helfer".[231]

Die neuägyptische Bezeichnung ist in der ägyptischen Spätzeit mehrfach als Beiwort des Gottes Amun belegt.[232] Auf ihrer Basis ist in der Spätzeit auch ein hypokoristischer ägypt. PN gebildet worden: *p3=f-ꜥdr*[233] „(Gott NN ist) sein Helfer".[234] Trennen wir den Artikel ab und fragen wir nach einem belegten ägyptischen Nominalbildungstyp, der ⲁⲧⲏⲣ zugrundeliegen könnte, so ist ein solcher für die Nomina agentis mit dem Typ *sadúm˘w*[235] unschwer zu benennen:

(*ꜥadūr˘w) > neuäg. ꜥadēr˘w > saꜥid. ⲁⲧⲏⲣ,

vgl. hˇwēt̄ˇy > saꜥid. ϩⲟⲩⲛⲧ „Matrose, Passagier"

gˇrēgˇy > saꜥid. ϭⲉⲣⲏϭ „Jäger".[236]

Der Vokal der Vortonsilbe ist in ⲁⲧⲏⲣ unter dem Einfluß des ꜥAyin als ⲁ erhalten geblieben.[237]

Haben wir so eine stimmige Ableitung des koptischen PN ⲡⲁⲧⲏⲣ gefunden, so sollte nun der Name des Märtyrers mit dem Würdetitel ⲁⲡⲁ ⲡⲁⲧⲏⲣ lauten – und

---

Zu den griechischen Belegen gibt Crum keine Erläuterung; zu P. Lond. IV 1605 bemerkt er „... der seltene Name Patêr, der vielleicht eine Form von Apa Tēr ist" und verweist auf die Ausführungen in seinem Artikel in JThS 10 (s. o. Anm. 225).

231 Erman-Grapow, WB I 242,5-7.
232 Einige Belege geben die Belegstellen zu Erman-Grapow, WB I 242,6. Eine umfassende Belegsammlung hat neuerdings P. Vernus vorgelegt: Amon *p3-ꜥdr*: de la piété „populaire" à la spéculation théologique, in: Hommages à la mémoire de Serge Sauneron (1927-1976) I: Égypte pharaonique, BdÉ 81, Le Caire 1979, 463-476; dort auch zur Geschichte dieses Epithetons, das ein Lehnwort darstellt, dessen (hieroglyphischen) Schreibungen und zum theologischen Hintergrund der Bezeichnung.
233 Ranke, PN I 127,12.
234 Vgl. dazu auch Vernus, op.cit. 471; Venus verweist ebd. noch auf einfaches *ꜥdr*, das mehrfach als ägyptischer PN belegt ist.
235 Jürgen Osing, Die Nominalbildung des Ägyptischen (Textband), Mainz 1976, 201-205.
236 Nach Osing aaO 201 (§ 10.13).
237 Wobei nicht sicher ist, ob das Graphem ⲁ einen primären oder sekundären (assimilierten) Vortonvokal *a* bezeichnet, s. Osing, op. cit. 27 (Anm. 137 und 138). Gegenüber Osings konzisen Ausführungen zu ⲁ in der Vortonsilbe (in unmittelbarer Nachbarschaft zu altem ꜥAyin) ist Tills Darstellung in Kopt. Grammatik² § 69 ganz unzureichend.

einige Belege dafür gibt es tatsächlich.[238] Meist finden wir ihn jedoch als ⲁⲡⲁⲧⲏⲣ. Aber auch das ist eine erklärbare Form, nämlich im Sinne der Krasis von ⲁⲡⲁ + PN: Aus ⲁⲡⲁ ⲡⲁⲧⲏⲣ wird, anscheinend, um die Wiederholung der Silbe ⲡⲁ zu vermeiden, ⲁⲡⲁⲧⲏⲣ. Vgl. dazu den parallelen Fall ⲁⲡⲁⲡⲛⲟⲩⲧⲉ < ⲁⲡⲁ + ⲡⲁⲡⲛⲟⲩⲧⲉ[239] und die Neigung der christl.-arab. Texte, die erste Silbe eines Heiligennamens dann als (abgekürzten) Würdetitel *Bū/Bī/Bā* (≙ *Abū/Abī/Abā*) zu deuten, wenn sie auf kopt. ⲡⲁ- bzw. ⲡⲓ- zurückgeht (etwa ⲡⲁⲛⲓⲛⲉ > Banīnā > Abā Nīnā[240]; ⲡⲁⲛⲏⲩ > Bānāw > Abā Nāw[241]; ⲡⲓⲫⲁⲙ (< boh. ⲡⲓⲫⲁⲙⲱⲛ ≙ saʿid. ⲫⲟⲓⲃⲁⲙⲱⲛ) > Bifām (Bufām) > Abū Fām[242]). Als Ergebnis ist festzuhalten, daß der Heiligenname ⲁⲡⲁⲧⲏⲣ auf einer Krasis von Würdetitel und eigentlichem PN beruht, nämlich auf ⲁⲡⲁ + ⲡⲁⲧⲏⲣ, nicht auf einer bloßen Zusammenschreibung ⲁⲡⲁ + ⲧⲏⲣ. Die christl.-arab. Deutung des Namens als Abā Dīr ist demgegenüber sekundär; sie beruht auf dem Bestreben, dem Märtyrer den ihm zustehenden Würdetitel zu geben, den die Literaten vermißten, da es ja eine Form *Abū Abādīr* < ⲁⲡⲁ ⲁⲡⲁⲧⲏⲣ aus den geschilderten Gründen nicht gab. Einen Heiligen namens ⲧⲏⲣ „Tēr" haben wir daher in der koptischen Hagiographie zu streichen. Obwohl der

238 S. o. Anm. 228.

239 Liturg. Verzeichnis (Typikon) Leiden, Ms. Insinger 39, p. 184, 15 (edd. Pleyte-Boeser, op. cit. 214).

240 Vgl. die verballhornten Formen *Anbā Bīnā* und *Bā Bīnā* im Synaxar zum 7. Kīhak (oberäg. Rez.), die zu *Anbā Nīnā* bzw. *Bā Nīnā* zu korrigieren sind (Syn. Alex. (Forget) I (Textus) 316,17), wie sich aus der späteren Schreibung *Anbā Nīnā* (ebd. 317,21.24) ergibt. Forget hat die Verballhornung nicht erkannt und bezeichnet den Märtyrer als Anbā Bīnā bzw. Bābīnā – auch dort, wo die richtigere Form steht (op. cit. I (Versio) 183,13 f.; 184,32; 185,3). Zu den Fragmenten des saʿid. Martyriums des Heiligen s. Anm. 241.

241 Vgl. das Synaxar zum 7. Kīhak (oberäg. Rez.): *Bā Nāw* (Syn. Alex. (Forget) I (Textus) 316,17) und *Anbā Nāw* (ebd. 317,8; 318,1). Die saʿid. Form, die dem arab. Namen zugrundeliegt, findet sich ebenso wie die für seinen Martyriumsgenossen *Bā Nīnā/Anbā Nīnā* in den Fragmenten des kopt. Mart. Panine und Panēw, das letztendlich die Basis der Synaxarnotiz gewesen ist: Tito Orlandi (ed.) La *Passio* di Panine e Paneu, in: ders., Il *Dossier* copto del martire Psote. Testi copti con introduzione e traduzione (Testi e Documenti per lo Studio dell'Antichità. 61), Milano 1978, 93-115 (s. den Namensindex ebd. 119 s. v. ⲡⲁⲛⲓⲛⲉ bzw. ⲡⲁⲛⲏⲩ). Im Fortgang der Geschichte werden die Namen der beiden Heiligen mit dem Apa-Titel versehen, also ⲁⲡⲁ ⲡⲁⲛⲓⲛⲉ bzw. ⲁⲡⲁ ⲡⲁⲛⲏⲩ, vgl. als Beispiele op. cit. 104,11 f.18; 110,8.13.

242 Vgl. das Synaxar zum 27. Ṭūba (oberäg. Rez.): (*Mārī* oder *Abū*) *Bifām* (Syn. Alex. (Forget) I (Textus) 420,3.8.20; 421,19 u. ö.) und die für die hier besprochene Tendenz bezeichnende Schreibform *Abifām* (ebd. 422,10). In derselben Synaxarnotiz tritt aber auch die Langform *Bīfāmūn* des Namens auf (ebd. 423,6.9). Vgl. weiter das Synaxar zum 1. Ba'ūna: *Bifām* (*al-Gundī*) „Phoibamon (der Soldat)" (Syn. Alex. (Forget) I (Textus) 148,7). Forget hat die Namensgleichheit der Heiligen in den beiden Synaxarnotizen nicht erkannt und umschreibt einmal „Bafām" (oder latinisiert „Bafamus"), in der zweiten Notiz aber „Bifām". Das Syn. Aeth. bietet in den parallelen Notizen zum 27. Tĕr (Syn. Aeth. (Budge) II 549-555) bzw. zum 1. Sanē (ebd. IV 958) immer die Langform *Bīfāmōn*. Zur Entwicklung des Heiligennamens von kopt. ⲫⲟⲓⲃⲁⲙⲱⲛ zu arab. *Abū (Bū) Fām* s. weiter den Kommentar zu A 19c // B I 19c (Zur Identifikation des Heiligen).

eigentliche Name des Märtyrers ⲡⲁⲧⲏⲣ lautet, wird er im folgenden aus praktischen Gründen weiterhin als „Apater“ wiedergegeben, da diese Namensform sich in der Lit. weithin eingebürgert hat. Angesichts der hier vorgetragenen Erklärung des Namens wird die Gleichsetzung von ⲁⲡⲁⲧⲏⲣ mit ⲁⲡⲁⲧⲓⲗ, die in der Lit. erwogen wird[243], noch problematischer, als sie es ohnehin schon ist: Die hagiographischen Koordinaten der beiden Märtyrer sind so verschieden, daß schon deshalb eine Gleichsetzung ausscheidet – falls man die Namen der beiden überhaupt für ähnlich oder gar identisch halten will.[244]

Zum Begräbnisort der Heiligen

Wanslebens Angabe, daß Apater (bzw. NR: Apater und Herai) in Amšūl begraben seien, ist deshalb so wertvoll, weil sie eine koptische Tradition bewahrt, die für uns sonst schwer faßbar ist. Wir kennen zwar den koptischen (boh.) Namen des Ortes, an dem die beiden Märtyrer begraben wurden aus dem Mart. Apater und Herai als ⲡϭⲓⲛⲓⲗⲁϩ (AME 92,3f.; 95,20; 113,8f.) und erfahren auch, daß es in der Nähe von Hermopolis liegt (AME 92,3f.). Der boh. ON wird mit dem saʿid. ⲧϫⲓⲛⲓⲗⲁϩ (und Varr.) zusammengestellt, das östlich von Hermopolis gelegen hat und selbst wiederum dem aus griech. Urkunden bekannten ON Σελιλᾶις (Σενιλᾶις) zugeordnet wird (Zusammenstellung des Materials bei Drew-Bear, Nome Hermopolite 236f.). Eine eindeutige Lokalisierung des Ortes Σελιλᾶις/ⲧϫⲓⲛⲓⲗⲁϩ ist bisher nicht möglich; er ist wohl im Nordosten von Hermopolis / al-Ašmūnên zu suchen (Drew-Bear aaO 237).

Amélineau hat dagegen eine abweichende Lokalisierung vorgeschlagen: Er identifiziert ⲡϭⲓⲛⲓⲗⲁϩ mit dem heutigen Amšūl, das ca. 20 km in ssw. Richtung von Hermopolis/al-Ašmūnên entfernt liegt (Géogr. 310f.). Die Basis seines Vorschla-

243 Crum, Egyptian Martyrs (s. Anm. 225) 461 (meldet allerdings Zweifel hinsichtlich der lautlichen Entsprechung an); Evetts, Abū Ṣaliḥ 213f. Anm. 5 (zu fol. 74b); Delehaye, MartEg 109 (referiert Evetts, meldet aber leisen Zweifel an). Für den Namen ⲁⲡⲁⲧⲓⲗ (ⲁⲡⲁ ⲧⲓⲗ?) ergeben sich ähnliche Probleme der Analyse wie für ⲁⲡⲁⲧⲏⲣ, s. Crum aaO und Baumeister, Martyr Invictus 103 Anm. 79. Heuser, der ⲧⲏⲣ als den eigentlichen PN analysiert (Personennamen 41; s. Anm. 226), sieht parallel dazu ⲧⲓⲗ – bei ihm in der Form ⲧⲏⲗ (ebd. 40; woher?) – als den PN an und vergleicht dazu an beiden Stellen jeweils den anderen Namen, hält also die beiden offensichtlich für identisch.

244 Die Phonemanalyse von ⲧⲏⲣ bzw. ⲧⲓⲗ, die Crum aaO (s. Anm. 243) schon zaghaft angesprochen hatte, ergibt eine absolute Unähnlichkeit, da von den drei Phonemen, die die Zeichen repräsentieren (/tēr/ bzw. /tīl/), nur eines identisch ist. Die vermeintliche Ähnlichkeit geht wohl – von der „Austauschbarkeit“ ⲣ/ⲗ abgesehen – auf eine Interpretation des ⲏ im Sinne des koinegriechischen Itazismus zurück. Eine solche Interpretation ist aber der Phonematik des Koptischen ganz inadäquat: Zwar kann ⲏ einen Tonvokal repräsentieren, der auf älteres ägypt. *ī́* zurückgeht und normalerweise als (ⲉ)ⲓ wiedergegeben wird, doch gelten dafür ganz bestimmte Bedingungen, s. Osing, Nominalbildung (s. Anm. 235) 19-26. Von diesen Bedingungen liegt hier aber keine vor, so daß wir es nicht mit Alternanz ⲏ/ⲓ in der Phonemwiedergabe zu tun haben.

ges sind Angaben in einer unpublizierten arab. Version des Mart. Apater und Herai, die sich in einer Hs. der Bodleian Library in Oxford findet.[245] Dort wird der kopt. ON als *Ginīlā* wiedergegeben und ihm die Erklärung *Amšūk* beigegeben, was Amélineau (zu Recht) als Schreibfehler ansieht und zu *Amšūl* korrigiert (aaO 311; arab. Text ebd. Anm. 2 und 3). Drew-Bear hat Amélineaus Lokalisierung zurückgewiesen; sie erklärt seine Korrektur für unberechtigt (aaO 237). Wie recht Amélineau hatte, zeigt nun Wanslebens Notiz zum Begräbnis in Amšūl, deren Quelle Angaben vor Ort, d.h. aus Asyūṭ, sein dürften. Denn der Name *Ginīlā/Amšūl* läßt sich aus sonstigen bisher bekannten arab. Texten nicht nachweisen; das Syn. Alex. zum 28. Tūt berichtet zwar über den Bau der Märtyrerkirche, nennt aber den Namen des Ortes nicht.[246]

Nun hat aber Amélineau übersehen, daß der von ihm benutzte Oxforder Text keineswegs sagt, daß ⲡϭⲓⲛⲓⲗⲁϩ und Amšūl identisch sind, vielmehr formuliert „Ginīlā, dessen Erklärung Amšūl ist" (aaO 311 Anm. 2). Darin spiegelt sich deutlich, daß der Schreiber des Martyriums den Begräbnisort nicht mehr unter seinem koptischen Namen kannte; er fügte zur Erklärung den ihm geläufigen Namen des Ortes bei, an dem zu seiner Zeit – Ende des 14. Jahrh. – die beiden Heiligen bestattet waren, nämlich Amšūl. Dieser Ort *muß aber nicht mit* ⲡϭⲓⲛⲓⲗⲁϩ*/Ginīlā identisch sein*, da wir Verlegungen von Begräbnisstätten auch aus dieser Region kennen, (z. B. für Elias, Bischof von Cusae und für Klaudios). Dazu kommt, daß die erklärende Hinzufügung nicht etwa eine arab. Bezeichnung für den kopt. ON bringt, sondern einen arab. ON, der selbst auf einen anderen kopt. ON zurückgeht.[247] Damit entschärft sich der Gegensatz in der Lokalisierungsfrage zwischen Amélineau und Drew-Bear erheblich.

Nun ist es leider so, daß der in der Oxforder Hs. und bei Wansleben genannte Begräbnisort heute nicht mehr dem Apater (und der Herai) geweiht ist. Die Kirche von Amšūl führt ein Georgs-Patrozinium, s. Clarke G 18; Simaika, Ṣan. Nr. 18; Timm, Christliche Stätten 51. Allerdings lassen sich deutliche Spuren der Apater-Verehrung ganz in der Nachbarschaft angeben:

a) Clarke G 17 und Simaika, Ṣan. Nr. 17 verzeichnen eine dem Apater geweihte

245 Ms. Bodl. ar. christ. Uri Nr. XCVIII (Seld. 3274,62), und zwar das dritte Stück in der Handschrift, s. den Katalog von Joannes Uri, Bibliothecae Bodleianae codicum manuscriptorum orientalium, videlicet Hebraicorum, Chaldaicorum ... Copticorumque catalogus, Pars I, Oxonii 1787, S. 45. Das arab. Mart. Apater und Herai in dieser Hs. fehlt bei Graf, GCAL I.

246 Syn. Alex (Forget) I (Textus) 43,13 f. bzw. I (Versio) 48,23-25; vgl. auch zur äth. Fassung der Notiz Syn. Aeth. (Budge) I 99.

247 Der Wortanlaut Vokal + Konsonant + Konsonant spricht dafür, daß der arab. ON auf einen ägypt. (kopt.) ON mit Doppelkonsonanz im Anlaut zurückgeht, etwa *ⲙ̄ϣⲱⲗ. Faruk Gomaà vom Teilprojekt Ägyptologie des Tübinger Atlas des Vorderen Orients (SFB 19) bestätigte mir gesprächsweise, daß dem ON kein arab. Wortbildungsmuster zugrundeliegt, er vielmehr aus dem Ägyptischen entlehnt ist.

Kirche in Dašlūṭ. Der Ort liegt ca. 5 km wsw. Amšūl am Rande des Fruchtlandes; sein Name geht auf den kopt. ON ⲧⲉϣⲗⲱⲧ zurück.[248]

b) Timm, Christliche Stätten 69 gibt die Kirche von Dašlūṭ zwar ohne Weihung an, führt aber ebd. 125 eine Apater-Kirche in Nazlat Sāw auf – die einzige dem Heiligen geweihte Kirche neben der von Asyūṭ, vgl. ebd. 147. Der Ort liegt ca. 1 km südl. von Dašlūṭ am Rande des Fruchtlandes. Der Ort kommt in den Kirchenlisten bei Clarke und Simaika nicht vor. Ich vermute, daß die von Timm genannte Apater-Kirche im Prinzip mit der unter a aufgeführten identisch ist.

Da die Kirche in Dašlūṭ bzw. Nazlat Sāw jeweils die einzige in Ägypten ist, die neben der Kirche von Asyūt – s.u. zu A 22 // B II 1 – das Apater-Patrozinium führt, wir andererseits Amšūl als Begräbnisort des Heiligen kennen und die Apater-Tradition von Asyūṭ sicher sekundär ist, können wir formulieren, daß die Apater-Verehrung eng mit einer Begräbnisstätte des Heiligen zusammenhängt, die im Raume von Amšūl und Dašlūṭ, also südwestlich von Hermopolis, anzusiedeln ist. Ob auch die ursprüngliche Begräbnisstätte, die vom boh. Mart. Apater und Herai ⲡϭⲓⲛⲓⲗⲁϩ genannt wird, in dieser Gegend gelegen hat, läßt sich nur vermuten. Ich halte das für wahrscheinlich; für einen endgültigen Nachweis sind allerdings weitere Belege erforderlich, die im Augenblick nicht zur Verfügung stehen.

A 1

Lage: Dairūṭ aš-Šarīf (früher: Darūt Sarabām)

Weihung: *B. Sarabamon*, Bischof und Martyrer / *B. Sarabamone*, Vescovo e Martire

Patron der Kirche: Sarapamon, Bischof von Nikiu/Pschati (28. Hatūr)

– Delehaye, MartEg 96

– O'Leary, Saints 244f.

Zur Identifikation des Heiligen

Die Identifikation bietet insoweit keine Probleme, als Wansleben die entscheidenden Beiworte „Bischof und Märtyrer" bietet. Damit kann es sich nur um den Heiligen des 28. Hatūr handeln, nicht um den gleichnamigen Märtyrer, dessen in der

248 Die Zahl der Belege für den kopt. ON hat sich durch die Publikation eines Dossiers von koptischen Texten, die mit dem Ort verbunden sind und heute im Rijksmuseum van Oudheden in Leiden verwahrt werden, beträchtlich erhöht; Edition der Teschlōt-Texte durch Michael Green, s. Anm. 131. Der Herausgeber gibt op. cit. 114 eine Zusammenstellung der Belege aus den Texten und weist auf andere Belege hin; vgl. auch Drew-Bear, Nome Hermopolite 268f. s.v. Ταχλοῦτ, wo allerdings die älteren kopt. Belege fehlen. Eine Apater-Kirche in Teschlōt kommt in den Teschlōt-Texten leider nicht vor.

oberäg. Rezension des Syn. Alex. am 9. Amšīr gedacht wird.[249] Zum kopt. (boh.) Martyrium des Sarapamon vgl. Baumeister, Martyr Invictus 128f.; arab. Texte für den Heiligen sind bei Graf, GCAL I nicht verzeichnet.

Den Heiligen hat Delehaye aaO für im Prinzip mit dem Märtyrer Sarapion (27. Ṭūba) identisch gehalten – wegen auffälliger Parallelen in den jeweiligen Märtyrerlegenden, auf die Crum aufmerksam gemacht hat. Doch sind die hagiographischen Koordinaten (Name/Epitheta/Gedenktag/Begräbnisstätte) der beiden Märtyrer so verschieden, daß eine Identifizierung nicht in Betracht kommt. Auch zeichnen die beiden Märtyrerlegenden durchaus eine je eigene Physiognomie der Heiligen, s. Baumeister aaO 128.

In der kopt.-arab. Tradition kommt es teilweise zu einer Abwandlung des Namens zu „Sarapion"; vgl. dazu

- Nau, Ménologes, PO X 192: *Sarābiyūn* (Hss. A und E; Hs. D aber: *Sarābāmūn*)
- Kalendarium des Abū 'l-Barakāt, PO X 259: *Sarābiyūn*

Daß es sich hierbei um eine bloße Verschreibung handelt, zeigt Forgets Hs. B = Bassets Hs. A des Syn. Alex. zum 28. Hatūr; dort wird der Name des Märtyrers an der zweiten Stelle, an der er in der Notiz auftritt, plötzlich *Sarābiyūn* geschrieben (Syn. Alex. (Forget) I (Textus) 125 Anm. 1 ≙ Syn. Alex. (Basset) 276 Anm. 4), während Forgets Hs. G = Bassets Hs. B einheitlich *Sarābāmūn* schreibt. Daß hier *Yā'* für *Mīm* verschrieben wurde, zeigt besonders deutlich die Unform des Namens bei al-Maqrīzī, Kirche Nr. 49: *Sārābāyūn*. Das ist einfach in *Sārābāmūn* zu korrigieren und nicht etwa als „Serapion" zu deuten, wie das die Bearbeiter des Textes getan haben, s. u. zu den weiteren Nennungen der Kirche.

Zu der Langform des Namens ⲥⲁⲣⲁⲡⲁⲙⲱⲛ / Sarābāmūn (Sarābamūn) ist eine Kurzform ⲥⲁⲣⲁⲡⲁⲙ / Sarabām gebildet worden, die lange im Namen des Ortes (Darūt Sarabām) tradiert worden ist; s. dazu o. 4.2.2. zu A 1. Zur Entstehung der Kurzform ist der parallele Fall des Phoibamon zu vergleichen: ⲫⲟⲓⲃⲁⲙⲱⲛ > ⲡⲓⲫⲁⲙⲱⲛ / Bīfāmūn > ⲡⲓⲫⲁⲙ / Bifām, s. u. zu A 19c // B I 19c. Auch die Kurzform des Namens ist Verballhornungen nicht entgangen – wohl weil sie nicht verstanden wurde. So finden wir bei islamischen Autoren Formen wie *Sarayām* oder *Saramām*, vgl. die Nachweise bei Halm, Ägypten I 114. Die Nennung des Heiligen im ON, den wir saʿid. als *ⲧⲉⲣⲱⲧ ⲥⲁⲣⲁⲡⲁⲙ(ⲱⲛ) rekonstruieren können, zeigt, welche Bedeutung sein Kult an diesem Ort gehabt hat.

249 Wegen einer Lücke in der Hs. fehlt die Notiz zum Sarapamon des 9. Amšīr in Forgets Hs. G = Bassets Hs. B des Syn. Alex.; sie ist aber in dem Textzeugen, den Coquin vorgestellt hat („Luxor-Ms.") enthalten, s. René-Georges Coquin, Le synaxaire des Coptes. Un nouveau témoin de la recension de Haute Égypte, AnBoll 96, 1978, 351-365 (361f.). Einige Hinweise zu diesem Märtyrerheiligen gibt Coquin aaO 363. Ob dieser Sarapamon mit dem Märtyrer „Apa Sarapamon der Ölhändler" (ⲁⲡⲁ ⲥⲁⲣⲁⲡⲁⲙⲱⲛ ⲡⲥⲁⲛⲛⲉϩ) identisch ist, dessen Martyrium das liturgische Verzeichnis (Typikon) Leiden, Ms. Insinger 38, p. 33,9f. (edd. Pleyte-Boeser, op. cit. 185) als Lesungstext gegen Ende des Monats Khoiahk erwähnt, bleibt vorläufig zweifelhaft.

Weitere Nennungen der Kirche

(1) Quellen
- al-Maqrīzī, Kirche Nr. 49: „Im Bezirk von Darūṭ außerhalb des Ortes eine Kirche, die einem Kloster ähnelt und dem Mönch *Sārābāyūn* (sic, lies *Sārābāmūn*, s.o.) geweiht ist; dieser lebte zur Zeit des Schenute und wurde zum Bischof gemacht; zu ihm gibt es viele Geschichten." Al-Maqrīzīs Hinweis auf das Aussehen des Gebäudes macht Wanslebens Bezeichnung der Anlage als „Kloster" verständlich. Die Bearbeiter des Textes (Wüstenfeld; Evetts; Leroy) haben die Verschreibung nicht erkannt und den Heiligen als „Serapion" (oder gar „Saramatoun"[250]) in die Literatur eingehen lassen. Al-Maqrīzī hat zwar richtig in Erfahrung gebracht, daß der Ortsheilige Bischof gewesen ist, ihn aber als Mönchsheiligen, nicht als Märtyrer eingestuft. Sollte er hier einem Trugschluß erlegen sein, weil es Tradition der koptischen Kirche ist, die Bischöfe hauptsächlich aus dem Mönchsstande zu entnehmen?
- Clarke G 12: *Anbā Ṣarābāmūn*
- Simaika, Ṣan. Nr. 12: *Anbā Sarābāmūn*
- Timm, Christliche Stätten 80[251]: Hier werden gleich zwei (!) Kirchen des Sarapamon in Dairūṭ aš-Šarīf genannt; die erstgenannte ist als Dublette zu streichen, vgl. Clarke und Simaika.

(2) Literatur
- mir nicht bekannt

(3) Weitere Kirchen des Sarapamon
Zwei weitere Kirchen mit Sarapamon-Patrozinium werden in der Lit. genannt; und zwar schon in Wanslebens „Verzeichnis". Diese liegen allerdings im Delta:
a) Malīg (Milîg, ca. 5 km nnö. Šibīn al-Kôm; vgl. Halm, Ägypten II 369): Wansleben, Rel. Germ. Ms. B. p. 125,21 f. (*b. Sarabamon* der Märtyrer)[252] ≙ Clarke B 15 (*Anbā Sarābāmūn*) ≙ Simaika, al-Manūfīya Nr. 9 (Anbā Sarābamūn) ≙ Timm, Christliche Stätten 93 (s. v. Ḥiṣṣat Milīg; der Ort liegt knapp 1 km ssw. Malīg, grenzt praktisch an).

250 So Leroy in seiner Übersetzung von al-Maqrīzī, Kirchenverz. Nr. 49 (Leroy, op. cit. 275). Die Form geht sicher auf Fehler in Leroys Textbasis, der Druckausgabe Būlāq 1854, zurück; diese bietet verschiedentlich einen von Wüstenfelds Edition abweichenden Text.

251 Während die Sarapamon-Kirche(n) bei Timm unter Dērūṭ aš-Šarīf eingetragen ist (sind), bietet der Autor aaO noch einen weiteren Ort Dērūṭ, den er offensichtlich von Dērūṭ aš-Šarīf unterscheidet. Der heutige Ort Dairūṭ ist aber mit Dairūṭ aš-Šarīf identisch, s. o. 4.2.2. zu A 1; dort auch zur Entwicklung des ON Darūṭ Sarabām > Dairūṭ aš-Šarīf > Dairūṭ. Timms zwei Ortsrubriken sind also zu einer zusammenzufassen.

252 Die Notiz zu Malīg ist in Rel. nicht enthalten, also ein Opfer der Redigierung geworden.

b) al-Batānūn (El-Batânûn, ca. 7 km nnw. von Šibīn al-Kôm; liegt ca. 5,5 km von Malīg entfernt. Vgl. Halm, Ägypten II 361): Wansleben, Rel. Germ. Ms. B. p. 125,24f. (wie unter a) ≙ id., Rel. 221,1f. (*B. Sarabamóne Martire*) ≙ Clarke B 14 (wie unter a) ≙ Simaika, al-Manūfīya Nr. 7 (wie unter a) ≙ Timm, Christliche Stätten 63. Die Kirche ist das Ziel einer Wallfahrt, s. Viaud-Muyser, Pèlerinages 32.

Der Kultort in Dairūṭ und die Begräbnisstätte des Märtyrers

Die Kirche von Dairūṭ (aš-Šarīf) gilt wohl nicht als Begräbnisstätte des Märtyrers. Nach dem Mart. Sarapamon wurde der Märtyrer bei Pschati/Nikiu getötet und dort auch beigesetzt (AME 329,18-330,18). Möglicherweise führt eine der beiden oben unter (3) aufgeführten Kirchen die Tradition der Begräbnisstätte fort; Meinardus führt für al-Batānūn Sarapamon-Reliquien auf (Inventory of Relics 166).[253]

Nun erstaunt es etwas, daß ein „individueller" Märtyrer einen Kult im oberägyptischen Niltal erhält, der seiner (Amts-)Herkunft[254] nach und im Blick auf Todes- und Begräbnisort Unterägypten zuzurechnen ist. Und doch lassen sich Gründe dafür angeben, warum der Märtyrer einen Ortskult in Oberägypten hat: Der größte Teil seines Martyriums findet nämlich am Orte der Residenz des Statthalters Arianus statt, des typisch oberägyptischen Peinigers in den koptischen Märtyrerlegenden.[255] Dessen Amtssitz ist aber nach der Darstellung der Legenden Antinoopolis. So dürfen wir auch hier für den Hauptteil der Ereignisse Antinoopolis als Schauplatz ansehen. Das Mart. Sarapamon, dessen Beginn verloren ist, ist in

253 Die Entfernung von al-Batānūn nach Pschati/Nikiu beträgt ca. 25 km, wenn wir den alten Verwaltungs- und Bischofssitz bei Zauyat (Zāwiyat) Razīn ansetzen, das ca. 3,5 km ssö. aṭ-Ṭarrāna (Terenūthis) auf dem Ostufer des Flusses liegt. Dieser Lokalisierungsvorschlag geht auf G. Daressy zurück (A travers les koms du Delta, ASAE 12, 1912, 169-213 (200)) und wurde von John Ball übernommen (Egypt in the Classical Geographers, Cairo 1942, 142.155.164.173.177); a.M. anscheinend Manfred Bietak, der Nikiu auf einer Karte des Deltas nach den Angaben von Ptolemaeus ein ganzes Stück nördlich von Terenūthis einzeichnet, was aber im Text nicht begründet wird (Tell el-Dabʿa II. Der Fundort im Rahmen einer archäologisch-geographischen Untersuchung über das ägyptische Ostdelta (ÖAW. Denkschriften der Gesamtakademie. 4 = Untersuchungen der Zweigstelle Kairo des ÖAI. 1), Wien 1975, Abb. 27 auf S. 147).

254 Der Beginn der kopt. Märtyrerlegende des Sarapamon, der in der von Hyvernat in AME publizierten (einzigen) Hs. fehlt, aber nach dem Syn. Alex. zum 28. Hatūr rekonstruiert werden kann, erzählt, daß der Märtyrer aus Jerusalem stamme und jüdischer Abkunft, und zwar aus der Familie des Stephanus, gewesen sei; sein ursprünglicher Name sei Simeon gewesen. Weil der Bischof von Jerusalem Angst hatte, den Simeon zu taufen, begab sich dieser auf Grund einer Vision nach Alexandria zu Erzbischof Theonas, wurde von ihm getauft und begann seine ägyptische Laufbahn als Mönch (Syn. Alex. (Forget) I (Textus) 124, 6-15 bzw. I (Versio) 160, 7-24). Diese Herkunftsgeschichte ändert allerdings nichts daran, den Sarapamon als unterägyptischen Märtyrer zu betrachten, da dafür Todes- und Begräbnisort entscheidend sind.

255 Zu Arianus als oberägyptischem Peiniger vgl. Delehaye, MartEg 138f.

AME 304-331 publiziert; die Ereignisse in Antinoopolis umfassen davon AME 304-325,3, also fast vier Fünftel. Zwar wird der Name der Stadt nicht genannt, doch haben wir eine Gefängnisszene, die uns ein ganz sicheres Indiz gibt: Im Gefängnis wenden sich nämlich Amtsträger der Stadt Hermopolis/Schmūn an Sarapamon, die wegen ihrer Haftung für Steuerschulden dort festgehalten werden (AME 314,16-315,5). Arianus gibt die Marterung des Helden auf, weil er seiner nicht Herr wird, und schickt ihn zu Diokletian nach Antiochia (AME 324,19-325,12). Aber auch der Kaiser vermag nicht, ihn zu überwinden (AME 325,13-328,4), und schickt ihn zurück zu Arianus nach Ägypten (AME 328,5-17). Aber Sarapamon gelangt nicht mehr nach Antinoopolis: Auf dem Nil muß das Schiff mit dem Bischof und seinen militärischen Begleitern bei Nikiu/Pschati aus Mangel an Wind an Land gehen (AME 328,17-20). Auf Grund einer Vision, in der ihm ein Engel die Tötung des Sarapamon gebietet, enthauptet Orion, der Anführer der Begleitmannschaft, den Märtyrer in der Nähe seiner Bischofsstadt (AME 329,1-330,9). Der Heilige wird dort von Bewohnern der Stadt begraben (AME 330,10-18); Arianus erhält – quasi als Entschuldigung bzw. Rechtfertigung – nur einen amtlichen Bericht über die Hinrichtung (AME 329,5-17).

Der Märtyrer erhält durch die Verknüpfung mit der Peinigerfigur Arianus eine viel stärkere Bindung nach Oberägypten als sie andere unterägyptische Märtyrer haben. In deren koptischen Legenden tritt zwar häufiger Arianus bzw. Antinoopolis als eine Zwischenstation im Martyriumsgeschehen auf – für Sarapamon bedeutet Arianus/Antinoopolis aber die Hauptstation seines Martyriums, die Verschickung zum Kaiser nach Antiochia nur ein Zwischenspiel. Daß es zur abrupten Beendigung des Geschehens bei Pschati/Nikiu kommt, hängt mit der Bindung des Protagonisten an diesen Ort als Bischof der Stadt zusammen, sperrt sich aber eigenartig gegen den literarischen Aufbau des Mart. Sarapamon: Dieser legt eigentlich ein Ende des Geschehens vor Arianus/in Antinoopolis nahe.

Starke Bindung nach Oberägypten zeigt auch die Zusammenfassung des Mart. Sarapamon im Syn. Alex. zum 28. Hatūr: Die Notiz der oberäg. Rez. (Forgets Hs. G = Bassets Hs. B) ist nämlich, obwohl einem unterägyptischen Märtyrer gewidmet, fast doppelt so lang wie in der unteräg. Rez.[256] Das spricht für einen bedeutenden Kult des Märtyrers in Oberägypten – wahrscheinlich den von *ⲧⲉⲣⲱⲧ ⲥⲁⲣⲁⲡⲁⲙ(ⲱⲛ)/Darūṭ Sarabām, den wir hier besprechen.

Ein weiteres Verbindungsmoment nach Oberägypten stellt die Figur des Anführers der Begleitmannschaft dar, der die Enthauptung des Sarapamon vornimmt: Er wird der *cursor* Orion genannt (ⲱⲣⲓⲱⲛ (ⲟⲩⲣⲓⲱⲛ) ⲡⲓⲕⲟⲩⲣⲥⲱⲛ, AME 325,4;

256 Der Text der oberäg. Rez. ist in Forgets Ausgabe des Syn. Alex. nur partiell in lat. Übersetzung zugänglich; die versprochene Nachlieferung des arab. Textes (ebd. I (Versio) 160 Anm. 3) ist nicht erfolgt. Um sich ein Bild von der oberäg. Rez. der Notiz zu machen, ist es daher notwendig, Syn. Alex. (Basset) II 273-277 heranzuziehen.

328,12; 329,1 u.ö.). Das ist aber eine Figur, die wir aus der Märtyrerlegende des typisch oberägyptischen Märtyrers Viktor, Sohn des Romanos kennen: Viktor erhält den endgültigen Todesstreich von dem *cursor* Orion (ϩⲟⲣⲓⲟⲛ ⲡⲕⲟⲩⲣⲥⲱⲛ; s. Mart. Viktor (ed. Budge) 44,14-45,10 und vgl. zum Schluß des Abschnittes besonders AME 330,2-9). Das Mart. Sarapamon lebt hier vom Personeninventar der älteren oberäg. Legende des Viktor, Sohnes des Romanos.[257]

Angesichts dieser Befunde könnte man formulieren: Sarapamon ist ein verkappter oberägyptischer Märtyrer. Wahrscheinlich haben wir es im Mart. Sarapamon mit dem Versuch eines Ausgleichs zwischen zwei divergierenden Traditionen zu tun, die die Begräbnisstätte verschieden ansiedeln:

a) die unteräg. Tradition in / bei Pschati/Nikiu;
b) die oberäg. Tradition in Oberägypten, evtl. in Dairūṭ (Darūṭ Sarabām).

Der Erzähltypus der Legende ist jedenfalls ganz stark von der oberägyptischen Tradition geprägt. In der Frage der Begräbnisstätte hat sich allerdings die unteräg. Tradition durchgesetzt. Abschließend sei noch auf ein merkwürdiges Phänomen hingewiesen, das diese Traditionslinien beleuchten kann: Pschati/Nikiu hat nämlich gleich zwei Bischöfe, die während der diokletianischen Verfolgung als Märtyrer gestorben sind: Neben Sarapamon steht nämlich Makrobios (Enkomion auf ihn, das auch sein Martyrium berichtet: AME 225-246); dieser wird als der Nachfolger des Sarapamon bezeichnet (AME 228,1-9). Pschati/Nikiu ist damit der einzige Fall in Ägypten, der mir bekannt ist, in dem ein Bischofssitz gleich zwei Bischöfe in derselben Verfolgungszeit verliert. Ist es schon äußerst fraglich, welche ägyptischen Bischofssitze überhaupt ihren Bischof als Märtyrer in der diokletiani-

257 Anlehnungen an die Viktor-Tradition und ihre literarische Ausformulierung finden sich vielfach in der kopt. hagiographischen Literatur; vgl. etwa

a) die Rückgriffe auf Szenen des Mart. Viktor, Sohnes des Romanos, im Mart. Paese und Thekla (edd. E.A.E. Reymond und J.W.B. Barns, Four Martyrdoms from the Pierpont Morgan Coptic Codices, Oxford 1973, 31-79; zu den einschlägigen Stellen s. den Personenindex ebd. 234 s.v. Victor)
b) die Plagiierung des Mart. Viktor im Mart. Makarios von Antiochia, das in weiten Teilen den Wortlaut (!) übernimmt (AME 40-77; s. dazu Horn, Mart. Viktor, Einleitung II 2a)
c) die Bezugnahme auf den Ruhm, den der Märtyrer Viktor bereits (in Ägypten) genießt; Beispiele dafür s.u. zu A 25 // B II 7 (Ist die Kirche die Begräbnisstätte des Märtyrers Philotheos?).

Die genannten Anlehnungen und Rückgriffe, die sich noch vermehren ließen, zeigen, daß die Viktor-Tradition – und zwar auch die Ausformulierung, die wir im kopt. Mart. Viktor, Sohn des Romanos, finden – einer älteren Schicht der ägyptischen Märtyrerüberlieferung angehört, als wir sie im Mart. Sarapamon/Paese und Thekla/Makarios von Antiochien vor uns haben. Vgl. dazu Horn, Mart. Viktor, Einleitung III 5; dort auch Erwägungen zur Entstehungszeit der Viktor-Texte.

schen Verfolgung verloren haben[259], so erscheinen mir zwei bischöfliche Verfolgungsopfer für einen Sitz äußerst problematisch.[260] Zwei Interpretationsmöglichkeiten legen sich hier nahe:

(1) Die beiden Bischöfe gehören verschiedenen Gruppierungen der Kirche an, d.h. der eine ist orthodoxer Bischof, der andere Bischof der Meletianer. Das würde voraussetzen, daß ein meletianischer Märtyrer-Bischof später von der Großkirche als Heiliger eingemeindet worden ist – aber vor allen Dingen, daß Meletius bzw. die Meletianer zwischen 306[261] und 311 Bischöfe eingesetzt

259 Ich gebe hier eine vorläufige Zusammenstellung von weiteren Beischöfen, die nach der koptischen Tradition der diokletianischen Verfolgung gefallen sind:
- Phileas von Thmuis (neben den bekannten griech. und lat. Texten sei hier auf Mart. Schenufe und Brüder (edd. Reymond-Barns, Martyrdoms (s. Anm. 257) 81-127) fol. 105 vso. II 5-14 verwiesen)
- Antonios von Leontopolis (Mart. Schenufe und Brüder aaO)
- Plasse von Athribis (Mart. Schenufe und Brüder aaO)
- Eisidimos von ⲧⲥⲓⲙⲓⲥⲉ ⲛ̄ⲧⲡⲁⲣⲙ̄ⲃⲟⲗⲏ (Mart. Schenufe und Brüder aaO)
- Pisura von Metelis (Mart. in AME 114-134; mit Pisura zusammen erleiden gleich drei weitere Bischofskollegen das Martyrium, deren Namen nicht genannt werden)
- Kallinikos von Letopolis/Ausīm (erleidet in Verbindung mit Psote von Ptolemais, s.u., das Martyrium; vgl. dazu Horn, Studien I, s. Anm. 185)
- Pinution („Abadion" u.ä.) von Antinoopolis (Syn. Alex. zum 1. Amšīr, oberäg. Rez.; zur Identifikation dieser typischen Gestalt der koptischen Hagiographie s. Horn, Studien I (s. Anm. 185) Anm. 247)
- Elias von Cusae/ⲕⲱⲥ (Syn. Alex. zum 20. Kīhak, oberäg. Rez.)
- Psote von Ptolemais/Psoi (die kopt. Texte zum Mart. Psote ed. Orlandi, Psote, s. Anm. 241 a.E.)
- Ammonios von Latopolis (Syn. Alex. zum 14 Kīhak, oberäg. Rez.)

Nur für wenige Bischofssitze erhalten wir die Auskunft, daß sich der Bischof den Verfolgungsmaßnahmen entzogen habe (Lykopolis, Apollonopolis/Sbeht, Panopolis). Man kann sich des Eindrucks nicht erwehren, daß im Grunde jeder Bischofssitz einen Märtyrerbischof besitzen möchte – vielleicht eine Reaktion auf die heftige Polemik der Meletianer gegen die Politik des Erzbischofs Petrus und seiner bischöflichen Gefolgsleute in der diokletianischen Verfolgung. Wirklich alte Überlieferung zum Märtyrertod scheint mir nur in den Fällen der Bischöfe Phileas, Kallinikos und Poste gegeben zu sein.

260 Nicht ganz so weit wie die Tradition zu den Bischöfen von Nikiu geht die Überlieferung von Antinoopolis: Diese kennt außer dem Märtyrerbischof Pinution einen Bischof Timotheus, der als „Märtyrer ohne Blutvergießen" (Confessor) das Ende der diokletianischen Verfolgung erlebt (Syn. Alex. zum 13. Hatūr).

261 Meletius' erste Tätigkeit, mit der er in die Befugnisse anderer Bischöfe bzw. des Erzbischofs eingriff, ist auf das Jahr 305 zu datieren; dabei handelte es sich aber vor allen Dingen um die Weihe neuer Presbyter und Diakone, s. Hans Lietzmann, Geschichte der Alten Kirche III, 4./5. Aufl. (= unv. Nachdr. der 1. Aufl. 1938), Berlin 1975, 89f. Da Meletius bald darauf gefangengesetzt und später in ein palästinensisches Bergwerk geschafft wurde, käme die Weihe von Bischöfen erst für die Zeit nach seiner Freilassung – wahrscheinlich 311 beim Ende der Verfolgungszeit – in Frage

haben, die in Konkurrenz zu den dem Kurs des Erzbischofs Petrus treuen Bischöfen traten. Zwar ist für das Jahr 325 ein meletianischer Bischof von Nikiu belegt (vgl. Munier, Recueil 2,17), doch ist die „meletianische Hypothese“ mit so viel Unsicherheiten belastet, daß sie hier nur genannt, aber nicht weiter verfolgt sei.

(2) Die beiden Bischöfe sind in Wirklichkeit einer, der in Unter- und Oberägypten verschieden benannt wurde: Der Märtyrerbischof von Pschati/Nikiu heißt in der unteräg. Tradition Makrobios, in der oberäg. wird er aber Sarapamon genannt. Diese kannte auch ein Begräbnis in Oberägypten; vgl. dazu die Tradition über den unterägyptischen Bischof Kallinikos von Būšēm/Letopolis, der sein Martyrium unter Arianus in Oberägypten erleidet und dort auch begraben wird.[261] Später wird dann die oberäg. Tradition mit der unteräg. in dem Sinne harmonisiert, daß der Märtyrer Sarapamon sein Begräbnis in/bei seiner Bischofsstadt findet. Dadurch kommt es dann zu der gemeinägyptischen Tradition von den zwei Märtyrerbischöfen von Pschati/Nikiu.

Weiter kann die Frage im Augenblick nicht geklärt werden. Die zuletzt vorgetragene Interpretationsmöglichkeit hat einiges an Wahrscheinlichkeit für sich – aber nur solange, bis neues Material die Hypothese bestätigt bzw. andere, zutreffendere Antworten ermöglicht.

A 2
Lage: Biblāw
Weihung: *B. Theodorus* Martyr / *B. Teodoro* Martire.
Patron der Kirche: Theodor (Stratelates oder Anatoleos?)

– Wanslebens Formulierung läßt im Blick auf die Notiz A 3a, wo Theodor Anatoleos ausdrücklich sein Epitheton erhält, am ehesten an Theodor Stratelates denken. Möglicherweise wußten aber Wanslebens Gewährsleute auch nicht so genau, um welchen Theodor es sich handelte. Da das Beiwort „der Märtyrer“ zu unspezifisch ist, muß die Frage des Patrons hier offen bleiben. Heute ist die Kirche dem Theodor Anatoleos geweiht, s. u.

bzw. nur dann, wenn die meletianische Gruppierung von Ägypten zwischen 306 und 311 bereits so stark gewesen ist, daß sie von sich aus zur Weihe von Bischöfen geschritten wäre. Letzteres scheint aber sehr unwahrscheinlich, da es weit über die Maßnahmen des wagemutigen Meletius hinausginge; zur meletianischen Tätigkeit zwischen 306 und 311 s. Lietzmann, op. cit. 90-92. Sicher ist, daß nach der Freilassung des Meletius meletianische Bischöfe eingesetzt wurden; Lietzmann setzt diesen Schritt erst für die Zeit nach 311 an (op. cit. 92). Das liegt auch auf der Linie der nunmehr erreichten Schärfe der Auseinandersetzung zwischen „Kirche der Märtyrer“ und der vermittelnden Amtskirche von Ägypten. Zur Frühgeschichte der Auseinandersetzung mit Meletius vgl. besonders Franz-Heinrich Kettler, Der melitianische Streit in Ägypten, ZNW 35, 1936, 155-193.

261 Dazu s. Horn, Studien I (s. Anm. 185).

Weitere Nennungen der Kirche

(1) Quellen
- al-Maqrīzī, Kirche Nr. 48: Die einzige für Biblāw genannte Kirche, die als „alt" bezeichnet wird, führt hier das Georgs (*Girgis*)-Patrozinium. Ob al-Maqrīzī hier eine andere Kirche aufführt oder ob er eine Fehlinformation über den Patron erhalten hat, läßt sich nicht sagen; ich halte das zweite für wahrscheinlicher.
- Clarke G 9: Theodor Anatoleos (*al-Amīr Tadrus al-Mašriqī*)
- Simaika, Ṣan. Nr. 9: wie Clarke
- Timm, Christliche Stätten 64: Theodor Anatoleos

(2) Literatur
- mir nicht bekannt

A 3a
Lage: Ṣanabū
Weihung: *Mari Mina / B. Mari Mina*
Patron des Klosters: Menas (15. Hatūr)
- Der saʿid. Bezeichnung des Märtyrers als ⲁⲡⲁ ⲙⲏⲛⲁ „Apa Mēna" entspricht arab. *Abū Mīnā* bzw. *Mārī Mīnā*; auf letztere geht Wanslebens Wiedergabe zurück.

Weitere Nennungen der Kirche/des Klosters

(1) Quellen
- nicht bei al-Maqrīzī, Gesch. der Kopten; möglicherweise ist das Menas-Kloster mit dem Marien-Kloster von Ṣanabū (Kloster Nr. 39) identisch. Al-Maqrīzī bemerkt dazu, daß es zu seiner Zeit nicht mehr von Mönchen bewohnt ist.
- Clarke G 6: Kirche des *Mār Mīnā al-ʿAǧāʾibī* „Apa Mena der Wundertäter" (zum hier verwendeten Epitheton des Märtyrers s.u. zu A 15 // B I 13)
- Simaika, Ṣan. Nr. 6: wie Clarke
- Timm, Christliche Stätten 132

(2) Literatur
- mir nicht bekannt; das Menas-Kloster fehlt bei Martin, Inventaire.

A 3b
Lage: Ṣanabū
Weihung: *B. Theodorus il Mischreki / B. Teodoro il Mesreki*
Patron des Klosters: Theodor Anatoleos (12. Ṭūba)
- Der saʿid. Bezeichnung des Märtyrers als ⲑⲉⲟⲇⲱⲣⲟⲥ ⲡⲁⲛⲁⲧⲟⲗⲓⲟⲥ (ⲡⲉⲥⲧⲣⲁⲧⲏ-

λⲁⲧⲏⲥ) „Theodor der Östliche (der General)“[262] entspricht arab. (*al-Amīr*) *Tadrus*[263] *al-Mašriqī*, worauf Wanslebens Wiedergabe zurückgeht. Lit. zur ägyptischen Aufspaltung der Theodor-Märtyrergestalt in zwei Figuren – Theodor Stratelates und Theodor Anatoleos – bei Baumeister, Martyr Invictus 90 Anm. 27 und 137 Anm. 234.

Weitere Nennungen der Kirche/des Klosters

(1) Quellen
- al-Maqrīzī, Kloster Nr. 40: Kloster des Theodor. Zum Fehlen des unterscheidenden Beiwortes s. zu A 2. Das Kloster wird als nicht mehr bestehend bezeichnet.
- Clarke G 5: Kirche des Theodor Anatoleos (*al-Amīr Tadrus al-Mašriqī*)
- Simaika, Ṣan. Nr. 5: wie Clarke
- Timm, Christl. Stätten 132: Theodor Stratelates. Die Weihungsangabe scheint mir fehlerhaft zu sein (Weglassung des Beiwortes *al-Mašriqī*, s. Clarke und Simaika).

(2) Literatur
- mir nicht bekannt; das Theodor-Kloster fehlt bei Martin, Inventaire.

A 3c
Lage: Ṣanabū
Weihung: *St. Georg/S. Giorgio*
Patron der Kirche: Georg (23. Barmūda)

Weitere Nennungen der Kirche

(1) Quellen
- al-Maqrīzī, Kirche Nr. 47b
- Clarke G 4
- Simaika, Ṣan. Nr. 4
- Timm, Christl. Stätten 132

262 So im Titel von „Theodor, Erzbischof von Antiochia“, Enkomion auf Theodor Anatoleos, Budge, Misc. Texts 1,6f.; das Beiwort häufiger aber ⲡⲁⲛⲁⲧⲟⲗⲁⲓⲟⲥ (ebd. 3,21.25; 5,29 u.ö.) und ⲡⲁⲛⲁⲧⲟⲗⲉⲟⲥ (boh. ⲡⲓⲁⲛⲁⲧⲟⲗⲉⲟⲥ, Winstedt, Theodore 1,6.11f.; 3,7f.; 4,1 u.ö.) bzw. ⲡⲁⲛⲁⲧⲟⲗⲉⲩⲥ (Budge, Misc. Texts 12,18; 14,22; Winstedt, Theodore 135,13.16; 136,1 u.ö.). Wegen der überaus häufigen Abwandlungen der „korrekten“ Form ⲁⲛⲁⲧⲟⲗⲁⲓⲟⲥ gebe ich das Beiwort als „Anatoleos“ wieder. Der verbreiteten Wiedergabe als „(Theodor) Orientalis“ – etwa Baumeister, Martyr Invictus (s. Index Sanctorum) – folge ich wegen der ägyptischen Stilisierung in der kopt. Theodor-Literatur nicht.

263 Zur von mir in dieser Arbeit verwendeten christl.-arab. Kurzform *Tadrus* des Namens s. Anm. 218.

(2) Literatur
- mir nicht bekannt

A 4a
Lage: Mêr
Weihung: *St. Georg/S. Giorgio*
Patron der Kirche: Georg (23. Barmūda)

Weitere Nennungen der Kirche

Eine Georgs-Kirche in Mêr kann ich sonst nicht belegen. Gut belegt ist dagegen neben der unter A 4b zu besprechenden Klaudios-Kirche eine dem Merkurios geweihte Kirche:

- al-Maqrīzī, Kirche Nr. 52: Kirche des *Marqūriyūs* in *Damšīr*. Der Ortsname ist ganz sicher verballhornt und *Mêr* zu lesen, vgl. die von Ramzī verzeichneten Formen *Masbar* und *Masīr* statt *Mêr*[264], die sich nur durch die Punktierung des dritten Schriftzeichens unterscheiden (Ramzī, Qāmūs II (4), 79). Liest man die zweite verderbte Form mit Punktierung des zweiten Schriftzeichens, erhält man *Mašīr* – woraus dann al-Maqrīzī (oder ein Abschreiber) unter Anlehnung an einen bekannten ON *Damšīr* gemacht hat, weil es einen Ort *Mašīr* nicht gibt. Damšīr liegt aber viel weiter nördlich – ca. 8 km nnw. al-Minya! – und besitzt keine Merkurios-Kirche, sondern eine Kirche des Theodor Stratelates (Clarke F 4 ≙ Simaika, al-Minyā Nr. 6 ≙ Timm, Christl. Stätten 68). Damšīr stände nun zwischen al-Qūṣīya (Kirche Nr. 51) und Umm al-Quṣūr (Kirche Nr. 53) ganz deplaziert, da al-Maqrīzī die Kirchen des Niltales (mit ganz geringfügigen Abweichungen) von Norden nach Süden aufführt. Auch gibt es nicht etwa einen Ort gleichen Namens in der Gegend von al-Qūṣīya.
  Fazit: Stellung der Notiz und Weihung der Kirche weisen ganz eindeutig auf den Ort Mêr; *Damšīr* ist in *Mêr* (bzw. *Mayīr*) zu emendieren.
- Clarke G 21: Kirche des heiligen Merkurios (*al-qiddīs Marqūriyūs*)
- Simaika, San. Nr. 26: wie Clarke
- Timm, Christl. Stätten 118 (s. v. Miyar Qiblī „Mêr-Süd“): Merkurios

Bedenken wir nun, daß wir es mit Georg und Merkurios mit zwei „Allerweltsheiligen“ zu tun haben, erscheint es möglich, daß die Gewährsleute Wanslebens sich falsch erinnert haben: Sie haben die Merkurios-Kirche von Mêr, die 250 Jahre vor und nach Wanslebens „Verzeichnis“ belegt ist, dem Georg zugeschrieben.

264 Die Formen *Masbar* und *Masīr* stellen Verlesungen der älteren Form *Mayīr* des ON dar (Verlesung der Zeichenfolge ٮٮ zu سٮ), die die Basis der heutigen Form *Mêr* darstellt und aus *Ma'īr* hervorgegangen ist. Die letztere Form ist aber nichts anderes als eine Wiedergabe des kopt. ON (ⲡ)ⲙⲁⲉⲓⲣ bzw. (ⲡ)ⲙⲟⲉⲓⲣ, s. Anm. 131 zum koptischen Namen des Ortes.

A 4b
Lage: Mêr
Weihung: *B. Aclodius* Martyr/*B. Clodio* Martire
Patron der Kirche: Klaudios (11. Ba'ūna)
Zum Heiligen s.
- Delehaye, MartEg 105
- O'Leary, Saints 111
- Bibl. SS. IV, 1964, 12f. (Joseph-Marie Sauget)
- Baumeister, Martyr Invictus 141

Wansleben hat eine arab. Namensform für den Heiligen wiedergegeben und offensichtlich, wie seine Italianisierung des Märtyrernamens zeigt, nicht gewußt, welcher PN zugrundeliegt. Der kopt. Name ⲕⲗⲁⲩⲇⲓⲟⲥ des Heiligen wird arab. hauptsächlich in drei Formen (mit Untervarianten) überliefert, von denen die erste als die Grundform (= Transkription des koptischn PN) zu betrachten ist:
(1) a) *Aklūdiyūs* (oder lies *Aklôdiyūs*)[265], Beispiele: Syn. Alex. (Forget) zum 11. Ba'ūna, Hss. A und B; Abū Ṣāliḥ fol. 88b; al-Maqrīzī, Kirche Nr. 62
b) *Aqlūdiyūs* (oder lies *Aqlôdiyūs*)[265], Beispiele: Syn. Alex. (Forget) zum 11. Ba'ūna, Hss. CEFG'H; Difnār (ed. O'Leary) III 17
(2) a) *Aklūda* (oder lies *Aklôda*)[265], Beispiel: Abū Ṣāliḥ fol. 91a
b) *Aqlūda* (oder lies *Aqlôda*)[265], Beispiel: Abū Ṣāliḥ fol. 92a
(3) *Aklūdīs* (oder lies *Aklôdīs*)[265], Beispiele: Kalendarium des Abū 'l-Barakāt PO X 273; Nau, Ménologes PO X 204 und 215.
Wanslebens latinisierende Endung des von ihm nicht voll verstandenen Namens in Rel. Germ. scheint mir auf eine der unter (1) aufgeführten Formen hinzuweisen.

Weitere Nennungen der Kirche

(1) Quellen:
- Clarke G 22: Klaudios der Märtyrer (*aš-šahīd Aqlūdiyūs*)
- Simaika, Ṣan Nr. 27: wie Clarke
- Timm, Christl. Stätten 118 (s. v. Miyar)

(2) Literatur
- mir nicht bekannt

265 Die Vokalisierung der zweiten Silbe des PN mit dem Langvokal *ū* erscheint nicht zwingend, da es eine ägyptische Tradition gegeben hat, die hier (*au* >) *ô* benutzte. Das ergibt sich einmal aus Wanslebens Transkription mit *o* in Rel. Germ., die er auch zu A 24 (s. u.) verwendet, und die auf von ihm gehörtes *ô* verweist; zum anderen wird das durch die Wiedergabe des Namens im Syn. Aeth. bezeugt, das zum 11. Sanē *Galāwdēyōs* umschreibt, s. Syn. Aeth. (Guidi) I 60,14; 61,14; 62, 16 u. ö. Deshalb wurde hier die Vokalisation mit *ô* als Alternative angegeben.

A 5a
Lage: al-Qūṣīya
Weihung: *St. Johannes der Täuffer/S. Gio: Battista*
Patron der Kirche: Johannes der Täufer (arab. Bezeichnung (*Mār*) *Yūḥannā al-Maʿmadān*)

Weitere Nennungen der Kirche
(1) Quellen
- Clarke G 19: *Mār Yūḥannā al-Maʿmadān*
- Simaika, Ṣan. Nr. 19: wie Clarke
- Timm, Christl. Stätten 128

(2) Literatur
- mir nicht bekannt

A 5b
Lage: al-Qūṣīya
Weihung: *B. Clodius/B. Clodio*
Patron der Kirche: Koluthos (sic., s.u. zur Identifizierung des Heiligen; 24. bzw. 25. Bašans)
- Delehaye, MartEg 104
- O'Leary, Saints 112
- Bibl. SS IV, 1964, 89 (Gian Domenico Gordini)
- Baumeister, Martyr Invictus 109
- (Neu-) Edition der beiden Rez. des koptischen Martyriums: Reymond-Barns, Martyrdoms 23-29 (kopt. Text aus Hs. M 591) und 145-150 (Übers.) bzw. 139-143 (kopt. Text aus Hs. Paris Copte 78) und 11-13 (Übers.).
- Zum Kult des Heiligen in der koptischen Kirche s. Otto F.A. Meinardus, A Coptic Anaryros: St. Colluthos, SOC. Coll. 14, 1970-71, 365-375.

Zur Identifikation des Patrons der Kirche

Wanslebens Transkription legt es nahe, hier an eine weitere Kirche des Klaudios zu denken. Dieser Schluß ist aber vorschnell, weil die Schreibform des Heiligennamens in Rel. Germ. Ms. B keine einfache Variante darstellt: Hat Wansleben den Namen soeben noch – in A 4b – *Aclodius* geschrieben, schreibt er nunmehr *Clodius* und läßt den Zusatz „der Märtyrer" weg. Zu beiden Schreibformen gibt es je einen weiteren Beleg; hier eine Übersicht über die Belege:

Notiz	*Rel. Germ. Ms. B*	*Rel.*
al-Fant[266]	Clodius	(falscher Patron)[267]
A 4b	Aclodius	Clodio
A 5b	Clodius	Clodio
A 24	Aclodius	Clodio

Sind die Kirchen in A 4b und A 24 tatsächlich dem Klaudios geweiht, so gilt das für die Kirche von al-Fant nicht. Diese ist einem Namensgenossen des Märtyrerheiligen von Antinoopolis, des Koluthos, geweiht. Die Form dieses PN schwankt[268]. Wird der letztgenannte Heilige meist mit gräzisierender Endung als (ⲁⲡⲁ) ⲕⲟⲗⲟⲩⲑⲟⲥ bezeichnet[269], so wird der Patron der Kirche von Fant (ⲁⲡⲁ) ⲕⲗⲟϫ genannt.[270] Auf der Basis der koptischen Formen haben sich verschiedene arab.

266 Die Ortsnotiz zu al-Fant, das zwischen al-Minya und Banī Suwêf ca. 12 km nördl. Maġāġa in der Nähe des Nils liegt, findet sich in Rel. Germ. Ms. B p. 119,26 ≙ Rel. 206,13 f. Der Text lautet:

Rel. Germ. Ms. B	*Rel.*
In *Fent* eine Kirche *Aba Clodii*, westwärts.	In *Fent*, verso Ponente, una Chiesa di S. Giorgio.

267 Rel. nennt Georg als Patron der Kirche, s. Anm. 266. Das stellt wiederum einen Redaktionsfehler dar, nämlich eine aberratio oculi auf die vorhergehende Ortsnotiz Rel. 206,11 f., in der der Hl. Georg als Patron eines Klosters genannt wird.

268 So W. E. Crum, Colluthus, the Martyr and his Name, ByZ 30 (1929-30), 323-327; ebd. 323-325 zu den verschiedenen (griech./kopt./arab.) Namensformen.

269 Der Name häufig auch mit Verdoppelung des ⲗ als ⲕⲟⲗⲗⲟⲩⲑⲟⲥ; beide Formen bei Crum aaO 323 nur als griech., nicht als kopt. angegeben – wohl wegen der Gräzisierung der ägyptischen Namensform. Ich gebe in dieser Arbeit der Form ⲕⲟⲗⲟⲩⲑⲟⲥ „Koluthos" den Vorzug, da mir die Verdopplung des ⲗ im koptischen Namen sekundär zu sein scheint.

270 Die bessere, der gräzisierten Form ⲕⲟ(ⲗ)ⲗⲟⲩⲑⲟⲥ entsprechende Form des Namens wäre ⲕⲗⲟⲩϫ; zu dieser Form und ihren vielfältigen Varianten (darunter auch ⲕⲗⲟϫ) s. Crum aaO 323. Den koptischen Namen des Heiligen kann ich bisher nur als ⲁⲡⲁⲕⲗⲟϫ belegen, und zwar aus einer einzigen Quelle, dem Ṭarḥ „Batos" zum 20. Ṭūba, dessen Incipit Burmester mitteilt (Ṭuruḥāt II 125). Der Heilige wird in der Überschrift als Priester und Märtyrer bezeichnet. Seiner wird im Synaxar zum 20. Ṭūba, soweit es in den Ausgaben von Forget und Basset zugänglich ist, nicht gedacht; Meinardus verzeichnet für diesen Tag das Gedenken des Märtyrers (Christian Egypt^2 98, zwischen den Kommemorationen 3 und 4: „Kalug…, Priest"), allerdings in kaum zu verifizierender Weise: Die von ihm angegebenen Textzeugen bieten, soweit ich sie überprüfen konnte, bis auf G keinerlei Hinweis auf den Heiligen. Die Kommemoration für Apa Klūč (Kloč) ist uns aber durch das Syn. Aeth. zum 20. Ṭēr überliefert, und zwar in einer ausführlichen Zusammenfassung des Martyriums, s. Syn. Aeth. (Budge) II 518-523. Die Notiz erweckt den Eindruck, der oberäg. Rez. des Syn. Alex. zu entstammen, was sich bisher nicht bestätigen läßt. Der Name des Märtyrers lautet hier *'Aklōg*; es wird gesagt, daß er Priester gewesen sei und aus al-Fant stamme (und dort wohl auch begraben ist). Der Name des Herkunftsortes ist zwar eingangs der Notiz zu „El-Neft" verunstaltet (aaO 518), doch ergibt sich aus der von Budge mitgeteilten Salutatio an Apa Klūč, daß das eine Verschreibung für al-Fant ist (aaO 523).

Arab. Texte für diesen Märtyrer verzeichnet Graf, GCAL I 535 unter dem Lemma „Kalūǧ (Abbā Aklūǧ), Priester, M(ärtyrer)", allerdings ohne weitere Identifizierung des Heiligen.

Wiedergaben entwickelt, die teilweise später stark verballhornt worden sind. Ich gebe hier nur die Grundformen:

(1) (ⲁⲡⲁ) ⲕⲟⲗⲟⲩⲑⲟⲥ > *(Abū) Kūlūtus (Qulūṭus)*; dazu wird eine häufige Kurzform *(Abū) Kulta (Qulta)* gebildet, s. u. zu B II 3a.[271]

(2) (ⲁⲡⲁ) ⲕⲗⲟⲩϫ (ⲕⲗⲟϫ) > *(Abū) Kalūg (Qalūg)*, oder unter Zusammenziehung mit dem ⲁⲡⲁ / Abū-Titel: *Abaklūg*[272]. Die Kirche von Fant ist nach Clarke E 12 ≙ Simaika, Banī Suwêf Nr. 15 dem heiligen *Abaklūg* gewidmet[273], was Timm, Christl. Stätten 82 richtig als „Kolluthus" wiedergibt – allerdings ohne Hinweis, um welchen Heiligen es sich handelt.[274]

Aus dem von Wansleben 1664 gehörten, ganz ungeläufigen Abaklūg der Kirche von al-Fant ist dann in seinem Ms. „B. Clodius" geworden. Diesen Sachverhalt müssen wir nun auch für die Kirche A 5b berücksichtigen: „Clodius" entspricht nicht „Klaudios", sondern „Koluthos" in einem seiner Formen. Fragen wir nun, welchem Koluthos die Kirche in al-Qūṣīya geweiht ist, so ist in erster Linie an den von Antinoopolis zu denken, da der Heilige von al-Fant nur ganz örtliche Bedeutung gehabt hat, der von Antinoopolis aber eine Reihe von Kultstätten in der Region besessen hat; vgl. u. zu B II 3a.

Weitere Nennungen der Kirche

– sind mir bisher nicht bekannt.

A 6 // B I 3

Lage: Būq

Weihung: *St. Michael* Ertzengell / *S. Michele* Arcangelo // Angelo *Gabrielle* / Archange *Gabriel*

Patron der Kirche / des Klosters: Erzengel Michael (oder Gabriel ? S. u.)

271 Vgl. auch Crum aaO 324.

272 Das geht auf ebenfalls belegtes *Abā Aklūg* zurück, vgl. die von Graf mitgeteilten Namensformen (s. Anm. 270 a. E.) und *'Abbā 'Aklōg* im Syn. Aeth. zum 20. Ṭĕr (s. Anm. 270). Die Zusammenziehung zu *Abaklūg* findet sich in der Überschrift des Ṭarḥ zum 20. Ṭūba; auf sie geht die von Hiob Ludolf mitgeteilte, leicht verballhornte äth. Form *'Abkĕlūs* zurück (Ad suam historiam Aethiopicam antehac editam commentarius, Francofurti a. M. 1691, 405; das ist Meinardus' Textzeuge G zum 20. Ṭūba, vgl. Anm. 270). Crum aaO 324 kennt die Formen *(Abā) Aklūg / Abaklūg* nicht; er weist dort nur auf *Kalūg* in Syn. Alex. (Forget) II (Textus) 262,7 hin, das er als die einzige aus der koptischen (nicht gräzisierten) Form des PN abgeleitete arab. Form bezeichnet.

273 Von Clarke in der englischen Transkription aaO völlig mißverstanden und als „Apkilûg" wiedergegeben.

274 So findet sich dann in der Zusammenstellung der Kirchen Ägyptens nach ihren Patronen unter der Rubrik „Kollluthus" sowohl die Kirche des Koluthos von al-Fant als auch die Kirche des Koluthos von Antinoopolis in Rīfa (= B II 3a, s. u.) (Timm, Christl. Stätten 159).

Weitere Nennungen der Kirche/des Klosters

(1) Quellen
- Wansleben, Rel. Germ. Ms. B p. 95,25-96,2 ≙ Rel. 141,3)[275]: Būq wird als Wohnsitz des Bischofs von (Qusqām-) al-Muḥarraq bezeichnet. Vermutlich handelt es sich bei der Kirche (B I: dem Kloster) von Būq um eine Anlage, die als Bischofsresidenz geeignet war.
- Clarke G 25: Erzengel Michael
- Simaika, Ṣan. Nr. 30 (mit Dublette in Nr. 36): wie Clarke
- Timm, Christl. Stätten 65: BMV

(2) Literatur
- Martin, Inventaire Nr. 40

(3) Zur Weihung der Kirche
Die von Wansleben im „Verzeichnis" von 1664 angegebene Weihung an den Erzengel Michael hat angesichts der Bestätigung durch Clarke und Simaika die größere Wahrscheinlichkeit für sich als die Angabe der Liste B I. Möglich ist aber auch eine Doppelweihung an die Erzengel Michael und Gabriel; vgl. dazu den parallelen Fall u. A 11 // B I 8.

A 7 // B I 4
Lage: at-Timsāḥīya
Weihung: *B. Theodorus / B. Teodoro // Mari Teodoro / Saint Theodore*
Patron der Kirche: Theodor (Stratelates oder Anatoleos ?)
- Zur Uneindeutigkeit der Weihungsangabe bei Wansleben vgl. o. zu A 2. Heute ist die Kirche dem Theodor Anatoleos geweiht, s. u.

Weitere Nennungen der Kirche

(1) Quellen
- Clarke G 27: Theodor der General „der Östliche" (Anatoleos; *al-Amīr Tadrus al-Mašriqī*)
- Simaika, Ṣan. Nr. 32: wie Clarke
- Timm, Christl. Stätten 141: Theodor Anatoleos

(2) Literatur
- mir nicht bekannt

275 Zu diesem Passus aus Wanslebens Verzeichnis der 1664 bestehenden Bistümer der koptischen Kirche s. Anm. 194; dort auch zur Kürzung der Angaben in Rel. gegenüber Rel. Germ.

A 8 // B I 5

Lage: Ballūṭ

Weihung: *St. Georgius / S. Giorgio // Mari Girges / Saint Georges*

Patron der Kirche: Georg (23. Barmūda).

- „Mari Girges" in NR Ital. geht auf die arab. Bezeichnung *Mārī Girgis* für den Heiligen zurück, vgl. u.

Weitere Nennungen der Kirche

(1) Quellen
   - Clarke G 24: *Mār Girgis*
   - Simaika, Ṣan. Nr. 29: wie Clarke
   - Timm, Christl. Stätten 58: Georg

(2) Literatur
   - mir nicht bekannt

A 9 // B I 11

Lage: Umm al-Quṣūr

Weihung: *Mari Johannes Heracleensis / B. Giovanni Eracleense // S. Giovanni l'Eracleense / Saint Jean d'Eraclée*

Patron der Kirche: Johannes von Heraklea (arab. Bezeichnung: *Yūḥannā 'l-Haraqlī*; 4. Ba'ūna)

- Delehaye, MartEg 105
- O'Leary, Saints 166 (mit falscher Angabe, daß der Märtyrer nicht im Syn. Alex. erwähnt sei)

Zur Identifikation des Heiligen

Wanslebens Angaben zur Weihung der Kirche machen es möglich, einen Märtyrerheiligen der koptischen Kirche dingfest zu machen, der sonst nur schwer faßbar ist. Es scheint z. B. heute nicht mehr bewußt zu sein, welchem Johannes eigentlich die Kirche von Umm al-Quṣūr geweiht ist; s. u. zu den Nennungen der Kirche. Das liegt sicher auch daran, daß das Dossier des Heiligen bisher äußerst mager ist.

(1) Koptische Texte
   a) Erzählende Texte
      - bisher nicht bekannt, obwohl es solche gegeben haben muß, s. u. zu (2)a.
   b) Kirchenpoesie
      - O'Leary, Difnār om.
      - Burmester, Ṭuruḥāt I/II om.
      - ʿAbd al-Masīḥ, Doxologies führt zwar keinen Text für den 4. Ba'ūna auf, nennt aber eine Doxologie zum 4. Kīhak (op. cit. IV 54). Dieser Tag ist

der Gedenktag der Kirchweihe für den Heiligen, s.u. zu (2) a. Das wird aus der Überschrift nicht deutlich, die vom Martyrium des Johannes spricht (*šahādat Yūḥannā 'l-Haraqlī*). Aus dem von ʿAbd al-Masīḥ mitgeteilten Incipit und Explicit des koptischen Textes erfahren wir auch den koptischen (bohairischen) Namen des Märtyrers: (ⲁⲡⲁ) ⲓⲱⲁ(ⲛⲛⲏⲥ) ⲡⲓⲣⲉⲙϩⲁⲣⲓⲕⲗⲓⲁ (aaO).

- Crum weist an zwei Stellen auf Doxologien (oder ähnliche Texte) für den Heiligen hin: Cat. BM 865[276] und Ep. I 110 Anm. 9.

(2) Arabische Texte

a) Erzählende Texte

Erhalten sind zwei verschiedene Predigten des Bischofs Konstantin von Asyūṭ[277] auf den Heiligen, die beide unpubliziert sind. Die unzureichenden Angaben dazu bei Graf, GCAL I 466 (mit Nachtrag ebd. 684) und bei Garitte, op.cit.[278] wurden von Coquin revidiert und ergänzt (op.cit. 164). Danach handelt es sich um folgende Predigten:

aa) zum Gedenktag des Heiligen am 4. Ba'ūna[279]

bb) zum Gedenktag der Invention des Märtyrerleibes und der Weihe der Kirche für den Heiligen am 4. Kīhak.[280]

Bedenkt man, daß eine Reihe von Texten dieses Predigers in koptischer Sprache vorliegen, insbesondere aber, daß seine Enkomien auf den Märty-

276 Crum gibt in Cat.BM S. 363b Anm. 1 einige Hinweise zu Johannes von Heraklea, dem in der von ihm besprochenen Hs. eine Doxologie gewidmet ist. Dabei verweist er auch auf die „Geschichte" des Märtyrers von Bischof Konstantin von Asyūṭ, die in der arab. Hs. London, Brit.Mus.Or. 5648, foll. 38ff. enthalten ist. Dieser Text ist bei Graf, GCAL I nicht zu Konstantin von Asyūṭ verzeichnet; zur näheren Bestimmung des Textes s. Anm. 278 und 279.

277 Zu diesem wichtigen Autor der koptischen (und der darauf beruhenden christl.-arab.) Literatur s. die grundlegende Studie von Gérard Garitte, Constantin, évêque d'Assiout, in: Coptic Studies in honor of Walter Ewing Crum, Boston 1950, 287-304; vgl. auch den Überblick über die koptischen Schriften bei Tito Orlandi, Elementi di lingua e letteratura copta, Milano 1970, 100-102. Neues Material und wichtige Ergänzungen und Korrekturen zu Konstantin hat Réne-Georges Coquin vorgelegt: Saint Constantin, évêque d'Asyūṭ, SOC. Coll. 16, 1981, 151-170; Ausgangspunkt der Studie ist die Edition der Synaxarnotiz zu Konstantin (9. Amšīr) aus der oberäg. Rez. des Syn. Alex. („Luxor-Ms."), die in Forgets Hs. G = Bassets Hs. B nur unvollständig überliefert ist.

278 Caritte, op.cit. 294-296. Der Autor teilt aaO 295f. den ausführlichen Titel des *mīmar* auf Johannes von Heraklea mit, der in der Hs. London, Brit.Mus.Or. 5468, foll. 38vso.ff. enthalten ist und auf den Crum aufmerksam gemacht hatte (s. Anm. 276). Garitte hat nicht erkannt, daß die Hs. Kairo, Kopt. Museum Hist. 475 (Graf 718), die bei Graf GCAL I 466 verzeichnet ist, eine andere Predigt des Konstantin auf den Märtyrer enthält, als sie in der Londoner Hs. enthalten ist (aaO 295 Anm. 4), s. Coquin, op.cit. 164f. Anm. 6.

279 Textzeugen verzeichnet bei Coquin, op.cit. 164 Anm. 5 (darunter auch die Londoner Hs., auf die Crum – s. Anm. 276 – hingewiesen hat).

280 Bisher nur durch die äußerst lückenhafte Hs. Kairo, Kopt. Museum Hist. 475 (Graf 718) foll. 39vso. und 48rto. – 49vso. bezeugt, s. Coquin, op.cit. 164 Anm. 6.

rer Klaudios in einer koptischen Fassung vorhanden sind, die der arabischen zugrundeliegt[281], so ist es sehr wahrscheinlich, daß es auch eine koptische Vorlage für die beiden arab. überlieferten Predigten gegeben hat. Das wird noch wahrscheinlicher dadurch, daß es hier wieder – wie im Falle Klaudios – um einen Märtyrer der Region von Asyūṭ geht.

b) Das Synaxar

Das Gedenken des Heiligen ist im Syn. Alex. ganz schwach bezeugt: Nur Forgets Hs. A enthält zum 4. Ba'ūna eine kurze Kommemoration: Syn. Alex. (Forget) II (Textus) 151,13 bzw. II (Versio) 150,2f. Das Gedenken des Märtyrers ist ferner in zwei modernen Druckausgaben des Syn. Alex. belegt (Meinardus, Christian Egypt[2] 177: Textzeugen A und B; Textzeuge J ist Forgets Hs. A). Zum 4. Kīhak, dem Kirchweihtag des Heiligen, gibt es bisher keine Notiz im Syn. Alex.

Ein glücklicher Umstand der Überlieferung hat uns aber eine ausführliche Fassung der Synaxarnotiz zum 4. Ba'ūna erhalten, aus der wir uns ein Bild vom Martyrium des Johannes von Heraklea machen können. Das äthiopische Synaxar bietet nämlich am korrelierenden Datum 4. Sanē einen ausführlichen Bericht: Syn. Aeth. (Guidi) I 24-27 bzw. Syn. Aeth. (Budge) IV 963-965. Zu beachten ist ferner der „Nachtrag" am 5. Sanē, der über das Martyrium des Phoibamon, des Gefährten und Helfers des Johannes von Herklea, berichtet: Syn. Aeth. (Guidi) I 39f. bzw. Syn. Aeth (Budge) IV 972. Der Bericht des äthiopischen Synaxars geht ganz sicher, da es um einen ägyptischen Märtyrer geht, auf einen entsprechenden arabischen zurück, der uns bisher nicht überliefert ist. Genauer noch: Der äthiopische Bericht geht auf die oberäg. Rez. des Syn. Alex. zurück, für deren zweite Jahreshälfte bisher kein zuverlässiger Textzeuge bekannt ist.[282] Das ergibt sich aus dem Kontrast des Berichtes zum Schweigen der Hss. der unteräg. Rez. bzw. zur lapidaren Fassung der Kommemoration in einer von deren Hss.

281 Edition der beiden sa'id. Enkomien des Konstantin auf Klaudios bei Godron, St. Claude 86-247. Zu den arab. Hss. der Enkomien s. ebd. XXV. Godron teilt in den Anm. zur Übersetzung interessante Varianten der arab. Version in Übersetzung mit; diese wurden ihm von J.-C. Vadet mitgeteilt und daher jeweils mit dem Vermerk „(Vadet)" gekennzeichnet.

282 Der Textzeuge Forget Hs. G = Basset Hs. B bietet für die zweite Jahreshälfte, die in einer eigenen Hs. (Paris, Bibl. Nat. Ms. arabe 4870) enthalten ist, kaum oberägyptisches Sondergut, wie es die Hs. der ersten Jahreshälfte (Paris, Bibl. Nat. Ms. arabe 4869) in reichem Umfange enthält. Ich möchte sogar fragen, ob das Ms. arabe 4870, das an vielen Stellen sekundär ergänzt worden ist (Forget: G'), ein echter Repräsentant der oberäg. Rezension des Synaxars, also die wirkliche Schwesterhandschrift zu Ms. arabe 4869 ist; vgl. dazu auch Anm. 283. Coquins wichtiger Aufsatz zur oberäg. Rezension (Coquin, Synaxaire des Coptes, s. Anm. 249) klammert die zweite Jahreshälfte leider aus, da der neue Textzeuge („Luxor-Ms.") nur die erste Jahreshälfte umfaßt (op. cit. 355).

(Forgets Hs. A). Der Kontrast von Kurznotiz in den Hss. der unteräg. Rez. zu Langnotiz in der oberäg. Rez. (Forgets Hs. G ≙ Bassets Hs. B) ist für oberägyptische Märtyrer in der ersten Jahreshälfte häufig zu beobachten.[283] Eine Notiz für den Kirchweihtag (4. Kīhak ≙ 4. Taḫšāš) bzw. eine Erwähnung ist in Syn. Aeth. nicht vorhanden.

c) Kirchenpoesie
Vgl. o. (1) b

(3) Zusammenfassung

Benutzen wir das Syn. Aeth. zum 4. Sanē als Ausgangspunkt, ergibt sich trotz des Fehlens sonstiger publizierter Texte ein einigermaßen scharf umrissenes Bild des Märtyrers. Johannes aus „Heraklea", einer Stadt oder Landschaft in Kleinasien – sie wird mit Pontus verbunden –[284] ist der Sohn vornehmer christlicher Eltern und wird schon in jungen Jahren hoher Verwaltungsbeamter in seiner Heimatlandschaft. Durch (göttliche oder teuflische ?) Fügung begibt er sich an den Hof von Antiochia, wo er Diokletian kennenlernt, der ihn sehr schätzt. Johannes verweigert die von ihm verlangte Verehrung heidnischer Götter und wird ins Gefängnis geworfen. Als er sich Diokletian weiterhin widersetzt, wird er von diesem nach Ägypten gesandt, und zwar mit dem Auftrage, Steuern zu erheben und Tempel zu restaurieren. Johannes benutzt diesen Auftrag, um heidnische Tempel zu zerstören.[285] Als er erlebt, wie sich oberägyptische Christen vor dem ägyptischen Statthalter *Sĕryāqōs* (in Alexan-

283 Vgl. die Vermerke „relatio amplior" zum Textzeugen G in Forgets Verzeichnis zur Bezeugung der Synaxarnotizen (Syn. Alex. (Forget) II (Textus) 310-339). Dieser Vermerk tritt praktisch nur in der ersten Jahreshälfte auf (einzige Ausnahme: 4. Baramhāt), was die in Anm. 282 aufgestellte Vermutung zum Textzeugen G in der zweiten Jahreshälfte bestätigt. Als Beispiel für den Kontrast Kurznotiz/Langnotiz vgl. die Notizen zum Märtyrer Psote, Bischof von Ptolemais/Psoi: unteräg. Rezension („Vulgata") Syn. Alex. (Forget) I (Textus) 177,9-178,2 bzw. I (Versio) 282,25-283,15; oberäg. Rezension ebd. I (Textus) 359,13-361,12 bzw. I (Versio) 283,16-285,36; beachtenswert die erstaunten Bemerkungen von Forget aaO Textus 359, Anm. 1 und Versio 283, Anm. 1.

284 Zur Herkunft aus Herakleia vgl. die griech. Akten des Martyriums des Theodor Stratelates, die als „Abgar-Akten" bezeichnet werden (BHG 1750): Theodor lebt als hoher kaiserlicher Beamter in Herakleia in Pontus, s. Hengstenberg, Drachenkampf 243; von diesem Text her ist der Name des Ortes auch in andere Theodor-Texte übernommen worden, etwa in die „Zweite Legende" des Theodor Stratelates (BHG 1751; s. Hengstenberg, ebd. 245). Die Herkunft des Johannes aus Herakleia und seine Tätigkeit als hoher Verwaltungsbeamter dort scheint mir eine deutliche Anleihe beim Dossier des Theodor Stratelates zu sein, dessen Kult in der Nähe beheimatet ist, s. u. zu A 21 // B I 21.

285 Der Text, der Budges Übers. hier zugrundeliegt, ist nicht in Ordnung (oder wurde von Budge falsch übersetzt): Diokletian gibt Johannes den Auftrag, Steuern zu erheben – und Tempel niederzureißen (Syn. Aeth. (Budge) IV 964)! Der Text ist nach Syn. Aeth. (Guidi) I 25,10-15 zu korrigieren; dann ergibt sich auch der literarisch gewollte Kontrast zwischen Auftrag des Kaisers und Durchführung durch den Märtyrer.

dria ?) als Christen bekennen und gemartert werden, legt er sein Amt nieder und bekennt sich ebenfalls als Christ. Er wird zu Arianus nach Antinoopolis geschickt und erleidet schwerste Martern; die resumierende Schilderung trägt deutliche Züge des koptischen Konsenses der Märtyrerlegende. Schließlich werden ihm – wie auch zwei Gefährten – Hände und Füße abgeschnitten und der Märtyrer enthauptet. Ein Vermerk über das Begräbnis fehlt, ergibt sich aber aus der Notiz zu Phoibamon (*Bīfāmōn*) am 5. Sanē: Phoibamon, Vetter und Gefährte des Johannes, dem er während dessen Gefängnisaufenthalt dient, sorgt für das Begräbnis des Märtyrers; anschließend erleidet er selbst das Martyrium. Auch hier ist der Begräbnisort nicht angegeben.

Zum Begräbnis- und Kultort des Heiligen

Wanslebens Notiz belegt Umm al-Quṣūr als Kultort des Märtyrers; es ist zu fragen, ob dieser auch sein Begräbnisort ist, d. h. ob die Kirche des Ortes der Topos des Märtyrers ist. Crum teilt aus einer der Hss., die die o. unter (2) a aa genannte Predigt enthalten, den Martyriums- und Begräbnisort mit; er wird dort *Ḥamyūr* genannt.[286] Das ist eine Wiedergabe von saʿid. ϩⲁⲙⲉⲓⲟⲟⲣ.[287] Der Ort ϩⲁⲙⲉⲓⲟⲟⲣ/ *Ḥamyūr* muß zwischen Asūyṭ und al-Qūṣiya gelegen haben, wie Crum bemerkt (Cat. BM S. 363b Anm. 1). Zwar kann ich Ḥamyūr aus der arab. geographischen Lit. nicht belegen, doch spricht alles dafür, daß dieser Ort mit Umm al-Quṣūr identisch ist. Nicht nur die Kirche des Johannes von Heraklea verknüpft die beiden – denn häufig ist bei regionalen Heiligen die Begräbniskirche gleichzeitig die einzige bekannte ihnen geweihte Kirche –[288], sondern auch eine weitere Angabe des

286 Crum aaO, s. Anm. 276. Der Name des Begräbnisortes kommt auch im Titel des von Crum genannten Textes vor, den Garitte publiziert hat (s. Anm. 278). Es heißt dort, daß der Leib des Märtyrers sich „jetzt in der Ortschaft *Ḥamyūr* im Bezirk von Asyūṭ" befinde (Garitte aaO 295).

287 Crum, Cat. Rylands S. 110 Anm. 4; Coquin, Saint Constantin (s. Anm. 277) 164. Vgl. auch Crum, Ep. I 124 zu ϩⲁⲙⲉⲓⲟⲟⲣ in der Gegend von Theben.

288 Als Beispiele vgl. die Kirche des Apa Koluthos (ⲁⲡⲁ ⲕⲗⲟⲩϫ/*Abaklūg*) in al-Fant, die o. zu A 5b besprochen wurde, oder die Kirche des Apa Maximos in Šinarā. Dieser Heilige ist nur mit Mühe nachzuweisen, sein Name wird in der christl.-arab. Literatur zu *(Abū) Maksī* verkürzt. Sein Gedenken am 10. Ba'ūna ist in Synaxar (Syn. Alex. und Syn. Aeth.) und Difnār (ed. O'Leary) nicht erwähnt; das Datum kann ich nur aus einer Handschriftenbeschreibung von Graf nachweisen: Cat. mss. arabes chrétiens Caire No. 712, foll. 273 rto. – 275 vso.; vgl. Graf, GCAL I 536. Aus der Beschreibung erfahren wir, daß *Anbā Maksī* Priester von ŠNR bzw. Šimrā im Bezirk von al-Bahnasā gewesen ist und das Martyrium erlitten hat. Der ON ist Šinarā zu lesen, wie sich aus den weiteren Nennungen der Kirche des Märtyrers ergibt (s. u.); zum Ort s. Ramzī, Qāmūs II (3), 190; Halm, Ägypten I 179. Daß der ursprüngliche Name des Heiligen tatsächlich Maximos ist, wie Graf fragend erwägt, ergibt sich aus einer Erwähnung im Mart. Epima: ⲙⲁⲝⲓⲙⲟⲥ ⲡⲉⲡⲣⲉⲥⲃⲩⲧⲉⲣⲟⲥ ⲛ̄ϣⲉⲛⲁⲣⲱ „Maximos, der Presbyter von Schenarō" wird unter Christen genannt, die in Oxyrhynchos verhört werden (Togo Mina (ed.), Le Martyre d'Apa Epima, Le Caire 1937, 7,13). Die dem Märtyrer geweihte Kirche in ϣⲉⲛⲁⲣⲱ/Šinarā kann ich zweimal belegen:

Syn. Aeth. Neben Johannes von Heraklea und seinem Gefährten Phoibamon ist nämlich noch ein weiterer Heiliger beigesetzt, der „neue Märtyrer" Pistauros (kopt. ⲡⲉⲥⲧⲁⲩⲣⲟⲥ bzw. ⲡⲓⲥⲧⲁⲩⲣⲟⲥ „das Kreuz"; arab. entspricht der PN *Ṣalīb* „Kreuz"). Es handelt sich hier um den Heiligen, dessen Gedenktag der 28. Barmūda (bzw. äth.: 28. Mīyāzyā) ist und der von dem gleichnamigen „neuen Märtyrer" des 3. Kīhak unterschieden werden muß.[289] Der Bericht über sein Martyrium ist wiederum nur mit Hilfe des Syn. Aeth. nachzuweisen, s. Syn. Aeth. (Budge) III 842 f. Das Syn. Aeth. übernimmt den Namen des Heiligen aus seiner arab. Vorlage als *Bĕsṭāwrōs*[290]; das geht auf arab. *Bisṭaurūs* zurück, was eine Transkription von kopt. ⲡⲓⲥⲧⲁⲩⲣⲟⲥ darstellt.[291] Dieser Pistauros stammt nach dem Syn. Aeth. aus *Maqsūr*[292] und wird dort auch, und zwar in der Begräbnisstätte des Johannes von Heraklea, beigesetzt (aaO 843). Der ON *Maqsūr* ist sonst unbekannt. Rufen wir uns in Erinnerung, daß die Bearbeiter des Syn. Aeth. Namen von ägyptischen Orten in ihrer Vorlage häufig mißverstanden haben, so könnte es sich hier um eine Verballhornung handeln. Die Basis der Verballhornung ist hier recht einfach zu erkennen: Aus arab. *Umm al-Quṣur* ist äth. *Maqsūr* entstanden. Damit haben wir nun ein Zeugnis dafür, daß die Begräbnisstätte des Johannes sich in Umm al-Quṣur befindet, das früher anscheinend ϩⲁⲙⲉⲓⲟⲟⲣ/Ḥamyūr genannt wurde. Die Ersetzung von auf den kopt. ON zurückgehenden arab. Namen durch einen rein arab. ON findet sich häufiger; als Beispiel dafür vgl. o. 4.2.2 zu Notiz A 16.

– Abu Ṣāliḥ fol. 91b (Evetts 255,7): In Šinarā zwei (!?) Kirchen des *Bū Maksīn*.
– Wansleben, Rel. Germ. Ms. B p. 119,17 f. (≙ Rel. 205,22-206,2): „In *Schenara* (Rel.: *Scienára*) eine Kirche *Aba Mecksi* (Rel.: *B. Abbate Meksi*) beym Fluß *Joseph*, westwärts."

Die Kirche scheint nicht mehr zu bestehen bzw. ihre Weihung geändert zu haben; die einzige für Šinarā genannte Kirche ist heute dem Erzengel Michael geweiht (Clarke E 13 ≙ Simaika, Banī Suwêf Nr. 16 ≙ Timm, Christl. Stätten 135). Wanslebens Angaben tragen also wiederum dazu bei, einen örtlichen Kult klarer zu fassen.

289 Crum, Cat. Rylands S. 212 Anm. 2.

290 Ich übernehme hier die Form, die Ludolf in seinem Calendarium zum 28. Mīyāzyā aufführt (Commentarius (s. Anm. 272) 414). Die von Budge aaO angegebene Form *Bisṭōwĕrōs* scheint mir weniger korrekt; wahrscheinlich wollte der äth. Übersetzer *au* im arab. PN als *ō* wiedergeben, hat dann aber doch das *w* des Diphthongs zusätzlich transkribiert, das er nun hätte weglassen können.

291 Budge hat die Entlehnungsbasis des äthiop. PN nicht durchschaut und überträgt ihn als „Bistorius", wenn anfänglich auch mit Fragezeichen. Dadurch ergibt sich bei ihm eine ungewollte köstliche Schlußpointe der Notiz: „Salutation to *Bisṭôwĕrôs*, the fighter, the translation of whose name is ‚cross-[bearer]' [*Christopher*?]." (aaO 843). Ein Kommentar erübrigt sich.

292 AaO 842. Budges Wiedergabe des ON wird durch eine von Crum mitgeteilte Lesung dieser Stelle bestätigt (Cat. Rylands S. 212 Anm. 2).

Auf einen liturgischen Text, der der „Märtyrertriade" von Umm al-Quṣūr (Johannes von Heraklea/Phoibamon/Pistauros) gewidmet ist, hat Crum hingewiesen.[293]

Weitere Literatur zur Kirche

(1) Quellen

- al-Maqrīzī, Kirche Nr. 53: *Bū Yuḥannis al-Qaṣīr*, also Johannes Kolobos. Diese Weihungsangabe ist sicher unzutreffend und beruht darauf, daß al-Maqrīzī nur die Angabe „Johannes" hatte und gern den „richtigen" Johannes bestimmen wollte. In solchen Fällen hat er verschiedentlich auf Johannes Kolobos zurückgegriffen, was meistens einen Fehlgriff bedeutet. Vgl. dazu u. die Notizen A 19d und B II 5, wo al-Maqrīzī Kirchen, die eindeutig Johannes dem Täufer gewidmet sind, dem Johannes Kolobos zuschreibt. Al-Maqrīzīs falsche Zuschreibung beruht auf der sicher richtigen Beobachtung, daß die Johannes-Kolobos-Verehrung in dieser Region eine besondere Rolle spielt.
- Clarke G 29: *Mār Yūḥannā* (ohne weiteres Epitheton)
- Simaika, Ṣan. Nr. 34: wie Clarke
- Timm, Christl. Stätten 142: Johannes (ohne weitere Spezifizierung)

Die unspezifischen Angaben zur Weihung der Kirche lassen sich nunmehr dahingehend präzisieren, daß es sich in allen Fällen um den hier vorgestellten Märtyrer Johannes von Heraklea handelt.

(2) Literatur

- Eine indirekte Erwähnung der Kirche findet sich bei Doresse, der sie als Märtyrerkloster ansieht (Jean Doresse, Monastères coptes de Moyenne Egpyte, BSFE 59 (1970), 7-29 (20); s. auch die Karte aaO 15). Vermutlich wird die schon lange angekündigte Arbeit des Autors – vgl. aaO 8 – nähere Ausführungen zur Kirche des Johannes von Heraklea in Umm al-Quṣūr geben.

A 10 // B I 6

Lage: at-Tatālīya

Weihung der Kirche: *St. Raphael der Ertzengel* / Angelo *Rafaelle* // Angelo *Rafaelle* / Archange *Raphaël*

Patron der Kirche: Erzengel Raphael

293 Crum, Ep. I 110 Anm. 9. Crum hat den Grund der Zusammenstellung der drei Märtyrer nicht erkannt; vor allen Dingen ist ihm entgangen, daß es sich bei Phoibamon hier um den Begleiter des Johannes von Heraklea handelt, dessen (mindestens) im Syn. Aeth. gesondert gedacht wird, s. o. (Zur Identifikation des Heiligen. 3).

Weitere Nennungen der Kirche

(1) Quellen
- Clarke G 23: *al-Mal'ak Rufā'īl*[294]
- Simaika, Ṣan. Nr. 28: wie Clarke
- Timm. Christl. Stätten 140: ohne Weihungsangabe

(2) Literatur
- mir nicht bekannt

A 11 // B I 8
Lage: Banī Kalb (heute: Banī Magd)
Weihung der Kirche: *St. Gabriel* / Angelo *Gabrielle* // Angeli *Gabrielle e Rafaelle* / Archanges *Gabriël & Raphaël*
Patron der Kirche: Erzengel Gabriel (oder: Erzengel Gabriel und Raphael)
Zur Widersprüchlichkeit der Angaben Wanslebens von 1664 bzw. 1673 vgl. u. zu den weiteren Nennungen der Kirche unter (3).

Weitere Nennungen der Kirche

(1) Quellen
- al-Maqrīzī, Kloster Nr. 43: (Erzengel) Gabriel.
  Das Kloster ist nicht mehr von Mönchen bewohnt; es dient als Kirche für die Christen von Manfalūṭ.
- Bericht der Kapuzinermissionare Protais und (Charles-)Francois über eine Reise nach Oberägypten 1668[295]: Die Kirche wird genannt, aber keine Weihung angegeben; sie dient als Kirche der Christen von Manfalūṭ (aaO 146).

294 Der bei Clarke angegebene ON *at-Tanālīya* ist zu *at-Tatālīya* zu korrigieren (Punktierungsfehler), s. die anderen Nennungen der Kirche.

295 Diesen Bericht hat Wansleben 1672/73 in Kairo benutzen können und exzerpiert. Das Exzerpt hat er unter dem Titel „Estratto di una Relatione del viaggio delli PP. Protasio e Franc.co, due fratelli e tutti due capuccini, che loro hanno fatto in Isna, città del Egitto superiore, l'anno 1668" in NR Ital. zwischen Eintragungen vom 20. bzw. 21. Januar 1673 eingefügt (NR Ital. p. 119,6 von unten – 122,6 von unten). In NR erscheint das Exzerpt an anderer Stelle, nämlich als Anhang zu Wanslebens Reise nach Oberägypten (NR 405,21-413,24).

Eine kommentierte Edition des Berichtes auf der Basis von drei verschiedenen Textzeugen – darunter Wansleben, NR – hat Serge Sauneron vorgelegt: Villes et légendes d'Égypte § XXVIII: La Thébaide en 1668, BIFAO 67 (1969), 121-142; nunmehr als § 42 nachgedruckt in: ders., Villes et légendes d'Égypte, 2. éd. revue et complétée, BdE 90, Le Caire 1983, 129-148. Nach der letztgenannten Ausgabe wird der Bericht hier zitiert.

Saunerons Edition des Berichtes ist nicht die erste Neuausgabe seit dem 17. Jahrhundert: Bereits 1927 hat an etwas entlegener Stelle Giuseppe Caraci den Bericht über die Reise der beiden Kapuzinermissionare wieder zugänglich gemacht, und zwar ebenfalls unter Heranziehung von Wansleben, NR, dazu mit vielen wertvollen Bemerkungen zu Wanslebens Ägypten-Aufenthalten

- Sicard, Œuvres II 72 (Aufenthalt in Manfalūṭ Okt. 1714): Die Christen von Manfalūṭ haben ihre Kirche in Banī Kalb; diese ist den Erzengeln Michael und Gabriel geweiht.
- Clarke H 2: *al-Mal'ak Miḫā'īl* „Erzengel Michael"
- Simaika, Manf. Nr. 2: wie Clarke
- Timm, Christl. Stätten 59 (s. v. Banī Magd): (Erzengel) Michael

(2) Literatur
- Timm, Christl.-kopt. Ägypten I 333

(3) Zur Weihung der Kirche
Wir haben vier verschiedene Angaben über den/die Erzengel, dem/denen die Kirche geweiht ist:
a) Gabriel: al-Maqrīzī; Wansleben Notiz A 11
b) Gabriel und Raphael: Wansleben Notiz B I 8
c) Michael und Gabriel: Sicard
d) Michael: Clarke; Simaika; Timm
Das konstanteste und älteste Element ist eindeutig die Nennung des Erzengels Gabriel. Da die Notiz B I 8 die größte Ortsnähe hat, spricht einiges dafür, daß es sich tatsächlich um eine Weihung an zwei Erzengel handelt. Ich möchte annehmen, daß Michael den Raphael aus seiner Stellung verdrängt hat: Aus einer Gabriel-Raphael-Kirche wurde eine Gabriel-Michael-Kirche. Wegen der hohen Verehrung, die Michael in Ägypten genießt – vgl. die Zahl der dem Michael geweihten Kirchen mit der der Gabriel- und Raphael-Kirchen in der Übersicht bei Timm, Christl. Stätten 147-165 –, hat sich dieser Erzengel dann vor den ersten Patron der Kirche geschoben, s. Sicard aaO. Später wurde dann der Erzengel Gabriel, nunmehr zweiter Patron der Kirche, weggelassen, so daß die Gabriel(-Raphael)-Kirche heute eine Michael-Kirche ist, s. Clarke/ Simaika/Timm aaO. Dazu ist darauf hinzuweisen, daß in den Listen des heutigen Kirchenbestandes keine Weihungen an zwei Erzengel mehr vorkommen, obwohl es solche früher sicher gegeben hat.

A 12 // B I 1
Lage: Wüstenrand sw. al-Qūṣīya („Berg Qusqām")
Name der Anlage: Dêr al-Muḥarraq[296] (Wansleben: *Moharrak/Mohárrak*)
Wansleben macht keine Angaben zur Weihung der (Haupt-)Kirche des Klosters; diese ist der Jungfrau Maria gewidmet, s. die u. genannten Quellen und Lit.

(Giuseppe Caraci, Un Francescano francese nell' alto Egitto nella seconda metà del secolo XVII, Studi Francescani N.S. 13 (= 24), 1927, 349-387; diese Edition war Sauneron offensichtlich nicht bekannt). Auf die Quellenlage zu diesem Bericht werde ich an anderer Stelle eingehen.

296 Zur Erklärung des Namens („Kloster des Verbrannten") s. Abū Ṣāliḥ fol. 79a (Evetts 227,15-18).

Quellen und Literatur zum Kloster (Auswahl)

(1) Quellen
- Abū Ṣāliḥ foll. 78a-79b (Evetts 224,10-227,31)
- al-Maqrīzī, Klosterverz. Nr. 42
- Bericht des Franziskanermissionars Carradori über eine Reise nach Oberägypten (zwischen 1630 und 1638)[297] 221 („convento del Moharrach della Madonna")
- Clarke, Anhang zu Abschnitt G der Kirchenliste
- Simaika, Dalīl II 173; vgl. auch ebd. 124f.
- Timm, Christl. Stätten 78

(2) Literatur
- Martin, Inventaire Nr. 38
- Evetts, Abū Ṣāliḥ 224 Anm. 4
- Meinardus, Christian Egypt^2 379-384
- Doresse, Monastères coptes 14 und 23f. (mit Abb.); s.o. bei der Lit. zu den Nennungen der Kirche A 9 // B I 11
- Walters, Monastic Archaeology[298] 246.
- Viaud-Muyser, Pèlerinages 48-50 (Lit.!)

A 13 // B I 2
Lage: Wüstenrand sw. al-Qūsīya („Berg Qusqām", ganz in der Nähe des Klosters A 12 // B I 1)
Name der Anlage: „Abessinier-Kloster"
Weihung: *St. Peter und Paul / SS. Pietro e Paolo* // (nicht angegeben)
Patrone des Klosters: Petrus und Paulus

Weitere Nennungen des Klosters

(1) Quellen
- Bericht des Franziskanermissionars Carradori (s.o. zu A 12 // B I 1) 221
- Sicard, Œuvres I 10

(2) Literatur
- Martin, Inventaire Nr. 39

297 Den interessanten und wenig bekannten Bericht des Franziskaners Arcangelo Carradori (P. Arcangelo da Pistoia) mit dem Titel „Relatione delle cose che hà possuto veder frat' Arcangelo da Pistoia Minor. Oss.[te] Missionario nell' Egitto dal 1630 fin' al 1638" hat G. Lumbroso 1892 in den Nachträgen zu seinem grundlegenden Überblick über die Beschreibungen Ägyptens, die aus der Feder von Italienern stammen, publiziert (Giacomo Lumbroso, Ritocchi ed aggiunte ai „Descrittori italiani dell' Egitto e di Alessandria", AAL.M Ser. 4, Vol. 10, 1892 (ersch. 1893), 195-252; der Carradori-Bericht ebd. 212-227).

298 S.o. Anm. 189.

- Doresse, Monastères coptes 14; s.o. bei der Lit. zu den Nennungen der Kirche A 9 // B I 11

(3) Zusammenfassung

Das Kloster besteht heute nicht mehr und lebt offensichtlich auch nicht in einer (Gemeinde-)Kirche fort. Das dürfte mit seiner Sonderstellung als Stützpunkt äthiopischer Mönche in Ägypten zusammenhängen. Dieser Stützpunkt hat eine wichtige Rolle als Vermittler von ägyptischen (arabischen) Literaturwerken nach Äthiopien gespielt (Übersetzungstätigkeit), s. Doresse aaO.

A 14 // B I 9

Lage: al-Gaulī

Weihung: *Monkurius* abu seifein / *Abbate Mercurio* con le due spade // *B. Mercurio* / *Saint Mercure*

Patron der Kirche: Merkurios (25. Hatūr)

- Wanslebens Namensform in Rel. Germ. geht auf eine Variante *Manqūriyūs* zur „Normalform" *Marqūriyūs* > kopt. ⲙⲉⲣⲕⲟⲩⲣⲓⲟⲥ zurück; zur Normalform wird weiter eine verkürzte Form *Marqūra* gebildet (s. u. Quellen: al-Maqrīzī). Zum Vokal der ersten Silbe vgl. Wanslebens Wiedergabe der Stadt Manfalūṭ als *Momfallot*. Das Epitheton *Abū Sêfên (Saifain)* „mit den beiden Schwertern" ist zum stehenden Beiwort des Heiligen im christlichen Arabisch Ägyptens geworden und kann auch als Ersatz für den Namen des Heiligen benutzt werden[299]; vgl. Otto F. A. Meinardus, St. Mercurius-Abu's-saifain. A study of cult and art, SOC. Coll. 15 (1972-73, ersch. 1977), 107-119.

Weitere Nennungen des Klosters/der Kirche

(1) Quellen

- al-Maqrīzī, Klosterverz. Nr. 44: Kloster des Märtyrers *Marqūru/is* (vgl. dazu die Kürzung *Aklūdīs* zu *Aklūdiyūs*, o. zu A 4b). Der Autor weist darauf hin, daß es zum Märtyrernamen die Variante *Marqūra* gibt.
- Clarke H 8: Kirche des *Marqūriyūs*
- Simaika, Manf. Nr. 8: wie Clarke
- Timm, Christl. Stätten 85: Kirche des Merkurios (auch: Dêr Abū Sêfên).

(2) Literatur

- Meinardus, Christian Egypt² 385.
- Viaud-Muyser, Pèlerinages 16.

299 Vgl. etwa die dem Merkurios geweihten Kirchen in Achmim und az-Zawatna, deren Patron bei Clarke *aš-šahīd Marqūriyūs* heißt, während Simaika ihn einfach *Abū Sêfên* nennt (Clarke L 11 bzw. L 30 ≙ Simaika, Aḫmīm Nr. 33 bzw. Girgā Nr. 14).

A 15 // B I 13

Lage: am Steilabfall des Wüstengebirges ca. 2 km nw. al-Maʿabda

Name der Anlage: Kloster *Mari Mina il maálaka* / Monastero del *B. Mari Mina il maálak* // (Kirche des) *B. Mari Mina il agiaiebi* o sià il miracoloso / Monastere[300] de *S. Menna*, Martyr, surnommé le Taumaturge

Patron der Anlage: Menas (15. Hatūr)

Zur Basis von Wanslebens Wiedergabe *Mari Mina* s.o. zu A 3a. Die Beiworte haben einen verschiedenen Bezug:

a) *il maálak* in Rel. Germ.[301] und Rel. geht auf *al-muʿallaq* „der aufgehängte" zurück und charakterisiert die Lage des Klosters am Steilabfall des Wüstengebirges: *ad-dêr al-muʿallaq* „das hängende Kloster". Die erklärende Erweiterung zu diesem Beiwort in Rel. trifft das Richtige; ein (modernes) Bilddokument dazu, wie man den bergfriedartigen Bau mit Hilfe einer Kette und von Trittlöchern im Mauerwerk betrat, bei Doresse, Monastères coptes (s.o. zu A 9 // B I 11) 22.[302] Auch al-Maqrīzī bezeichnet das Kloster als „im Berg hängend" (*muʿallaq fī'l-gabal*) und widmet der Art, wie es betreten wird, besondere Aufmerksamkeit (Klosterverz. Nr. 12, s.u.).

b) *il agiaiebi* in NR Ital. geht auf *al-ʿagā'ibī (> –ʿagāyibī)* „der Wundertäter" zurück, vgl. Graf, Verzeichnis 77. Das Epitheton „der Wundertäter" ist zum stehenden Beiwort des Menas geworden. Die Kirchenverzeichnisse von Clarke und Simaika führen in ihren Weihungsangaben den Märtyrer immer mit diesem Beiwort auf. Das auf die posthume wunderwirkende Macht des Menas bezogene Epitheton hat das ältere „der Soldat" fast verdrängt (ⲁⲡⲁ ⲙⲏⲛⲁ ⲡⲙⲁⲧⲟⲓ, arab. *Abū (Mārī) Mīnā 'l-Gundī)*[303].

300 Die Bezeichnung der Anlage als Kloster in NR widerspricht NR Ital., das hier eine Kirche angibt, stimmt aber mit Rel. („Monasterio") überein: Wiederum eine Korrektur gegen NR Ital. anhand von Rel., wie wir sie schon häufiger für die Redigierung von NR beobachtet haben, s. Anm. 143, 146 und 158.

301 Die fem. Form *il maálaka* in Rel. Germ. stellt eindeutig einen Flüchtigkeitsfehler dar, der eventuell durch das Beiwort *(kanīsa) al-muʿallaqa* für die Marien-Kirche von Alt-Kairo affiziert wurde und bei der Redigierung von Rel. zu Recht beseitigt wurde.

302 Die fotographische Abbildung bei Doresse trifft den heutigen Zustand nicht mehr, ist also selber schon historisch, da die Klosteranlage inzwischen durch moderne Erweiterungsbauten ergänzt worden ist; s.u. Lit. (Abschnitt 3).

303 Als Beispiele vgl. den Titel des saʿid. Mart. Mena (James Drescher (ed.), Apa Mena. A Selection of Coptic Texts relating to St. Menas, Le Caire 1946, 1, Kol. I 3-5: ⲁⲡⲁ ⲙⲏⲛⲁ ⲡⲙⲁⲧⲟⲓ) und den arab. Titel des Difnārs zum 15. Hatūr (Difnār (ed. O'Leary) I 61: *Abū Mīnā 'l-Gundī*); s. auch das liturgische Verzeichnis (Typikon) Leiden, Ms. Insinger 35, p. 48,20 (edd. Pleyte-Boeser, Manuscrits coptes 167): „Das Fest des heiligen Apa Mena des Soldaten" (zum 15. Hatūr).

Weitere Literatur zum Kloster/zur Kirche

(1) Quellen

– al-Maqrīzī, Klosterverz. Nr. 12: Das Kloster ist dem *Bū Mīnā* geweiht, der Soldat und diokletianischer Märtyrer war. Al-Maqrīzī gibt den Tag des Martyriums als 10. Ḥazīrān an, was keineswegs dem 16. Bāba entspricht, wie in Wüstenfelds arab. Text zu lesen, sondern vielmehr dem 16. Ba'ūna.[304]

Die bisherigen Bearbeiter haben nicht erkannt, daß hier eine Verschreibung vorliegt[305]: statt بابة lies بؤونة (evtl. باونة , dann wäre im Grunde nur das *Wāw* ausgefallen). Daß es sich um eine Verschreibung handelt, ergibt sich nicht nur aus textexternen Gründen, sondern auch textintern. Al-Maqrīzī rechnet nämlich im Klosterverz. Nr. 5 folgendermaßen um: 29. Hazīrān = 5. Abīb. Aus dieser zutreffenden Umsetzung ergibt sich nun, daß auch für al-Maqrīzī der 10. Ḥazīrān = 16. Ba'ūna ist. Wenn auch der 16. Ba'ūna kein Festtag des Menas ist, so ist doch klar, welchen Tag der Autor hier meint, nämlich den 15. Ba'ūna. Auf diesen Tag fällt zwar nicht das Martyrium, aber das Fest zum Andenken an die Weihe der Kirche, die für Menas in der Mareotis gebaut wurde und das Zentrum der sog. Menas-Stadt darstellt.[306] Die Verwechslung zwischen Martyriumsgedenktag und Kirchweihfest des Menas bei al-Maqrīzī ist daher zu erklären, daß der 15. Ba'ūna das wohl bedeutendste Kirchweihfest der ägyptischen Kirche darstellt – beachte: keine konkurrierende Kommemoration in Syn. Alex., Difnār, den Menologien usw.! –, an dem natürlich auch des Martyriums des Menas gedacht wurde. Verwechslungen zwischen Martyriums- und Kirchweihtag zeigen sich übrigens auch in christlichen Quellen für andere Märtyrer. Eventuell ist bei dem Datum 16. Ba'ūna an den speziellen Festtag gedacht, der im Kloster abweichend vom Kalender der ägyptischen Kirche gefeiert wird, s. u. (2) unter Viaud-Muyser.

– Sicard, Œuvres I 23 (Hinweis auf einen Besuch dort 1716): Auch Sicard

304 Al-Maqrīzī benutzt hier und an anderen Stellen den syrischen Kalender, der sich wie andere hellenistische Kalender vollständig an den römischen anlehnt, nur dessen Monatsnamen durch einheimische (hier: syrisch-aramäische) ersetzt. Vgl. dazu Hans Lietzmann – Kurt Aland, Zeitrechnung der römischen Kaiserzeit, des Mittelalters und der Neuzeit für die Jahre 1-2000 nach Christus, 3. Aufl. (Sammlung Göschen. 1085), Berlin 1956, 79; zur Umrechnung des Datums 10. Ḥazīrān in das Datum des ägypt. Kalenders s. die Tabelle ebd. 113.

305 Die bisherigen Bearbeiter geben unkommentiert die Gleichung 10. Ḥazīrān = 16. Bāba, s. Wüstenfeld, Macrizi's Geschichte der Copten 94; Evetts, Abū Ṣāliḥ 309; Leroy, Klosterverz. S. 40 (mit der Gleichung 20. Ḥazīrān = 6. Bāba, die auch nicht besser ist).

306 Zum Gedenktag der Kirchweihe für Menas am 15. Ba'ūna s. Syn. Alex. (Forget) I (Textus) 170f. bzw. I (Versio) 169f.; Difnār (ed. O'Leary) III 18f.; Ménologes (ed. Nau) 40; Kalendarium des Abū 'l-Barakāt (ed. Tisserant) 29. Der Tag ist einer der bedeutendsten Märtyrerfesttage in Ägypten, jedenfalls der gewichtigste Kirchweihtag.

spricht über den fehlenden Zugang zu ebener Erde. Er hält das Menaskloster für dasselbe („apparemment le même") Kloster, das Rufin als unter dem Abt Pithyrion stehend beschreibt (Historia Monachorum cap. 13). Er nennt es daher einfach auch „Pithyrion-Kloster" (Œuvres I 95; II 270; III 170).

- Clarke H 11: Kirche des *Mār Mīnā 'l-ʿAgā'ibī*
- Simaika, Manf. Nr. 15: wie Clarke, aber mit dem Vermerk „antik" (d.h.: nicht mehr benutzt)
- Timm, Christl. Stätten 70 (Anm. 3)

(2) Literatur

- Martin, Inventaire Nr. 42 (die Angaben in Anm. 1 führen stark in die Irre)[307]
- Meinardus, Christian Egypt² 385f.: Der Name der Anlage wird als Dêr Abū Mīnā bzw. Dêr al-Muʿallaq angegeben.
- Viaud-Muyser, Pèlerinages 50f. (sehr fehlerhaft aufgrund der mißverstandenen Ortsangabe Dêr Šaqalqil; Wanslebens Notiz B I 13 in NR wird von den Autoren ebenfalls mißverstanden.[308]): Die Autoren konstruieren ein Menas-Kloster, das von dem von Meinardus aaO besprochenen verschieden sein soll. Das ist aber nicht der Fall, denn das „Kloster (der Höhle) von Šaqalqīl (Šiqilqīl)" ist dasselbe wie das Menas-Kloster, das bei (nicht: in) al-Maʿabda am Steilabfall des Wüstengebirges liegt: Heute wird es dem Gemeindebezirk von al-Maʿabda zugerechnet – s. Clarke/Simaika aaO –, der aus dem ehemaligen größeren Bezirk von al-Maʿabda (Ṭahanhūr)-Šiqilqīl hervorgegangen ist, s.u. zu A 17 // B I 15. Die Autoren geben als heutiges Fest- und Wallfahrtsdatum des Klosters den 18. Ba'ūna, also ein Datum, das von den üblichen Menas-Gedenktagen 15. Hatūr/15. Ba'ūna abweicht. Eine solche Abweichung – hier: drei Tage nach dem 15. Ba'ūna – könnte auch dem Datum 16. Ba'ūna bei al-Maqrīzī zugrundeliegen; vgl. o. unter (1).
- Doresse, Monastères coptes (s.o. Lit. zu A 9 // B I 11) 20-22 (mit zwei Abb.)

307 Martin verwechselt in Anm. 1 das Menas-Kloster mit dem nördlich davon gelegenen Kloster des Theodor Stratelates (B I 12), das von G. Maspero beschrieben wird; zu Martins Irrtümern s.u. zu B I 12 unter Lit. (Maspero).

308 Nicht den Namen der Kirche, wie die Autoren angeben, konnte Wansleben nicht in Erfahrung bringen, sondern den Namen des Ortes, wo sie liegt; für diesen hat er Suspensionspunkte gesetzt. Trotz des fehlenden ON – auch in A 15 ist kein ON genannt, und zwar ohne Suspensionspunkte! – ist die Identifizierung der Anlage eindeutig. Wanslebens Gewährsleute haben das Kloster offensichtlich keinem Gemeindebezirk besonders zugerechnet (heute: zu al-Maʿabda, s. Clarke bzw. Simaika aaO), oder sie haben den Namen des Klosters gleichzeitig als ON verstanden, vgl. Dêr (Mārī Buqṭur) al-Gabrāwī und Dêr (Mārī Buqṭur) Šū, wo der Name des früheren Klosters den heutigen ON geliefert hat. Viaud-Muyser geben übrigens die Fundstelle für das Menas-Kloster bei Wansleben nicht an; statt dessen teilen sie Wanslebens Etymologie für den ON Manfalūṭ mit (aaO 50 Anm. 1!).

(3) Heutiger Zustand
Die Abbildungen bei Doresse, op. cit., halten einen zwar modernen Zustand fest, der aber inzwischen auch schon historisch ist. Der bergfriedartige Bau der alten Klosteranlage wurde nämlich in den Siebzigerjahren durch einen modernen Bau in Betonarchitektur „ergänzt“, der direkt an die alte Anlage anschließt und diese an Größe bei weitem übertrifft (Beobachtungen der Göttinger Surveys 1980 und 1981). Eine seiner Funktionen besteht darin, Pilger zum Menas-Kloster aufzunehmen. Zu diesem Zweck ist auch ein neuer Zufahrtsweg gebaut worden. Hier ist ein Prozeß umgekehrt worden: Das Kloster, das verlassen worden ist und nur noch zeitweilig zu Festen genutzt wurde, so daß es von Simaika 1932 als „antik“ bezeichnet wurde, ist heute wieder aktiv genutzte Klosteranlage.

A 16 // B I 14

Lage: al-Maʿabda (früher: Ṭahanhūr)

Weihung der Kirche: *Unser lieben Frauen / la Madonna // la Madonna / la Sainte Vierge*

Patronin der Kirche: BMV

Der Wegfall der Ortsangabe zur Marien-Kirche und die Ersetzung durch Suspensionspunkte in NR ist ein eindeutiger Fehler bei der Redigierung von NR Ital. Die Ortsangabe ist in die Notiz B I 15 versetzt worden, wobei die Aussage von NR Ital. verlorenging, daß die Kirchen B I 14 und 15 im selben Gemeindebezirk liegen.[309]

Weitere Nennungen der Kirche

(1) Quellen
- Kolophon der Hs. London, British Library Or. 1320[310], ed. Arn. von Lantschoot, Recueil des colophons des manuscrits chrétiens d'Égypte. Tome I: Les colophons coptes des manuscrits sahidiques (= Bibliothèque du „Muséon“. 1), Louvain 1929, No. LXII; der Kolophon wurde im Jahre 722

309 Zur unsorgfältigen Redigierung der Notizen B I 14 und 15 in NR s. o. Anm. 138.

310 Das ist die berühmte saʿid. Kanones-Hs., die Crum unter Cat. BM 162 katalogisiert hat und die schon vorher von Paul de Lagarde publiziert wurde, s. o. Anm. 140. Die Hs. überliefert uns wichtige Texte zur Ordnung der Kirche, und zwar:
(1) Kirchenordnungen (Lagarde „Canones ecclesiastici“)
  a) Apostolische Kirchenordnung
  b) Ägyptische Kirchenordnung (Kirchenordnung des Hippolyt)
  c) Epitome des VIII. Buches der Apostolischen Konstitutionen
(2) Apostolische Kanones (Lagarde: „Canones apostolorum“; s. Apostol. Konstitutionen VIII 47-48).
Die Bedeutung der Hs. spricht für die Bedeutung des Ortes und seiner Kirche, für den sie geschrieben wurde.

A.M. = 1005/06 A.D. geschrieben. Dort heißt es im Gebet für den Stifter der Hs., daß er sie stiftete ϵⲡⲧⲟⲡⲟⲥ ⲧⲡⲁⲣⲑ(ϵⲛⲟⲥ) ⲛ̄ⲧⲁϩⲁⲛϩⲱⲣ „in den Topos der Jungfrau (Maria) von Tahanhor" (fol. 51 rto. 13 f.). Crum hat die Verbindung des kopt. ON mit dem arab. ON Ṭahanhūr vorgeschlagen (Cat. BM S. 52 Anm. 3, zu Nr. 162 = Or. 1320), konnte die Lokalisierung aber nur grob angeben („gegenüber Manfalūṭ"). Die Gleichsetzung von ⲧⲁϩⲁⲛϩⲱⲣ mit dem *Ṭahanhūr* der mamlukischen Lehensregister erscheint mir ganz eindeutig, weil der arab. ON dort nur für einen Ort belegt ist, s. das Register zu Halm, Ägypten I/II. Den Nachweis, daß der Name von Ṭahanhūr heute al-Maʿabda lautet, hat Ramzi erbracht: *Ṭahanhūr* > (in osmanischer Zeit) *Banī Maʿbad* > *al-Maʿabda* (Ramzi, Qāmūs II (4), 4 f.). So ist es möglich, eine genaue Lokalisierung der Marien-Kirche von ⲧⲁϩⲁⲛϩⲱⲣ anzugeben: Sie lag im Gebiet des heutigen Dorfes al-Maʿabda und ist die Vorgängerin des heutigen ganz rezenten Kirchengebäudes.[311] Die Kirche muß, nach der Bedeutung der Hs. zu urteilen, eine größere Rolle gespielt haben. Das korreliert gut mit der administrativen Bedeutung des Ortes, der Hauptort eines Steuerbezirkes war, nämlich der *nāḥiyat Ṭahanhūr (wa-Šaqalqīl)*.

- Clarke H 13: Marien-Kirche in al-Maʿabda
- Simaika, Manf. Nr. 17: wie Clarke
- Timm, Christl. Stätten 108

(2) Literatur
- mir nicht bekannt

A 17 // B I 15

Lage: Šiqilqīl (auch: Šaqalqīl)

Weihung: *S. Georgius / la Madonna // Mari Girges /* „une autre" (scil.: de *la Sainte Vierge*)

Patron der Kirche: Georg (23. Barmūda), vgl. o. zu A 8 // B I 5.

Die Weihung an die Jungfrau Maria in den Druckfassungen kann vernachlässigt werden, da Rel. Germ. durch NR Ital. bestätigt wird und eine Marien-Kirche in Šiqilqīl sonst nicht bekannt ist, während die Georgs-Kirche belegt ist, s.u. Die Marien-Weihung in Rel. stellt eine einfache aberratio oculi nach der vorhergehenden Notiz A 16 während der Redigierung dar. Diese hat sich auch auf die Redigierung von NR ausgewirkt, da an einigen Stellen eine „Verbesserung" von NR Ital. nach dem „Verzeichnis" in Rel. vorgenommen worden ist.[312]

311 Nach Beobachtungen des Göttinger Surveys im Dorfe handelt es sich um einen Bau moderner (und leider weit verbreiteter) Betonarchitektur, der einen älteren Bau ersetzt hat. Von diesem waren keine Überreste zu sehen.

312 S.o. Anm. 143, 146, 158 und 300.

Weitere Nennungen der Kirche

(1) Quellen
- Clarke H 12: Kirche des *Mār Girgis* in al-Maʿabda
- Simaika, Manf. Nr. 16: wie Clarke
- Timm, Christl. Stätten 108: Georgs-Kirche in al-Maʿabda; die ebd. 136 für Šilqilqīl genannte Marien-Kirche dürfte eine Dublette zur Marien-Kirche von al-Maʿabda sein, die auf ähnlichem Wege entstanden ist wie die Marien-Kirche in Rel. und NR.

(2) Literatur
- mir nicht bekannt

(3) Zur Lage der Georgskirche

Während Rel. Germ. die Kirche als in Šiqilqīl liegend nennt, liegt sie in NR Ital. in al-Maʿabda, was durch Clarke/Simaika/Timm aaO bestätigt wird. Die zweite Gruppe nennt also für al-Maʿabda zwei Kirchen[313], während Šiqilqīl überhaupt nicht aufgeführt wird. Haben wir es hier nun mit zwei Georgs-Kirchen an verschiedenen Orten zu tun, oder ist gar in A 17 ein Irrtum bei der Ortsbestimmung unterlaufen? Keine der beiden Alternativen ist zutreffend, *vielmehr ist die Georgskirche von Šaqalqīl* (Rel. Germ.) *dieselbe wie die von al-Maʿ-abda* (NR Ital./Clarke/Simaika/Timm). Es handelt sich hier nämlich um eine Kirche, die zwar im Gemeindebezirk von al-Maʿabda liegt (lag), aber nicht im Orte al-Maʿabda selbst, wo die Marien-Kirche liegt. Dazu müssen wir uns daran erinnern, daß Šiqilqīl mit Ṭahanhūr (= al-Maʿabda, s. o. zu A 16 // B I 14) früher einen gemeinsamen steuerlich-administrativen Bezirk bildete, die *nāḥiyat Ṭahanhūr wa-Šaqalqīl* (s. Halm, Ägypten I 97). Der Hauptort dieses Bezirkes scheint Ṭahanhūr/al-Maʿabda gewesen zu sein; nach der Neubenennung des Ortes konnte der Bezirk dann auch abkürzend einfach als *nāḥiyat al-Maʿabda* bezeichnet werden. Dieser Bezirk umfaßte nicht nur das Dorf al-Maʿabda selbst, sondern auch andere Dörfer, darunter Šiqilqīl. Diese traditionelle Gliederung in Bezirke wird nun durch Listen, wie wir sie bei Wansleben finden, aber auch bei Clarke und Simaika, weitertradiert. Zur Illustration sei auf die Aufführung der Kirchen des Bistums Manfalūṭ wa-Abnūb auf dem Ostufer des Nils bei Clarke (H 11 bis 26) und Simaika (Manf. Nr. 15 bis 30) verwiesen, in der sich die mittelalterliche Bezirksgliederung deutlich erhalten hat:

313 Bei Clarke und Simaika werden drei Kirchen aufgeführt, da hier das Menas-Kloster (A 15 // B I 13) dem Gemeindebezirk von al-Maʿabda zugerechnet wird. Diese Zurechnung wird hier vernachlässigt, da sie in den genannten Listen der Systematik dient und wohl nicht ursprünglich ist, s. o. zu A 15 // B I 13.

a) H 11-13/Manf. Nr. 15-17: Kirchen der *nāḥiyat Ṭahanhūr/al-Maʿabda (wa-Šaqalqīl)*, und zwar von Norden nach Süden geordnet.

b) H 14-26/Manf. Nr. 18-30: Kirchen der *nāḥiyat al-Ḫuṣūs* (Halm, Ägypten I 93; vgl. dazu o. 4.2.2 zu A 18 und A 19); diese sind strikt von Süden nach Norden angeordnet, also Nr. 18 (Biṣra/Buṣra) = südlichste Kirche des Bezirkes, Nr. 30 (Banī Muḥammad) = nördlichste Kirche des Bezirkes, gleichzeitig die, die den unter a) genannten Kirchen am nächsten liegt.

Angesichts dieses Fortlebens alter Verwaltungsgliederungen ist es nicht mehr erstaunlich, daß die Georgs-Kirche des Dorfes Šiqilqīl unter al-Maʿabda aufgeführt werden kann; vgl. auch u. zu A 19a, wo die Viktor-Klöster von Dêr al-Gabrāwī und Dêr (Boqtor) Šū unter Abnūb al-Ḥammām verzeichnet werden.

A 18 // B I 18
Lage: Banī Muḥammad (al-Ḫuṣūṣ)
Weihung: *Unser lieben Frauen / la Madonna // la Madonna / la Sainte Vierge*
Patronin der Kirche: BMV

Weitere Literatur zur Kirche

(1) Quellen
- al-Maqrīzī, Kirchenverz. Nr. 21: Kirche der Maria im Bezirk (*nāḥiya*) von al-Ḫuṣuṣ. Da al-Maqrīzī den Bezirk von Abnūb deutlich als nicht mehr zu al-Ḫuṣuṣ gehörig ansieht (s. Klosterverz. Nr. 13 und 14, Kirchenverz. Nr. 22) und sein Verzeichnis im Prinzip von Norden nach Süden ordnet[314], müssen wir diese Marien-Kirche in einem Dorf suchen, das zum Bezirk von al-Ḫuṣūṣ gehörte und nördlich Abnūb liegt. Das einzige Dorf, das hier nicht zum Bezirk von Abnūb gehörte, ist aber Banī Muḥammad. Daß al-Maqrīzī tatsächlich die Marien-Kirche dieses Dorfes meinte, wird auf das schönste durch Wanslebens Ortsangabe in A 18 bestätigt: Dort erhält der ON ausdrücklich den Zusatz al-Ḫuṣūṣ, s. o. 4.2.2 zu A 18 // B I 18.
- Clarke H 26
- Simaika, Manf. Nr. 30
- Timm, Christl. Stätten 60 (s. v. Banī Muḥammadīyāt)

(2) Literatur
- Timm, Christl.-kopt. Ägypten I 333f. (dort ist nur die engl. Übersetzung von Wansleben, NR berücksichtigt).

314 S. die Bemerkungen zum Aufbau von al-Maqrīzīs Verzeichnissen o. in 4.2.3.

A 19a // (B I 16 und 17)

Lage: Abnūb al-Ḥammām // (B I 16 und 17 abweichend)

Weihung: *Mari Poktor Schu ibn rumanôs il Wesîr / B. Poctore già detto il Kattivo, ... figlio d'un Visir Romano //* (B I 16: *Mari Poctor (ibn Romanôs)* bzw. B I 17: *Mari Poctor*).

Poktor (und Varianten) geht auf arab. *Buqṭur* (gesprochen Boqṭor) < kopt. ⲃⲓⲕⲧⲱⲣ < lat. Victor zurück, vgl. o. Anm. 54. *Mārī* ist eine der christl.-arab. Entsprechungen zum kopt. Würdetitel ⲁⲡⲁ. Wir hätten hier also „Apa Viktor von Schu, Sohn des Ministers Romanos", wenn wir die Interpretation des Epithetons „von Schu" in Rel. durch „früher der Böse genannt" vernachlässigen.[315] Einen solchen Heiligen gibt es aber nicht. Vielmehr ist Wansleben hier das Opfer eines Mißverständnisses geworden: er vermengt zwei verschiedene Heilige zu einem einzigen; vgl. dazu schon o. 1 (S. 13f., auch zu den Stilisierungen der Notiz in Rel.). In der kontaminierten Gestalt stecken nämlich zwei Märtyrer namens Viktor, nämlich:

I: Viktor, Sohn des Romanos (*Buqṭur ibn Rumānôs*) (Gedenktag: 27. Barmūda)

II: Viktor von Schu (*Buqṭur Šū*) (Gedenktag: 5. Kīhak).

Die Kontamination ist dadurch zu erklären, daß die beiden Heiligen Kirchen (Klöster) besitzen, die im (steuerlichen) Gemeindebezirk von Abnūb al-Ḥammām – dazu s.o. 4.2.2 zu A 19 // B I 19 – liegen und nur ca. 6 km voneinander entfernt sind. Bei dem Verfahren, das Wansleben 1664 für die Informationsbeschaffung eingeschlagen hat, nämlich seine Gewährsleute diskutieren zu lassen, „bis sie alle einig wurden" – s.o. 2.1 –, ist hier eine Kontamination leicht denkbar; das besonders deshalb, weil Wansleben die beiden Heiligen wegen ihres Namens *Buqṭur* trotz ihrer verschiedenen Epitheta für identisch hielt (vgl. seine Vereinheitlichung in NR B I 16 und 17!) und weil einer der Teilnehmer in die Diskussion gebracht haben wird, das eine Kloster bestehe doch gar nicht mehr (nämlich das des Viktor von Schu; *ad-dair ... fuḍḍa*, s.o. 4.2.2 zu B I 17 a.E.). Auf diesem Wege geriet ein Kloster, das einer Märtyrer-Mischgestalt gewidmet ist, in das „Verzeichnis". Die beiden Klöster, die hier zusammengeflossen sind, werden nunmehr einzeln behandelt; sie werden durch die Siglen A 19a I und A 19a II differenziert.

A 19a I // B I 16

Lage: Abnūb al-Ḥammām // Dêr al-Gabrāwī

Weihung: *(Mari Poktor ibn rumanôs il Wesîr / B. Poctore ... figlio d'un Visir Romano) // Mari Poctor ibn Romanôs / Mari Poctor*

Patron der Kirche: Viktor, Sohn des Romanos (Mart.; 27. Barmūda)

315 Die Erklärung des Epithetons „von Schū" in Rel. ist schon o. S. 13f. zum Verhältnis von Handschrift und Druckfassung behandelt worden; vgl. dort b und c zur Gegenüberstellung der Passagen aus Rel. und Rel. Germ.

Saʿid. Name: ⲁⲡⲁ ⲃⲓⲕⲧⲱⲣ ⲡϣⲏⲣⲉ ⲛ̄ϩⲣⲱⲙⲁⲛⲟⲥ. Viktor wird das sekundäre Epitheton ⲡⲉⲥⲧⲣⲁⲧⲏⲗⲁⲧⲏⲥ „der General" zugelegt; auch sein Vater wird als ⲥⲧⲣⲁⲧⲏⲗⲁⲧⲏⲥ „General" bezeichnet.

Zum kopt. Dossier des Märtyrers, das sehr umfangreich ist (Martyrium in mehreren Fassungen und fünf Enkomien), s. Baumeister, Martyr Invictus 131-133; Horn, Mart. Viktor, Einleitung II 1 und 2.

Arab. Name: *Mārī Buqṭur ibn Rūmānūs*; vgl. Syn. Alex. (Forget) II (Textus) 92,12 (27. Barmūda); I (Textus) 123,18 und Anm. 7 (bzw. ebd. 309,9 *Mārī Buqṭur*) (27. Hatūr). Der Vater wird als „Minister (*wazīr*) des Kaisers Diokletian" bezeichnet, s. Syn. Alex. (Forget) I (Textus) 92,13.

Zum arab. Dossier des Heiligen, das bei Graf, GCAL I 540 (+ Nachtrag ebd. 690) ganz unübersichtlich und teilweise irreführend verzeichnet ist, s. Horn, Mart. Viktor, Einleitung II 2b.

Literatur zur Viktor-Kirche (zum Viktor-Kloster) von Dêr al-Gabrāwī

(1) Quellen

– Reliquienliste HPEC II (3) 361 (arab. Text 227,18 f.): Hier wird das Kloster des Apa Viktor des Märtyrers in al-Ḫuṣūṣ[316] genannt, ohne daß der Leib des Märtyrers erwähnt wird. Nach der Gesamtintention der Reliquienliste ist aber klar, daß die genannte Anlage im Besitze des Leibes des Märtyrers ist. Der vorliegende Text stellt eine Verkürzung für „den Leib des Apa Viktor im Kloster des Apa Viktor" dar, vgl. die Fassung der Notiz bei Abū Ṣāliḥ (s. u.) und die Notiz der Reliquienliste zu Apa Epima (aaO (arab. Text 227,13 f.): „In Ṭambadā[317] befindet sich der Leib des Märtyrers Apa Epima[318] in seinem Kloster").

316 Obwohl der arab. Text den ON klar *al-Ḫuṣūṣ* schreibt, also die Form, die wir schon kennen (vgl. 4.2.2 zu A 19 // B I 19), verunstalten die Herausgeber ihn in der Übersetzung zu „al-Khušûš" und vergleichen ihn mit Abū Ṣāliḥ fol. 90a (Evetts 251,28 f.), „where, however, this name is spelt al-Khuṣûṣ" (sic; aaO 361 Anm. 18). Auf dieser Basis hat Meinardus mit „al-Khušūs" eine weitere Form der Verballhornung des ON geschaffen (Meinardus, Inventory of Relics 168 Anm. 152; Martyria of Saints 325 f.).

317 Die Herausgeber vokalisieren den ON als „Ṭambadî" (ebd. 360, letzte Zeile des Textes), während Evetts ihn zu Abū Ṣāliḥ fol. 90a – bei gleicher Schreibung der Konsonanten wie in der Reliquienliste – als „Ṭunbudhâ" wiedergibt (Evetts 252,6; zur Begründung s. Evetts, Abū Ṣaliḥ S. 107 Anm. 1). Ich folge hier der Vokalisierung von Halm, Ägypten I 182.

318 Der arab. Text schreibt den Namen *Abā Bīmā*, was die Herausgeber in der Übersetzung als „Apa Apima" wiedergeben, obwohl sie auf das von Mina edierte Mart. Epima (s. Anm. 288) verweisen, in dem der Name immer ⲁⲡⲁ ⲉⲡⲓⲙⲁ geschrieben wird. Wahrscheinlich wollen sie mit ihrer Wiedergabe auf die Krasis zwischen Würdetitel und eigentlichem PN hinaus, die der arab. Form zugrundeliegt: ⲁⲡⲁ ⲉⲛⲓⲙⲁ > *ⲁⲡⲉⲡⲓⲙⲁ (o. ä.) > *Ababīmā* (o. ä.) > *Abā Bīmā*; zu dieser Krasis vgl. Crum, Dict. 13a. Die arab. Namensform des Heiligen versteckt sich übrigens auch an einer unerkannten Parallelstelle zur Reliquienliste bei Abū Ṣāliḥ fol. 90a (Evetts 252,6-8): „In Ṭambadā ... befindet

- Abū Ṣāliḥ fol. 90a (Evetts 251,28f.): „Das Kloster des Apa (*Abū*) Viktor liegt in al-Ḫuṣūṣ, und zwar östlich von diesem Orte[319], am Gebel, und in ihm befindet sich sein reiner Leib."
- al-Maqrīzī, Klosterverz. Nr. 13: Kloster des Viktor auf dem „Damme" (*ḥāgir*)[320] von Abnūb; zur weiteren Lagebestimmung durch den Autor s. u. (Das Viktor-Kloster an der Begräbnisstätte des Heiligen). Viktor wird als Sohn des Romanos, „der einer der Minister (*wuzarā'*) des Diokletian war", bezeichnet.
- Clarke H 25: Kirche des Apa Viktor von Schū (*Mār Buqṭur Šū*). Diese Zuschreibung der Kirche, die wir auch bei Simaika (s. u.) finden, geht auf ein Mißverständnis bei der Anlage der Listen zurück: In beiden Verzeichnissen folgt Dêr al-Gabrāwī auf Dêr Buqṭur Šū; für den ersteren Ort wird unter dem Namen des Patrones der Kirche von Dêr Buqṭur Šū ein „Unterführungszeichen"[321] gesetzt. Dieses soll sich aber nach dem o. zu A 19a dargestellten Befund offensichtlich nur auf den ersten Teil des Namens, also *Mār Buqṭur* ohne Epitheton, beziehen; *Mār Buqṭur*, das ⲁⲡⲁ ⲃⲓⲕⲧⲱⲣ entspricht, ist für die ägyptische Kirche ganz eindeutig der sonst auch als Sohn des Romanos bezeichnete Märtyrer, s. Horn, Mart. Viktor, Einleitung II 3c. Das bei Clarke und Simaika gesetzte „Unterführungszeichen" ist deshalb so mißverständlich, weil es nur mit Vorkenntnissen richtig aufgelöst werden kann.[322]
- Simaika, Manf. Nr. 29: wie Clarke; vgl. o. zur mißverständlichen Verwendung des „Unterführungszeichens".
- Timm, Christl. Stätten 75: Kirche des Viktor (ohne jeglichen identifizierenden Zusatz).

sich ein Kloster..., das dem Heiligen Apa Epima (Evetts: „Tarnîmah"; geschrieben ترنيمة , was ganz einfach zu بويمة *Bū Bīma* zu emendieren ist) geweiht ist; im Kloster liegt sein reiner Leib."

319 Evetts in der Übersetzung aaO: „östlich von Asyūṭ". Das ist sicher falsch, da sich nach dem Aufbau der Notizen bei Abū Ṣāliḥ Suffixpronomina der 3. Pers. fem. sing. in Ortsbestimungen auf den zuvor in der Notiz genannten Ort – hier also al-Ḫuṣūṣ – beziehen.

320 Zur Bedeutungsbestimmung von *ḥāgir* „Damm" s. Anm. 133.

321 Gemeint ist das in listenartigen Zusammenstellungen gern verwendete Zeichen „, das anstatt der Wiederholung eines gleichbleibenden Elementes unter die erste Anführung des Elementes gesetzt wird. Die Setzung wird als „Unterführung" bezeichnet, s. Duden. Rechtschreibung der deutschen Sprache und der Fremdwörter (Duden Bd. 1), 17. Aufl., Mannheim u. a. 1973, Vorbemerkungen R 159; Vorschriften für den Schriftsatz 8b.

322 So zeigt Timm, Christl. Stätten 75, wo die Weihungsangabe von Clarke für Dêr al-Gabrāwī als „Viktor von Šū!" (beachte das Ausrufungszeichen) wiedergegeben wird, daß der Charakter der Unterführung nicht durchschaut wurde. Martin, Inventaire S. 192 Anm. 2 entdeckt hier zwar einen „Irrtum" bei Clarke, hat aber doch nicht voll verstanden, worin dieser besteht – wie sein Vorschlag zeigt, Clarke H 24 und H 25 zu vertauschen.

(2) Literatur
- Martin, Inventaire Nr. 43
- Meinardus, Martyria of Saints 325 f.[323]
- Meinardus, Christian Egypt^2 387
- Viaud-Muyser, Pèlerinages 16.
- Horn, Mart. Viktor, Einleitung I 2c

Die Kirche als Begräbnisstätte (Topos) des Märtyrers

Aus den koptischen Viktor-Texten wissen wir, daß Viktor seine letzte Lebenszeit in dem römischen Truppenlager Hierakion (ⲡⲕⲁⲥⲧⲣⲟⲛ ⲛ̄ϩⲓⲉⲣⲁⲕⲓⲟⲛ) verbracht hat, in dessen unmittelbarer Nähe er auch den Märtyrertod erlitten hat. Dieses lag nach den Texten südlich von Antinoopolis auf der Ostseite des Nil gegenüber Asyūṭ. Die koptische Bezeichnung ist mit dem Truppenlager *Hieracon*, das wir aus dem Itinerarium Antonini Augusti und der Notitia Dignitatum kennen und das auf dem Ostufer des Nil gegenüber Asyuṭ gelegen haben muß, zu verbinden (entgegen von Lemms Ausführungen in KKS VI; zur Diskussion s. Horn, Mart. Viktor, Einleitung I 2c). Diese Verbindung wird auf das nachdrücklichste durch die heutige Plazierung des Steins mit einer lateinischen Weihinschrift bestätigt, der im Jahre 288 A. D. bei Fertigstellung des Lagers Hieracon gesetzt wurde (CIL III 22 mit Supplement CIL III 6626): Er ist heute in die Wand der Viktor-Kirche von Dêr al-Gabrāwī eingemauert; im Vorgängerbau war er in der Mitte der Trennwand, die den Haikal vom Kirchenschiff trennte, eingelassen, wie uns ein Brief des Paters Sicard berichtet.[324] Da sich ganz in der Nähe des Dorfes, ca. 800 m entfernt, archäologische Überreste finden, deren Deutung als römisches Truppenlager sehr nahe liegt – s. den Bericht über die Erkundung des Fundplatzes durch den Göttinger Survey –[325], steht also die Kirche fast am Martyriumsort.

Koptische Berichte über die Beisetzung des Märtyrers und die über ihm errichtete Kirche sind bisher nicht bekannt; das Mart. Viktor bleibt merkwürdig offen in der Frage des (endgültigen) Begräbnisses des Märtyrers. Doch muß es auch literarische Traditionen dazu gegeben haben, wie uns der Befund in der christlich-arabischen Literatur zeigt; dort sind uns Texte zur Kirchweihe für Viktor erhalten. Insbesondere ist hier das Syn. Alex. zu nennen, das den 27. Hatūr als zweiten Festtag des Heiligen, nämlich als Gedenktag für die Weihe seiner Kirche, festhält. Hier ist aber eine doppelte Traditionslinie über den Begräbnisort festzustellen:

323 Zur Verballhornung des ON al-Ḫuṣūṣ bei Meinardus und deren Basis s. Anm. 316.

324 Sicard, Œuvres I 14 mit umfangreicher Anm. von Maurice Martin zur Lokalisierung von Viktor-Kirche und Martyriumsort des Heiligen (ebd. 14 f. Anm. 2; Wanslebens Notiz B I 16 wird hier die falsche Namensform „Mar Bokti“ unterschoben). Sicard hat die Kirche 1716 persönlich besucht.

325 Bericht über den Göttinger Survey Kap. IV 3.1 mit ausführlicher Dokumentation über Oberflächenfunde und bisherige Lit. zum Fundplatz; dieser wird im Bericht und den Karten dazu als „Fundplatz 34“ geführt.

a) Begräbnis (und Kirchweihe) in Antiochia
b) Begräbnis (und Kirchweihe) in Oberägypten

Diese doppelte Tradition schlägt sich sogar in einem einzigen Textzeugen, nämlich Forgets Hs. G // Bassets Hs. B (= oberägypt. Rezension des Syn. Alex.) nieder.[326] Das Begräbnis in Antiochia ist sekundär und eine literarische Weiterentwicklung der Viktor-Tradition, wie sich auch im Syn. Alex. selbst zeigt (Forgets Hs. C zum 27. Hatūr); vgl. dazu Horn, Mart. Viktor, Einleitung III 3. Das oberägyptische Begräbnis des Viktor und der Kirchbau für ihn fand nach dem Syn. Alex. aber in *qaṣr (al-) Bārīqūn* statt, was in *qaṣr Yārīqūn* (evtl. < *Yāraqyūn*) < ⲡⲕⲁⲥⲧⲣⲟⲛ ⲛ̄ϩⲓⲉⲣⲁⲕⲓⲟⲛ zu emendieren ist, wie schon von Lemm erkannt.[327] Eine Form *Yarqūn* für den Todesort des Viktor tritt tatsächlich auch in einem der arabischen Klaudios-Texte auf.[328] Nach der kopt.-arab. Tradition hat die Begräbniskirche also in Hierakion gelegen – also dem Ort, der dem römischen Lager seinen Namen gegeben hat.[329] Der arab. ON *Yarīqūn* ist schon seit längerer Zeit in der Gegend nicht mehr gebräuchlich. Doch wurde das Kloster, das sich später an der Martyriumskirche ansiedelte, tatsächlich noch im Mittelalter als in Hierakon befindlich bezeichnet.[330] Noch 1716 zeigten die Einwohner dem Pater Sicard, als er Dêr al-Gabrāwī und dessen Kirche aufsuchte, die Trümmerstätte des Lagers unter dem Namen *Barīqūn*, s. Sicard, Œuvres I 14 f.[331]; die Verwendung des verballhornten

326 Diese Handschrift bietet das Begräbnis in Antiochia u n d das Begräbnis in Oberägypten, wobei der letztere Bericht ausführlicher ist:
a) Syn. Alex. (Forget) I (Textus) 309,9-310,10 bzw. I (Versio) 157,9-158,27
b) ebd. I (Textus) 310,10-311,14 bzw. I (Versio) 158,28-160,5; eingeleitet durch: „Wir wollen euch nunmehr wiederum berichten, wie Martha, die Mutter des heiligen Apa Viktor, ein anderes Mal nach Ägypten hinaufkam, um eine Kirche zu erbauen ...“
Der zweite Bericht trägt typisch oberägypt. Charakter; zu Eigenarten der oberägypt. Rezension des Synaxars, die in diesem Textzeugen vorliegt, s. Coquin, Synaxaire des Coptes (s. Anm. 249).

327 Von Lemm, KKS VI – ohne Heranziehung des Syn. Alex., das damals (1899) noch nicht in einer Druckausgabe vorlag. Von Lemms Erwägungen beruhen auf einer entsprechenden Form des ON in einem der arab. Klaudios-Texte. Die Formen im Synaxar zum 27. Hatūr lauten:
a) Syn. Alex. (Forget) I (Textus) 124,1: *qaṣr Bārīqūn* (Forgets Hs. C; zur Emendation s. ebd. I (Versio) 157 Anm. 1).
b) Ebd. I (Textus) 310,12: *qaṣr al-Bārīqūn.*

328 Vadet bei Godron, St. Claude 107, Anm. 3; zur Berücksichtigung der arab. Texte in Godrons Edition s. Anm. 281.

329 Der kopt.-griech. Name tritt in lat. Quellen als *Hieracon* auf; dazu s. Horn, Mart. Viktor, Einleitung I 2c. Dabei handelt es sich um eine Benennung des römischen Truppenlagers nach einem in der Nähe gelegenen ägyptischen Ort, nicht aber um den ganz offiziellen Namen, den wir etwa als *castra cohortis I (Augustae Praetoriae) Lusitanorum* – eventuell mit dem Zusatz *apud Hieracon* – ansetzen dürfen, s. Horn aaO.

330 Vgl. die Stelle aus einer äthiop. Sammlung von Marienwundern, die von Lemm am Ende von KKS VI heranzieht.

331 Zur Emendation der Abschrift des Berichtes, die an dieser Stelle *Perieroun* bietet, s. Martins

Namens ist ein Zeichen dafür, wie stark der ständige Gebrauch der eigentlich falschen Form in der Liturgie die Christen der Gegend beeinflußt hat – so, daß der „ursprüngliche" Name ganz verschwunden ist.[332] Heute wird der Ort selbst nach dem ehemals in ihm vorhandenen Kloster benannt; aus Dêr Mārī Buqṭur al-Gabrāwī („Kloster des Apa Viktor des Knochenrichters"[333]), was zu Dêr Mārī Buqṭur verkürzt werden konnte[334] , wurde der heutige ON Dêr al-Gabrāwī, s.o. 4.2.2 zu B I 16.

Das Viktor-Kloster an der Begräbnisstätte des Heiligen

Bei der Begräbniskirche entstand später – wann, läßt sich aus Mangel an Dokumenten nicht bestimmen – ein Kloster, von dem auch gesagt wird, daß es den Leib des Märtyrers enthalte. Für das Mittelalter ist es uns in verschiedenen schon genannten Quellen belegt; seine Lage wird aber verschieden bestimmt: Reliquienliste aaO „in al-Ḫuṣūṣ"[335]; Abu Ṣāliḥ aaO; „östlich davon, auf dem Gebel"; al-Maqrīzī aaO „auf dem Damme von Abnūb (*bi-ḥāgir Abnūb*), östlich von Banī Murr, unterhalb des Gebel, von dem es 200 Qaṣaba entfernt ist". Zuerst ist zu klären, wie sich die Ortsangabe al-Huṣūṣ zu Abnūb verhält, d.h. ob hier wirklich dasselbe Kloster gemeint ist, dann ist die überaus genaue Lagebestimmung durch al-Maqrīzī zu besprechen

(1) al-Ḫuṣūṣ („die Hütten") ist ein bedeutender Ort – auch Sitz eines koptischen Bischofs – auf dem Ostufer des Nil gegenüber von Asyūt gewesen. Sein koptischer Name wird mit ⲧⲕⲁⲗⲁⲃⲓ „die Hütte" angegeben.[336] Seine genaue Lage bleibt unklar, da Ramzīs Identifikation mit al-Hammām (2,5 km sö. Abnūb) nicht haltbar ist, s.o. 4.2.2 zu A 19 // B I 19. Klar ist jedenfalls, daß der Ort

Bemerkungen aaO Anm. 2. Martin bezieht Sicards Transkriptionen *Pericon/Pericoun* auf das bei von Lemm besprochene „Barqon", das er zu *Yarqūn* emendiert; von Lemms Ausführungen in KKS VI kennt Martin offensichtlich nicht. Angesichts der Form des ON im Synaxar – s. Anm. 327 – ist Sicards Transkription als *Barīqūn* zu deuten. Martin hat die Nennung des ON im Syn. Alex. nicht gefunden, obwohl er es herangezogen hat, da er nur die Notiz zum 27. Barmūda (Martyriumsgedenktag des Viktor) befragt hat.

332 Der ursprüngliche Name war ja kopt. ϩⲓⲉⲣⲁⲕⲓⲟⲛ / griech. *Ἱερακων, was dann als (**Yarakyūn* >) *Yarīkūn* in das Arab. übernommen wurde. Wie lange die kopt. bzw. die entsprechende arab. Form in Gebrauch geblieben ist bzw. wann letztere von der verballhornten Form *Barīqūn* verdrängt worden ist, läßt sich angesichts des Mangels an entsprechenden Quellen im Augenblick nicht feststellen.

333 Zu dieser Deutung des Epithetons *al-Gabrāwī* s. Anm. 172.

334 Vgl. die bei Timm, Christl. Stätten 75 verzeichnete Alternative zum heutigen ON und die bei Horn, Mart. Viktor, Einleitung I 3c zu ⲁⲡⲁ ⲃⲓⲕⲧⲱⲣ > *Mārī Buqṭur* angeführten Belege (durchweg verballhornt) aus der europäischen Literatur.

335 Zur Verballhornung „al-Khušûš" durch die Herausgeber s. Anm. 316.

336 Bisher nur in zwei kopt.-arab. Bistümerverzeichnissen belegt, s. Anm. 145.

einem mamlukischen Steuerbezirk (Lehensbezirk) seinen Namen gegeben hat, der ca. Dreiviertel des Ostufers zwischen Biṣra und der Stelle, wo der Gabal Abū 'l-Fūda direkt an den Nil herantritt, einnimmt; vgl. Halm, Ägypten I 93. Nur im Norden dieses Gebietes bestand noch ein weiterer Steuerbezirk, die Gemarkung (*nāḥiya*) al-Maʿabda/Šiqilqīl, vgl. o. zu A 17 // B I 15. Wie sich aus Ramzī, Qāmūs II (4) zum *markaz* (Kreis) Abnūb ergibt, sind alle heutigen (steuerlich-finanziellen und administrativen) Gemeinden im größeren Teil des Kreises irgendwann einmal (in mamlukischer oder osmanischer Zeit) direkt oder indirekt aus dem Bezirk al-Ḫuṣūṣ ausgegliedert worden; vgl. z. B. Dêr al-Gabrāwī < as-Sawālim al-Baḥarīya < al-Ḫuṣūṣ (aaO 11 bzw. 7) oder Dêr Šu < Abnūb < al-Ḫuṣūṣ (aaO 6 bzw. 3). Zur Zeit Wanslebens zeigte sich dieser Ausgliederungsprozeß noch im ON Banī Muḥammad al-Ḫuṣūṣ, s. o. 4.2.2 zu A 18 // B I 18. Heute ist der Ortsname nur noch historisch festzumachen.

Auch Abnūb selbst ist aus der Gemarkung al-Ḫuṣūṣ ausgegliedert worden. Spätestens seit dem 19. Jahrhundert übt der Ort Funktionen aus (Hauptort des Ostufers in diesem Gebiet), die früher einmal großenteils von al-Ḫuṣūṣ wahrgenommen wurden; so gibt es nun auch einen koptischen Bistums-(Unter-) Bezirk Abnūb.[337] Doch ist Abnūb nicht etwa ein jüngerer Name für al-Ḫuṣūṣ, da der Bezirk al-Ḫuṣūṣ auch nach der Ausgliederung von Abnūb noch längere Zeit fortbestand. Wir haben es also nicht mit einer siedlungsmäßigen Identität, sondern mit einer Abfolge in der Funktion zu tun. Die Frage der Lokalisierung von al-Ḫuṣūṣ kann im Augenblick nicht weiter geklärt werden.[338] Sie brauchen es auch für unseren Zusammenhang nicht, da wir genügend Klarheit für die Lageangabe haben: Vor der Verselbständigung von Abnūb lag das Kloster „in (der Gemarkung) al-Ḫuṣūṣ", danach „in (der Gemarkung) Abnūb". Dem steht die Ortsangabe (Dêr al-) Gabrāwī in B I 16 nicht entgegen, da der Ort offensichtlich in der Gemarkung (dem Bezirk) Abnūb lag, s. o. 4.2.2 zu B I 16.

(2) Al-Maqrīzīs genaue Lageangabe, so sorgfältig sie aussieht, enthält doch einen Fehler. Denn die Angabe „auf dem Damme von Abnūb" steht, genau betrachtet, im Widerspruch zur Angabe „östlich von Banī Murr". Die Niederwüste (*ḥāgir*) östlich dieses Dorfes liegt ca. 12 km Luftlinie von Abnūb entfernt; wir befinden uns hier in einer Distanz von ca. 19 km (!) von Dêr al-Gabrāwī. Banī Murr ist zu al-Maqrīzīs Zeit immerhin so bekannt, daß er es in einer anderen Notiz, die wenige Zeilen später folgt (Kloster Nr. 15), als Orientierungspunkt

337 Dieser zeigt sich in der modernen Bezeichnung der Diözese von Manfalūṭ: *abrūšīyat Manfalūṭ wa-Abnūb*; s. Simaika, Dalīl II 172; Munier, Recueil 67; Meinardus, Christian Egypt[2] 67.

338 Es gibt gute Gründe dafür, den Kôm, auf dem das heutige Dorf Dêr al-Gabrāwī liegt, als die Überreste von al-Ḫuṣūṣ anzusehen, s. Meinardus, Martyria of Saints 325 und die vom Göttinger Survey vor Ort gesammelten Indizien (Bericht über den Göttinger Survey Kap. III 2.2.2 (Fundplatz 35) und Kap. IV 3.2).

für die Lageangabe benutzt: „im Bezirk des Ostens von Banī Murr" (*bi-nāḥiyat šarq Banī Murr*). Das Dorf ist ebenso wie Abnūb aus der Gemarkung al-Ḫuṣūṣ ausgegliedert worden (nach Ramzī, Qamūs II (4), 11: in osmanischer Zeit); es hat also nicht etwa im schon ausgegliederten Bezirk Abnūb gelegen. Weshalb die Niederwüste hier nach Abnūb benannt sein sollte, dessen Gemeindebezirk doch nur einen abgegrenzten Teil des alten Bezirkes al-Ḫuṣūṣ einnahm, ist nicht recht verständlich; dagegen ist die Benennung der Niederwüste nördl. von Abnūb, also der Gegend von Dêr al-Gabrāwī, als *ḥāgir Abnūb* ganz folgerichtig, da sie an den Bezirk angrenzt. Da dieser Teil der Niederwüste aber auch rein gar nichts mit Banī Murr zu tun hat, fragt sich, wie es zu der Angabe des al-Maqrīzī gekommen ist. Dazu müssen wir uns eine Geländebezeichnung vergegenwärtigen, die wir o. 4.2.2 zu B I 16 besprochen haben: Der Steilabfall des Wüstengebirges bei Dêr al-Gabrāwī wurde früher als der *Gebel hinter Banī Muḥammad* bezeichnet. Emendieren wir nun im arab. Text *Murr* zu *Muḥammad*, so erhalten wir einen einwandfreien Text: „östlich von Banī Muḥammad" ist eine für Ägypten genau zutreffende[339] genauere Beschreibung der Lage des Klosters. Der Fehler des Schreibers dürfte auf einer gewissen Ähnlichkeit der letzten beiden Zeichen von Muḥammad (مد) mit den Zeichen von Murr (مر) beruhen; initiiert wurde die Verwechslung durch die in der Nähe stehende Wortgruppe *šarq Banī Murr* „Osten von Banī Murr", die der Schreiber auch in unsere Stelle „hineingelesen" hat.[340]

Al-Maqrīzī sagt uns weiter, daß das Kloster „unterhalb des Gebel", d.h. an seinem Fuße, und zwar 200 *qaṣaba* („Ruten") vom Gebel entfernt liege. Bestimmen wir das Längenmaß *qaṣaba* mit ca. 3,85 m[341], kommen wir auf eine Entfernung von ca. 770 m. Machen wir uns klar, daß der Punkt, wo der Gebel beginnt, nicht hundertprozentig eindeutig zu bestimmen ist, so stimmt die Entfernungsangabe recht gut mit der Realität überein: Der Dorfkern von Dêr

339 Dêr al-Gabrāwī liegt zwar astronomisch gesehen etwa nnö. Banī Muḥammad, also mehr nördlich als östlich. Doch ist für die ägyptische geographische Auffassung nicht die Kompaßnordrichtung entscheidend, sondern der Nillauf und die ihn begleitenden Züge des Wüstengebirges. Dabei ergibt sich: nilabwärts = nördlich (auch wenn, wie hier, der Nil ein Stück weit von Osten nach Westen fließt), vom Nil in Richtung auf den Gebel des Ostufers = östlich (auch wenn, wie hier, der Gebel nördlich des Nils liegt).

340 Die Wortgruppe *šarq Banī Murr* steht in der übernächsten Notiz (Klosterverz. Nr. 15, s. u. A 21 // B I 21 Zur Begräbnisstätte des Theodor Stratelates: 3. Zur älteren Namensform von Buṣra) und ist in der Druckausgabe von Wüstenfeld durch sechs Zeilen arab. Text von der Wortgruppe *fī šarqī Banī Murr* im Klosterverz. Nr. 13 getrennt (al-Maqrīzī, Gesch. der Copten (ed. Wüstenfeld) arab. 38,29 bzw. 22).

341 Zur Längenbestimmung der *qaṣaba* s. Adolf Grohmann, Einführung und Chrestomathie zur arabischen Papyruskunde. I. Band: Einführung (Monografie Archivu Orientálního. 13), Praha 1954, 177f.

al-Gabrāwī mit der Kirche liegt ca. 1000 m vom Gebelhang entfernt.[342] Wir haben hier also eine erstaunlich genaue Lagebestimmung der Anlage vor uns.

So wie nicht klar ist, wann das Kloster gegründet wurde, ist auch sein Erlöschen nicht genau zu bestimmen. Doch läßt sich hier eine Eingrenzung vornehmen: 1673 hat die Anlage nicht mehr als Kloster bestanden, s. den Nomenklaturwechsel von Notiz A 19a zu Notiz B I 16 (vgl. dazu o. 4.3.1). 1716 hat Claude Sicard die Wohnanlage des Klosters noch gesehen („(die Kirche) ... accompagnée d'un grand nombre de cellules où habitaient autrefois des religieux", Sicard, Œuvres I 14). 1597 aber hat das Kloster offensichtlich noch bestanden, da der koptische Patriarch Gabriel VIII. hier seinen zeitweiligen Wohnsitz nahm und im Januar des Jahres eine Reihe von Dokumenten, darunter ein Glaubensbekenntnis, formulierte, die an den Papst in Rom adressiert sind und für die Geschichte der Unionsbestrebungen zwischen katholischer und koptischer Kirche sehr bedeutsam sind.[343] Das Glaubensbekenntnis ist geschrieben *fī madīnat Abnūb bi-dair Mārī Buqṭur aš-šahīd* „in der Stadt Abnūb, und zwar im Kloster des Apa Viktor des Märtyrers".[344] Die Titulierung des Märtyrers verweist eindeutig auf Viktor, Sohn des Romanos – nicht auf Viktor von Schu, wie Meinardus irrtümlich angenommen hat.[345] Da das Viktor-Kloster von Dêr al-Gabrāwī das einzige dieses Heiligen im Bereich Abnūb darstellt, ist die Ortsangabe im Glaubensbekenntnis des Patriarchen Gabriel eine schöne Bestätigung für die Zuordnung des Klosters bei al-Maqrīzī und bei Wansleben A 19 zum Orte Abnūb (–al-Ḥammām). Die Reliquienliste und, darauf

342 S. die Entfernung Fundplatz 35 – Gebelhang in den Karten zum Bericht über den Göttinger Survey.

343 Zur Geschichte der Unionsbestrebungen in dieser Zeit s. Vincenzo Buri, L'Unione della Chiesa copta con Roma sotto Clemente VIII., OrChr (A) 23 (2) = Nr. 72, Roma 1931. Die im Viktor-Kloster von Abnūb verfaßten Dokumente des koptischen Patriarchen Gabriel VIII. – drei Briefe und ein Glaubensbekenntnis an den Papst – wurden im arab. Originalwortlaut veröffentlicht von Anṭūn Rabbāṭ (Antoine Rabbath), „Papst Clemens VIII. und der Patriarch der Kopten Gabriel. Ein Abschnitt aus der Geschichte der Rückbewegung der Kopten in den Schoß der Gesamtkirche am Ende des 16. Jahrh." (*arab.*), Al-Machriq 7 (1904), 852-858. 881-901 (lies: 881-891, da die Pag. von 889 auf 900 springt). 955-958; die Briefe aaO 852-858, das Glaubensbekenntnis aaO 881-901 (891). Eine (offiziöse) lat. Übers. der Dokumente aus einer Hs. der Bibliotheca Vallicelliana in Rom bietet Buri im Dokumententeil seiner Arbeit (op.cit. 135-262 = Nr. 72,35-162): die drei Briefe als Dok. 25-27, das Glaubensbekenntnis als Dok. 24; die Datierungsvermerke mit den Ortsangaben finden sich ebd. 190 (= 90) / 192 (= 92) / 194 (= 94) bzw. für das Glaubensbekenntnis ebd. 182 (= 82).

344 Rabbāṭ, op.cit. 888 (arab. Text) bzw. Buri, op.cit. 182 (= 82) (lat. Übers.).

345 Meinardus, Christian Egypt² 388. Neben dem Hinweis auf die Publikation des von Meinardus angesprochenen Glaubensbekenntnisses vermißt man auch eine richtige Wiedergabe von Entstehungszeit und Adressat (lies: 1597 bzw. Papst Clemens VIII.).

fußend, Abū Ṣāliḥ bezeichnen das Kloster als im Besitz des Leichnams des Heiligen; der Verfasser des Abū Ṣāliḥ hat übrigens die Reliquienliste besser verstanden als ihre modernen Herausgeber und Bearbeiter.

A 19a II // B I 17

Lage: Abnūb al-Ḥammam // Dêr (Buqṭur) Šū

Weihung: *Mari Poktor Schu / B. Poctore già detto il Kattivo // Mari Poctor* / „mesme Saint" (scil. wie in B I 16)

Patron der Kirche: Viktor von Schu (auch: von Asyūṭ) (Mart.; 5. Kīhak)

– Delehaye, MartEg 96

– O'Leary, Saints 278

Zur Identifikation des Heiligen

(1) Koptische Texte
  a) Erzählende Texte
    – bisher nicht bekannt
  b) Kirchenpoesie
    – O'Leary, Difnār om.
    – Burmester, Ṭurūḥāt II 93 nennt einen Ṭarḥ auf Viktor (*al-qiddīs Buqṭur*); die koptische Namensform wird im Incipit nicht genannt.
    – ʿAbd al-Masīḥ, Doxologies IV 54 f. führt eine Doxologie auf den Heiligen an; im Incipit wird er (bohairisch) ⲁⲡⲁ ⲃⲓⲕⲧⲱⲣ ⲡⲓⲙ̀ⲣ ⲫⲣⲉⲙⲧⲡⲁⲣⲁⲙⲃⲟⲗⲏ ⲛ̀ ⲉϣⲱ ⲡⲓⲙⲁⲧⲟⲓ ⲛ̀ⲧⲉ ⲡⲭ̅ⲥ̅ genannt, im Explicit ⲁⲡⲁ ⲃⲓⲕⲧⲟⲣ ⲡⲓⲣⲉⲙⲛ̀ⲉϣⲱ. Immerhin können wir aufgrund der mageren Angaben Name und Epitheton des Märtyrers saʿidisch so rekonstruieren: *ⲁⲡⲁ ⲃⲓⲕⲧⲱⲣ ⲡⲣⲙ̅ (ⲧⲡⲁⲣⲉⲙ-ⲃⲟⲗⲏ) ⲛ̅ⲉϣⲱ „Apa Viktor, der Mann aus (dem Lager von) Eschō".
(2) Arabische Texte
  a) Erzählende Texte
    Zum Dossier des Heiligen s. Horn, Mart. Viktor, Einleitung III 4. Der Heilige fehlt bei Graf, GCAL I 540, wo zwei ihm gewidmete Texte dem Viktor, Sohn des Romanos zugeordnet werden, aber auch sonst Fehler vorliegen (vgl. Horn aaO). Die bisher bekannten Texte sind unpubliziert.
  b) Das Synaxar
    – Syn. Alex. (Forget) I (Textus) 314,8-315,13 bzw. I (Versio) 176,31-178,7; der Bericht ist nur in der oberäg. Rez. des Syn. Alex., also Forgets Hs. G = Bassets Hs. B, enthalten.[346] Der Märtyrer wird einfach „der heilige

346 Meinardus gibt an, daß Viktor von Schū auch in einer modernen ägypt. Druckausgabe des Synaxars, die mir nicht zugänglich ist, eine Notiz besitzt (Christian Egypt^2 89 – Textzeuge A –).

Viktor“ genannt. Es wird von ihm gesagt, daß er „aus dem Lande Asyūṭ östlich des Nils“ stamme und Soldat im Lager Schu (*qaṣr Šū*) war. Die Stationen seines Martyriums führen vom Truppenlager Schu über Asyūṭ nach Mūša, s. u. zu B III 3. Der Martyriumsbericht ist recht nüchtern und zeigt kaum Charakteristika des koptischen Konsenses der Märtyrerlegende im Sinne Baumeisters.

– Syn. Aeth. (Grébaut) 55-59; Syn. Aeth. (Budge) II 324-326. Der Märtyrer wird hier als „der heilige Viktor aus der Stadt Schu (hier: *Šāw*) im Gebiet von Asyūṭ“ bezeichnet. Der Bericht ist gegenüber Syn. Alex. völlig verändert – z. B. sind die Martyriumsstationen ganz andere – und trägt deutliche Spuren einer Umarbeitung im Sinne des koptischen Konsenses. Viktor ist hier nicht mehr der einfache Soldat, der im Truppenlager Schu Dienst tut, sondern höherer Beamter; dadurch wird der Ortsname Schu zur Angabe des Herkunftsortes.

c) Kirchenpoesie
vgl. o. (1)b.

(3) Zusammenfassung
Auf der Basis des hier vorgestellten Befundes sollte der Märtyrer, um ihn von seinem Namensgenossen und Kultnachbarn in Dêr al-Gabrāwī zu unterscheiden, stets mit seinem Epitheton genannt werden, also als „Viktor (der Soldat aus dem Lager) von Schu“ benannt werden. Die Bezeichnung „Viktor von Asyūṭ“, die Delehaye in die Nomenklatur eingeführt hat, leistet diese Differenzierung zwar auch, entspricht aber nicht dem eingebürgerten koptisch-arabischen Sprachgebrauch. Wie wichtig solche Beachtung der Epitheta für die richtige Identifizierung von Heiligen ist, zeigt an unserer Stelle die fehlerhafte Redaktion Wanslebens von Notiz B I 16 und 17 in NR: Er läßt in B I 16 das Epitheton „Sohn des Romanos“ weg – und sofort wird unerkennbar, daß es sich in B I 17 um einen anderen Viktor handelt; dementsprechend heißt es in NR B I 17: „… eine andere Kirche desselben Heiligen …“, was im Grunde dieselbe Kontamination darstellt wie Wanslebens mißverstandene Fassung von A 19a. Zu Wanslebens „Übersetzung“ des Epithetons in Rel. A 19a – aus „von Schu“ wird „früher der Böse genannt“ – s. o. 1.1 (S. 13 f.). Wansleben bietet selber später die Information, daß es sich bei „Schu“ um einen ON handelt, s. Notiz B III 3, erliegt aber dem Mißverständnis, daß der hier gemeinte Viktor seinen Beinamen nach dem Orte Schu, der bei Abnūb liegt, (= Dêr Šū), habe; das Verhältnis ist aber umgekehrt: Der Heilige und sein Epitheton geben dem Ort den Namen, aus „Kloster des Viktor von Schū“ wird Dêr Šū, s. o. 4.2.2 zu B III 3.

Weitere Literatur zur Kirche/zum Kloster und seiner Lage

(1) Quellen
- al-Maqrīzī, Kloster Nr. 14 (Kloster des Viktor von Schu, nördlich von Abnūb gelegen)[347]
- Clarke H 24 (*Mār Buqṭur Šū* in *Dêr Buqṭur Šū*)[348]
- Simaika, Manf. Nr. 28 (wie Clarke)
- Timm, Christl. Stätten 75 (≙ Clarke und Simaika)

(2) Literatur
- Martin, Inventaire No. 44 (fehlerhaft, da Martin die Aussagen Wanslebens kontaminiert: Herstellung eines Mischtextes aus Notiz B I 17 und B III 3, wodurch eine Kirche des Heiligen „in Muscié, bei Abnūb" entsteht!)
- Viaud-Muyser, Pèlerinages 15 und 51
- Meinardus, Christian Egypt² 387f. (Meinardus sieht das Kloster fälschlich als Abfassungsort des Glaubensbekenntnisses des koptischen Patriarchen Gabriel VIII. an (aaO 388, ohne Quellenangaben); s. dazu o. A 19a I unter „Das Viktor-Kloster an der Begräbnisstätte..."

(3) Lage der Kirche/des Klosters
Die Ortsangabe Wanslebens „Abnūb al-Ḥammām" in A und „Fadda" (lies: Dêr Buqṭur Šū) in B I widersprechen sich nicht, da der Ort, dem das Kloster seinen Namen gegeben hat, im Gemeindebezirk von Abnūb (al-Ḥammām) lag, s.o. 4.2.2 zu B I 17. So ist denn auch die Identifizierung der sonst in Quellen und Literatur genannten Kirche (des Klosters) mit der bei Wansleben genannten ganz unproblematisch.

(4) Wie lange existierte das Kloster?
Wieder liegt die Gründung der Klosteranlage ganz im Dunkeln. Sie ist früher verlassen worden als die des Viktor von Dêr al-Gabrāwī. Schon al-Maqrīzī bezeichnet sie aaO als verlassen. Vgl. dazu Wanslebens Angabe in B III 3 „... die Stadt Schu, die nahe bei Abnūb lag, die heute jedoch zerstört ist"; wir dürfen diese Notiz hauptsächlich auf die Klosteranlage von Schu deuten. Die

347 Wüstenfeld hat in seiner Übersetzung den Namen des Heiligen nicht durchschaut. Er gibt ihn als „Boctorschu" wieder und erklärt ihn fragend als „Pictorius?" – so wie er den Namen des Viktor, Sohnes des Romanos, als „Pictor?" erklärt (al-Maqrīzī, Klosterverz. Nr. 13). Diese „Erklärung" gibt er, obwohl er zu Viktor von Schū auf Wanslebens Notiz B III 3 in NR verweist (Macrizi's Geschichte der Copten 94 Anm. 2). Die zutreffende Deutung des Namens findet sich zu Evetts' Übersetzung von Klosterverz.Nr. 14 (op.cit. 310 Anm. 1); die Textbasis von Leroys Übersetzung ist verballhornt, weshalb wir dort „Bouktourchouk" = „Victor de Bhouk (sic) ou Chou" finden (Leroy, op.cit. 40).

348 Clarke gibt in der englischen Übersetzung der Weihungsangabe aaO den Heiligennamen fehlerhaft als „Mari Boktor" an. Zu Martins „Richtigstellung" von Clarkes Fehler (Martin, Inventaire S. 192 Anm. 2) s. Anm. 322.

heutige Kirche von Dêr Šū dient als Gemeindekirche und ist ein moderner Nachfolgebau der alten (Kloster-)Kirche, s. Meinardus aaO 387. Vielleicht verbergen sich die Überreste der Klosteranlage unter dem an das Dorf angrenzenden, teilweise schon überbauten Kôm Dêr Šū; vgl. Bericht über den Göttinger Survey, Kap. III 3 (Fundplatz 43).[349]

Begräbnisort und Kirchweihfest des Heiligen

Dazu s. die Behandlung der Kirche von Mūšā u. B III 3; diese gilt als der Begräbnisort des Märtyrers. Vgl. auch den Abschnitt III 4 zum „kleinen Bruder" des Märtyrers Viktor, Sohnes des Romanos bei Horn, Mart. Viktor, Einleitung.

A 19b // B I 19a

Lage: Abnūb al-Ḥammām // Abnūb (heute: Banī Rizāḥ)

Weihung: *Unser lieben Frauen / la Madonna // (dêr) il adre / (Monastere de) la Sainte Vierge*

Patronin der Kirche: BMV

Eine der christl.-arab. Bezeichnungen für die Jungfrau Maria ist *al-ʿAḏrāʾ* „die Jungfrau" (Wehr, WB 540b), daneben *as-Sayyida* „die Herrin" (Graf, Verzeichnis 62; vgl. o. Anm. 74), oder beides kombiniert als *as-Sayyida al-ʿAḏrāʾ* (s. u. bei den weiteren Nennungen der Kirche). Auf die erste Bezeichnung geht *il adre* in NR Ital. zurück.

Weitere Nennungen der Kirche/des Klosters und seiner Lage

(1) Quellen
- al-Maqrīzī, Kirche Nr. 22a (Kirche der Maria *(Maryam)* im Gemeindebezirk von Abnūb)
- Wansleben Notiz A 19f (Kirche BMV in Abnūb; s. die Diskussion unter (3))
- Clarke H 23 (*as-Sayyida al-ʿAḏrāʾ* in Abnūb)
- Simaika, Manf. Nr. 26 (wie Clarke)
- Timm, Christl. Stätten 46 (Kirche der Jungfrau Maria in Abnūb) bzw. 71 (Dêr al-ʿAḏrāʾ, Nr. 59 (schwarz) auf der Karte)

(2) Literatur
- Meinardus, Christian Egypt² 388 (Marien-Kloster (Dêr al-ʿAḏrāʾ) in Banī Rizāḥ bei Abnūb)

349 Im Dorfe Dêr Šū selbst (Fundplatz 44) wurden vom Göttinger Survey zwei korinthische Kalksteinkapitelle (6. Jahrh.) gefunden; ihr Besitzer gab allerdings an, sie in Dêr al-Gabrāwī gekauft zu haben (Bericht über den Göttinger Survey aaO). Zu diesen Kapitellen vgl. ebd. Kap. VI 1.4 (mit Abb.).

(3) Zur Lage der Kirche/des Klosters

Wenn wir die obigen Nennungen gruppieren, so ergibt sich folgender Befund:

a) Kirche BMV in Abnūb: al-Maqrīzī / Wansleben A 19f / Clarke / Simaika / Timm I.

b) Kloster BMV (Dêr al-ʿAḏrā'), das aber ganz offensichtich nur noch als Kirche genutzt wird:
   - in Abnūb (al-Ḥammām): Wansleben A 19b // B I 19a
   - in Banī Rizāḥ: Timm II / Meinardus.

Wir hätten es hier also mit zwei (oder gar drei) verschiedenen Anlagen zu tun, von denen die unter a gut bezeugt ist, während gegen die unter b sich schon deshalb starke Bedenken erheben, weil sie bei Clarke und Simaika nicht verzeichnet ist. Gehen wir vom heutigen Befund aus: In Abnūb gibt es drei Kirchen, von denen keine eine Marien-Kirche ist (Meinardus, op. cit. 389); dagegen gibt es in der Ortschaft Banī Rizāḥ, die im Osten direkt an die Stadt Abnūb angrenzt, eine Anlage, die Dêr al-ʿAḏra' genannt wird (Meinardus, op. cit. 388).

Die Auflösung der Schwierigkeit liegt nun im folgenden: Die heute unter Banī Rizāḥ genannte Marien-Kirche, die gewöhnlich Dêr al-ʿAḏrā' genannt wird, wird (wurde) in der Tradition der koptischen Kirche unter Abnūb geführt, d. h.: Wansleben Notiz A 19f bzw. Timm II ist eine Dublette zu Wansleben Notiz A 19b bzw. Timm I. Den Schlüssel dafür, daß es sich tatsächlich um eine Dublette handelt, gibt uns Wansleben selbst an die Hand: Er versieht Notiz A 19f mit dem Vermerk, daß hier ein *dubium* geblieben sei, über das sich seine Gewährsleute nicht hätten einigen können.[350] Aus diesem Zweifel hat Wansleben bei der Redaktion von Rel. die (richtige) Konsequenz gezogen, die Notiz zu streichen. Wir können uns auf Grund des Verfahrens der Informationsgewinnung, wie Wansleben es eingangs des „Verzeichnisses" schildert (s. o. 2.1), auch vorstellen, worin das *dubium* hier bestand: Ein Teil der Mönche war der festen Auffassung, daß es in Abnūb ein Marien-Kloster gebe, während der andere Teil der Meinung war, es sei nur eine Marien-Kirche vorhanden – wobei im Grunde beide Parteien Recht hatten, weil es sich um eine ehemalige Klosteranlage handelte, deren Kirche noch genutzt und als Dêr al-ʿAḏrā' bezeichnet wurde, s. die Fassung in Notiz B I 19a und die Erwägungen o. 4.3.1. Wansleben hat in Rel. Germ. Ms. B beide Auffassungen getreulich notiert; daß sie in der Liste B I so nicht mehr auftreten, verwundert nun überhaupt nicht mehr. Interessant ist, daß auf Grund ganz paralleler Nomenklatur-

350 Der Erstherausgeber von Rel. Germ. Ms. B, Reuß, hat hier den Befund dadurch ganz unklar gemacht, daß er den im Text durchgestrichenen Zusatz zur Kirche A 19f einfach weggelassen hat (SMRO III 93,9, vgl. dazu o. die Edition in 3.3.1). So fielen die Zweifel am Bestehen dieser Anlage, die zu ihrer Weglassung in Rel. geführt haben, völlig unter den Tisch.

probleme bei Timm ebenfalls eine Dublette entsteht, wie das auch an anderen Stellen bei ihm zu beobachten ist.[351]

Dazu, daß die Notiz A 19 nicht nur Kirchen verzeichnet, die direkt in der Stadt Abnūb liegen, sondern auch solche in Ortschaften, die zwar heute selbständige Gemeinden bilden, aber ehemals zum größeren Gemeindebezirk von Abnūb (al-Ḥammām) gehörten, vgl. o. 4.2.2; in der nur teilweise entsprechenden Notiz B I 19 wird der Bereich von Abnūb enger gezogen (korrelierend damit übrigens auch der Zusatz „al-Ḥammām" zum ON weggelassen), das Dêr al-ʿAḏrā' von Banī Rizaḥ aber weiterhin zu Abnūb gerechnet; vgl. damit auch die parallele Verzeichnungsweise bei al-Maqrīzī und Clarke bzw. Simaika.

A 19c // B I 19c

Lage: Abnūb al-Ḥammām // Abnūb

Weihung: *Mari Bufâm il gindi / B. Buffâm gia soldato // Abu Fâm il ghindi / Abufám il ghindi.*

Patron der Kirche: Phoibamon der Soldat (aus dem Lager von Preht) (auch: Phoibamon von Asyūṭ) (Mart.; 1. Ba'ūna)

- Delehaye, MartEg 98 und 104f. (mit Vermengung zweier gleichnamiger Märtyrer und Aufführung eines hagiographischen Phantoms, s. u.)
- O'Leary, Saints 231
- Art. Febammone (Bīfām), Bibl. SS V, 505f. (J.-M. Sauget) (vermengt zwei gleichnamige Märtyrer, s. u.)

Zur Identifikation des Heiligen

Phoibamon der Soldat hat bisher ein recht arges Schicksal in der Hagiographie erlitten: er wird nämlich ständig mit seinem Namensvetter Phoibamon von Ausīm (ⲃⲟⲩϣⲏⲙ/Letopolis), dessen Gedenktag der 27. Ṭūba ist, verwechselt und zu einer einzigen Gestalt kontaminiert. Dabei liegen die Grundlinien der Unterscheidung

351 Als weiteres Beispiel einer solchen Dublette in der hier behandelten Region s. das Isaak-Kloster am Wüstenrand östl. Banī Rizāḥ, das bei Wansleben nicht vorkommt. Dieses wird bei Timm einmal unter ʿArab Miṭêr (Timm: ʿArab Muṭēr; Christl. Stätten 51), das andere Mal unter al-Ḥammām (ebd. 91) aufgeführt. Nur unter letzterem Ort ist die Anlage bei Clarke (H 20) und Simaika (Manf. Nr. 23) gebucht. Selbst wenn die Klosteranlage heute im Bezirk der selbständigen Gemeinde ʿArab Miṭêr (dazu s. Ramzī, Qāmūs II (4),12) liegt, so ist doch zu berücksichtigen, daß diese erst im 19. Jahrh. aus dem Gemeindebezirk von al-Ḥammām ausgegliedert worden ist (Ramzī aaO). Die Kirchenverzeichnisse führen aber in solchen Fällen die Kirchen weiterhin gerne unter dem alten Gemeindebezirk auf, s.o. zu A 17 // B I 15. Zur Verdeutlichung s. auch das Blatt Asyûṭ der Karte 1:100000 des Survey of Egypt: Das Isaak-Kloster liegt, ebenso wie das Dorf ʿArab Miṭêr, am Rande der Flur „Becken (*ḥôḍ*) von al-Ḥammām". Zum Kloster s. Meinardus, Christian Egypt[2] 389f.

seit 1926 klar dargestellt vor – seitdem Crum nämlich versucht hat zu bestimmen, welchem Phoibamon das Kloster in Theben geweiht ist, das diesen Heiligennamen trägt (in: H.E. Winlock und W.E. Crum, The Monastery of Epiphanius at Thebes Part I (Publications of the MMA. Egyptian Expedition. Vol. 3), New York 1926, 109f.). Crum stellt nun dort heraus, daß ihre Unterscheidung eigentlich recht einfach ist – orientiert an Kriterien, die auch in Delehayes Lehre von den „hagiographischen Koordinaten" enthalten sind: „That they are distinct is clear from (1) their entirely different careers, (2) their different dates of commemoration and (3) the fact that their reputed places of burial do not coincide" (Crum aaO 109). Die Einzelunterscheidung wird hier nicht im einzelnen durchgeführt, da sie den Rahmen dieses Patrozinierverzeichnisses sprengen würde, zumal der Märtyrer nicht in Abnūb begraben ist. Hier sei nur auf die Basis der Wanslebenschen Nomenklatur in der koptisch-arabischen Tradition hingewiesen.

Der Ausgangspunkt der Entwicklung ist die saʿidische Namensform ⲁⲡⲁ ⲫⲟⲓⲃⲁⲙⲱⲛ mit dem Zusatz ⲡⲙⲁⲧⲟⲓ „der Soldat". Noch in der koptischen Überlieferung kommt es zu Umgestaltungen innerhalb des Namens, die für die arab. Form wichtig sind. In der bohairischen Kirchenpoesie lautet der Name recht einheitlich ⲁⲡⲁ ⲡⲓⲫⲁⲙⲱⲛ, also mit Umstellung von ⲫ und ⲡ.[352] Daraus geht (*Abū* bzw. *Mārī*) *Bīfāmūn* hervor[353], wozu eine viel geläufigere Kurzform *Bifām (Bufām)* gebildet wird; vgl. dazu ⲥⲁⲣⲁⲡⲁⲙⲱⲛ > *Sarābām* o. zu A 1.[354]

Die Kurzform kann nun noch weiter verkürzt werden – weil es möglich ist, wie vielfach in der christl.-arab. Namengebung zu beobachten, die erste Silbe des Namens als Bī (Bū), eine in Ägypten geläufige Kurzform für die Ehrenbezeichnung *Abī (Abū)* ≙ ⲁⲡⲁ, zu deuten. Aus *Bifām (Bufām)*, das Notiz A 19c zugrundeliegt, kann also *Abū Fām* werden, wie wir es dann in Notiz B I 19c finden. So ist dann aus saʿid. ⲫⲟⲓⲃⲁⲙⲱⲛ ein arab. *Fām* geworden – allerdings nur oberflächlich, da diese Namensform für den Heiligen immer zusammen mit dem Ehrentitel *Abū (Bū)* gebraucht wird, allerdings auch in der Form *Mārī Fām*, s.u. bei den weiteren Nennungen der Kirche.

352 Für den Heiligen des 1. Kīhak s. das Incipit und Explicit der Doxologie „Batos", die von ʿAbd al-Masīḥ, Doxologies IV 52 mitgeteilt werden; das sind im Augenblick die einzigen Belege für diesen Märtyrer, die mir bekannt sind, da Difnār (ed. O'Leary) und Ṭuruḥāt (Burmester) schweigen. Reicher fließen die Quellen für den Namensgenossen, den Phoibamon des 27. Ṭūba: Dort finden wir ⲁⲡⲁ ⲡⲓⲫⲁⲙⲱⲛ zum 27. Ṭūba im Difnār (ed. O'Leary) II 28, bei Burmester, Ṭuruḥāt II 129 und bei ʿAbd al-Masīḥ, Doxologies V 101; weitere Belege finden sich zum 27. Abīb, dem Kirchweihtag dieses Phoibamon.

353 Belege für die arab. Transkription *Bīfāmūn* des kopt. (-boh.) ⲡⲓⲫⲁⲙⲱⲛ s. Anm. 242; dort auch Nachweise für die äthiop. Entsprechung Bīfāmōn. Nach Ausweis der Belege im Syn. Aeth. muß die Langform *Bīfāmūn* früher auch im christlichen Arabisch häufiger gewesen sein.

354 Belege für die Kurzform *Bifām (Bufām)* s. Anm. 242, dazu die arab. Titel zu den in Anm. 352 genannten boh. kirchenpoetischen Texten.

Der Heiligenname Fām hat nun anscheinend Verwirrung gestiftet, weil er so weit von seiner Ausgangsform entfernt ist. Timm hat ihn nämlich als „Epiphanius" gedeutet, vgl. Christliche Stätten 46, was ganz unzutreffend ist. Hier liegt eine Verwechslung zweier christl.-arab. Namensformen vor, nämlich *Abū Fānā* < ⲉⲡⲓⲫⲁⲛⲓⲟⲥ und *Abū Fām* < ⲫⲟⲓⲃⲁⲙⲱⲛ. Der erstere Name wird im Syn. Alex. – als Name des bekannten Bischofs von Salamis auf Zypern – mit *Abīfāniyūs* wiedergegeben.[355] Hier werden nun genau dieselben Prozesse wirksam wie im Falle des Namens *Bīfāmūn*: Verkürzung – *Abīfānā* – und Abtrennung des ersten Bestandteils – *Abī Fānā (Abū Fānā)*–.[356] Wegen der falschen Deutung von (Abū) Fām auf Epiphanius sind dann bei Timm gleich drei Heilige zu einem einzigen geworden, s. die Zusammenstellung zu Epiphanius bei Timm, Christliche Stätten 148.

Timms irrige Ableitung ist aber nicht der einzige Fall unzutreffender Deutung des Namens – viel gewichtiger ist eine Verballhornung des Namens in den arabischen Hss. (bzw. seine Fehllesung durch die Herausgeber) geworden. Seit Evetts' Edition des sog. Abū Ṣāliḥ ist nämlich mehrfach ein Heiliger *Abū Baġam* (Evetts: Abû Baghâm) belegt, der so auch in Wüstenfelds Ausgabe von al-Maqrīzīs „Geschichte der Kopten" vorkommt; s. den Index zu Abū Ṣāliḥ (ed. Evetts) s. v. Baghâm und al-Maqrīzī, Kloster Nr. 49 und 56.[357] Der Name *Baġām* ist aber nichts anderes als eine Verschreibung für *Bifām* und geht auf eine Verlesung des Buchstabens *Fā'* in *Ġain* zurück (بفام > بغام).[358] Alle Stellen, an denen *Baġām* bei Abū Ṣāliḥ und al-Maqrīzī auftritt, sind ganz unproblematisch auf einen

355 Syn. Alex. zum 17. Bašans, s. etwa ebd. (Forget) II (Textus) 123,10.

356 Der einzige „Epiphanius", den ich bisher im kopt. Heiligenkalender belegen kann, ist der bekannte Bischof von Salamis; dessen Name wird allerdings nie so verkürzt wie im Text beschrieben. Als Alternative dazu ist (mit Evetts, Abū Ṣāliḥ 249 Anm. 2) auf folgende Möglichkeit der Entstehung der arab. Namensform zu verweisen: *Abū Fāna* bzw. *Fānā* < ⲁⲡⲁ ⲃⲁⲛⲉ, ein Mönchsheiliger, der in den saʿid. Apophthegmata Patrum auftritt (Chaîne §§ 244-249) und nach dem ein bekanntes Kloster nw. Hermopolis/al-Ašmūnên benannt ist, das Dêr Abū Fānā (Fāna); vgl. dazu Henri Munier, Les monuments coptes d'après les explorations du Père Michel Jullien, BSAC 6, 1940, 141-168 (148 f. Anm. 2) und Serge Sauneron (mit einem Beitrag von René-Georges Coquin) in Les Ermitages chrétiens du désert d'Esna IV, FIFAO 29 (4), 1972, 57.

357 Keiner der Bearbeiter von al-Maqrīzīs Klosterverzeichnis hat die Schreibung durchschaut: Wir finden „Bu Bagâm" bei Wüstenfeld und „Bû Baghâm" bei Evetts. Auch Leroy, der auf Grund einer anderen Textbasis übersetzt, bietet „Abou Baghâm" (op. cit. 192) bzw. „Bou-Baghâm" (op. cit. 194). Die gegenseitige Abstützung der fehlerhaften Texte des al-Maqrīzī und des Abū Ṣāliḥ scheint mir die Basis dafür zu sein, daß die Form *Abū Baġām* weithin akzeptiert wird.

358 Bereits 1885 hat Ludwig Stern klargestellt, daß *Baġām* nichts anderes ist als eine Verschreibung für *Bifām* = Phoibamon, und zwar auf Basis der Būlāqer Druckausgabe von al-Maqrīzīs *Ḫiṭaṭ* und Wüstenfelds Edition der „Geschichte der Kopten": Erklärung einiger memphitisch-koptischer Papyrusurkunden. Mit einem Nachwort über die faijumischen Papyri, ZÄS 23, 1885, 145-158 (147 Anm. 1). Die Kenntnis dieser etwas versteckten Äußerung verdanke ich dem Hinweis bei Timm, Christl.-kopt. Ägpyten I 249 Anm. 30.

der beiden Märtyrer namens Phoibamon/Bifām zu deuten. So trivial der Befund der Verschreibung (Verlesung) des Namens ist, so hat die Namensform in der Literatur doch einen Phantomheiligen *Abū Baġām* entstehen lassen, der von Delehaye gesondert verzeichnet wird (MartEg 98) und dem die Bibliotheca Sanctorum einen eigenen Artikel widmet (Art. Baghâm, Bibl. SS II 706).

Wichtig für die Identifizierung des Heiligen ist sein Epitheton ⲡⲙⲁⲧⲟⲓ „der Soldat" > arab. *al-gundī* (in Ägypten ausgesprochen als *-gindī*), s. schon Crum aaO 109. Dieses unterscheidet ihn von seinem Namensgenossen, der als den höheren Rängen der Gesellschaft zugehörig vorgestellt wird. An unserer Stelle bringt Wansleben das zutreffende Epitheton, während er an anderer Stelle des „Verzeichnisses" das Opfer einer Vermengung wird, vor der anscheinend auch die koptische Kirche des Mittelalters nicht gefeit war[359]; das Reisestationenverzeichnis B III bestimmt demgegenüber den Phoibamon, um den es dort geht, richtig.[360]

Weitere Nennungen der Kirche

(1) Quellen
- al-Maqrīzī, Kirche Nr. 22c (Kirche des Gabriel im Gemeindebezirk von Abnūb; da hier auf dem Ostufer des Nil sonst keine Erzengel-Kirche belegt ist, andererseits aber die heutige Hauptkirche von Abnūb fehlen würde,

359 In Rel. Germ. Ms. B p. 123,8 lesen wir: „In *N. N.* eine Kirche *Amba Fâm il gindi.*" Diese Notiz, die zwischen Sidfā (ebd. 123,6f.) und Ṭahṭā (ebd. 123,8-11) steht, hat Wansleben bei der Redigierung von Rel. wegfallen lassen. Sie geht eindeutig auf die Phoibamon-Kirche von Ṭimā (Clarke, K 26 *Abū Fām* ≙ Simaika, Abū Tīg Nr. 28), die dem Märtyrer des 27. Ṭūba geweiht ist und seine Begräbniskirche darstellt, s. Syn. Alex. (Forget) I (Textus) 426,23-427,13 und 428,8f. bzw. I (Versio) 428,24-429,15 und 430,16-18 (Notiz der oberäg. Rezension des Synaxars). Diesem Phoibamon kommt aber das Epitheton „der Soldat" nicht zu; sein charakteristisches Beiwort ist *al-Ausīmī* „der aus Letopolis/Ausīm", s. Anm. 360. Doch wurde später dem Phoibamon/Bifām des 27. Ṭūba in der koptischen Tradition des Epitheton *al-Gundī* fälschlich beigegeben, s. den größten Teil der arab. Titel zu den boh. kirchenpoetischen Texten für den 27. Ṭūba und 27. Abīb, auf die in Anm. 352 hingewiesen wurde. Auf diese veränderte Tradierung geht Wanslebens Angabe in Rel. Germ. Ms. B zurück.

360 In den Notizen zur Reise nach Ṭahṭā (B III, oben 3.3.2.3. nur im ersten Teil veröffentlicht) ist zu lesen: „In *Temeh* è una chiesa, chiamata di *Amba Fam il aussími*, mà quasi tutta rovinata, e sta fuora del villagio." (NR Ital. p. 134,7-9). Zu diesem Satz gibt Wansleben in NR eine Erläuterung; es heißt dort: „Ils ont hors du Village une Eglise, dediée à *Amba Fám il Aussími*, ou à *l'Abbé Fám d'Aussim*; mais elle est en fort mauvais estat" (NR 368,13-17). Die Erläuterung zum Heiligennamen läßt erkennen, daß Wansleben durchschaut hat, daß hinter dem Epitheton ein ON, nämlich Letopolis/Ausīm, steckt; vgl. dazu Wansleben, Histoire 17. Das Epitheton beruht darauf, daß dem Phoibamon des 27. Ṭūba Herkunft aus Ausīm (ⲟⲩϣⲏⲙ (S) : ⲃⲟⲩϣⲏⲙ (B), vgl. Westendorf, KHWB 481) zugeschrieben wird, s. Syn. Alex. (Forget) I (Textus) 420,6 u. ö. Die Kirche des Phoibamon von Ausīm in/bei Ṭimā ist seine Begräbniskirche, s. Anm. 359; vgl. dazu auch den Schluß der Synaxarnotiz in Syn. Aeth. (Budge) II 555.

nehme ich an, daß al-Maqrīzī das Opfer einer Fehldeutung des Epithetons des Phoibamon geworden ist: aus *-gundī* wurde bei ihm *Ġabriyāl*, etwa über eine Verlesung جندى > جبرل , wobei letzteres dann als „Gabriel" gedeutet wird. Al-Maqrīzī hat häufiger wenig Glück mit der Verwendung bzw. Deutung der Epitheta von Heiligen gehabt, s. zu *al-Qaṣīr* o. A 9 // B I 11 und in der nächsten Notiz).[361]
- Clarke H 21 (*Mār Fām* (sic) in Abnūb)
- Simaika, Manf. Nr. 24 (wie Clarke)
- Timm, Christl. Stätten 46 (mit falscher Deutung des Namens Fām als Epiphanius, s.o.)

(2) Literatur
- Meinardus, Christian Egypt[2] 389
- Timm, Christl.-Kopt. Ägypten I 43

(3) Lage der Kirche
Die Kirche liegt in der Stadt Abnūb selbst und stellt wohl deren Hauptkirche dar, wie sich aus der Stellung der entsprechenden Notiz an der Spitze der Kirchen von Abnūb bei Clarke und Simaika ergibt. Der heutige (moderne) Bau ist das größte Kirchengebäude in der Stadt, s. Meinardus aaO. Daß die Kirche bei Wansleben nicht an der Spitze der Nennungen steht, hängt mit der Vorziehung der „Klöster" von Abnūb zusamen; beachte aber, daß sie in A 19 die Reihe der Kirchen eröffnet.

A 19d // B I 19b

Lage: Abnūb al-Ḥammām // Abnūb
Weihung: *St. Johannes der Teuffer / S. Gio: Battista // S. Giovanne Battista / Saint Jean Baptiste*
Patron: Johannes Bapt. (arabische Bez.: *Yūḥannā al-Maʿmadān*)

Weitere Nennungen der Kirche

(1) Quellen
- al-Maqrīzī, Kirche Nr. 22b (Kirche des *Yuḥannis al-Qaṣīr* in Abnūb. Al-Maqrīzī läßt die Kirche also dem Johannes Kolobos („Johannes der Zwerg")[362] geweiht sein, dessen Name in der koptischen Kirche gerne liebevoll zu *Abū Ḥinnis* verkürzt wird. Hier liegt nicht etwa eine weitere Kirche in Abnūb vor, sondern eine Fehldeutung des al-Maqrīzī. Er hat nämlich

361 Timm, Christl.-kopt. Ägypten I 43 denkt hier an einen eventuellen Wechsel des Patrons der Kirche. Eine Fehldeutung des Epithetons des Patrons bei al-Maqrīzī erscheint mir sehr viel wahrscheinlicher.

362 Zur ersten Information über diesen berühmten ägyptischen Mönchsheiligen s. O'Leary, Saints 170-172; kopt. Viten-Überlieferung s. Orlandi, Elementi (s.o. Anm. 277) 110.

häufiger Johannes-Weihungen von Kirchen zu Unrecht auf Johannes Kolobos bezogen, vgl. etwa o. zu A 9 // B I 11 (in Wirklichkeit Johannes von Heraklea) und u. zu B III 4 (in Wirklichkeit, wie hier, Johannes der Täufer). Streiche daher das Epitheton *al-Qaṣīr* „der Kurze" und lies einfach „Johannes", was Johannes Bapt. meint.)
- Clarke H 22 (Kirche des *Mār Yūḥannā* in Abnūb)
- Simaika, Manf. Nr. 25 (wie Clarke)
- Timm, Christliche Stätten 46 (Kirche des Johannes (keine Näherbestimmung!) in Abnūb)

(2) Literatur
- Meinardus, Christian Egypt[2] 389 (nur kurze Erwähnung der Kirche als „St. John" geweiht)

(3) Zur Weihung der Kirche
Der etwas unklare Befund bei den sonstigen Nennungen – welcher Johannes ist eigentlich gemeint? – wird durch Wanslebens übereinstimmende Angaben schlagartig geklärt: Es handelt sich um eine Kirche Johannes des Täufers. Die Kirche ist also aus der Gruppe der „Johannes"-Weihungen (Timm, Christliche Stätten 154) in die Gruppe der Täufer-Weihungen zu versetzen (Timm aaO).

A 19e // B I om.
Lage: Abnūb al-Ḥammām
Weihung: *B. Mercurius / B. Mercurio*
Patron der Kirche: Merkurios (25. Hatūr)
Zum Heiligennamen s.o. A 14 // B I 9

Weitere Nennungen der Kirche und ihrer Lage

(1) Quellen
- Abū Ṣāliḥ fol. 89a (Evetts 249, 22f.): Kirche des Merkurios (*Abū Marqūra*) im Bezirk von al-Ḫuṣūṣ.
- Clarke H 19: Kirche des Merkurios (*Marqūriyūs*) in al-Ḥammām.
- Simaika, Manf. Nr. 22: wie Clarke
- Timm, Christliche Stätten 91: Kirche des Merkurios in al-Ḥammām

(2) Literatur
- mir nicht bekannt

(3) Zur Lage der Kirche
Wir hatten o. 4.2.2 zu A 19 // B I 19 festgestellt,
a) daß der Gemeindebezirk von Abnūb (al-Ḥammām) aus dem Bezirk von al-Ḫuṣūṣ ausgegliedert worden ist. Kirchen, die früher als in al-Ḫuṣūṣ befindlich notiert wurden, können also später unter Abnūb (al-Ḥammām) verzeichnet werden; vgl. dazu auch o. zu A 19a I // B I 16.

b) daß der Gemeindebezirk von Abnūb al-Ḥammām in A 19 ein größeres Gebiet umfaßt als der Bezirk von Abnūb in B I 19. In ihm waren auch die Ortschaften Dêr al-Gabrāwī, Dêr (Buqṭur) Šū und Banī Rizāḥ gelegen, vgl. dazu o. zu A 19a I / B I 16, A 19a II // B I 17 und A 19b // B I 19a.

Nunmehr können wir feststellen, daß in Notiz A 19 auch die Ortschaft al-Ḥammām behandelt wird, weil sie zum Gemeindebezirk gehört. Das erklärt nun auch die Bezeichnung des Bezirkes aufs Beste: Er heißt in A 19 Abnūb al-Ḥammām auch deshalb, weil die Ortschaft al-Ḥammām zu ihm gehört. Demgegenüber ist Abnūb in B I 19 nicht bloße Variante, sondern Bezeichnung eines anderen, enger umgrenzten Bezirkes, der zwar noch das direkt angrenzende Banī Rizāḥ einschließt, aber nicht mehr die entfernter liegenden Ortschaften Dêr al-Gabrāwī, Dêr (Buqṭur) Šū und al-Ḥammām. So erstaunt es dann nicht, daß B I 19 keine Merkurios-Kirche aufführt. Allerdings fehlt in Liste B I eine Ortsnotiz zu al-Ḥammām – ob das ein Versehen bei Wanslebens Abschrift aus ägyptischen Unterlagen war oder ob dort die Kirche von al-Ḥammām fehlte, etwa weil sie nicht mehr genutzt wurde, läßt sich nicht mit Sicherheit sagen. Jedenfalls ist die Notiz A 19e ein wichtiges Bindeglied zwischen der Angabe des Abū Ṣāliḥ und den modernen Kirchenverzeichnissen, ermöglicht sie es doch, hier eine Kontinuitätslinie herzustellen.

A 19f // B I om.

Lage: Abnūb al-Ḥammām

Weihung: *Unser lieben Frauen* / om.

Patronin der Kirche: BMV

Diese Kirche ist, weil Dublette zu A 19b // B I 19a, zu streichen – ebenso wie die parallele Nennung als Dêr al-ʿAḏrā' (Nr. 59) bei Timm, Christliche Stätten 71; s. o. zu A 19 b // B I 19a.

A 20 // B I 20

Lage: Banī Murr

Weihung: *St. Georgius / S. Giorgio // Mari Girges / S. George*

Patron der Kirche: Georg (arab. Bez.: *Mārī Girgis*) (23. Barmūda)

Weitere Nennungen der Kirche (des Klosters?)

(1) Quellen

- al-Maqrīzī, Kloster Nr. 16: Kloster des Georg (*Bū Girg*) nördlich von *Ḥamās* (?). Über diese Identifizierung bin ich mir nicht sicher, doch scheint sie mir erwägenswert, da das Kloster im südlichen Teil des Ostufergebietes gelegen haben muß.[363] Der ON ist sicher verderbt; vgl. die schon von Wüstenfeld verzeichnete Variante *Ḥamās* (al-Maqrīzī, Gesch. der Kopten 95 Anm. 1). Lies den falsch punktierten ON vielmehr *Gamāš*. Ein Ort *Gamāsa* ist im Atlas zur Description de l'Egypte eingetragen[364]; die bessere Form *Gemasch (Gemásch)* findet sich auf den Karten zu Lepsius, Denkmäler.[365] *(al)-Gamāš* ist aber der frühere Name der heutigen Ortschaft Banī Ṭālib, s. Ramzī, Qāmūs II (4),9 (Beni Ṭâlib, ca. 13 km sö. Abnūb); der Ortsname wurde wegen des Mißfallens der Bewohner geändert.[366] Banī Murr liegt. ca. 6,5 km nw. von Banī Ṭālib/Gamāš. Die Lagebestimmung nach Gamāš bei al-Maqrīzī für eine Anlage, die in Banī Murr liegt, wäre insoweit etwas merkwürdig, als der Autor für Kloster Nr. 15 den Ort Banī Murr selbst als Orientierungspunkt für die Lagebestimmung benutzt.

- Clarke H 17: Kirche des Georg (*Mār Girgis*) in Banī Murr
- Simaika, Manf. Nr. 20: wie Clarke.
- Timm, Christliche Stätten 60.

(2) Literatur

- Viaud-Muyser, Pèlerinages 51 f.: Das hier geschilderte Fest könnte der Nachfolger der bei al-Maqrīzī aaO angegebenen beiden Feste sein. Keinesfalls ist es das Fest des Klosters Nr. 15 bei al-Maqrīzī, wie die Autoren annehmen, da dieses Kloster mit dem von Dêr Biṣra (Buṣra) zusammenzustellen ist, s. u. zu A 21 // B I 21

A 21 // B I 21

Lage: Biṣra (Buṣra)

Weihung: *B. Theodorus filius Hanna / S. Teodoro // Teodoro figlio di Giovanne / S. Theodore Martyr, fils de Jean*

Patron der Kirche: Theodor Stratelates (20. Abīb)

– Delehaye MartEg 107

363 Die Klöster Nr. 15 und 16 müssen nach dem Aufbau von al-Maqrīzīs Verzeichnissen – dazu s. o. 4.2.3. – südlich vom Kloster des Viktor von Schū (A 19a II // B I 16) gelegen haben. Neben diesen beiden Klöstern führt al-Maqrīzī für das Ostufergebiet südl. Abnūb keine weiteren Kirchen auf; die Auswahl für Identifikationen ist daher eingeschränkt. Da die Anlage Klosterverz. Nr. 15 Wanslebens Notiz A 21 // B I 21 zuzuordnen ist, wie u. nachgewiesen wird (Zur Begräbnisstätte des Theodor Stratelates: 3. Zum älteren Namen von Buṣra), verbleibt hier nur die Nr. 16 zum Vergleich. Unzutreffend daher Viaud-Muyser, Pèlerinages 51 f., die für Banī Murr Klosterverz. Nr. 15 heranziehen wollen.

364 Description de l'Égypte. Atlas (s. o. Anm. 151), Feuille 12: Siout, bzw. Index géographique (s. o. Anm. 151) 801, rechte Kol.; Form des ON hier in der Transkription *Gemâçéh* bzw. *Gemâseh*.

365 LD I Abt. 1 Blatt 3 bis bzw. Blatt 2 (vgl. o. Anm. 152).

366 Ramzī aaO; die dort auftretende Form *al-Gamsā* dürfte angesichts der übrigen Belege für den ON ein Druckfehler für *al-Gamāš* sein. Will man den Grund für das Mißfallen der Bewohner an diesem ON erfahren, so schlage man *gamaša* bei Wehr, WB 121a auf.

- O'Leary, Saints 262-265
- Bibl. SS. XII, 1969, 240f. (Agostino Amore)
- Zum koptischen Dossier des Märtyrers vgl. Baumeister, Martyr Invictus 90 Anm. 27 und 135-137

Zur Identifizierung der Märtyrergestalt: Die Ägyptisierung des Theodor Stratelates

Wanslebens Bezeichnung des Heiligen, die in Notiz B I 12 noch einmal wiederkehrt, als „Theodor, Sohn des Johannes" geht auf eine arab. Benennung zurück, die guter ägyptischer Tradition entspricht und am deutlichsten in Rel. Germ. zu Tage tritt: *Tadrus ibn Ḥannā*, wobei *Ḥannā* eine Kurzform für *Yūḥannā* darstellt. Diese Benennung des Märtyrers geht auf eine koptische Traditionsschicht zurück, die die aus der ursprünglichen Theodorgestalt[367] ausgegliederte Märtyrergestalt „Theodor Stratelates" ganz zum Ägypter macht, d.h. ihn nicht nur seiner Begräbnisstätte, sondern auch seiner Herkunft nach mit Ägypten verknüpft. Mittel dieser Verknüpfung ist die Gestalt des Vaters des Theodor, der in der kopt. Überlieferung „Johannes" (ⲓⲱϩⲁⲛⲛⲏⲥ bzw. ⲓⲱⲁⲛⲛⲏⲥ, arab. *Yūḥannā*) genannt wird und aus dem Gau (ⲧⲟϣ) von Schōtep (ϣⲱⲧⲡ, arab. *Šuṭb*; zur Lage s.o. 4.2.2 zu A 23 // B II 8) stammt. Der Vater Johannes ist ein Geschöpf koptischer Hagiographen und kommt erst auf einer späteren Entwicklungsstufe der hagiographischen Literatur vor, die den Theodor Stratelates stark ägyptisch stilisiert und für die Tradition der ägyptischen Kirche weithin bestimmend geworden ist. Hengstenberg hat als erster die Eigenarten der Traditionsstufen der koptischen Literatur zu Theodor Stratelates in seiner klassischen Abhandlung zum Drachenkampf des Theodor[368] und in seiner Rez. zu Winstedt, Theodore[369] herausgearbeitet. Zwar stehen heute bei weitem mehr koptische Theodor-Texte zur Verfügung als sie Hengstenberg vorlagen (vgl. Baumeister aaO 137 Anm. 234), doch bleiben Hengstenbergs Differenzierungen gültig, soweit es um den Märtyrer „Theodor Stratelates" geht. Ich kennzeichne die koptischen Traditionsstufen jeweils durch einen repräsentativen Text, der auch für Hengstenberg Ausgangspunkt war:

367 Ausgangspunkt der ägyptischen Theodor-Gestalten ist die Märtyrerlegende von Theodor, dem Soldaten (Theodorus Tiro); dieser selbst ist aber in der ägypt.-koptischen Tradition unbekannt, s. Baumeister, Martyr Invictus 90 Anm. 27. Zum Weg vom Martyrium des Soldaten Theodor zur Gestalt des Theodor Stratelates vgl. ebd. 136f.

368 Willy Hengstenberg, Der Drachenkampf des Heiligen Theodor, OrChr NS 2, 1912, 78-106. 241-280 (dazu Nachtrag in OrChr NS 3, 1913, 135-137); im folgenden zit. als *Hengstenberg, Drachenkampf.*

369 Willy Hengstenberg, Rez. Winstedt, Theodore, ByZ 22, 1913, 184-194 (mit vielen Hinweisen zur Theodor-Tradition und damit verknüpften anderen Märtyrern über die Drachenkampf-Episode hinaus); im folgenden zit. als *Hengstenberg, Rez. Winstedt, Theodore.*

(1) Mart. Theodor Stratelates: AM I 157-181 (BHO 1166); besprochen bei Hengstenberg, Drachenkampf 257-261 bzw. Rez. Winstedt, Theodore 185. Hengstenberg stellt fest, daß der Heilige zwar als Stratelates bezeichnet wird, daß das Martyrium sich aber keineswegs an das griech. Mart. Theodor Stratelates (sog. Abgar-Akten, BHG 1750) anschließt, sondern ganz deutlich von der alten Märtyrerlegende des Theodorus Tiro (BHG 1761) abhängt, diese zwar teilweise verändert und erweitert, aber doch eine noch unbewußte Weiterentwicklung der Legende vom Soldaten Theodor darstellt. Es „schwankt zwischen Treue zur griechischen Vorlage und Liebe zum koptischen Konsens" (Baumeister aaO 136; ebd. 136f. zu den Zügen des koptischen Konsenses).

(2) Mart. Theodor Stratelates (kopt. Neuschöpfung): Turin, Biblioteca Universitaria (2 Fragmente; ed. Rossi) + Leipzig, Universitätsbibliothek Cod. Tisch. XXVI foll. 28, 33, 34 (ed. Winstedt) + Kairo, Kopt. Museum No. 49 Fragm. 1-3 (ed. Evelyn White); zu den Editionen der Fragmente und zu ihrer Anordnung s. Baumeister aaO 135f. Besprochen – soweit damals schon veröffentlicht[370] – von Hengstenberg, Drachenkampf 261 Anm. 1 bzw. Rez. Winstedt, Theodore 185f. Hengstenberg charakterisiert den Text als „eine in koptischem Geist weiterentwickelte Fassung der Stratelaten-Legende" (Drachenkampf aaO). Bezeichnend ist, daß der Märtyrer sein Martyrium nicht mehr in Anatolia wie in (1) erleidet, sondern in Ägypten unter dem Statthalter Kulkianos; „der national-koptische Stolz forderte natürlich, daß der große Märtyrer in Ägypten gelitten haben und begraben sein müsse" (aaO).

(3) „Theodor, Erzbischof von Antiochia"[371], Enkomion auf Theodor Anatoleos und Theodor Stratelates: ed. Winstedt, Theodore 1-133 = AM II 90-156; der

370 Hengstenberg lagen die von Rossi publizierten Turiner Fragmente und die von Winstedt edierten Leipziger Blätter vor, dagegen nicht Evelyn Whites Publikation (ersch. 1926), in der einige wichtige Erwägungen zur Zusammengehörigkeit aller hier genannten Bruchstücke vorgetragen werden (New Texts from the Monastery of Saint Macarius 75).

371 Dieser Autor der kopt. Literatur läßt sich historisch nicht verifizieren und stellt eine Fiktion ägypt. Hagiographen dar. Seine Einordnung unter die „Autori non egiziani" bei Orlandi, Elementi (s.o. Anm. 277) 124 ist daher unzutreffend. Bei dem ebd. genannten Theodor-Enkomion handelt es sich in Wirklichkeit um zwei verschiedene Werke, und zwar:

a) Enkomion auf Theodor Anatoleos (daneben auf Gaios, Erzbischof von Antiochia, und Klaudios); der Text ist saʿidisch überliefert (ed. Budge, Misc. Texts 1-48). Theodor Stratelates spielt hier keinerlei Rolle; er wird nur einmal am Rande erwähnt.

b) Enkomion auf Theodor Anatoleos *und* Theodor Stratelates; der Text ist bohairisch überliefert (ed. Winstedt bzw. edd. Balestri-Hyvernat, d.h. der hier zu besprechende Text).

Ein weiteres Werk der kopt. Literatur, das diesem fiktiven Autor zugeschrieben wird und bei Orlandi aaO nicht verzeichnet ist, s.u. im Exkurs „Die Begräbnisstätte des Theodor Stratelates" unter 1.

Schluß des Enkomions fehlt. Besprochen bei Hengstenberg, Drachenkampf 261-266 bzw. Rez. Winstedt, Theodore 187. Dieser Text bezeugt nach Hengstenberg, „wohin sich die Legende des Stratelaten Theodor ... auf dem üppigen Boden Ägyptens auswachsen konnte" (Drachenkampf 261 f.); der Text ist „entweder ein rein ägyptisches Produkt oder ... ist in Ägypten vollständig umgearbeitet worden" (aaO 262). Ein Schwergewicht des Enkomions liegt auf der Jugendgeschichte des Theodor Stratelatos (Winstedt, Theodore 15,3-44,13 = AM II 103,9-131,10). „Diese hat nur den Zweck, Theodor wenigstens als halben Ägypter erscheinen zu lassen und einen dreijährigen Aufenthalt in der berühmten Theodor-Stadt Schotep bei Assiût, wohin er seinem christlichen Vater Johannes gefolgt war, zu erklären" (Hengstenberg aaO 262). Besser könnte man noch den Zweck dieses Teiles der Erzählung mit den Einleitungsworten des Predigers zu diesem Passus kennzeichnen: „Ich für meine Person bin es, der schuldig ist, euch zu berichten, weshalb sein Leib nach Ägypten gebracht wurde; denn es ist kein fremdes Land, vielmehr das Land seines Vaters" (Winstedt, Theodore 15,3-5 = AM II 103,9-11). Das Begräbnis in (Ober-)Ägypten ist also der leitende Gesichtspunkt für die Erzählung von der ägyptischen Herkunft des Theodor.

Die Konstellation des Vater-Sohn-Verhältnisses Theodor Stratelates/Johannes der Ägypter tritt erst in der literarischen Traditionsstufe (3) auf. Einige charakteristische Formulierungen zu diesem Verhältnis aus dem genannten bohairischen Enkomion seien hier zitiert:

a) „der heilige Theodor der General (ⲡⲓⲥⲧⲣⲁⲧⲏⲗⲁⲧⲏⲥ), der Sohn des Johannes des Ägypters" (im Titel des Werkes; Winstedt, Theodore 1,7f. = AM II 90, 6f.)
b) „... wie dein (scil. des Theodor) Vater der Ägypter..." (Winstedt, Theodore 8,8-10 = AM II 96,22-24)
c) „Mein Vater heißt Johannes und ist ein Ägypter aus dem Gau von Schōtep." (Winstedt, Theodore 26,7f. = AM II 113,28f.[372]).
d) „Ich bin Johannes, dein ägyptischer Vater." (Winstedt, Theodore 26,12 = AM II 114,5).

Aus der Jugendgeschichte des Enkomions erfahren wir, daß Johannes aus dem Gau von Schōtep in Oberägypten stammt. Er wird dort als Soldat rekrutiert und nach Antiochia gebracht. Auf Grund des Wohlwollens seines Vorgesetzten braucht er nicht ins Feld zu ziehen und wird mit einer vornehmen heidnischen Frau verheiratet, die teils Eusebia, teils Stratikia genannt wird. Diese gebiert ihm einen

372 Eine fragmentarische saʿid. Par. dazu bei Henri Munier, Mélanges de littérature copte I: Collection du Rév. E.C. Hoskyns. § 3: Saint Théodore l'Oriental et Saint Théodore le Général, ASAE 19, 1920, 228-235 (fol. 3 vso. I 10-12).

Sohn, den er Theodor nennt. Unter Druck gesetzt, die heidnischen Götter seiner Frau zu verehren, verläßt Johannes nach einer nächtlichen Vision Antiochia und begibt sich zurück in sein Heimatland. Der Jüngling Theodor befragt seine Mutter nach dem Verbleib seines Vaters, worauf diese Ausflüchte macht. Trotz der Bemühungen seiner Mutter wird Theodor Christ und läßt sich taufen. Er wird dann „General" (ⲥⲧⲣⲁⲧⲏⲗⲁⲧⲏⲥ) der kaiserlichen Truppen. Christus offenbart sich ihm in einer wunderbaren Erscheinung und kündigt ihm sein Martyrium an, aber auch die Gnadengabe, vorher alle Feinde im Kriege zu besiegen; er gebietet ihm auch, seinen Vater Johannes zu besuchen. Theodor übergibt das Kommando einem Freund und begibt sich mit wenigen Begleitern nach Ägypten. Er gelangt in den Gau von Schōtep und findet seinen Vater krank vor. Am fünften Tage nach seiner Ankunft stirbt Johannes; Theodor sorgt für sein Begräbnis – schon im Blick auf seine eigene künftige Begräbnisstätte (Winstedt, Theodore 41,15-17 = AM II 128,28-129,1). Theodor verbringt noch drei Jahre im Gau von Schōtep. Dann wird er wegen eines Perserkrieges zurückgerufen und kehrt nach Antiochia zurück.

Ob es eine koptische Neufassung des Mart. Theodor Stratelates gegeben hat, die dieser Darstellung zugrundeliegt, ist nicht sicher. Doch macht die Notiz des Synaxars zum Gedenktag des Theodor, dem 20. Abīb, ein solches Martyrium wahrscheinlich. Diese entspricht nämlich weder den koptischen Traditionsstufen (1) und (2), sondern bietet alle Elemente der oben referierten Jugendgeschichte, wenn auch in teilweise anderer Anordnung: Geburtsgeschichte – Aufwachsen des Jünglings ohne Vater – Theodor wird Soldat und Offizier – Gefangennahme des Sohnes des Perserkönigs durch Theodor Stratelates und Theodor Anatoleos – Drachenkampf in Euchetis – Besuch beim Vater in Oberägypten – Bekenntnis und Martyrium vor dem Kaiser Diokletian in Antiochia (Syn. Alex. (Forget) II (Textus) 232-234 bzw. II (Versio) 227-229; vgl. auch die ausführlichere Fassung, deren Ablauf aber identisch ist, im Syn. Aeth. zum 20. Ḥamlē, s. Syn. Aeth. (Budge) IV 1133-1138). Die Trennung des Ägypten-Aufenthaltes von der Jugendgeschichte macht es sehr wahrscheinlich, daß hier ein Text zugrundeliegt, der nicht mit dem Enkomion identisch ist, aber mit diesem auf derselben Traditionsstufe steht. Insoweit ist Hengstenbergs Einordnung der Synaxarnotiz als zwischen (2) und (3) stehend (Drachenkampf 261 Anm. 1 unter c)[373] zu korrigieren.

Theodor Stratelates wird nun nicht nur über seine Herkunft mit Ägypten verbunden. Er findet vielmehr seine endgültige Begräbnisstätte dort, und zwar im Gau von Schōtep (zur genaueren Lokalisierung s. u.). Zutreffender ist wohl zu formu-

373 Dabei ist zu beachten, daß Hengstenberg noch keine gedruckte Ausgabe der entsprechenden Notiz im Syn. Alex. vorlag, da der arab. Text von Forgets Edition erst 1912, die lat. Übers. aber erst 1926 erschienen ist; ähnliches gilt für den Monat Abīb in Bassets Edition. Hengstenberg hat sich für seine Beurteilung der Synaxarnotiz auf ein Referat von Amélineau gestützt, weshalb seine Einschätzung nunmehr zu revidieren ist.

lieren: Die hagiographische Verknüpfung des Theodor mit Oberägypten über die Abstammung von einem ägyptischen Vater dient dazu, die Tradition von der Begräbnisstätte im Gau von Schōtep zu erklären. Diese Tradition ist so stark, daß sie auch Eingang in den Festkalender der ägyptischen Kirche gefunden hat: Am 5. Hatūr wird das Ereignis kommemoriert, das als „Ankunft des Leibes des Theodor (Stratelates) in Schōtep (*magī' gasad (al Amīr) Tadrus ilā Šuṭb*) bezeichnet wird. Als Zeugen vgl.

- Syn. Alex. (Forget) I (Textus) 91,10f. bzw. I (Versio) 100,4-6; vgl. auch Syn. Aeth. (Budge) I 210
- Difnār (ed. O'Leary) I 52f. (Psali „Adam" Str. 9-12; Theodor ist in der Überschrift zum Tage nicht genannt!)
- Ménologes (ed. Nau) PO X 193
- Kalendarium des Abū'l-Barakāt PO X 258
- s. auch weiter die Textzeugen ABF zur Kommemoration 3 des 5. Hatūr bei Meinardus, Christian Egypt[2] 84; füge die Textzeugen CG hinzu, die Meinardus auf Grund des Mißverständnisses einer Angabe Bassets zum Tage in Syn. Alex. (Basset) weggelassen hat.

Aus den Angaben zu diesem Festtag ergibt sich, daß der Gau von Schōtep keineswegs den Anspruch erhebt, die ursprüngliche Begräbnisstätte des Märtyrers zu beherbergen. Vielmehr ist sie erst durch Translation entstanden, aber im Bewußtsein der ägyptischen Kirche fest als „die" Begräbnisstätte verankert. Das zeigt sich besonders darin, daß neben dem 20. Abīb (Gedenktag des Martyriums) und dem 5. Hatūr (Translation nach Oberägypten) noch ein weiterer Theodor-Gedenktag begangen wird, nämlich der 20. Hatūr. An diesem Tage wird der Weihe der Kirche des Theodor Stratelates gedacht. Bei dieser ist nach der Art der Angaben des Syn. Alex. an die Begräbniskirche des Theodor zu denken; vgl. das entsprechende Gedenken für Bau und Weihe der Begräbniskirche des Viktor, Sohnes des Romanos am 27. Hatūr, s. o. zu A 19a I // B I 16. Es bleibt aber merkwürdig unklar, wo diese Kirche eigentlich liegt. Das könnte mit der offensichtlich geringeren Bedeutung dieses Tages gegenüber dem 5. Hatūr zusammenhängen: Kirchweihe für Theodor Stratelates war für die ägyptische Kirche in erster Linie die im Gaue von Schōtep; der zweite Termin für die Kirchweihe – für die ursprüngliche Begräbniskirche – trat demgegenüber zurück. Vgl. dazu die Bezeugung des 20. Hatūr als Kirchweihtag:

- Syn. Alex. (Forget) I (Textus) 115,3f. bzw. I (Versio) 135,35-136,2: Weihe der Kirche des Theodor, Sohnes des Johannes, des Mannes aus Šuṭb, und Bekundung seiner Wundertaten in ihr (nur in Forgets Hss. A und C, fehlt daher in Bassets Ausgabe des Syn. Alex.). Die Formulierung der Notiz klingt sehr danach, als sei eigentlich die Weihe der Kirche im Gaue von Schōtep gemeint. Vgl. auch das Syn. Aeth. zum 20. Ḫĕdār: Der Heilige wird nur als Theodor

Stratelates bezeichnet; es fehlt also der Hinweis auf den Vater und die Herkunft aus Šuṭb (Syn. Aeth. (Budge) I 265).

- Difnār (ed. O'Leary) I 66: *om.*
- Ménologes (ed. Nau) PO X 192 (Anm. 2 zum arab. Text) bzw. 226: „Theodor der Märtyrer" (nur Hs. B bzw. H). Es fehlt ein Hinweis, daß es sich um ein Kirchweihgedenken handelt.
- Kalendarium des Abū 'l-Barakāt PO X 258: *om.*
- Textzeugen ABCG zur Kommemoration 2 des 20. Hatūr bei Meinardus, Christian Egypt^2 87. Die kalendarische Notiz im Textzeugen C[374] – „Gedenken des Märtyrers Theodor, Sohn des Johannes aus Šuṭb[375] und Predigt in der ihm geweihten Kirche" – läßt wiederum, wie schon oben zu Syn. Alex. festgestellt, an die Theodor-Kirche im Gau von Schōtep denken.

Wie aus den hier vorgelegten Zusammenstellungen ersichtlich, gibt es eine feste Tradition der koptischen Kirche, die Theodor Stratelates zum Ägypter macht, weil er seine Begräbnisstätte in Ägypten hat und (sekundär) weil er von dort stammt. Diese enge Verbindung zu Ägypten wird am klarsten durch die Apostrophierung des Märtyrers als „Sohn des Johannes (des Mannes aus Schōtep)" ausgedrückt, wie wir sie auch bei Wansleben finden. Demgegenüber kann die Bezeichnung als „General" zurücktreten, vgl. etwa die o. zum Gedenktag 20. Hatūr genannten Textzeugen. Ja, die ägyptische Herkunft des Märtyrers kann so in den Vordergrund treten, daß er selber – und nicht mehr sein Vater Johannes – als „der Ägypter" oder gar als „der Mann aus Schōtep" bezeichnet wird. Dazu zwei Beispiele:

a) In einer Aufzählung der aus Antiochia stammenden „Generäle" (ⲥⲧⲣⲁⲧⲏⲗⲁⲧⲏⲥ) wird Theodor so aufgeführt: „... und ein Ägypter namens Theodor Stratelates ..." (Budge, Misc. 14,29 f.).

b) In einer Liste von Märtyrern, die Apater und seine Schwester Herai im Gefängnis von Antinoopolis antreffen (AME 99,15-100,5), begegnet uns auch „Theodor, der Mann aus Schōtep" (ⲑⲉⲟⲇⲱⲣⲟⲥ ⲡⲓⲣⲉⲙϣⲱⲧⲡ; aaO 99,19). Da die meisten der genannten Märtyrer identifizierbar sind, also keine Fantasienamen wie in ähnlichen Szenen anderer Märtyrerlegenden vorliegen, dürfen wir hier ganz sicher sein, Theodor Stratelates vor uns zu haben. Die arabisierte Form dieser Herkunftsangabe als *as-Šuṭbī* finden wir dann beispielsweise in der Bezeichnung einer Theodor-Kirche. So wird die Kirche von Damšīr, die nach

374 Das ist S. C. Malan, The Calendar of the Coptic Church. Transl. from an Arabic MS.; with Notes (Original Documents of the Coptic Church. 2) London 1873. Die Notiz ebd. 12, der Kommentar (Anm. 28) ebd. 58.

375 Malan bietet aaO 12 „the martyr Theodoras (sic), son of John of Nantas (sic)". Daß hier eine Kombination von Schreibfehlern in Malans Vorlage und Lesefehlern von Malan selbst vorliegt, zeigt sein Kommentar zu „Nantas" aaO 58: „*Nantab* (sic), or rather *Nenhati* ...". Der ON ist einfach zu korrigieren: lies Šuṭb; Malan hat das anlautende *Šīn* in zwei *Nūn* zerlegt (ـشـ > ـنـنـ !).

Clarke F 4 bzw. Simaika, al-Minyā Nr. 6 dem Theodor Stratelates (*al-Amīr Tadrus*) geweiht ist – vgl. o. unter A 4a zu al-Maqrīzī –, vor Ort die Kirche des *al-Amīr Tadrus aš-Šuṭbī* genannt.[376]

Diese Apostrophierung des Heiligen könnte man den Schlußpunkt seiner Ägyptisierung nennen.

Exkurs zu A 21 // B I 21: Die Begräbnisstätte des Theodor Stratelates im Gau von Schōtep. Gleichzeitig ein Beitrag zur Frage des Ostufergebietes des 11. oberäg. Gaues

O. *Einleitende Bemerkungen*

Die Frage nach der Begräbnisstätte des Theodor Stratelates an dieser Stelle aufzuwerfen, mag etwas erstaunen, spricht Wansleben doch mit keinem Wort vom Begräbnis des Märtyrers. Allerdings weist er höchst selten auf Traditionen zum Begräbnis eines Heiligen hin – für die hier zu besprechende Region macht er nur eine Angabe zur Begräbnisstätte des Apater und der Herai, s.o. zu A 0. Das kann damit zusammenhängen, daß viele Begräbnistraditionen zur Zeit von Wanslebens Erkundigungen bereits vergessen waren. Heute zeigen viele Orte, die lange als Begräbnis- und Kultstätten berühmter Märtyrer galten, keine Spuren dieses Kultes mehr. So ist der Kolluthos-Kult von Antinoopolis erloschen; die Begräbniskirche des Phoibamon des Soldaten in Theodosiopolis/Ṭaḥā scheint nicht mehr bekannt zu sein bzw. erhielt das Menas-Patrozinium.[377] Auch in Lykopolis/Asyūṭ sind alte Kirchen, die Märtyrern der Region gewidmet waren (Phoibamon der Soldat/Viktor, Sohn des Romanos/Klaudios), heute nicht mehr vorhanden – und das wohl schon zu al-Maqrīzīs und Wanslebens Zeiten, s.u. zu A 22 // B II 1.

Etienne Quatremère hat nun in einem kühnen Schluß den Herkunftsort des Vaters des Theodor mit dem ON Bossra in Wanslebens Notiz B I 21 (in NR) bzw.

376 S. Dieter Kessler, Historische Topographie der Region zwischen Mallawi und Samaluṭ (Beihefte TAVO Reihe B Nr. 30), Wiesbaden 1981, 304. Im Sinne der hier besprochenen Bezeichnung des Theodor Stratelates als „(Mann) aus Schōtep" möchte ich auch die Formulierung ⲡⲁⲅⲓⲟⲥ ⲑⲉⲟⲇⲱⲣⲟⲥ ⲛ̄ϣⲱⲧⲡ im Kolophon einer saʿidischen Hs. verstehen, der u. unter Weitere Lit.: Quellen vorgestellt wird. Die dort genannte Theodor-Kirche muß also keineswegs in Schōtep selbst liegen.

377 Vgl. Clarke, F 17 ≙ Simaika, al-Minyā Nr. 29. Das ist die einzige für Ṭaḥā verzeichnete Kirche; vgl. auch Timm, Christl. Stätten 138. Weder im Text des Abū Ṣāliḥ noch in al-Maqrīzīs Kloster- bzw. Kirchenverzeichnis tritt eine Anlage des Phoibamon/Bifām in Ṭaḥā auf, obwohl es früher eine solche – anscheinend von großer Bedeutung – gegeben hat. Zum Verschwinden der Anlage ist die Notiz des Abū Ṣāliḥ zu vergleichen, in der er über die Zerstörung der Kirchen der Stadt berichtet (Abū Ṣāliḥ fol. 77b (Evetts 222,8-20)).

Bessora in der Notiz A 21 (in Rel.) verknüpft.[378] Quatremères Identifizierungsvorschlag ist von Amélineau schroff abgelehnt worden (Géogr. 304f.) – mit sehr schlechten Gründen.[379] Einfach falsch ist nämlich Amélineaus Angabe, daß es ein Dorf „Bossra" in Ägypten nicht gebe – das hier behandelte Dorf Buṣra existiert bis heute und kommt seiner Lage nach für eine Identifizierung durchaus in Betracht. Die von Amélineau monierte Unähnlichkeit zwischen dem kopt. ON ⲡⲁⲫⲟⲣ und Bossra kann angesichts der Möglichkeit des Namenswechsels kein ausschlaggebendes Argument sein; vgl. o. zu A 16 // B I 14: ⲧⲁϩⲁⲛϩⲱⲣ > al-Maʿabda. Aber prüfen wir Quatremères Vorschlag nun schrittweise.

1. *Der Name des Herkunftsortes des Johannes, des Vaters des Theodor Stratelates, und des Begräbnisortes des Märtyrers*

Der Name des Ortes wird bei zwei Gelegenheiten im bohairischen Enkomion auf die beiden Theodore – s. o. Traditionsstufe (3) – genannt, und zwar jeweils in Verbindung mit ⲙⲟⲛⲏ:

a) bei der Rekrutierung des Johannes als Soldat: ⲟⲩⲙⲟⲛⲏ ϫⲉ ⲡⲁⲫⲟⲣ Winstedt, Theodore 16,15f. = AM II 104,20
b) beim Besuch des Theodor Stratelates in Oberägypten: ⲑⲙⲟⲛⲏ ⲙ̀ⲡⲁⲫⲟⲣ ebd. 35,18f. = AM II 123,7f.

Der Ort muß in der Nähe des Flusses gelegen haben, da jeweils von einer Schiffsreise auf dem Nil die Rede ist und es heißt

a) „bis er bei einer ⲙⲟⲛⲏ namens ⲡⲁⲫⲟⲣ anlegte ..."
b) „Sie segelten nach Süden, bis sie das Land seiner Väter erreichten ... Da sagte der Kapitän zu ihm: Edler Herr Spatharios, hier ist das Land, nach dem du suchst, nämlich die ⲙⲟⲛⲏ von ⲡⲁⲫⲟⲣ."

378 Etienne Quatremère, Observations sur quelques points de la géographie de l'Égypte, Paris 1812, 33. Quatremère gibt den ON leicht fehlerhaft als *Bassora* wieder und beruft sich dafür auf Wansleben, NR 361 und Rel. 213; auf die Differenz der Formen in den beiden Berichten geht er nicht ein. Bei dem von Quatremère für den kopt. ON genannten Text – Zoega, Catalogus p. 59 bzw. 60 – handelt es sich um eine Abschrift von Raphaël Tuki nach Cod. Vat. Copt. 65, foll. 30 rto. – 98 vso., die dieser für Kardinal Stefano Borgia angefertigt hat und die von Zoega katalogisiert wurde. Das heißt, daß wir es mit nichts anderem zu tun haben als dem Enkomion auf die beiden Theodore, das o. zu Traditionsstufe (3) besprochen wurde.

379 Ramzī, Qāmūs II (4),5f. verbindet ebenfalls das von Quatremère genannte ⲡⲁⲫⲟⲣ – bei Ramzī als *Bāfūr* transkribiert – mit Wanslebens Bessora/Bossra, dem heutigen Biṣra. Die Hauptquelle seiner Argumentation ist Amélineau, Géogr. 304f. Sie wird von ihm referiert, wobei bereits Wansleben *Bāfūr* mit Biṣra verknüpft haben soll (!!) und völlig unterschlagen wird, daß Amélineau Quatremères Verknüpfung scharf abgelehnt hat. Ramzī „beweist" dann aus von Amélineau und Gauthier vorgelegten Materialien, daß Biṣra = *Paper Hor* („altägypt.") = *Babor* („griech.") = *Bāfūr* („kopt.") ist. Trotz vieler Mängel und Mißverständnisse im einzelnen (Wiedergabe der Formen des ON !) bleibt sein Ergebnis im großen und ganzen richtig – wobei allerdings die Ableitung völlig unzureichend ist, vgl. den u. vorgeführten Beweisgang.

Das in sa'id. Texten nur selten auftretende Lehnwort ⲙⲟⲛⲏ *fem.* < griech. ἡ μονή hat in bohair. Texten meist die Bedeutung „Kloster"[380] (vgl. dazu L&S 1143b Bed. II 2 ≙ Sophocles, Lexicon 766a Bed. 3). Diese Bedeutung liegt hier aber nicht vor, vielmehr die Ausgangsbedeutung für „Kloster", nämlich „Aufenthaltsort, Wohnung; Station, Rastplatz" (L&S 1143b Bed. II 1 ≙ Sophocles, Lexicon 766a Bed. 2). In der letzten Nuancierung „Station, Rastplatz" kommt das Wort häufiger in der koptischen Ortsnamengebung vor, etwa als ⲑⲙⲟⲛⲏ ⲁⲡⲁ ⲫⲓⲥ „die Station des Apa Phis", was die koptische Bezeichnung für das heutige al-Minya ist (Munier, Recueil 63,30). Dieses ⲙⲟⲛⲏ wird in kopt. Ortsnamenlisten häufiger verballhornt – etwa zu ⲙⲱⲛⲏ oder ⲙⲟⲟⲛⲉ –, hat aber nichts mit dem koptischen Verbum ⲙⲟⲟⲛⲉ „landen" zu tun, s. Crum, Dict. 174a (am Ende des Lemmas ⲙⲁ ⲙ̄ⲙⲟⲟⲛⲉ). Das kopt. ⲙⲟⲛⲏ in Verbindung mit Ortsnamen ist die Basis eines wichtigen arab. Bildungselementes von ON geworden: ⲙⲟⲛⲏ + *bestimmendes Element* > *munyat* (später: *minyat*) + *bestimmendes Element*; vgl. die Vielzahl der mit Minyat- gebildeten ON im Register bei Halm, Ägypten II 796-798.[381] Für die weitere Diskussion des ON ⲡⲁⲫⲟⲣ werde ich das Element ⲙⲟⲛⲏ vernachlässigen, da es hier nicht so sehr Teil des ON zu sein scheint, sondern eine Qualifizierung des Ortes wie „Stadt" oder „Dorf". Der Ort ⲡⲁⲫⲟⲣ ist nun nicht nur der Ort, von dem Johannes nach Antiochia geholt wird und an den er später zurückkehrt, um dort auch begraben zu werden. Er ist auch der (sekundäre) Begräbnisort des Theodor Stratelates. Das ergibt sich nicht nur aus der Angabe des unvollständigen boh. Enkomions zum Begräbnis des Johannes durch den Sohn (Winstedt, Theodore 41,15-17 ≙ AM II 128,28-129,1), sondern auch aus anderen Texten, aus denen wir auch die saʿid. Form des ON gewinnen:

a) „Theodor, Erzbischof von Antiochia"[382], Enkomion XI: Auf die Märtyrer von Antiochia, besonders aber auf Theodor Anatoleos und Theodor Stratelates

380 Ein gehäuftes Auftreten des Wortes in dieser Bedeutung ist für die bohairische Pachom-Vita festzustellen, s. den Index zu Leforts Ausgabe (L. Th. Lefort (ed.), S. Pachomii Vita bohairice scripta, CSCO 89 (Script. Copt. 7), 1925 = (unv. Nachdruck 1953). Zur ebd. häufig auftretenden Pluralform ⲙⲟⲛⲱⲟⲩⲓ s. Crum, Dict. 177b. Im Dossier, der saʿid. Pachom-Viten tritt das Wort dagegen überhaupt nicht (!) auf, s. den Index bei L. Th. Lefort (ed.), S. Pachomii Vitae sahidice scriptae, CSCO 99/100 (Script. Copt. 9/10), 1933-1934 (unv. Nachdruck 1952); an seiner Stelle steht hier weithin ϩⲉⲛⲉⲉⲧⲉ, vgl. Crum, Dict. 692a. Zum sonstigen (seltenen) Auftreten des Lehnwortes ⲙⲟⲛⲏ s. Böhlig, GLWNT 206; als Belege vgl. noch Balestri-Hyvernat, AM II, 1,24 (wahrsch. „Kloster"); 266,24 (Wohnung eines Anachoreten).

381 Zur Ableitung von *munya (minya)* aus ⲙⲟⲛⲏ s. van Lantschoot, Colophons (s. o. Anm. 133) No. I Anm. 3 unter 2. Gewisse Reserven dazu bei Jean Maspero und Gaston Wiet, Matériaux pour servir à la géographie de l'Égypte. Première série, MIFAO 36, Le Caire 1914-1919, 206f.; dort wird eine Äußerung von Gaston Maspero referiert, in der er erwägt, kopt. ⲧⲙⲟⲛⲏ als eine Transkription von arab. *al-munya* anzusehen, das Ableitungsverhältnis also umgekehrt anzusetzen.

382 Dieser Autor ist eine literarische Fiktion ägyptischer Hagiographen, s. Anm. 371.

(unpubliziert; New York, Pierpont Morgan Library Ms. M 608; beschränkt zugänglich in Bd. 50 der fotografischen Ausgabe der Pierpont-Morgan-Hss. (= Crum, Dict.: Mor 50)). Das Enkomion hat nichts mit dem boh. Enkomion auf die beiden Theodore zu tun, das demselben Autor zugeschrieben wird. Trotz des Titels steht Theodor Stratelates im Mittelpunkt der Lobrede.[383] Den größten Teil der Lobrede machen Berichte über Wundertaten des Theodor Stratelates aus, als deren Gewährsmann „Timotheus, Diener des Theodor" angegeben wird (neun Miracula; foll. 6 vso. I 30-27 vso. I 8 ≙ Fotograf. Ausg. Bd. 50, Taf. 16-58). Dieses Mittelstück wird von einer Einleitung (foll. 1 vso. I 6-6 vso. I 29 ≙ Fotograf. Ausg. Bd. 50, Taf. 6-16) und einem abschließenden Stück (foll. 27 vso. I 9-33 vso. II 3 ≙ Fotograf. Ausg. Bd. 50, Taf. 58-70) umrahmt. Die Einleitung preist die Invention von Märtyrergebeinen, insbesondere die Invention von Märtyrern unter Kaiser Konstantin. Das Schlußstück berichtet dann über die Invention des Leibes des Theodor Stratelates und die Regelung seines Kultes. An der Invention ist der Prediger „Erzbischof Theodor" führend beteiligt. Er begibt sich dazu nach Oberägypten – aber auch um der aus Antiochia stammenden, aber in Ägypten begrabenen Märtyrer Viktor und Klaudios willen (foll. 27 vso. I 9-29 vso. I 4 ≙ Fotograf. Ausg. Bd. 50, Taf. 58-62). Das Schlußstück des Enkomions apostrophiert also gleich drei Märtyrer der Region von Asyūṭ und geht auch auf deren Begräbnisstätten ein. Es heißt dort zu Theodors Begräbnisort in Oberägypten: „... so Theodor: Er ist nämlich in ⲡⲁⲡⲟⲣ im Gaue von Schōtep[384]." (foll. 29 rto. I 26-29 ≙ Fotograf. Ausg. Bd. 50, Taf. 61).

b) „Anastasios, Bischof von Euchetis"[385], Enkomion auf Theodor Stratelates (unpubliziert; New York, Pierpont Morgan Library Ms. M 591, foll. 121 rto. –

383 Dieses Werk des „Erzbischofs Theodor" ist dem „Werkeverzeichnis" in Anm. 371 hinzuzufügen. Es bildet ein Seitenstück zu dem dort unter a aufgeführten Enkomion, das dem Theodor Anatoleos gewidmet ist. Dieser steht dort ebenso im Mittelpunkt, obwohl im Titel noch andere Märtyrer genannt sind, wie hier Theodor Stratelates. Wir hätten damit eine Art Theodor-Trilogie, die demselben Autor zugeschrieben wird:
(1) Enkomion auf die beiden Theodore
(2) Enkomion auf Theodor Anatoleos
(3) Enkomion auf Theodor Stratelates.

384 Die Hs. bietet an dieser Stelle ϣⲱⲧ, was in ϣⲱⲧⲡ zu korrigieren ist, s. u. Abschnitt 2 zur Tradierung des kopt. ON in den Hss.

385 Dieser Prediger ist wiederum ein Autor der kopt. Literatur, der seine Existenz der Fiktionskraft ägyptischer Hagiographen verdankt – ebenso wie sein Kollege „Theodor, Erzbischof von Antiochia", vgl. Anm. 371. Das einzige Werk, das wir unter seinem Namen kennen, ist das hier besprochene Enkomion auf Theodor Stratelates, s. Orlandi, Elementi (s. o. Anm. 277) 115. Bei Orlandi wird der Autor unter den „Autori non egiziani" eingeordnet, zu Unrecht, wie typisch ägyptische Züge des Enkomions zeigen, s. die Analyse; dort auch Hinweise zum „mythologischen Charakter" des Autors (er soll Jugendgefährte des Theodor Stratelates gewesen sein u. ä.).

136 rto.; beschränkt zugänglich in Bd. 28 der fotografischen Ausgabe der Pierpont-Morgan-Hss. (= Crum, Dict.: Mor. 28), Taf. 243-273). Das Enkomion, das einem Jugendgefährten des Theodor Stratelates zugeschrieben wird, der später Bischof der Stadt wird, wo Theodor den Drachen besiegt hat, ist deutlich von der oben besprochenen ägyptischen Abkunft des Märtyrers und seinem oberägyptischen Begräbnisort geprägt. Es bietet praktisch die „Vita" Theodors; vgl. dazu die Formulierung im Titel, daß das Enkomion gehalten wurde „auf Grund der eindringlichen Bitten des Volkes, wobei sie ihn (scil. den Bischof Anastasios) aufforderten, ihnen seine (scil. des Märtyrers) ganze Vita (ⲃⲓⲟⲥ) zu erzählen" (fol. 121 rto. II 9-16 ≙ Taf. 243 der fotograf. Ausgabe Bd. 28). So wird dann auch das Martyrium des Theodor berichtet, dessen Schilderung deutlich vom koptischen Konsens der Märtyrerlegende geprägt ist. Man könnte dieses Enkomion als um eine Vorgeschichte erweitertes Martyrium (im engeren Sinne) bezeichnen, das nur in der Form des Enkomions auftritt.

Bezugnahmen auf den Herkunftsort des Johannes, des Vaters des Märtyrers, bzw. auf den (endgültigen) Begräbnisort des Theodor finden sich an vier Stellen; dabei wird zweimal der Name des Ortes genannt:

(1) (Bei der Rekrutenaushebung) „landeten sie an einer Insel inmitten des Flusses, die man Papor (Hs.: ⲡⲁⲡⲟⲧ; Verschreibung, lies ⲡⲁⲡⲟⲣ) im Gaue von Schōtep nennt. Dort fanden sie einen Mann, der Johannes hieß." (fol. 122 rto. I 7-17 ≙ Taf. 245 der fotograf. Ausgabe Bd. 28).

(2) (Johannes erscheint seinem Sohne Theodor im Traum und sagt:) „Ich bin dein Vater, der dich gezeugt hat; denn ich, ich bin ein Ägypter, der aus Papor (ⲡⲁⲡⲟⲣ) im Gaue von Schōtep stammt." (fol. 124 vso. I 33 – II 6 ≙ Taf. 250 der fotograf. Ausgabe Bd. 28).

(3) „Denn der Herr wird deinem Namen Ruhm verleihen an allen Orten, besonders aber im Land von Schōtep, das das Land deines Vaters ist." (fol. 133 rto. I 16-22 ≙ Taf. 267 der fotograf. Ausg. Bd. 28).

(4) (Der Erzengel Michael spricht zu Theodor kurz vor dessen Märtyrertod:) „Dann wird deine Mutter deinen Leib schmücken[386] und zum Begräbnis herrichten; sie wird ihn an Bord eines Schiffes bringen und ihn in das Land Ägypten schaffen. Er wird auf dem Nil nach Süden segeln,

386 Da es hier offensichtlich um die Herrichtung des Leichnams vor dem Begräbnis geht, übersetze ich das Verbum ϣⲗ̄ⲙ („umfassen, umarmen, umwinden") mit „schmücken". Vgl. dazu die Belegstellen aus dem Sprachgebrauch des Schenute, zu denen Crum, Dict. 522b als Bedeutung fragend „verzieren" angibt; dieselbe Verwendungsweise scheint hier vorzuliegen. Oder sollte hier an „umwinden" im Sinne der Mumifizierung gedacht sein, also zu übersetzen sein „(sie) wird deinen Leib (mit Binden) umwickeln"? Das Verbum scheint aber keinen besonderen Bezug zur Bestattung zu haben, s. Crum aaO.

bis er bei einem Chor von Märtyrern auf dem Gebel von Schōtep (ϩⲙ̄ ⲡⲧⲟⲟⲩ ⲛ̄ϣⲱⲧⲡ) landen wird." (fol. 134 vso. I 17-28 ≙ Taf. 270 der fotograf. Ausg. Bd. 28). Der Leichnam des Theodor wird also in einer Gegend begraben, in der es schon einen ganzen „Chor von Märtyrern" gibt, d. h. mehrere Märtyrerbegräbnisstätten. Dabei sind ganz sicher die Begräbnisstätten des Viktor, Sohnes des Romanos, und des Klaudios im Blick – s. o. unter a–, aber auch anderer Märtyrer, unter denen wir besonders Viktor von Schu vermuten dürfen (zu dessen Begräbnisstätte ganz in der Nähe von Schōtep s. u. zu B III 3).

c) Die Difnār-Hymnen zum 5. Hatūr sind zwar oberflächlich allein dem Longinus gewidmet, doch enthält der Psali „Adam" zum Tage einige Strophen, die der Ankunft des Leibes des Theodor Stratelates im Gaue von Schōtep gewidmet sind. Dort heißt es (Difnār (ed. O'Leary) I 52 f., Psali „Adam" Str. 9-12):
   (9) „An diesem heiligen Tage brachte man die Reliquien des Theodor zur Stadt Schōtep.
   (10) Mit großer, unaussprechlicher Pracht baute man ihm einen Topos in Papor (ⲡⲏⲡⲁⲣ, sic[387]) im Gaue von Schōtep.
   (11) Wieviele Zeichen und große Wundertaten begaben sich durch seinen heiligen Leib!
   (12) Er wurde zum Hafen für sehr viele Seelen – diejenigen, die in seinen heiligen Topos kommen werden."

   Sieht man von der Verunstaltung der Vokale des ON ab, so zeigt das Difnār doch Kenntnis von der Begräbniskirche des Theodor im Gaue von Schōtep. Die Verheißung an die Besucher des Topos – s. Str. 12 – zeigt außerdem, daß der Kult des Märtyrers zur Zeit der Abfassung der Hymne an seiner Begräbnisstätte noch in voller Blüte stand.

Die saʿid. Form ⲡⲁⲡⲟⲣ zeigt, daß wir es beim ⲫ in der bohair. Form ⲡⲁⲫⲟⲣ mit der Aspiration eines stimmlosen *p* vor Tonvokal zu tun haben.[388] Die saʿid Form wird durch eine griech. Form des ON gestützt.[389] In einer griech. Steuerliste finden wir nämlich folgende Eintragung:

387 Die verwilderte Form ⲡⲏⲡⲁⲣ bewahrt den Konsonantenbestand der saʿid. Form des ON, zeigt aber einen Vokalismus, der sich nicht recht herleiten läßt und nur mit dem verwilderten Zustand der (boh.) Sprache des Difnār zu erklären ist (vgl. etwa ⲉⲡⲁ oder gar ⲉⲡⲉ für ⲁⲡⲁ, passim). Eventuell ist hier mit einer Rückübertragung einer arab. Transkription des ON zu rechnen, der in der kopt.-boh. Tradition schon nicht mehr lebendig war. Der Autor des boh. Textes hätte dann die Vokale mehr oder weniger erraten.

388 S. Fritz Hintze, Bemerkungen zur Aspiration der Verschlußlaute im Koptischen, Zeitschrift für Phonetik 1, 1947, 199-203. Zum Kontrast saʿid. ⲡ : boh. ⲫ vor Tonvokal s. besonders ebd. 201-203.

389 Aristide Calderini, Dizionario dei nomi geografici e topografici dell'Egitto greco-romano (hrsg. von Sergio Daris), Vol. IV Fasc. 1, Milano 1983, 49 s. v. Παπόρ; der zweite Beleg beruht auf einer Ergänzung.

„NN, aus dem Dorfe Papor (Παποϱ) in der Pagarchie Hypselis (= Schōtep).“[390]

Schon Crum hat dieses Παποϱ mit dem boh. ⲡⲁⲫⲟⲣ verknüpft[391]; die saʿid. Form macht die Verknüpfung noch wahrscheinlicher. Die Formen ⲡⲁⲡⲟⲣ/Παποϱ machen gleichzeitig einen alten Identifizierungsvorschlag von Heinrich Brugsch hinfällig: er wollte das boh. ⲡⲁⲫⲟⲣ mit dem ON *Pr-Ḥrw* im 12. oberäg. Gau gleichsetzen, wohl über eine Zwischenstufe *p3-pr-Ḥrw*.[392] Das scheitert neben dem unpassenden Vokalzeichen ⲟ am Charakter der boh. Aspirata ⲫ, die eben nicht, wie für die Herleitung erforderlich, eine Kombination von *p* + *h* darstellt, wie sie das saʿid. Zeichen ⲫ ausdrückt. Dazu käme, daß wir in das falsche Gaugebiet gelangten: Papor soll ja im Gau von Schōtep/Hypselis liegen, also im 11. oberäg. Gau.[393]

2. *Zur Lokalisierung des Ortes* ⲡⲁⲡⲟⲣ : ⲡⲁⲫⲟⲣ

Aus dem bisher vorgetragenen Material ist ganz klar, daß die Begräbnisstätte des Theodor Stratelates im Gau von Hypselis/ϣⲱⲧⲡ/Šuṭb zu suchen ist. Daran ändern auch eine Reihe von Verballhornungen in den koptischen Theodor-Texten nichts, die den ON bzw. Gaunamen entstellen. Angesichts der sonst ganz festen Tradition – vgl. die aus Syn. Alex. (// Syn. Aeth.)/Difnār/Ménologes (ed. Nau) u. a. zum 20. Abīb, 5. Hatūr und 20. Hatūr zitierten Stellen – sind diese Entstellungen als einfache Fehler zu korrigieren und nicht etwa als Zeugnisse für einen anderen Ort oder als echte Varianten des ON ϣⲱⲧⲡ zu werten. Merkwürdig ist nur, daß diese Entstellungen in der kopt. Literatur einfach weitertradiert werden, obwohl die Korrektur in die richtige Form auf der Hand lag, und daß nur selten die richtige Form auftritt: ⲡⲑⲟϣ ϣⲱⲧⲡ „der Gau von Schōtep“ (Winstedt, Theodore 26,8 = AM II 113,29). Im Blick auf die zu zaghafte Behandlung durch die Herausgeber[394] gebe ich einen Überblick über die zu korrigierenden Stellen:

(1) ⲡϣⲱⲧ (Verstellung des ⲡ an den Anfang des Wortes)

390 P. Lond. IV (s. o. Anm. 227) 1460, 102.

391 S. Crums Anm. zu Z. 102 des von H. J. Bell edierten Papyrus P. Lond. IV 1460.

392 Heinrich Brugsch, Ein geographischer Kalender, ZÄS 2, 1864, 50-56. Die Textstelle mit der Gleichsetzung s. ebd. 53; zur Begründung der Gleichsetzung s. ebd. 50 (*Pa-pe-ḥor* ≙ ⲡⲁⲫⲟⲣ). Brugschs Gleichsetzung wird bei Gauthier, DG II 112 zu *per Ḥor* referiert, aber bezweifelt, da ⲡⲁⲫⲟⲣ im Gaue von Schōtep/Hypselis liege, also auf dem Westufer des Nils, wogegen *Pr-Ḥrw* auf dem Ostufer liegen müsse.

393 So auch Gauthiers in Anm. 392 zitierte Argumentation gegen Brugsch – allerdings mit unzutreffender Verknüpfung des 11. oberäg. Gaues mit dem Westufer. Letzteres ist zwar die gängige Meinung, aber inzwischen nicht mehr haltbar, s. hier Abschnitt 2.

394 Vgl. auch Baumeister, Martyr Invictus 136 Anm. 227, wo unkorrigierte Formen des ON vom Herausgeber übernommen werden und suggeriert wird, es handele sich um einen anderen Ort.

- Winstedt, Theodore 16,16 = AM II 104,20 παφορ ⲙ̀πϣωτ; lies παφορ ⲛ̀ϣωτπ „Papor im Gaue von Schōtep“ und vgl. in Str. 10 des Psali „Adam“ im Difnār (ed. O’Leary) zum 5. Hatūr πηπαρ ⲛ̀τε ϣωτπ (s.o. § 1).
- Winstedt, Theodore 34,19 und 34,25f. = AM II 122,8 und 122,15 πκαϩι ⲙ̀πϣωτ; lies πκαϩι ⲛ̀ϣωτπ

(2) ϣωτ (Weglassung des π)

- Winstedt, Theodore 41,22 = AM II 129,6 πθοϣ ϣωτ; lies πθοϣ ϣωτπ, vgl. die oben zitierte richtige Form.
- Winstedt, Theodore 72,13 = AM II 156,6 πκαϩι ⲛ̀ϣωτ; lies πκαϩι ⲛ̀ϣωτπ.
- Munier, Mélanges ... § 3[395], fol. 3 vso. I 11f. ουτο[ϣ] ϫε ϣωτ (Parallelstelle zu Winstedt, Theodore 26,8 = AM II 113,29, s.o.); lies ουτο[ϣ] ϫε ϣωτπ „ein Gau namens Schōtep“
- New York, Pierpont Morgan Library Ms. M 608 fol. 29 rto. I 27-29 (= Fotograf. Ausgabe Bd. 50, Taf. 61) παπορ ϩⲙ̄ πτοϣ ⲛ̄ϣωτ; lies παπορ ϩⲙ̄ πτοϣ ⲛ̄ϣωτπ „Papor im Gaue von Schōtep“.

Zu beachten ist, daß alle hier aufgeführten Stellen aus der kopt. Theodorliteratur vom „Gau“ oder vom „Land“ von Schōtep sprechen, aber keine direkt von der Stadt Schōtep. Zwar sprechen sekundäre arab. Quellen häufiger einfach von Šuṭb – etwa „Johannes, der Mann aus Šuṭb“ oder „Ankunft des Leibes des Theodor in Šuṭb“, s.o. –, doch sind diese Angaben auf dem Hintergrund der koptischen Texte und ägyptischer Tradition zu sehen. Die Gaue werden nämlich seit der ptolemäischen Zeit zunehmend nach ihrer Metropole benannt, so der 11. oberäg. Gau nach Hypselis/Schōtep als (nomos) Hypselites bzw. πτοϣ ϣωτπ. Der Name der Metropole bestimmt also die Bezeichnung des Gaues bzw. später der Pagarchie und kann auch – ohne Zusatz des Terminus der Verwaltungseinteilung – für das Gau- bzw. Pagarchiegebiet verwendet werden. Schwankt auch die Einteilung des Landes in Bezirke, so bilden doch deren Metropolitanorte Orientierungspunkte. „Nach Šuṭb“ muß also nicht unbedingt „in die Stadt/den Ort Šuṭb“ heißen, sondern kann auch „in den Bezirk (Gau, Pagarchie u.ä.) von Šuṭb“ bedeuten; Paralleles gilt für das Epitheton „der Mann aus Šuṭb“ (*aš-Šuṭbī*). Diese Hinweise erscheinen deshalb nicht fehl am Platze, weil Fehlschlüsse aus dem häufigen Auftreten des ON Schōtep/Šuṭb auf die Stadt dieses Namens im Zusammenhang mit Theodor Stratelates in der Literatur zu konstatieren sind. So spricht Hengstenberg von einem dreijährigen Aufenthalt des Theodor „in der berühmten Theodor-Stadt Schotep“ (Drachenkampf 262), obwohl der von ihm besprochene Text das gar nicht sagt. So hat Meinardus in Šuṭb Spuren der Theodor-Tradition gesucht, ist aber nicht fündig geworden und erklärt die Tradition für vergessen (Christian Egypt² 399f.).

395 S.o. Anm. 372.

Wir wissen bisher also nur, daß Papor im Gaugebiet von Schōtep liegt und müssen nun eine weitere Angabe zur genaueren Lokalisierung finden. Eine solche stellt uns das bohairische Enkomion auf die beiden Theodore in etwas überraschender Weise zur Verfügung. Es sagt uns nämlich, daß das Schiff, das Theodor nilaufwärts zu seinem Vater befördert, „das Land seiner Väter auf der Ostseite des Flusses" (ⲡⲕⲁϩⲓ ⲛ̀ⲧⲉ ⲛⲉϥⲓⲟϯ ⲥⲁⲡⲉⲓⲉⲃⲧ ⲙ̀ⲫⲓⲁⲣⲟ) erreicht. Papor liegt also im Gaue von Schōtep östlich des Nils. Das ist deshalb auf den ersten Blick überraschend, weil es nach der communis opinio kein Ostufergebiet des 11. oberäg. Gaues (Gau von Schōtep) gibt; vgl. Pl. II bei Montet, Géographie II und Helck, Gaue 99f. mit Karte auf S. 205. Nach dieser Auffassung liegt dem Gau von Schōtep auf dem Ostufer Gebiet des 12. oberäg. Gaues gegenüber. Weil der Gau nur auf dem Westufer liege, hat Gauthier Brugschs Identifizierungsvorschlag ⲡⲁⲫⲟⲣ = *(P3-) Pr-Ḥrw*, der o. am Ende von § 1 vorgestellt wurde, zurückgewiesen – nicht etwa aus sprachlichen Gründen.[396] Nun hat neuerdings Gomaà diese communis opinio schwer erschüttert[397]: Zwischen Buṣra im Norden und Nagʿ Wīṣā im Süden liegt nämlich auf dem Ostufer des Nils ein Gebiet, das weder dem 10. noch dem 12. oberäg. Gau mit Sicherheit zugerechnet werden kann. Fundstücke aus den Überresten eines Tempels der Zeit Ramses' II. bei al-Maṭmar, das in diesem Gebiet liegt, verweisen auf den Gott Seth – den ursprünglichen Gott von *Š3s-ḥtp* (> Schōtep), der Metropole des 11. oberäg. Gaues. Das macht die Zugehörigkeit dieses Gebietes zum Gau von Schōtep sehr wahrscheinlich. Außerdem ergibt sich damit ein Zusammenstimmen der Längenangaben der Kapelle Sesostris' I. für die Gebiete des 10., 11. und 12. oberäg. Gaues (Gomaà aaO 96). Gomaà hat dann die von ihm neu bestimmten Grenzen dieser Gaue in die Karte Ägyptens in der Ersten Zwischenzeit (TAVO Blatt II 2) eingetragen und damit das Kartenbild der Region gegenüber Montet und Helck in einem wichtigen Punkt verändert. Das Dorf Buṣra (Biṣra) und Dêr Buṣra liegen bei ihm an der Grenze des 12. und 11. oberäg. Gaues auf dem Ostufer, aber noch im Gebiet des 11. Gaues.

Gomaàs sehr einleuchtende Erwägungen können durch eine weitere Beobachtung zur Archäologie des Ostufers in diesem Bereich, die eigentlich schon länger bekannt ist, weiter bestätigt werden. Bei Buṣra sind nämlich Begräbnisse von Mähnenschafen gefunden worden[398]; das Schaf aber ist das heilige Tier des Gottes

396 S. o. Anm. 392.

397 Farouk Gomaà, Ägypten während der Ersten Zwischenzeit (Beihefte TAVO Reihe B Nr. 27), Wiesbaden 1980, 90 und 95f.

398 S. Ahmad Mohamad Badawi, Der Gott Chnum (Diss. phil. Berlin), Glückstadt u. a. 1937, 41 Anm. 5 (der ON zu „El-Borsah" verballhornt). Die von Badawi erwähnten Schädel von Mähnenschafen, die sich „heute" in Berlin befinden (Staatliche Museen zu Berlin/Ägyptisches Museum Nr. 752-754), werden auch – allerdings ohne Herkunftsangabe – im „Ausführlichen Verzeichnis" des Museums aufgeführt (Generalverwaltung der Königlichen Museen zu Berlin (Hrsg.), Ausführli-

Chnum, der Seth als Gott der Stadt Schōtep seit dem Mittleren Reich abgelöst hat, s. Art. Hypselis bei Bonnet, RÄRG 320.[399] Diese Schafsbegräbnisse machen die Zugehörigkeit des Gebietes von Buṣra zum Gau von Schōtep sehr wahrscheinlich; der Ort liegt faktisch gegenüber von Schōtep/Šuṭb, ca. 4 km in Luftlinie nnw. von diesem entfernt. Badawi und Bonnet haben den Schluß auf die Zugehörigkeit des Ostufergebietes bei Buṣra (bei ihnen zu „El-Borsah" entstellt) zum Gau von Schōtep nicht gezogen; sie geben auch keine Hinweise zu Fundumständen und genauem Fundort. Das sei hier nachgeholt. Finder der Schafsbegräbnisse bei Buṣra ist nämlich Richard Lepsius; auf die Lepsius-Expedition gehen auch mindestens zwei der Mähnenschafschädel im Berliner Ägyptischen Museum zurück.[400] Am 27. Sept. 1843 und 4. Juni 1845 hat sich die Lepsius-Expedition bei Buṣra (Lepsius: El Bosra) aufgehalten, das Lepsius mit „Alabastron" identifizierte. Hauptziel der Erkundung waren die Alabasterbrüche in der Wüste hinter Buṣra.[401] Auf dem Rückwege inspizierte man auch Ruinen einer Siedlung bei Buṣra, die Lepsius „Alabastron" nennt. Bei den sehr kurzen Angaben zu dieser Ruinenstätte ist in Lepsius' Bericht nun folgendes zu lesen:

> „Der ganze südliche Teil der Ruinen bei der koptischen Kirche ist voller Schafsgräber, man hat auch ganze Schafsmumien gefunden; ich habe einen Kopf, den wir am neuen Kanal fanden, mitgenommen." (Zusatz der Bearbeiter: „In Berlin sind jetzt *zwei* Köpfe von Mähnenschafen, die Lepsius von *el Bosra* mitgebracht hat: Nr. 751.752.")[402]

ches Verzeichnis der ägyptischen Altertümer und Gipsabgüsse, 2. völlig umgearb. Aufl., Berlin 1899, 314).

399 Bonnet übernimmt hier von Badawi die verballhornte Form „El Borsah" des ON, s. vorige Anm. Es besteht aber kein Zweifel, daß es sich um den Ort Buṣra (Biṣra) handelt, s. u. zur Beschreibung des Fundplatzes der Schafsbegräbnisse durch Lepsius, der den ON als „El Bosra" wiedergibt.

400 Die Bearbeiter der wissenschaftlichen Tagebücher der Lepsius-Expedition (LD Text) verweisen auf zwei von Lepsius mitgebrachte Stücke im Berliner Museum, s. u. das Zitat aus LD Text II 158. Wie sich diese Angabe zu den im „Ausführlichen Verzeichnis" aufgeführten drei Schädeln von Mähnenschafen (s. Anm. 398) verhält, bleibt unklar, vgl. Anm. 402.

401 LD Text II 157f. unter der Überschrift: „El Bosra (Alabastron)". Zu den Alabaster-Brüchen von Biṣra (Buṣra), wo seit pharaonischer Zeit Calcit-Alabaster abgebaut wird, s. nunmehr Dietrich und Rosemarie Klemm, Herkunftsbestimmung altägyptischen Steinmaterials. Bericht über die zweite Geländekampagne im Sept./Okt. 1978, SAK 7, 1979, 118-140 (126-128). Lepsius' Besuch bei den Steinbrüchen wird dort zwar erwähnt, doch fehlt ein Hinweis auf die eben genannte Beschreibung in LD Text II.

402 LD Text II 158. Die im Zusatz der Bearbeiter genannten Berliner Inv.-Nrn. 751 und 752 decken sich nur teilweise mit denen der Schädel von Mähnenschafen, die das „Ausführliche Verzeichnis" angibt (Nr. 752-754, s. Anm. 398). Das letztere verweist aaO allerdings nicht darauf, daß die Stücke aus Lepsius' Fund in „El Bosra" stammen; diese können also (mindestens teilweise) aus anderen Erwerbungen herrühren.

Was an Lepsius' knappen Ausführungen für unseren Zusammenhang so interessant ist, ist die Lokalisierung der Schafsgräber, also der Zeugnisse für den Kult des Chnum von Schōtep, neben der Kirche von Buṣra – diese kann aber keine andere sein als die Theodor-Stratelates-Kirche, da wir zwischen Wansleben und heute von keiner anderen Kirche wissen. Also: Direkt neben der Kirche von Buṣra liegen die Zeugnisse für die Zugehörigkeit des Ortes zum Gaue von Schōtep.

Da es nun in dem Gebiet, das Gomaà als Ostufergebiet des 11. oberäg. Gaues bestimmt hat, keine weitere uns bekannte Kirche des Theodor Stratelates („Theodor, Sohn des Johannes") gibt, spricht sehr viel für die Gleichsetzung ⲡⲁⲡⲟⲣ : ⲡⲁⲫⲟⲣ = Buṣra (Biṣra). Dazu kommt noch die geringe Entfernung von Schōtep, die die Bezeichnung ⲡⲁⲫⲟⲣ ⲛ̀ϣⲱⲧⲡ erst voll verständlich macht (s. o.); auch die Entfernung von Buṣra (Biṣra) bzw. Dêr Buṣra (Biṣra) zum Fluß ist äußerst gering – jeweils wenige hundert Meter –, so daß die o. in § 1 besprochenen Stellen aus dem bohair. Enkomion mit dem Stichwort ⲙⲟⲛⲏ, die eine Lage von ⲡⲁⲫⲟⲣ ganz in der Nähe des Nils voraussetzen, voll zutreffen. Fazit: Quatremère hat mit seiner Vermutung, ⲡⲁⲫⲟⲣ sei mit dem Bessora bzw. Bossra bei Wansleben identisch, das Richtige getroffen.

3. Zum älteren Namen von Buṣra (Dêr Buṣra)

Schon zum ON Buṣra bei Wansleben war o. 4.2.2 auf eine ältere Form hingewiesen worden, die dem heutigen ON zugrunde liegt; diese Form hatten wir als *Bū (<Abū) 's-Surra* bzw. *Dêr Bī (< Abī) 's-Surra* bestimmt und gesehen, daß sie Wanslebens ON *Bessora* in A 21 erklärt. Diese Ortsbezeichnung liefert uns nun noch ein weiteres Argument für die Identifikation von Buṣra mit ⲡⲁⲡⲟⲣ : ⲡⲁⲫⲟⲣ, da unter ihr ein Kloster überliefert wird, das den Leib des Theodor Stratelates bewahrt. Die Bezeichnung *Abū 's-Surra* (o. ä.) vermag ich im Augenblick allerdings nicht zu deuten; es erscheint mir jedoch möglich, daß es sich dabei um ein Epitheton des Märtyrerheiligen handelt, dem die Kirche (das Kloster) geweiht ist. Wegen der Unsicherheit der Deutung lasse ich die Konsonantenfolge im folgenden unvokalisiert, gebe aber die „Deutung" der Herausgeber bzw. Bearbeiter jeweils an. Hier die Quellen für das Kloster:

- Reliquienliste HPEC II (3) 360 bzw. arab. 227,12f.: „Im Kloster von *Abū 's-SRY*, das in Šuṭb liegt, befindet sich der Leib des Theodor Stratelates, des Dra-

Die Schafsbegräbnisse von Buṣra fehlen in der „Topographical Bibliography" von Porter und Moss (PM IV 247) – wohl weil sie außerhalb des Skopos dieses Werkes liegen, das sich auf beschriftete Denkmäler bzw. solche von einer gewissen künstlerischen Bedeutung beschränkt. Im „Lexikon der Ägyptologie" (LÄ) haben sie bisher keine Erwähnung gefunden.

chentöters, und mit ihm der Leib des Rufus[403], des Bischofs, auf einem Gestell[404] im Altarraum." Die Herausgeber geben den Namen als „Abû as-Sarî" wieder.

- Abū Ṣāliḥ fol. 88a (Evetts 247,3-6 bzw. arab. 111,16-18): „Kloster von *Abū 's-SRY*: In ihm befindet sich der Leib des heiligen Theodor Stratelates des Märtyrers und der Leib des Rufus[405] des Bischofs, wobei beide Körper auf einem hölzernen Gestell[404] im Altarraum liegen." Evetts gibt den Namen als „Abû 's-Sirrî" wieder; er denkt anscheinend an *sirrī* „geheimnisvoll" (Wehr, WB 368b).
- al-Maqrīzī, Klosterverz. Nr. 15 (arab. Text (ed. Wüstenfeld) 38,2-1 von unten): „Kloster von *Abū 's-SRY*: Es wurde auf den Namen des Georg (*Bū Girg*) erbaut und liegt außerhalb von al-Maᶜṣara im Bezirk (*nāḥiya*) östlich von Banī Murr. Bald ist es von den Mönchen verlassen, dann wieder von ihnen bewohnt; es hat auch einen Termin, an dem das Fest (des Klosters) begangen wird." Als Wiedergabe des Namens finden wir „Abul-Seri" (Wüstenfeld), „Abû 's-Sarî" (Evetts); in Leroys Vorlage, der Druckausgabe Būlāq 1854, ist die undeutbare Wortgruppe anscheinend ersetzt worden: Leroy bietet „Kloster des heiligen Georg", s. al-Maqrīzī, Klosterverz. (Leroy) 40 Anm. 2.

403 Der Name ist im arab. Text als *Harūqus* wiedergegeben, obwohl die Herausgeber vermerken, er sei ohne diakritische Punkte geschrieben (aaO 360 Anm. 18). Er ist aber mit dem Zeugnis des Abū Ṣāliḥ (fol. 88a, s. u.) zu *Harūfus* zu emendieren, was die Herausgeber in ihrer Übers. auch getan haben. *Harūfus* ist eine Transkription des kopt. Namens ϩⲣⲟⲩⲫⲟⲥ „Rufus". Gemeint ist hier Rufus, Bischof von Schōtep, der als ⲁⲡⲁ ϩⲣⲟⲩⲫⲟⲥ von seinem Amtskollegen Konstantin, Bischof von Asyūṭ, erwähnt wird (Godron, St. Claude 192,27) und als Autor koptischer Evangelien-Kommentare bekannt ist (bisher unpubliziert; s. Orlandi, Elementi (s. o. Anm. 277) 105 f. und den dort zitierten Aufsatz von Garitte). Zu weiteren arab. Schreibungen seines Namens s. Coquin, Saint Constantin (s. o. Anm. 277) 159.

404 Solche Gestelle, die aus Holz angefertigt sind und auf denen der Leib bzw. die Reliquien von Heiligen aufbewahrt werden, sind früher gängige Ausstattungsstücke ägyptischer Kirchen gewesen, die als Begräbnisstätten von Heiligen galten. Eine Reihe von Beispielen dafür hat sich in Kirchen der Klöster des Wādī 'n-Naṭrūn erhalten, s. den Sachindex zu Hugh G. Evelyn White, The Monasteries of the Wâdi 'n Natrûn III (The Architecture and Archeology, ed. by Walter Hauser) (= Publications of the MMA. Egyptian Expedition Vol. 8), New York 1933 s. v. „feretory". Die meisten dort erwähnten Stücke sind relativ modern; das älteste Beispiel scheint das Reliquiengestell der drei Macarii im Chor der Makarios-Kirche des Makarios-Klosters zu sein (ebd. 90, mit Hinweis auf eine Abb. bei C. M. Kaufmann, Die Menasstadt ... I). Nach Evelyn White stellt das hölzerne Reliquiengestell („feretory") den jüngeren Typ der Reliquienaufbewahrung dar, dem als älterer Typ das kastenförmige Reliquiar vorausgeht (ebd. 194-196, bes. 196; dazu Pl. LXII). Das hier gewählte Wort des arab. Textes *dikka* „Bank" macht ganz klar, daß es sich nicht um einen Reliquienkasten, sondern um das Reliquiengestell handelt; das Wort in dieser Bed. nicht bei Graf, Verzeichnis 47.

405 Der Name hier *Harūfus* geschrieben, was kopt. ϩⲣⲟⲩⲫⲟⲥ wiedergibt, vgl. Anm. 403; dort auch zur hier gemeinten Gestalt. Coquins Kritik an Evetts, der den Namen als „Harûfus" wiedergibt, in op. cit. (s. Anm. 403) 159 Anm. 3 erscheint mir insoweit unberechtigt, als der Herausgeber noch nicht wissen konnte, daß es sich hier um einen „Rufus" handelt.

Zwar macht die Notiz des al-Maqrīzī wegen ihrer Weihungs- und Lageangabe einige Schwierigkeiten, da sie nicht ohne weiteres mit den Notizen der Reliquienliste zusammengebracht werden kann. Doch spricht die Singularität der Bezeichnung *Abū 's-SRY* dafür, daß es sich in allen drei Fällen um dasselbe Kloster handelt. Auf Grund der o. zum Ortsnamen mitgeteilten Aussprachetraditionen dürfen wir die Wortgruppe vielleicht als **Abū 's-Surrā* vokalisieren – wodurch sie allerdings nicht viel erklärbarer wird. Die Weihungsangabe bei al-Maqrīzī (Georg) können wir als einen Fehlgriff betrachten, wie er dem Autor häufiger unterlaufen ist. Dann bleiben die Ortsangaben der verschiedenen Quellen zu prüfen.

- Reliquienliste: Das Kloster liegt „in Šuṭb". Diese Angabe darf nicht vorschnell auf die Stadt Šuṭb gedeutet werden; es kann auch das zu Šuṭb gehörige Gebiet gemeint sein, s. die Erwägungen, die o. eingangs des §2 angestellt wurden. Eine Näherbestimmung bedarf der Heranziehung weiterer Quellen.
- Abū Ṣāliḥ: Eine Ortsangabe fehlt, was mit dem desolaten Zustand der Anordnung der Notizen des Autors zusammenhängt. Der vorausgehende Textabschnitt (foll. 87b-88a; Evetts 245, 19-247,2) enthält eine Beschreibung der Stadt Asyūṭ, während die folgende Notiz (Evetts 247,7-10) sich auf Šuṭb bezieht, der Text aber dann wieder Material zu Asyūṭ bringt (Evetts 247,11-13). Zu beachten sind zwei Punkte:
  a) fol. 87b wird mit einer Überschrift „Šuṭb, zur Provinz Suyuṭ gehörig" (Evetts 245,19 bzw. arab. 111,2) eröffnet – worauf dann die Beschreibung der Stadt Asyūṭ folgt! Die Überschrift hängt also in der Luft und gehört zu einem anderen Teil des Textes, der sich auf diesen Distrikt bezieht. Die einzigen Notizen zum Distrikt von Šuṭb sind aber die auf fol. 88a (Evetts 247,3-10) auftretenden. Setzen wir die Überschrift von fol. 87b vor diese Notizen, so ergibt sich auch logisch, warum die Notiz zum Abū 's-SRY-Kloster keine Ortsangabe enthält: Diese ergibt sich aus der unmittelbar vorhergehenden Überschrift.
  b) Der Text der Notiz ist eindeutig von dem der Reliquienliste abhängig, vgl. die Verknüpfung des Theodor Stratelates mit dem Bischof Rufus, besonders aber die Angabe zur Unterbringung der Reliquien „auf einem (hölzernen) Gestell im Altarraum". Daß Abū Ṣāliḥ die Reliquienliste als Quelle für seine Kompilation benutzt hat, ergibt sich auch an anderen Stellen des Werkes.[406] Das

406 Als Beispiele dafür vgl.:

	Reliquienliste	*Abū Ṣāliḥ*
a)	HPEC II (3) 362 (bzw. arab. 228,1f.) „Südlich von Abū Tīg befindet sich der Leib des Märtyrers Abū BYŠH in seiner Kirche, dazu der Leib des Märtyrers BYSSH; beide werden in zwei Kästen aufbewahrt."	fol. 91a (Evetts 253,15f.) „In einer Kirche südlich von Abū Tīg befinden sich der Leib des Abū BŠWNH und der Leib des SNSSH in zwei Kästen."

heißt aber, daß es hier um dasselbe Kloster geht wie in der Reliquienliste, also um das von Šuṭb.

Die Angaben des Abū Ṣāliḥ führen uns aber noch einen Schritt weiter. Das vom Autor eingeschlagene Verfahren der kompilatorischen Auswertung verschiedener Quellen führt in vielen Fällen dazu, daß er zu einer Kirche Angaben aus zwei (oder mehr) Quellen hat. Diese Angaben sind dann nicht etwa zu einer Notiz zusammengearbeitet worden, sondern bleiben so nebeneinander stehen wie sie exzerpiert worden waren – es sind also Dubletten entstanden. So auch hier: Es folgt eine weitere Notiz über dasselbe Kloster, also eine Dublette. Deren Text lautet (fol. 88a; Evetts 247,7-10 bzw. arab. 111,18 f.):

> „Ein Kloster, das als Kloster des Abū Sādir (= Theodor)[407] bekannt ist. Seine Ankunft in Šuṭb – d. h. die seines Leibes – fand am 5. Hatūr statt. Dem Kloster ist der *Gabal Ṭalīmūn*[408] benachbart, dessen Länge drei *abrud* auf der östlichen Seite des Nils beträgt."

Hier ergibt sich aus der Bezugnahme des Abū Ṣāliḥ auf das Festdatum des 5. Hatūr (Translation des Theodor Stratelates in den Gau von Schōtep; s. o. zur Identifikation des Heiligen), daß er ein Theodor-Stratelates-Kloster im Bereich von Šuṭb meint. Daß Theodor wie hier ohne Epitheton – „der General" oder „Sohn des Johannes" – genannt wird, ist übrigens auch in einer Reihe von oben genannten Quellen zu beobachten, die das Theodor-Fest am 5. Hatūr überliefern. Da es nur ein Kloster in diesem Bereich gibt, das das Ziel der Translation des Leibes des Theodor Stratelates ist, ergibt sich ohne weiteres der Dubletten-Charakter der Notiz. Sie enthält aber eine wichtige topographische Angabe: Das

(Zu den beiden Märtyrerheiligen, um die es hier geht – keinesfalls „Pachomius" und „Sinuthius", wie Evetts annimmt! – werde ich in einer weiteren Folge dieser Studien Stellung nehmen.)

b) HPEC II (3) 362 (bzw. arab. 228,3 f.) „In einem Kloster westlich von Qūṣ befindet sich (der Leib des) Apa Pesynthios (*Abū Bisanda*); westlich des Klosters liegt eine Wasserquelle."	fol. 81b (Evetts 233,8-234,1) „Und es (scil. das Kloster des Apa Pesynthios/*Abū Bisanda*) liegt westlich von Qūṣ, und in ihm befindet sich das Grab des Apa Pesynthios; westlich des Klosters liegt eine Wasserquelle."

407 Der Name bereits von Evetts aaO 247 Anm. 1 als „Theodor" gedeutet; unzutreffend allerdings sein Hinweis auf *Abū Sadra* bei al-Maqrīzī, Kirchenverz. Nr. 58, was als „Apater" zu interpretieren ist, s. u. zu A 21 // B II 1. Ebenfalls unzutreffend ist seine Bemerkung, daß das „Pariser Synaxar" keine Kommemoration für die Translation des Theodor nach Šuṭb enthalte: Forgets Pariser Textzeugen BC bringen die entsprechende Notiz zum 5. Hatūr, s. Syn. Alex. (Forget) II (Textus) 315 (dort ist allerdings Textzeuge G = Bassets Hs. B zu streichen, s. Syn. Alex. (Basset) II 178, Anm. 3 zum arab. Text). Zur Kommemoration der Translation s. den Abschnitt „Zur Identifikation der Märtyrergestalt".

408 Zu diesem Gebirgszug vgl. Maspero-Wiet, Matériaux (s. o. Anm. 381) 123 f.

Kloster liegt auf dem Ostufer des Flusses, denn in seiner Nähe beginnt ein Gebirgszug des Ostufers, den der Autor *Gabal Ṭalīmūn* nennt. Dazu sei angemerkt, daß Buṣra und Dêr Buṣra im recht flachen Mündungsgebiet des Wādī Asyūṭī liegen. Südlich davon tritt dann wieder ein ausgeprägter Zug des Wüstengebirges an den Rand des Kulturlandes heran.[409] Wiederum passen also die Angaben über den Ort des Theodor-Klosters sehr gut auf das Kloster von Buṣra/ Dêr Buṣra.

– Bei al-Maqrīzī befinden wir uns nach dem Aufbau des Klosterverz. eindeutig auf dem Ostufer des Nils. Seine Angabe, das Kloster liege „außerhalb von al-Maʿṣara im Bezirk östlich von Banī Murr (*bi-nāḥiyat šarq Banī Murr*)" müssen wir auf dem Hintergrund der mamlukisch-osmanischen Verwaltungsgliederung des Landes sehen. Buṣra (Biṣra) ist nämlich einschließlich Dêr Buṣra erst Anfang des 19. Jahrh. aus dem Gemeindebezirk von al-Maʿṣara ausgegliedert worden (Ramzī, Qāmūs II (4), 5 und 11), bildete vorher also ein Dorf des Bezirkes al-Maʿṣara. Insoweit ist „außerhalb von al-Maʿṣara" eine zutreffende topographische Beschreibung. Etwas schwieriger ist die Bestimmung dessen, was die *nāḥiya* östlich von Banī Murr ist. Wie schon verschiedentlich bemerkt, ist die *nāḥiya* ein Bezirk der steuerlich-administrativen Gliederung des Landes. Alle Bezirke des Ostufers gegenüber von Asyūṭ sind, abgesehen vom Gemeindebezirk Ṭahanhūr-Šiqilqīl, aus dem Gemeindebezirk al-Ḫuṣūṣ ausgegliedert worden. Analysiert man Ramzīs Angaben zur Verwaltungsgeschichte der Orte des *markaz* Abnūb (Qāmūs II (4),3-13), so ergibt sich, daß al-Maʿṣara neben Abnūb zu den ältesten verselbständigten Bezirken gehört. Die Bezugnahme des al-Maqrīzī auf Banī Murr scheint nun dafür zu sprechen, daß auch dieser Ort bereits in spätmamlukischer Zeit das Zentrum eines selbständigen Gemeindebezirkes geworden ist (Ramzī aaO 11: erst in osmanischer Zeit). Im Süden der alten *nāḥiyat al-Ḫuṣūṣ* gibt es aber für das 15. Jahrh. neben Banī Murr nur noch einen weiteren selbständigen Bezirk, der hier in Betracht kommt – eben den von al-Maʿṣara. Dieser liegt zwar nicht strikt östlich von Banī Murr, grenzt aber südöstlich an den Bezirk dieses Ortes an. So wird die Angabe nun voll verständlich: Das Kloster von *Abū 's-SRY* liegt in der *nāḥiya* von al-Maʿṣara, die (süd-)östlich an den Bezirk von Banī Murr angrenzt, aber außerhalb des Ortes al-Maʿṣara selbst. Diese Ortsbestimmung trifft auf das Kloster von Buṣra/Dêr Buṣra voll zu.

Kombinieren wir nun die Angaben der drei Quellen miteinander, gewinnen wir folgenden Befund: Das Kloster von Abū 's-SRY liegt im Bereich von Šuṭb, aber auf dem Ostufer des Nils. Es ist die Begräbnisstätte des Theodor Stratelates; neben ihm

409 Zum geographisch-geologischen Profil der Gegend um Biṣra s. Karl W. Butzer, Archäologische Fundstellen Ober- und Mittelägyptens in ihrer geologischen Landschaft, MDAIK 17, 1961, 54-68 (58f. und Karte auf S. 65).

ist der Bischof Rufus von Schōtep beigesetzt. In spätmamlukischer Zeit gehörte es zum Gemeindebezirk von al-Maʿṣara. Dieser Befund paßt auf das Beste mit dem o. in §2 genannten zusammen. Wir können nun formulieren: Begräbnisstätte in ⲡⲁⲡⲟⲣ : ⲡⲁⲫⲟⲣ = Kloster von *Abū 's-SRY* „in Šuṭb" = Kloster/Kirche des Theodor Stratelates in (Dêr) Buṣra; zur heutigen Kirche des Märtyrers s. u. zu den weiteren Nennungen der Kirche.

Da die mittelalterliche Tradition konstant von „Kloster" spricht – al-Maqrīzī betont aber, daß es zu seiner Zeit nur noch zeitweilig bewohnt ist – und Wansleben die Anlage 1664 ebenfalls noch als Kloster bezeichnet, spricht nunmehr alles dafür, daß die Begräbnisstätte in dem Ortsteil von Buṣra (Biṣra) liegt, dem das mittelalterliche Kloster seinen Namen gegeben hat, nämlich in Dêr Buṣra (Biṣra). Das Dorf, das sich bei der ehemaligen Klosteranlage entwickelt hat, ist heute selbständige Gemeinde (Ramzī, Qāmūs II (4),11). Die Klosteranlage bzw. die aus ihr hervorgegangene Kirche wird aber nach ägyptischer Tradition weiter unter dem Ort geführt, zu dem sie jahrhundertelang gehört hat, also unter Biṣra (Buṣra $<$ Abū 's-Surra ≙ Abū's-SRY).

(Ende des Exkurses)

Weitere Literatur zum Kloster

(1) Quellen
- Kolophon der Hs. Paris, Bibliothèque Nationale Copte 129^{14} fol. 95 vso., ed. A. van Lantschoot, Recueil des colophons... (s.o. zu A 16 // B I 14) No. LXX: Der Schreibervermerk (ebd. Z. 18-24) gibt an, daß die Hs. zwischen Nov. 1002 und Aug. 1003 A.D. vom Diakon Severus, Sohn des Presbyters Johannes geschrieben wurde; Vater und Sohn standen im Dienste der Kirche des Theodor von Schōtep (ⲧⲉⲕⲕⲗⲏⲥⲓⲁ ⲙ̄ⲡⲓⲁⲅⲓⲟⲥ ⲑⲉⲟⲇⲱⲣⲟⲥ ⲛ̄ϣⲱⲧⲡ, aaO 19f.).[410]
- Reliquienliste in HPEC II (3)
- Abū Ṣāliḥ fol. 88a
- al-Maqrīzī, Klosterverz. Nr. 15

  } s.o. den Exkurs zur Begräbnisstätte in §3
- Clarke H 14: Kirche des Theodor Stratelates in Buṣra (Biṣra)
- Simaika, Manf. Nr. 18: wie Clarke
- Timm, Christl. Stätten 65: Kirche des Theodor Stratelates in Biṣra

(2) Literatur
- Martin, Inventaire Nr. 41 Anm. 2. Das Kloster fehlt im übrigen bei Martin,

410 Zur Bezeichnung des Heiligen als „Theodor von Schōtep" – die Formulierung des Kolophons bedeutet nicht etwa „... in Schōtep" – vgl. die am Schluß des Abschnittes „Zur Identifikation der Märtyrergestalt" aufgeführten Benennungen und bes. Anm. 376.

der einerseits die Notiz A 21 in Rel. nicht herangezogen hat, andererseits ein Opfer der (falschen) Redigierung von NR an dieser Stelle geworden ist. In NR ist ja die Notiz B I 12 aus NR Ital. weggefallen und an deren Stelle die Notiz B I 21 getreten, s. die Edition. In der richtigen Einschätzung, daß der Wanslebensche Text von Norden nach Süden angeordnet ist, aber in Unkenntnis von Wanslebens redaktionellem Eingriff, kommt Martin in Nr. 41 zur völlig verfehlten Lokalisierung der Theodor-Kirche der Notiz B I 21 nach Dêr al-Quṣêr (ca. 22 km nw. al-Maʿabda!).

- Charles Beaugé, A travers la Haute-Egypte. Vingt ans de souvenirs, Alençon 1923, 196-201: Die Beschreibung der Anlage, die der Autor „couvent de Bosra" nennt, stellt allerdings eine grandiose Kontamination dar. Nicht nur, daß der Autor die Gründung des Klosters dem Apollo zuschreibt – auch die Wandmalereien, die hier beschrieben sind, sind die der Klosteranlagen von Bawīṭ! Vgl. dazu Jules Leroy, Les Peintures des couvents du désert d'Esna (= La Peinture murale chez les Coptes I), MIFAO 94, Le Caire 1975, XXI Anm. 9. Leroy scheint mir aber zu übersehen, daß Beaugés Beschreibung auch Elemente enthält, die auf das Kloster von Buṣra zutreffen – nur bereitet die Trennung Schwierigkeiten.[411]
- Doresse, Monastères coptes (s. o. zu A 9 // B I 11) 20: Das Kloster wird nicht explizit behandelt, ist aber auf der Karte (S. 15) eingezeichnet – allerdings im Orte Šuṭb, was unzutreffend ist, wie oben nachgewiesen. Auf die Tradition von der Translation des Theodor Stratelates in den Gau von Šuṭb bezieht sich wohl Doresses Hypothese von den Werkstätten in der Gegend von Asyūṭ, in denen Märtyrer-Literatur gefälscht wurde, um Translationen zu legitimieren (aaO 20). Abgesehen davon, daß der Begriff Fälschung für die Neuschaffung von hagiographischer Literatur zu bereits vorhandenen (Orts-)Traditionen höchst problematisch ist – wahrscheinlich wäre dann 90% aller hagiographischen Literatur als „Fälschung" zu betrachten! –, bleibt unklar, welche anderen Translationstraditionen der Region Doresse im Auge hat. Hier ist seine Publikation abzuwarten.
- Meinardus, Martyria of Saints 332-334: Der Autor hat mit der Schwierigkeit zu kämpfen, warum die von ihm untersuchten Märtyrerdarstellungen den Theodor Stratelates ohne Märtyrerkirche abbilden. Meinardus kennt zwar die Verknüpfung des Märtyrers mit dem Gau von Schōtep, unterliegt aber dem Irrtum, diese Tradition meine den Ort Šuṭb selbst (etwa „St. Theodore

411 Auf die Beschreibung der Fresken von Bawīṭ mit der Behauptung Beaugés, hier einen Besuch in Dêr Buṣra zu schildern, hat auch Martin hingewiesen: Maurice Martin, Notes inédites du P. Jullien sur trois monastères chrétiens d'Égypte: Dêr Abou Fâna – le Couvent des „Sept-Montagnes" – Dêr Amba Bisâda, BIFAO 71, 1972, 119-128 (121 Anm. 2). Martin geht dort auch auf die Plagiierungen des Paters Jullien durch Beaugé ein; dazu s. u. Anm. 439.

was a native of the Upper Egyptian village of Šuṭb" – sic, aaO 332 – oder „the relics of St. Theodore were preserved at Šuṭb", aaO 333). Der Autor meint dann, daß der Künstler keine Märtyrerkirche dargestellt habe, weil der Heilige sein Martyrium nicht in Šuṭb erlitten habe und weil es fraglich sei, ob die Tradition der Verknüpfung des Theodor mit Šuṭb koptisches Allgemeingut gewesen ist[412]; der Märtyrer sei deshalb nicht als „Ägypter" zu betrachten und vom Künstler nicht mit einer Märtyrerkirche dargestellt worden (aaO 334). Diese Argumentation leuchtet angesichts des hier vorgetragenen Befundes nicht ein: Gerade durch seine Translation in den Gau von Schōtep ist Theodor Stratelates zum Ägypter geworden[413] – und wenn seine Kultnachbarn Klaudios und Viktor (von Schū) mit Martyrien abgebildet werden (Meinardus: die Kirchen von Baqūr und Mūšā, aaO 322 und 326-328), ist nicht recht einsehbar, warum die Kirche von Buṣra fehlt. Hierfür müssen andere Gründe ausschlaggebend sein.

– Timm, Christl.-kopt. Ägypten I 243 (s.v. Asyūṭ): Die beiden hier besprochenen Notizen gehören nicht zum Abschnitt Asyūṭ, sondern zum Abschnitt Šuṭb bei Abū Ṣāliḥ (Textverwirrung, s.o. den § 3 des Exkurses). Den Dublettencharakter der beiden Notizen hat der Autor nicht erkannt (vgl. besonders ebd. 249 Anm. 32).

A 22 // B II 1a

Lage: Asyūṭ (Suyūṭ)

Weihung der Kirche: *Aba dêr / Abbate Dêr // Aba Dér / Abbé Dér*

Patron der Kirche: Apater (28. Tūt)

Wanslebens Namensform *Aba Dêr* und ihre „Deutung" als *Abbate / Abbé Dêr* geht auf die christl.-arab. Zerlegung *Abā Dīr* des Heiligennamens (einschl. Würdetitel) *Abādīr* < kopt. ⲁⲡⲁⲧⲏⲣ zurück. Zum Namen und seiner Deutung s.o. zu A 0; dort auch weitere Angaben zur Identifikation des Heiligen (bzw. des Märtyrerpaares Apater und Herai).

412 Daß die Verknüpfung des Theodor Stratelates mit Schōtep/Šuṭb Allgemeingut der koptischen Kirche gewesen ist, ergibt sich schon aus der vielfältigen Bezeugung des 5. Hatūr als Tag der Translation nach bzw. in den Gau von Schōtep; vgl. etwa Meinardus' eigene Zeugenliste zum Tage (Christian Egypt[2] 84) ! Diese ist noch um die Textzeugen CG zu ergänzen, s.o. im Abschnitt „Zur Identifikation der Märtyrergestalt" zum Festtag 5. Hatūr; dort auch Aufführung weiterer Bezeugungen.

413 Baumeister, Martyr Invictus 90 Anm. 33: „Doch hat der Märtyrer dort seine ‚Heimat', wo sein Leichnam verehrt wird."

Weitere Literatur zur Kirche

(1) Quellen

- al-Maqrīzī, Kirchenverz. Nr. 58a: Kirche des *Bū Sadra*. Die Bearbeiter Evetts und Leroy halten *Sadra* für eine Form des PN *Sādir* „Theodor" – wohl im Sinne von *Aklūda* bzw. *Marqūra* im Verhältnis zu *Aklūdiyūs* „Klaudios" bzw. *Marqūriyūs* „Merkurios"; so auch Timm, Christl.-kopt. Ägypten I 245 (Anm. 44). Weil weder früher noch später eine Theodor-Kirche[414] in der Stadt Asyūṭ belegt ist, halte ich das Theodor-Patrozinium für sehr fraglich. Es ist sehr wahrscheinlich, daß al-Maqrīzī eine ihm nicht geläufige Weihungsangabe zugunsten eines ihm bekannten Heiligen – das sind vor allen Dingen Georg, Merkurios, Theodor und Menas –[415] geändert hat. Ich halte folgende Entstehung der Angabe für wahrscheinlich: *Bū (= Abū) Sadra* < *Abū / Abā Sādir* < *Abā Bādir*, was auf ⲁⲡⲁⲧⲏⲣ zurückgeht. Al-Maqrīzī hätte dann den ihm unbekannten Namen *Abā Bādir (Abādīr)*, der sonst in seinen Verzeichnissen nicht auftritt, als *(Abū) Sādir* gedeutet. Damit hätten wir dann den frühesten Beleg für die Apater-Kirche von Asyūṭ, die jahrhundertelang die Hauptkirche der Stadt gewesen ist.
- Clarke H 1: Kirche des Märtyrers Abādīr.
- Simaika, Asy. Nr. 1: wie Clarke
- Timm, Christl. Stätten 53
- S. auch Literatur s. v. Timm

(2) Literatur

- Wansleben, NR Ital. p. 130,15f.: Die Kirche wird als „chiesuccia che pare piu tosto una stalla che chiesa" beschrieben; das wird in NR 364,5f. zu „une petite Eglise fort pauvre" abgemildert.
- Meinardus, Christian Egypt² 390f.
- Timm, Christl.-kopt. Ägypten I 245 (dort auch zu der Erwähnung im Kolophon der Hs. Manchester, John Rylands Library, Cat. Nr. 419)

A om. // B II 1b
Lage: Amšūl
Weihung: *Aba Dér / Abbé Dér* ... avec ... sa soeur *Erazi*
Patron der Kirche: Apater (und seine Schwester Herai) (28. Tūt)

414 Die bei Timm, Christl. Stätten 54 verzeichnete Kirche des Theodor Stratelates in Asyūṭ dürfte, wie die meisten der sonstigen kopt.-orthodoxen Kirchen am Orte, ganz rezent sein.

415 Also die Heiligen, die ich als „Allerweltsheilige" bzw. „Allerweltsmärtyrer" bezeichnet habe, s. Einleitung und o. 4.3.2. Diesen sind bei al-Maqrīzī die (relativ) meisten Kirchen bzw. Klöster geweiht, die einen Märtyrer zum Patron haben. Ihnen gegenüber treten die individuellen Märtyrer stark zurück; sie scheinen bei der islamischen Bevölkerung – im Gegensatz zu ihren „Allerwelts"-Kollegen – keine größere Bekanntheit erlangt zu haben.

Die Begräbniskirche des Apater (und seiner Schwester Herai) wurde wegen ihrer Lage o. unter A 0 behandelt.

A 23 // B II 8
Lage: Šuṭb
Weihung: *B. Mercurius Abu seifein / Beato Mercurio Abu seifein*, cioè con le due spade // *B. Moncurio / Saint Moncure*
Patron der Kirche: Merkurios (25. Hatūr)
Zum christl.-arab. Namen des Heiligen, seiner Nebenform *Manqūriyūs* und zum Beiwort *Abū Sêfên*, das in Rel. erklärt wird, s.o. zu A 14 // B I 9.

Weitere Literatur zur Kirche

(1) Quellen
- Clarke I 10: Kirche des Märtyrers *Marqūriyūs*
- Simaika, Asy. Nr. 14: wie Clarke
- Timm, Christl. Stätten 137: Die Eintragung als Theodor-Kirche scheint mir auf die unzutreffende Verknüpfung des Ortes Šuṭb mit der Theodor-Stratelates-Tradition zurückzugehen. Die heutige Kirche des Ortes ist Merkurios-, *nicht* Theodor-Kirche, s. die u. unter Literatur angegebenen Stellen bei Meinardus.

(2) Literatur
- Meinardus, Martyria of Saints 334 Anm. 5
- Meinardus, Christian Egypt^2 339f.

(3) Zur Theodor-Stratelates-Tradition von Schōtep/Šuṭb
Hier ist noch einmal zu betonen, daß die Translation und das Begräbnis des Theodor Stratelates sich zwar auf den Gau von Schōtep, aber *nicht* auf den Ort Schōtep/Šuṭb beziehen, s.o. unter A 21 // B I 21 den Exkurs zur Begräbnisstätte. Insoweit sind die Angaben vieler Autoren über „Theodor Stratelates in Šuṭb" verfehlt, und die Suche von Meinardus nach den Spuren der Theodor-Tradition im Orte Šuṭb (aaO) war von vornherein aussichtslos.

A 24 // B II 6
Lage: Baqūr (heute: Bāqūr)
Weihung: *B. Aclodius / Beato Clodio // B. Clodio / Saint Claude*
Patron der Kirche: Klaudios (11. Ba'ūna)
Zum Heiligen und seinen christl.-arab. Namensformen s.o. zu A 4b.

Weitere Literatur zur Kirche

(1) Quellen
- al-Maqrīzī, Kirchenverz. Nr. 62: Kirche des Märtyrers Klaudios (*Aklūdiyūs, Aklūdīs*); sie wird als alt bezeichnet.
- Clarke I 13: Kirche des Märtyrers Klaudios (*Aqlūdiyūs*).[416]
- Simaika, Asy. Nr. 17: Kirche des Märtyrers Klaudios (*Iqlādiyūs*)
- Timm, Christl. Stätten 62

(2) Literatur
- Meinardus, Martyria of Saints 322: Der Autor meint, in der Wandmalerei sei als Martyrium (= Begräbniskirche) des Klaudios die Kirche von Baqūr dargestellt. Ausschlaggebend dafür ist für ihn, daß diese Kirche des Klaudios die einzige ist, die für den Märtyrer im Synaxar erwähnt wird (Syn. Alex. zum 11. Kīhak; dieses Kirchweihfest für Klaudios findet sich in den europäischen Druckausgaben nicht und ist auch sonst schwer zu belegen; bisher nur in einem Zeugen erwähnt, s. Meinardus aaO Anm. 4 = Textzeuge B bei Meinardus, Christian Egypt[2] 90). Angesichts des primären Begräbnisses des Klaudios in Pohe und seiner sekundären Bestattung in Asyūṭ will die Identifikation der Darstellung des Martyriums durch Meinardus nicht recht einleuchten – es sei denn, die Begräbnisstätte des Klaudios wäre noch einmal abgewandert. Das letztere ist deshalb denkbar, weil es nur schwer vorzustellen ist, daß die Klaudios-Tradition der Region von Asyūṭ ganz erloschen ist. Für eine Verifikation wären aber weitere Quellen notwendig.
- Meinardus, Christian Egypt[2] 400
- Timm, Christl.-kopt. Ägypten 338.[417]

A 25 // B II 7

Lage: al-Qaṭīʿa (heute: al-Muṭīʿa)
Weihung: *Unser lieben Frauen / la Madonna // Filotao / Saint Philotée*
Patron der Kirche: BMV *oder* Philotheos (16. Ṭūba)
Die Differenz der Angaben zwischen den Verzeichnissen von 1664 und 1673 läßt sich nicht ganz eindeutig entscheiden, da das Patronat BMV das Zeugnis des al-

416 Der ON in Clarkes engl. Übersetzung zu „Yacûr“ verlesen; Clarkes arab. Text bietet *Bāqūr*.

417 Timm hat hier nicht erkannt, daß hinter dem von al-Maqrīzī zu Klaudios als vergleichbaren Heiligen herangezogenen *Mīnā'ūs* ganz einfach – Menas steckt. Zur ungewöhnlichen arab. Namensform ist zu berücksichtigen, daß al-Maqrīzī in Kirchenverz. Nr. 62 mit hyperkorrekten, d.h. im Grunde ungebräuchlichen, Formen arbeitet; er bietet neben *Mīnā'ūs* „Menas“ *Marqūriyūs* (Merkurios) / *Ga'āragiyūs* (sic, mit dem wohl auch nötigen Zusatz „das ist Bū Girg“, also Georg) / *al-Iṣfahsalār Ta'ādurūs* (Theodor der General). Diese Heiligen werden nicht etwa zusammen mit Klaudios verehrt, wie Timm schreibt, sondern dieser ist ihnen bei den koptischen Christen „ebenbürtig“ bzw. „gleichrangig“ (*yaʿdil*).

Maqrīzī für sich hat, s. u. Doch spricht für das Philotheos-Patrozinium die größere Ortsnähe der Liste B II einerseits und die Stützung durch eine Mehrzahl (moderner) Quellen andererseits. Im folgenden wird daher nur die Weihung an den Märtyrer Philotheos besprochen. Zum Heiligen s.

- Delehaye, MartEg 99
- O'Leary, Saints 228f.
- Bibl. SS. V, 1964, 805-808 (J.-M. Sauget)
- Michel von Esbroeck, Saint Philotheos d'Antioche, AnBoll 94 (1976), 107-135

Zum koptischen Dossier des Heiligen s.

- Baumeister, Martyr Invictus 126f.
- Tito Orlandi, Il „dossier“ copto di San Filoteo d'Antiochia, AnBoll 96 (1978), 117-120

Wanslebens Namensform *Filotao* in NR Ital. – vgl. auch *Filotao* u. in Notiz B I 7 – geht deutlich auf die christ.-arab. Wiedergabe von kopt. ⲫⲓⲗⲟⲑⲉⲟⲥ als *Fīlūtā'ūs (Fīlūṯā'ūs*; auch *Fīlātā'ūs/Fīlāṯā'ūs)* zurück; vgl. etwa Syn. Alex. (Forget) I (Textus) 213,18-215,12 (Testzeugen: alle Hss.), wo die Mehrzahl der Hss. *Fīlūtā'ūs* hat, die Hss. D E aber *Fīlātā'ūs*. Wir können hier folgende Beobachtung zu Wanslebens Transkriptionsverfahren in Rel. Germ. bwz. NR Ital. machen, das wir auch schon o. zu „Klaudios“ in Notiz A 4b festgestellt haben: Der arab. Wortkörper der aus dem Koptischen übernommenen PN wird sehr getreu wiedergegeben, die arab. Endung aber durch eine latinisierende (Rel. Germ.) bzw. italianisierende (NR Ital.) Wortendung ersetzt: *Aclodi-us, Filota-o*.

Ist die Kirche die Begräbnisstätte des Märtyrers Philotheos?

Paul Peeters hat in seiner Rezension zur Edition von saʿid. Fragmenten des Philotheos-Dossiers durch Balestri[418] einige Hinweise zur Gestalt des Märtyrers Philotheos gegeben (AnBoll 24 (1905), 395-397). Er nimmt an, daß die Begräbnisstätte des Heiligen ganz in der Nähe der des Viktor, Sohnes des Romanos, zu suchen ist; diese setzt er (zu Recht) in al-Ḫuṣūṣ an (aaO 396; vgl. o. zu A 19a I // B I 16). Er vermutet nun, daß die von Wansleben in der Notiz B II 7 genannte Philotheos-Kirche von al-Qaṭīʿa wegen ihrer Nähe zu al-Ḫuṣūṣ die Begräbnisstätte sein könne, in deren Sakristei „travaillait le panégyriste de S. Philothée“ (aaO). Diese Hypothese hat in der Literatur Verbreitung gefunden.[419] Insbesondere Vergote hat weiteres Material zur Stützung der Hypothese vorgebracht, nämlich weitere Berüh-

418 G. Balestri, Di un frammento palimpsesto copto-saidico del Museo Borgiano, Bessarione Ser. 2, 4, 1903 (= Anno VII, 1902/03,2° semestre), 61-69.

419 S. Joseph Vergote, Le Texte sous-jacent du palimpseste Berlin No. 9755. S. Colluthus – S. Philothée, Muséon 48, 1935, 275-296 (280 und 284); Baumeister, Martyr Invictus 126.

rungspunkte zum Dossier des Viktor, Sohnes des Romanos.[420] Peeters' Hypothese zur Begräbnisstätte steht aber aus verschiedenen Gründen auf ganz schwachen Füßen. Schon sein Ausgangspunkt ist höchst fraglich: Er schließt nämlich die räumliche Nähe der Begräbnisstätten aus der Formulierung einer Verheißung, die Christus dem Märtyrer Philotheos macht:

> „Ich werde deinem Namen Ruhm verleihen auf Erden, so wie ich ihn dem Viktor, dem Sohne des Romanos, verliehen habe."[421]

Diese Aussage steht hier im Rahmen typischer Segensverheißungen für den Topos des Märtyrers und seine Verehrer.[422] Sie will durch die Orientierung am Ruhme des Märtyrers Viktor die Bedeutung des Nachruhmes des Philotheos apostrophieren. Das heißt aber: Philotheos wird Bekanntheit über seine Begräbnisstätte hinaus erlangen – so wie Viktor nicht nur an seinem Topos verehrt wird, sondern Verehrung in ganz Ägypten genießt und an vielen Stellen Kirchen besitzt. Peeters mißversteht diese Tendenz der Aussage, wenn er hier hauptsächlich auf den lokalen Kult des Viktor in al-Ḫuṣūṣ eingeht (aaO 396).

Daß es unmöglich ist, von dieser Aussage auf Nähe der Kultorte zu schließen, zeigen aber auch ganz parallele Formulierungen in den Segensverheißungen an andere Märtyrer, deren Begräbnisstätten im Delta liegen; vgl. dazu:

a) Mart. Makarios von Antiochia (ed. Hyvernat)[423] 54,10f.: „Ich werde dir Ruhm verleihen auf Erden und im Himmel so wie dem Viktor, dem Sohne des Romanos."
b) Mart. Sergios von Athribis (ed. MacCoull)[424] fol. 2vso. 4-6: „Ich werde dafür sorgen, daß dein Name berühmt wird wie der (des Viktor)[425] des Sohnes des Romanos."

420 Vergote, op.cit. 284f.

421 Balestri, op.cit. 65 (p. 107, Kol. I 7-12).

422 Fast das ganze Blatt pp. 107/108 des von Balestri edierten Palimpsestfragmentes ist mit Segensverheißungen für die Verehrer des Heiligen und seinen Topos angefüllt (op.cit. 65-67), etwa die Verheißung von gewaltigen Machttaten an jedem Ort, an dem der Name des Philotheos ausgesprochen wird (aaO 65, p. 107 Kol. I 1-6) oder die Zusage, einer Frau, die den Namen des Heiligen anruft, ein Kind zu schenken (aaO 66, p. 107 Kol. II 13-17) oder die Verheißung von Sündenvergebung und ewigem Leben an den, der das Mart. Philotheos (ab)schreiben wird (aaO 66f., p. 108 Kol. I 22 – II 5). Zu solchen Segensverheißungen, die ein typisches Merkmal der Märtyrerlegenden des kopt. Konsenses sind, vgl. die im Sachregister bei Baumeister, Martyr Invictus s.v. „Martyrer: Segensverheißungen für die Verehrer" nachgewiesenen Stellen. Zur Funktion dieser Segensverheißungen s. bes. ebd. 173f.

423 Hyvernat (ed.), AME 44-77.

424 Leslie S.B. MacCoull, The Martyrdom of St. Sergius of Benha, in: Coptic Studies presented to Mirrit Boutros Ghali for the Forty-fifth Anniversary of the Founding of the Society for Coptic Archaeology (ed. by Leslie S.B. MacCoull), Cairo 1979, 11-25. Zu dieser fehlerhaften Edition ist es wichtig, die Rez. von A.I. Jelanskaja, BiOr 39, 1982, 321-324 heranzuziehen.

425 Der Name des Viktor dürfte hier im Blick auf die entsprechenden Stellen im Mart. Philotheos bzw.

All diese Formulierungen zeigen, daß die jeweiligen Hagiographen den – allseits bekannten – Ruhm des Viktor voraussetzen, oder anders: Die Viktor-Tradition als über den engeren Raum des Kultes am Begräbnisort hinaus bekannte Überlieferung geht der Abfassung der Texte zeitlich voraus, wie sie uns in den hier besprochenen Martyrien des Philotheos / Makarios / Sergios vorliegen. Diese überregionale Bedeutung der Viktor-Überlieferung zeigt sich auch in vielfachen Anspielungen auf sie in anderen Märtyrer-Texten.[426] „Viktor, Sohn des Romanos" ist offensichtlich in Ägypten ein geeigneter Anhaltspunkt, durch den man Erlebnisse anderer Märtyrer verdeutlichen bzw. an dem man deren Bedeutung messen kann.

Auf der Basis dieses hagiographischen Befundes müssen wir nach anderen Indizien fragen, die eine Identifizierung der Begräbnisstätte ermöglichen. Peeters liegt mit seiner Hypothese sicher insoweit richtig, als es eine ägyptische Begräbniskirche des „antiochenischen" Märtyrers Philotheos in Ägypten gegeben hat – wie sie auch die aus Antiochia stammenden Märtyrer Viktor, Sohn des Romanos und Klaudios in unserer Region haben. Die Kirche von al-Qaṭīʿa (al-Muṭīʿa) ist und war nun nicht die einzige dem Philotheos geweihte Kirche in Ägypten. Selbst heute besteht noch eine weitere – die von Idfā bei Sūhāg (Timm, Christl. Stätten 163 bzw. 94) –, und Wansleben nennt für unsere Region noch eine andere, die Kirche von Nāmīr (s. u. zu B I 7), die übrigens für Peeters Überlegungen genauso gut geeignet gewesen wäre wie die von al-Qaṭīʿa. Hier nun weiterzukommen, erweist sich fast als unmöglich; denn alle bei Orlandi, op. cit. aufgeführten koptischen Texte zu Philotheos enthalten keinerlei Hinweis auf den Namen des Begräbnisortes in Ägypten; ja, es fehlt sogar ein Hinweis, daß der Leib des Märtyrers zur Bestattung nach Ägypten gebracht worden wäre.[427] Allerdings ist auch das in den Fragmenten des Enkomions auf Philotheos, das einem „Demetrios von Antiochia"[428] zugeschrie-

Mart. Makarios unabsichtlich ausgelassen sein – obwohl auch die Formel „Sohn des Romanos" für koptische Ohren eindeutig auf den Märtyrer Viktor verweist.

426 Vgl. etwa das Mart. Paēse und Thekla, s. o. Anm. 257; dort auch zu Anlehnungen an die Viktor-Tradition in anderen Texten.

427 Auch die Durchsicht der vollständigen saʿid. Fassung des Mart. Philotheos, die bisher nicht publiziert ist (New York, Pierpont Morgan Library Ms. M 583, foll. 75 vso. – 102 vso.; beschränkt zugänglich in Bd. 41 der fotografischen Ausg. der kopt. Pierpont-Morgan-Hss. (Crum, Dict.: Mor 41), Taf. 150-204), erbrachte keinerlei Hinweis auf einen ägypt. ON, der mit Philotheos verknüpft ist, bzw. ein Begräbnis des Märtyrers in Ägypten.

428 Zu diesem Autor koptischer Literatur, der ebenso wie „Theodor, Erzbischof von Antiochia" (s. Anm. 371) und „Anastasios, Bischof von Euchetis" (s. Anm. 385) eine literarische Fiktion ägyptischer Schreiberwerkstätten ist, s. Tito Orlandi, Demetrio d'Antiochia e Giovanni Crisostomo, Acme 23, 1970, 175-178. Orlandis Einordnung des Autors unter die „Autori non egiziani" (Orlandi, Elementi (s. Anm. 277) 177) erscheint mir wie in den beiden anderen Fällen unangebracht. Zu Demetrios als Autor der arab. Viktor-Literatur s. Horn, Mart. Viktor, Einleitung II 2b; vgl. auch Graf, GCAL I 354.

ben wird, erwähnte Martyrion des Heiligen in Antiochia[429] nicht ernst zu nehmen, da es sich hier um die nur hagiographische Fiktion einer antiochenischen Begräbnisstätte eines „antiochenischen" Märtyrers handelt, wie wir sie auch für Viktor und Klaudios kennen (s.o. zu A 19a I // B I 16).

Läßt uns also die koptische Überlieferung im Stich, obwohl Philotheos „auf ägyptische Art", d.h. im Sinne des koptischen Konsenses der Märtyrerlegende, behandelt wird, so gilt das vorläufig auch für die arabische Textüberlieferung. Das Syn. Alex. zum 16. Ṭūba und seine Parallele im Syn. Aeth. (Budge) zum 16. Ṭĕr macht keine Angabe über den Begräbnisort. Die hagiographischen Texte zu Philotheos sind durchweg unpubliziert.[430] Hinzuweisen ist aber auf einen – wohl erst später bzw. nur partiell – in den ägyptischen Festkalender aufgenommenen weiteren Festtag des Philotheos, den 16. Abīb, an dem der Weihe seiner Kirche gedacht wird. Dieser Kirchweihtag ist nur schwer zu belegen[431], ist aber ein ganz entscheidendes Indiz für eine Begräbnisstätte in Ägypten; für ihn existiert eine eigene Predigt. Hier die Belege:

- Meinardus, Christian Egypt² 122 (nur Textzeuge B, d.h. eine moderne ägyptische Druckausgabe des Syn. Alex.)
- ʿAbd al-Masīḥ, Doxologies V 136: Weihe der Kirche des Märtyrers Philotheos (der Text der Doxologie wird vom 16. Ṭūba genommen; keine Ortsangabe)
- Severus von Antiochia, Homilie zur Invention des Leibes des Philotheos und der Weihe seiner Kirche am 16. Abīb (unpubliziert): Paris, Bibliothèque Nationale,

429 Der Titel des Enkomions nennt „das Martyrion (ⲙⲁⲣⲧⲏⲣⲓⲟⲛ) des Heiligen Philotheos", in dem sich die Wunder und Machttaten des Heiligen ereignet haben, über die der Lobredner Demetrios spricht (Vergote, op. cit. (s. Anm. 419) 288, Kol. I 1-13). Es wird zwar nicht ausdrücklich gesagt, daß dieses Martyrion sich in Antiochia befindet, doch ergibt sich das aus der Ansiedlung des Redners, der ja Erzbischof von Antiochia sein soll: Er sagt, daß er das berichten werde, „was wir mit eigenen Augen gesehen und was wir mit eigenen Ohren gehört haben" (Vergote, ebd. Kol. II 18-21). Dabei geben sich übrigens die hinter der Figur des Demetrios steckenden ägyptischen Hagiographen zu erkennen: Der Redner erzählt die Ereignisse der Gemeinde nicht etwa mündlich, sondern er *schreibt* sie ihr (ebd. Kol. II 21-24)! Zur Verknüpfung von Lobreden auf „antiochenische" Märtyrer mit Gedenkkirchen in Antiochia s. den Titel des Enkomions auf die beiden Theodore, das „Theodor, Erzbischof von Antiochia" zugeschrieben wird (vgl. Anm. 371): Die Lobrede wird im Topos des Theodor Anatoleos in Antiochia gehalten, wobei entschuldigend gesagt wird, daß die Gedächtniskirche (ⲉⲩⲕⲧⲏⲣⲓⲟⲛ) des Theodor Stratelates in der Stadt noch nicht fertiggestellt ist und sein Fest daher im Topos des anderen Theodor begangen wird (Winstedt, Theodore 1,10-2,1 ≙ AM II 90,9-17).

430 S. Graf, GCAL I 521. Der Märtyrer ist bei Graf übrigens in den Abschnitt „Griechische Heilige" eingereiht.

431 Der 16. Abīb (bzw. 16 Ḥamlē) findet sich als Kirchweihtag des Philotheos nicht in Syn. Alex. (Forget bzw. Basset) / Syn. Aeth. (Guidi bzw. Budge) / Difnār (ed. O'Leary) / Ménologes (ed. Nau) / Kalendarium des Abū 'l-Barakāt (ed. Tisserant); auch nicht verzeichnet bei Burmester, Ṭuruḥāt.

Ms. arabe 153 foll. 243 vso. – 250 rto; Kairo, Koptisches Museum Ms. Hist. 470, Graf. Nr. 713 foll. 144 rto. – 147 vso. (s. Graf, GCAL I 419; das Datum ergibt sich erst aus den Katalogen von Troupeau bzw. Graf).

Die zuletzt genannte Homilie stammt sicher nicht von Severus; sie ist höchstwahrscheinlich eine Übersetzung (Graf, GCAL I 419). Zu dieser Homilie kann auf ein Parallelstück verwiesen werden. Wir besitzen nämlich ein Enkomion auf Klaudios, das dem Severus von Antiochia zugeschrieben wird und in dem ebenfalls über die Invention des Leibes des Märtyrers und den Bau seiner Begräbniskirche berichtet wird (ed. Godron, St. Claude 64-85). Mit diesem Inhalt ist die Homilie eigentlich eine Kirchweih-Homilie, die zum Kirchweih-Gedenken für Klaudios gehört. Ein solcher Gedenktag, nämlich der 11. Kīhak, hat sich auch für Klaudios herausgebildet; er ist ähnlich schwierig zu belegen wie der 16. Abīb für Philotheos.[432] Das saʿid. Severus-Enkomion auf Klaudios kennt allerdings das Datum 11. Kīhak noch nicht; vgl. den Titel des Werkes (Godron aaO 64, 1-12) und die Daten 1. Misrā (ⲙⲉⲥⲟⲣⲉ), der im Enkomion als Tag der Invention genannt wird (aaO 80,26 f.), und 3. Misrā, an dem der Topos des Klaudios geweiht wird (aaO 80,30). Ich vermute nun, daß die Kirchweih-Homilie des „Severus" auf Philotheos sich an dem Vorbild der „Severus"-Homilie auf Klaudios orientiert hat – nämlich erst dann, als sich mit den Martyriums-Gedenktagen korrespondierende Kirchweih-Gedenktage herausgebildet hatten.[433] Es ist nun möglich (und wahrscheinlich), daß die

432 Für den 11. Kīhak als Kirchweihgedenktag des Klaudios kann ich nur folgende Belege benennen:
- Meinardus, Christian Egypt² 90 (nur Textzeuge B, d. h. eine moderne ägypt. Druckausgabe des Synaxars; dazu s. o. Lit. zu A 24 // B II 6)
- Burmester, Ṭuruḥāt II 99 f.

Im übrigen fehlt das Kirchweihgedenken in allen sonstigen in Anm. 431 genannten Texten, die auch für den 16. Abīb als Kirchweihtag des Philotheos Negativbefund haben.

433 Viele Märtyrer erhalten einen zweiten Gedenktag im ägyptischen Festkalender, nämlich einen Kirchweihgedenktag, dessen Tagesdatum mit dem des Martyriumsgedenktages korrespondiert. Der zweite Gedenktag liegt in der jeweils anderen Jahreshälfte, und zwar sehr häufig in Halbjahresabstand. Diese Korrespondenz zwischen den Daten wirkt leicht konstruiert und verweist auf die sekundäre Entwicklung der meisten dieser Kirchweihtage. Einige Beispiele:

Märtyrer	*Martyriumstag*	*Kirchweihtag*
Sarapamon (Bischof)	28. Hatūr	28. Ba'ūna
Viktor von Schū	5. Kīhak	5. Ba'ūna
Psote (Bischof)	27. Kīhak	27. Ba'ūna
ⲕⲗⲟⲩϫ (Priester)	20. Ṭūba	20. Ba'ūna
Phoibamon von Būšēm	27. Ṭūba	27. Abīb
Viktor, Sohn des Romanos	27. Barmūda	27. Hatūr
Phoibamon der Soldat	1. Ba'ūna	1. Kīhak
Johannes von Heraklea	4. Ba'ūna	4. Kīhak
Theodor Stratelates	20. Abīb	20. Hatūr

Die Kirchweihtage sind großenteils nicht mit Hilfe des Synaxars nachzuweisen, was für ihre späte Entwicklung bwz. ihre nur regionale Anerkennung spricht. Die Reihe läßt sich noch erweitern und

Homilie auf die Kirchweihe für Philotheos den Namen des Ortes nennt, an dem sich die Kirche befindet – ganz so, wie es die entsprechende Homilie für Klaudios tut (ⲡⲟϩⲉ genannt bei Godron aaO 78,30). Das läßt sich aber endgültig erst nach Publikation des Werkes bzw. Inspektion der Hss. sagen.

Zum Abschluß muß noch auf eine jüngere Tradition zur Begräbnisstätte des Philotheos verwiesen werden.[434] Für das 11. Jahrh. wissen wir nämlich, daß eine Klosteranlage in Singār, das ganz in der Nähe der Küste des Deltas lag und heute größtenteils vom Wasser des Burullus-Sees überflutet ist[435], als Begräbnisstätte des Philotheos galt:

- zur Zeit der Abfassung der Biographie des Christodulos, des 66. Patriarchen der koptischen Kirche (1047-1077 A.D.); HPEC II (3), 247.
- in der Reliquienliste, die zur Zeit der Abfassung der Biographie des Kyrillos II., des 67. Patriarchen der koptischen Kirche (1078-1092 A.D.) entstanden ist; HPEC II (3), 359 bzw. arab. 227,5f.

In dieser Zeit sind auch die Reliquien der Thekla, der Gefährtin des Apostels Paulus, nach Singār gebracht worden (HPEC jeweils aaO).

Angesichts aller hier vorgetragenen Fakten kann der Vorschlag, die Begräbnisstätte des Philotheos nach al-Qaṭīʿa zu lokalisieren, nur als bloße Vermutung angesehen werden, die vorläufig nicht bewiesen werden kann und auch nicht besonders wahrscheinlich ist.

Weitere Literatur zur Kirche

(1) Quellen
- al-Maqrīzī, Kirchenverz. Nr. 63: Marienkirche in al-Qaṭīʿa. Die Weihung an die Jungfrau Maria kongruiert mit Wanslebens Angabe in Notiz A 25, steht aber in Widerspruch zur sonstigen Überlieferung (s.o.).
- Clarke I 11: Kirche des Märtyrers Philotheos (*Fīlūṯāʾūs*) in al-Muṭīʿa
- Simaika, Asy. Nr. 15: wie Clarke
- Timm, Christl. Stätten 119: Kirche des Philotheos

(2) Literatur
- mir nicht bekannt; vgl. aber o. zur Kirche als Begräbnisstätte des Märtyrers.

verweist auf ein interessantes Prinzip des ägyptischen Festkalenders, das an anderer Stelle von mir erläutert werden wird; dort dann auch die Einzelnachweise der Kirchweihgedenktage.

434 Meinardus, Inventory of Relics gibt übrigens keinerlei Hinweis auf Philotheos-Reliquien in einer ägyptischen Kirche, d.h. wir haben dort kein Indiz für eine eventuelle Begräbnisstätte in Ägypten.

435 Zum Orte Singār, der ehemals ein wichtiges christliches Zentrum war, und seiner Geschichte s. den Abschnitt „The Former Bishopric of Singar" bei Meinardus, Christian Egypt[2] 237-242; zur Lage und zum heutigen Zustand s. aaO 241f.

A 26 // B II 2b
Lage: Durunka (→ Dêr Durunka, s. u.)
Weihung: *Unser lieben Frauen* / om.[436] // (il monasterio della) *Madonna* / (le monastère de la) *Sainte Vierge*
Patronin der Kirche (des Klosters): BMV

Zur Lage der Kirche

Die Marien-Kirche von Durunka ist die Kirche einer alten Klosteranlage; das spiegelt sich in Wanslebens Nomenklatur von 1673: „In Durunka ... befinden sich zwei *Kirchen*: Im Dorfe selbst..., und hinter demselben auf dem Gebel liegt das *Kloster* der Jungfrau Maria." (NR Ital.; Hervorhebungen von mir). Dieser Ausdrucksweise liegt deutlich ein arab. *Dêr al-ʿAḏrāʾ* zugrunde, von dem Wansleben aber gewußt hat, daß es nicht mehr als Kloster genutzt wird; vgl. den parallelen Fall des Marien-„Klosters" von Abnūb o. A 19b // B I 19a und Abschnitt 4.3.1 zur Terminologie.

Die Kirche (das Kloster) liegt am Steilabfall des Wüstengebirges in der Nähe des Dorfes Dêr Durunka, das sich bei der ehemaligen Klosteranlage gebildet hat (s. o. 4.2.2 zu A 26 // B II 2). Das Dorf Dêr Durunka gehörte lange zum Gemeindebezirk von Durunka; deshalb wird die Kirche bei Wansleben unter letzterem verzeichnet. Klosteranlage und Kirche liegen in Höhlungen des felsigen Steilabfalles; die alte Marien-Kirche (Höhlenkirche) ist heute durch einen Neubau in der Nähe ersetzt (Meinardus, Christian Egypt^2 394 f.; dort auch zum Ausbau der modernen Anlage zur bischöflichen Residenz von Asyūṭ). Wansleben hat am 24. März 1673 die alte Klosteranlage während eines Ausfluges zum Athanasius-Kloster – s. u. zu A 27 // B II 4 – mit dem Bischof von Asyūṭ besucht. Folgende dürre Worte widmet er ihr in seinem Reisebericht: „Auf dem Wege besichtigten wir das Kloster der Jungfrau Maria in Durunka, das auf dem Gebel liegt, hineingegraben in den Felsen; aber auch dieses (Kloster) war armselig (miserabile)." (NR Ital. p. 138,4-6; etwas erweitert in NR 378,9-18, wo Wansleben erklärt: „Dieses Kloster und seine Kirche sind in den Felsen hineingeschnitten, und das ist alles, was es an Bemerkenswertem gibt. Alles übrige, weit davon entfernt, meine Neugier zu befriedigen, bot meinen Augen nur Trümmer und Bilder des Elends.")

436 Die Ortsnotiz A 26 ist bei der Redaktion von Rel. – wohl aus Unachtsamkeit – weggefallen, s. die Edition in 3.3.1.

Weitere Literatur zur Kirche (zum Kloster; Auswahl)

(1) Quellen

- Abū Ṣāliḥ fol. 74b (Evetts 214,5f.): Dort wird unter der Überschrift „Rīfa und Udrunka" eine Kirche der Jungfrau Maria genannt. Ob das die Kirche des Klosters von Dêr Durunka ist, ist höchst fraglich, da es in Rīfa (Dêr Rīfa) ein weiteres Marien-Kloster gibt, s.u. zu B II 3b, das hier gemeint sein könnte. Ein sicherer Beleg ist dagegen Abū Ṣāliḥ fol. 89a (Evetts 250,4f.): „Ein Kloster, das der Jungfrau Maria geweiht ist, bekannt als *Qarfūna*"; vgl. dazu die gleich genannte Notiz bei al-Maqrīzī.
- al-Maqrīzī, Klosterverz. Nr. 48 (eines der Klöster von Udrunka = Durunka) : Kloster von *arḍ al-ḥāgir*[437], das Michael- oder Karfūna-[438] Kloster genannt wird und der Jungfrau Maria geweiht ist. Die Lagebeschreibung des Autors paßt ausgesprochen gut zum Marien-Kloster von Dêr Durunka: „Es liegt am Steilabfall des Gebel (*ʿalā ṭaraf al-gabal*), in dem sich viele Höhlen befinden, unter denen eine ist, in der man als Fußgänger zwei Tage lang unterwegs ist." Vgl. dazu Wanslebens Besuch in den Höhlen beim Kloster, den er zur Entschädigung für seine Frustration durch die christlichen Ruinen unternahm (NR Ital. p. 138,7-29 ≙ NR 378,19-379,29). Sein Bericht beginnt so, als wolle er al-Maqrīzī bestätigen: „Und weil sich in dieser Gegend des Gebel viele Höhlen befinden, ließ ich mich durch einen Führer, den der Bischof mir gab, in einige führen, um meine Neugier zu befriedigen. Neben anderen trat ich in eine hinein, die so hoch, aber auch so weit war, daß sich im Inneren – ohne Übertreibung gesprochen! – mehrere Tausend an

437 Also „Kloster des Dammlandes", d.h. des Landes am Wüstenrand bzw. am Steilabfall des Wüstengebirges. Zu dieser Bedeutungsbestimmung von *ḥāgir* s. Anm. 133. Die Bearbeiter des Textes begnügen sich mit einer bloßen Wiedergabe der arab. Bezeichnung (Leroy) oder geben eine „Übersetzung" bei (Wüstenfeld, Evetts), die die Bedeutung des Ausdrucks nicht erfaßt.

438 Al-Maqrīzī gibt noch zwei Varianten dieser Bezeichnung – *Arfūna, Aġrafūnā* – und erklärt sie folgendermaßen: „Die Bedeutung davon ist ‚der Schreiber'." Das Kloster heiße deshalb „Schreiber-Kloster", weil es früher eine christliche Schreiberwerkstatt beherbergt habe. Die Bearbeiter des Textes nehmen alle an, daß der arab. Bezeichnung griech. γράφων zugrunde liegt. Sie denken dabei augenscheinlich an das Partizip Präs. Akt. zu γράφω „schreiben", also „einer, der schreibt" = „Schreiber". Das täuscht aber darüber hinweg, daß γράφων keine gängige Bezeichnung für „Schreiber, Kopist" ist (vielmehr: γραφεύς) und daß die Tonverhältnisse des arab. Wortes keineswegs denen des griech. entsprechen (Betonung des *ū* in der zweiten Silbe, also wahrscheinlich Wiedergabe von betontem ω!). Dieser Befund läßt mich am ehesten an kopt. ⲅⲣⲁⲫⲱⲛ als Vorlage denken, ein Lehnwort, in dem die Endung -εύς der Entlehnungsbasis γραφεύς „Schreiber, Kopist" durch -ⲱⲛ ersetzt wäre. Ein solches Lehnwort kann ich im Augenblick nicht belegen; für die Ersetzung der Endung durch -ⲱⲛ sei aber auf *cursor* > ⲕⲟⲩⲣⲥⲱⲛ „Läufer, Eilkurier" und vor allen Dingen auf *scriba* > ⲥⲕⲣⲓⲃⲱⲛ „Schreiber, Sekretär" verwiesen. Für letzteres ist aber auch auf Sophocles, Lexicon 998a hinzuweisen, wo σκρίβων (meist Plur. σκρίβωνες) als „kaiserlicher Leibgardist" verzeichnet ist.

Männern zu Pferde hätten in Schlachtordnung aufstellen können...“ (NR Ital. p. 138,7-11 ≙ NR 378,19-29 mit stilistischen Änderungen).

- Clarke I 5: Kirche der Jungfrau Maria in Durunka.
- Simaika, Asy. Nr. 7: Kirche der Jungfrau Maria in Dêr Durunka (mit dem Vermerk „antik“)
- Timm, Christl. Stätten 82 bzw. 75: Kirche der Jungfrau Maria in Durunka bzw. Dêr Durunka. Timm hat den Dublettencharakter der Eintragung nicht vollständig durchschaut; er deutet daher den Befund bei Clarke falsch (82 Anm. 1 bzw. 75 Anm. 1): Die Kirche liegt auch bei Clarke bei / in Dêr Durunka, ist aber unter Durunka eingetragen; vgl. dazu o. zur Lage der Kirche.

(2) Literatur

- Martin, Inventaire Nr. 45: Die Nennung des Klosters bei al-Maqrīzī – s. o. – fehlt; die Stellenangaben für Abū Ṣāliḥ sind zu korrigieren: „p. 214“ ist höchst fraglich, s. o.; statt „251“ lies 250,4f.
- Wladimir de Bock, Matériaux pour servir à l'archéologie de l'Egypte chrétienne, St. Pétersbourg 1901, 84 Anm. 20 (ältere Lit.)
- Michel Jullien S. J., A travers les ruines de la Haute Egypte. A la recherche de la grotte de l'abbé Jean, Etudes 88, 1901, 205-217 (209f. und 217)[439]; Julliens Identifikation aaO 217 des Klosters von Dêr Durunka mit dem *Dêr al-ʿAḏrāʾ*, das auch *Dêr Abū ʾl-Ḥāriṯ* genannt wird, bei Abū Ṣāliḥ fol. 90a (Evetts 251,20f.) scheint mir höchst fraglich, da keine Verbindung zu Durunka ersichtlich ist und eine andere Notiz bereits das Kloster nennt, s. o. unter Quellen zu Abū Ṣāliḥ.
- Clarke, Christian Antiquities 176 (und Grundriß ebd. Pl. LII Fig. 3)
- Meinardus, Christian Egypt² 394f.
- Viaud-Muyser, Pèlerinages 52f.

A 27 // B II 4

Lage: az-Zauya (az-Zāwiya; auch: Dêr az-Z.)

Weihung: *S. Athanasius / S. Atanasio // S. Atanasio / S. Athanase*

Patron des Klosters[440]: Athanasius (welcher?)

439 Der Text des Aufsatzes von Jullien findet sich fast wortwörtlich unter der Überschrift „Environs d'Assiout“ bei Charles Beaugé, A travers la Haute-Egypte. Vingt ans de souvenirs, Alençon 1923, 98-108; einzige eigenständige Ergänzung des Autors ist ein Foto auf S. 102, das das Dorf Dêr Rīfa und den Gebelhang zeigt. Da der Autor kein Wort über seine Benutzung der Arbeit Julliens verliert, haben wir es also mit einem einfachen *Plagiat* zu tun. Auch an anderen Stellen seines Buches plagiiert Beaugé Arbeiten von Pater Jullien, worauf schon Maurice Martin hingewiesen hat (BIFAO 71, 1972, 121 Anm. 2, s. o. Anm. 411).

440 In diesem Falle sind sich die Quellen einig, daß es sich um ein Kloster handelt (Wansleben Text A

Wansleben ist nach seiner knappen Ausdrucksweise sicher davon ausgegangen, daß es sich um den Kirchenvater und Erzbischof von Alexandrien handelt. Die Weihung wird hier nicht ausführlicher diskutiert; zu anderen Zuweisungen des Patroziniums s. u. die Literatur (Clarke; Martin).

Weitere Literatur zum Kloster

(1) Quellen

- al-Maqrīzī, Klosterverz. Nr. 53 (unter den Klöstern von Durunka, Nr. 47-53): Apostel-Kloster (Dêr ar-Rusul), das auch Tamarisken-Kloster genannt wird. Bei dem Kloster liegt ein Dorf *Munšā'at aš-Šaiḫ*, das von *aš-Šaiḫ Abū Bakr aš-Šādalī* gegründet wurde. Die letztere Angabe ermöglicht eine eindeutige Identifizierung, denn Munšā'at aš-Šaiḫ (Abī Bakr as-Sāḏalī) ist ein alter Name des Dorfes, das heute az-Zauya heißt, s. Ramzī, Qāmūs II (4), 27 (*az-Zauya < Zāwiyat (Tabaʿ) Asyūṭ < Zāwiyat aš-Šaiḫ Abī Bakr aš-Šāḏalī < Munšā'at aš-Šaiḫ*...). Das Dorf wurde in osmanischer Zeit aus der Gemarkung von Rīfa ausgegliedert (Ramzī aaO); das macht verständlich, warum al-Maqrīzī das Kloster beim Dorf unter den Klöstern von Durunka/ Rīfa (Klosterverz. Nr. 47-53) aufführt. Merkwürdig ist nur die Weihungsangabe „die Apostel" (*ar-Rusul*). Diese dürfte wiederum ein für al-Maqrīzī typisches Mißverständnis darstellen: Er hat das ständige Beiwort des Erzbischofs Athanasius „der Apostolische" falsch interpretiert. *Ar-Rasūlī* „der Apostolische, der Apostelgleiche" stellt ein Epitheton dar, das dem Athanasius häufiger beigegeben wird und in koptischen Texten als ⲡⲁⲡⲟⲥⲧⲟⲗⲓⲕⲟⲥ begegnet; vgl. etwa die von Orlandi publizierten, dem Athanasius gewidmeten Texte[441]: Testi copti 24,25; 28,4; 38,31f. („Apa Athanasius ist den Aposteln gleich geworden"); Konstantin von Asyūṭ, Enkomion I 1,4 („Hirte des Aposteltums"); 1,12f. („der Apostolische nach den Aposteln");

und B II / al-Maqrīzī). Zwar wird die Anlage heute nur noch als Kirche geführt (Clarke/Simaika/ Timm), doch zeigt sich ihr ehemaliger Charakter in dem ON, unter dem sie verzeichnet wird (Dêr az-Zāwiya u. ä.). 1673 wurde sie offensichtlich schon nicht mehr als Kloster genutzt, wie sich aus Wanslebens Zusatz „zwar groß, aber fast ganz in Ruinen" (NR Ital.; in NR weggelassen) ergibt. Dieser Zusatz stammt wohl nicht aus der Liste, die Wansleben als Vorlage diente, sondern aus eigenem Augenschein vor Ort; vgl. dazu Wanslebens ganz knappen Bericht über seinen Besuch im Kloster, der u. unter Weitere Lit.: Quellen zitiert wird.

441 Tito Orlandi (ed.), Testi copti: 1) Encomio di Atanasio; 2) Vita di Atanasio (Testi e Documenti per lo Studio dell'Antichità. 21), Milano 1968; ders. (ed.), Constantini episcopi urbis Siout Encomia in Athanasium duo, CSCO 349 (= Script. Copt. 37), Louvain 1974. Für die letztgenannten Enkomien ist zu erwägen, ob sie nicht ursprünglich für das Athanasius-Fest des Klosters bestimmt waren; vgl. dazu die Klaudios-Enkomien des Konstantin (ed. Godron, St. Claude), die ganz sicher für Festtage an der Begräbniskirche des Klaudios Begräbniskirche des Klaudios bei Asyūṭ bestimmt waren.

4,19 (dort auch Begründung dafür, warum Athanasius das Epitheton ⲡⲁⲡⲟⲥⲧⲟⲗⲓⲕⲟⲥ zukommt), u.ö. Zur arab. Wiedergabe des Epithetons durch *ar-Rasūlī* vgl. etwa das Syn. Aeth. oder das Difnār (ed. O'Leary) zum 7. Bašans; auch in der Nennung der Kirche von az-Zauya in der Kirchenliste bei Simaika erhält Athanasius das Beiwort „der Apostolische", s.u. Da sich al-Maqrīzī in der christl.-arab. Nomenklatur nicht auskennt, wie wir verschiedentlich festgestellt haben, hat er aus dem ihm unbekannten Beiwort „der Apostolische" eine ihm geläufige Weihung an „die Apostel" konstruiert.

– Wansleben, NR Ital. p. 138,1-4 ≙ NR 377,28-378,8: Der Autor besuchte am 24. März 1673 das Kloster des Athanasius mit dem Bischof von Asyūṭ und gibt seinen niederschmetternden Eindruck in knappsten Worten wieder („... das häßlichste und das am schlechtesten hergerichtete Kloster, das ich jemals in Ägypten gesehen habe"; NR Ital.).
– Clarke I 13: Kirche des *Abū Tarbô* (sic) in az-Zauya. Falls es sich hier nicht um eine Verschreibung für *Aṯanāsiyūs* handelt, was recht unwahrscheinlich wirkt, haben wir es mit einer ganz bemerkenswerten Weihung zu tun, nämlich an den Schutzheiligen der von tollwütigen Hunden Gebissenen, der Abū Tarbū (Abū Tarbô) genannt wird. Zu diesem merkwürdigen Heiligen der ägyptischen Kirche, der im Syn. Alex. und in sonstigen kalendarischen Materialien fehlt, s. den grundlegenden Artikel von E. Galtier, der auch die „Vita" des Heiligen enthält: Contribution à l'étude de la littérature arabe-copte. II: La rage en Egypte – Vie de Saint Tarabô, BIFAO 4, 1905, 112-127.[442] Die „Vita" ist im Rahmen eines religiös-magischen Ritus der koptischen Kirche überliefert, der „Das Gebet des Abū Tarbū" heißt und zur Heilung des Bisses durch tollwütige Hunde eingesetzt wird. Texte zu diesem Ritus s. Graf, GCAL I 539f.[443], vgl. dazu Gérard Viaud, Magie et coutumes populaires chez les Coptes d'Egypte (Collection „Le Soleil dans le

442 Galtier umschreibt den Namen des Heiligen „Tarabô" und will ihn auf griech. Θεράπων zurückführen (aaO 115f., wo auch auf einen nichtägyptischen Märtyrer dieses Namens verwiesen wird). Auch Crum gibt bei der Besprechung einer anderen Fassung des Rituals (Cat. Rylands 467 D = ebd. S. 236-238) den Namen als „Tarabô" wieder, bringt aber Kritik an Galtiers Ableitung und andere Deutungsvorschläge vor (aaO S. 236 Anm. 2); kritisch zur Ableitung von Θεράπων oder θεραπεύων auch M.A. Murray, The Ceremony of Anba Tarabo, Ancient Egypt 1921, 110-114 (114). Angesichts der Unsicherheit einer griech. Basis des Namens gebe ich der Wiedergabe *Tarbū* bzw. *Tarbô* den Vorzug; vgl. dazu auch Muyser, Culte des Trois Saints Jeunes Gens (s.u. zu B II 2a) 30f.

443 Bei Graf fehlt ein Hinweis auf den wichtigen Textzeugen in Manchester, John Rylands Library, den Crum katalogisiert hat (Cat. Rylands 467 D, s. Anm. 442). Crum weist aaO S. 236 auch auf zwei weitere Textzeugen in der Bibliotheca Vaticana und in Aberdeen hin, die bei Graf ebenfalls nicht verzeichnet sind.

Coeur".12), Sisteron 1978, 87-89; Otto F. A. Meinardus, Christian Egypt: Faith and Life, Cairo 1970, 224 (dort auch Lit.)
- Simaika, Asy. Nr. 16: Kirche des Athanasius des Apostolischen (*Aṯanāsiyūs ar-Rasūlī*) in Dêr az-Zauya.
- Timm, Christl. Stätten 80 (s. v. Dēr az-Zāwīya): Kirche des Athanasius.

(2) Literatur
- Martin, Inventaire Nr. 48: Der Autor schlägt vor (ebd. 193 Anm. 1), als Patron einen Mönchsvater Athanasius von Antinoopolis anzusetzen.
- Jullien, A travers les ruines ... (s. o. zu A 26 // B IIb) 214-217[444]: Der Autor konnte die Weihung der Kirche des Klosters nicht in Erfahrung bringen (aaO 215). Er schlägt vor, das Kloster Dêr az-Zauya mit dem *Ibsidīyā* genannten Kloster bei Abū Ṣāliḥ fol. 90a (Evetts 252,1 f.) zu identifizieren (aaO 217).
- Petrie, Gizeh und Rifeh aaO (s. o. zum Ortsnamen in 4.2.2): Aus Petries Ausführungen ergibt sich, daß das Dorf az-Zauya in die benachbarte Klosteranlage quasi „umgezogen" ist
- Meinardus, Christian Egypt[2] 397: Der Autor gibt als weiteren Namen des Ortes *Zauyat ad-Dair*, was gut dem bei Petrie geschilderten Befund entspricht: Das Dorf az-Zauya zieht in die benachbarte Klosteranlage Dêr az-Zauya und wird nun Zauyat ad-Dêr genannt. Die Kirche ist nach Meinardus dem Abū Tarbū geweiht; s. o. unter Quellen zu Clarke.

B I Titel

NR läßt die Überschrift der Liste in NR Ital. („Liste der Kirchen und Klöster, die sich in der Provinz (*aqlīm*) von Manfalūṭ befinden") weg; dazu s. Anm. 91. Statt dessen wird in NR ein zusammenfassender Vermerk über die Zahl der Kirchen gegeben, der in NR Ital. fehlt, auch nicht mit dem Text von NR übereinstimmt und Einblicke in Wanslebens Redaktionsarbeit gibt. Hier eine Konfrontation der Zahlen:

	NR Ital. (tatsächliche Zahl)	NR (Zahl nach den Titeln)	(tatsächliche Zahl)
Insgesamt	23	21 (B I Titel)	22
Westufer	11	11 (B I Titel W)	11
Ostufer	12	12 (B I Titel O)	11

444 Ein Plagiat dieses Abschnittes bei Beaugé, A travers la Haute-Egypte 106-108 (s. o. Anm. 439; dort auch zum Plagiatcharakter des Textes).

Die in der Zwischenüberschrift B I Titel W genannte Zahl stimmt also mit der Zahl der Kirchen in NR Ital. und NR überein, während die Zahl in B I Titel O nur mit NR Ital. kongruiert. D.h. aber: Wansleben hat die Zusammenzählung durchgeführt, bevor er sich dazu entschlossen hat, die Notiz B I 12 in NR wegzulassen und an ihre Stelle die Notiz B I 21 zu setzen. Nunmehr hätten eigentlich Änderungen in B I Titel O – jetzt: 12 Kirchen – und B I Titel – jetzt: 22 Kirchen – vorgenommen werden müssen. Die erste Änderung wurde aber nicht durchgeführt, so daß die Zahl aus NR Ital. stehenblieb; die zweite Änderung wurde anscheinend mit falschem Ergebnis durchgeführt, so daß wir „21" lesen – oder aber Wansleben hat einfach falsch gerechnet.

B I Titel W
Die Zusammenrechnung der Zahl der Kirchen auf dem Westufer fehlt in NR Ital.; vgl. o. zu B I Titel.

B I 1
s.o. A 12

B I 2
s.o. A 13

B I 3
s.o. A 6

B I 4
s.o. A 7

B I 5
s.o. A 8

B I 6
s.o. A 10

B I 7
Lage: Nāmīr (nach Wansleben: Namīra)
Weihung der Kirche: *S. Filotao / Saint Philothée*
Patron der Kirche: Philotheos (16. Ṭūba)
Zur christl.-arab. Basis von Wanslebens Namensform in NR Ital. s.o. zu A 25 // B II 7; dort auch weitere Angaben zum Heiligen und zu seiner Begräbnisstätte in Ägypten.

Weitere Literatur zur Kirche
- ist mir nicht bekannt. Gerade weil Quellen und Literatur zur Philotheos-Kirche in Nāmīr (heute: Banī Šaʿrān?) bisher schweigen, ist Wanslebens Notiz als weiterer Zeuge für die Philotheos-Verehrung in Ägypten besonders wertvoll.

B I 8
s.o. A 11

B I 9
s.o. A 14

B I 10
Lage: Masraʿ
Weihung der Kirche: *la Madonna / la Sainte Vierge*
Patronin der Kirche: BMV

Weitere Literatur zur Kirche

(1) Quellen
- Clarke H 10
- Simaika, Manf. Nr. 12
- (Timm, Christl. Stätten 114)

(2) Literatur
- mir nicht bekannt

B I 11
s.o. A 9

B I Titel O
Die Zusammenrechnung der Zahl der Kirchen auf dem Ostufer fehlt in NR Ital.; das Ergebnis der Rechnung (12) stimmt nicht mit der Zahl der tatsächlich in NR verzeichneten Kirchen (11) überein, dagegen paßt es zur Zahl der Kirchen in NR Ital. Vgl. dazu o. zu B I Titel.

B I 12
Lage: am Hange eines Wadi des Gabal Abū 'l-Fūda, ca. 7 km nw. al-Maʿabda
Weihung der Kirche: *Teodoro ibn Giovanne* / om.[445]
Patron der Kirche: Theodor Stratelates (20. Abīb)

445 In NR gibt es an dieser Stelle zwar Paralleltext, doch entspricht dieser nicht etwa der Notiz B I 12 in NR Ital., sondern stellt vielmehr den Text der Notiz B I 21 dar, die bei Redigierung der Druckfas-

Die Notiz zu dieser Kirche ist nur in NR Ital. enthalten, zur Weglassung in NR s.o. 4.2.2 zu B I 12. Bei Wansleben ist hier eine noch deutlichere Spur der arab. Vorlage als in A 21 // B I 21 stehengeblieben; zu *Tadrus ibn Ḥanna (Yūḥannā)* „Theodor, Sohn des Johannes" als Bezeichnung des Theodor Stratelates s.o. zu A 21 // B I 21 (Zur Identifikation der Märtyrergestalt: Die Ägyptisierung des Theodor Stratelates). Im Kommentar zu dieser Notiz auch zur oberägyptischen Begräbnisstätte des Märtyrers.

Weitere Literatur zur Kirche/zum Kloster[446]

(1) Quellen
- Clarke H 3: Kirche des Theodor Stratelates in Banī Šiqêr[447]
- Simaika, Manf.Nr. 4: Kirche des Theodor Stratelates in Banī Šiqêr al-Gabal[447] (mit dem Vermerk „antik")
- Timm, Christl. Stätten 61: Kirche des Theodor Anatoleos[448] in Banī Suqēr[447].

(2) Literatur
- fehlt bei Martin, Inventaire. Das ist zwar einerseits nicht erstaunlich, da Martin die Notiz B I 12 bei Wansleben nicht kennen konnte, verwundert andererseits aber doch, da der Autor aufgrund der Position der Notiz B I 21 in der Druckfassung von NR ein Theodor-Kloster im Norden des Ostufergebietes gesucht hat (Inventaire Nr. 41). Dieses plaziert er dann aaO fälschlich nach Dêr al-Quṣêr – obwohl er die Beschreibung des Klosters durch Maspero kennt (op.cit. 192 Anm. 1; s.u.). Martin ist hier das Opfer von Wanslebens irreführender Redaktion von NR – Versetzung der Notiz B I 21 an die Stelle von Notiz B I 12 – geworden!
- Gaston Maspero, Ruines et paysages d'Egypte, Paris 1910, 19-28 („III. Le Couvent de la Poulie au Gebel-Abou-Fédâ"): Maspero beschreibt ganz eindeutig das Theodor-Kloster und nicht das Menas-Kloster bei al-Maʿabda

sung an diese Stelle gesetzt wurde, weil Wansleben offensichtlich glaubte, die in den beiden Notizen genannte Theodor-Kirchen seien identisch; vgl. die Edition und o. 4.2.2. zu B I 12.

446 Obwohl die Anlage bei Wansleben als Kirche bezeichnet wird, gebe ich hier die Alternative „Kloster", weil aus den Beschreibungen der Anlage (s.u. Maspero; Bericht über den Göttinger Survey) und ihrem vor Ort gebräuchlichen Namen *Dêr al-Amīr Tadrus* deutlich wird, daß es sich um ein ehemaliges Kloster handelt.

447 Banī Šiqêr (Survey of Egypt: Beni Shiqeir; Timm: Banī Šuqēr) liegt ca. 5,5 km nördl. Manfalūṭ auf dem Westufer des Nils in der Nähe des Flusses. Daß die hier genannte Theodor-Kirche, die oberflächlich betrachtet auf dem Westufer liegt, sich in Wirklichkeit auf dem Ostufer befindet, auch wenn sie dem Dorfe Banī Šiqêr zugeordnet wird, ist o. in 4.2.2. zu B I 12 nachgewiesen worden.

448 Diese Weihungsangabe ist angesichts der übrigen Bezeugungen sicher unzutreffend. Sie geht vermutlich auf eine falsche Ergänzung zu „Theodor" (ohne Epitheton) zurück; vgl. die unten genannte Eintragung bei Meinardus als „D. Tadros".

(s.o. A 15 // B I 13), wie das Martin, Inventaire S. 192 Anm. 1 annimmt. Allerdings benennt Maspero das Kloster irreführend als „Kloster der Winde" (≙ *Dêr al-Bakara*), also mit einer Bezeichnung, die für mehrere ägyptische Klöster gebräuchlich ist und auf solche Klöster angewendet wird, die aus Sicherheitsgründen keinen Zugang zu ebener Erde (mehr) haben, sondern mit Hilfe eines Seiles (einer Kette) und einer Winde betreten bzw. versorgt werden. Diese Bezeichnung trifft auf das Menas-Kloster viel eher zu als auf die Anlage des Theodor; daher wohl auch Martins Irrtum. Die Klosteranlage ist immer wieder restauriert worden (aaO 23); das gilt übrigens bis heute, s.u. (Bericht über den Göttinger Survey).[449] Maspero teilt den eigentlichen Namen der Anlage (*Dêr al-Amīr Tadrus*) nur auf Grund eines Mißverständnisses mit: Die Anlage sei nämlich neuerdings von einer reichen Person restauriert worden „que la tradition locale appelle l'emir Tadrous" (aaO)! Theodor Stratelates als Restaurator des Klosters hat dann Martin ganz in die Irre geführt – er konstruiert aus Masperos Mißverständnis eine Umbenennung des Menas-Klosters in Theodor-Stratelates-Kloster, wozu er noch die Karte des Survey of Egypt falsch interpretiert (Martin aaO; das Menas-Kloster ist in der Karte als „Ancient Monastery" eingetragen, s.o. zu A 15 // B I 13 in 4.2.2).

- Bericht über den Göttinger Survey Kap. III 1.2 und Kap. VI 1.2 (dort auch Abb.); in den Karten unter „Fundplatz 5" eingetragen
- Meinardus, Christian Egypt[2]: keine Beschreibung, aber in Map II als „D. Tadros" eingetragen.

B I 13
s.o. A 15

B I 14
s.o. A 16

B I 15
s.o. A 17

B I 16
s.o. A 19a I

449 Vgl. auch D. und R. Klemm, Herkunftsbestimmung... (s.o. Anm. 401) 130; die Autoren hatten 1978 bei ihrer Geländebegehung den Eindruck, „ein vor kurzem erst verlassenes koptisches Kloster" vor sich zu haben.

B I 17
s.o. A 19a II

B I 18
s.o. A 18

B I 19a
s.o. A 19b (bzw. A 19f.)

B I 19b
s.o. A 19d

B I 19c
s.o. A 19c

B I 20
s.o. A 20

B I 21
s.o. A 21

B II 1a
s.o. A 22

B II 1b
s.o. A 0[450]

B II 2a
Lage: Durunka
Weihung der Kirche: *li tre pueri / les trois enfants de la Fournaise*
Patrone der Kirche: Die drei Jünglinge im Feuerofen (aus dem Daniel-Buch; 10. Bašans)
Die drei Jünglinge (Ananias, Azarias und Misael) des Daniel-Buches gelten in der koptischen Kirche als eine Art alttestamentlicher Prototyp des christlichen Märtyrers; zu ihrem Kult in Ägypten s. Jacob Muyser, Le culte des Trois Saints Jeunes Gens chez les Coptes, Cahiers Coptes 6, 1954, 17-31 (reiches Belegmaterial aus

450 Die in B II 1b genannte Begräbnisstätte des Apater in Amšūl liegt ganz im Norden des hier behandelten Gebietes. Deshyalb wurde aus den Angaben von Notiz B II 1b eine Notiz „A 0" gebildet, die an die Spitze des kommentierten Patrozinienverzeichnisses gestellt wurde; vgl. dazu Anm. 124.

Märtyrertexten; Fortsetzung angekündigt, aber nie erschienen). Wansleben sagt in NR Ital., daß die Kirche im Dorfe Durunka selbst liegt (in NR wegredigiert); das wird durch die Aussagen anderer Quellen bestätigt, s.u.

Weitere Literatur zur Kirche

(1) Quellen
- al-Maqrīzī, Kirchenverz. Nr. 59: Kirche der drei Jünglinge Ananias, Azarias und Misael; hier erstaunt die Genauigkeit der zutreffenden Weihungsangabe. Die Kirche wird als „sehr alt" bezeichnet.
- Clarke I 3
- Simaika, Asy. Nr. 5
- Timm, Christl. Stätten 82

(2) Literatur
- mir nicht bekannt

B II 2b
s.o. A 26

B II 3a
Lage: Rīfa
Weihung der Kirche: *Mari Kolte / Mari Colte*
Patron der Kirche: Koluthos (24. bzw. 25. Bašans)
Bibliographische Hinweise zum Heiligen s.o. zu A 5b. Dort war auch schon auf die verschiedenen christl.-arab. Wiedergaben des kopt. Märtyrernamens (ⲁⲡⲁ) ⲕⲟⲗⲟⲩⲑⲟⲥ (u.ä.) / ⲕⲗⲟⲩϫ (u.ä.) eingegangen worden. Die Kurzform *Abū (> Mārī) Kulta* bzw. *Qulta* liegt Wanslebens Wiedergabe zugrunde. Besonders die Form *Abū Qulta* ist in der Literatur häufig anzutreffen, vgl. etwa:

a) Syn. Alex. (Forget) I (Textus) 440,1.2.4; von Forget nicht als Koluthos erkannt und in der Übersetzung zu *Caltus* (u.ä.) verballhornt, s. ebd. I (Versio) 452,3.10.12.14
b) Abū Ṣāliḥ foll. 81b (Evetts 234,2f.); 86b (Evetts 244,15-18); 91b (Evetts 254,15f.) u.ö.
c) Al-Maqrīzī, Kirchenverz. Nr. 60, s.u.

Die Kirche liegt nach Wanslebens Angaben im Dorfe Rīfa selbst, was durch die Aussagen anderer Quellen bestätigt wird, s.u.

Weitere Literatur zur Kirche

(1) Quellen
- al-Maqrīzī, Kirchenverz. Nr. 60a: Kirche des *Bū Qulta*. Koluthos wird als Mönch und Arzt bezeichnet, dessen Spezialität die Behandlung von Entzündungen der Augen ist. Zu Koluthos als Arzt und Helfer, der unentgeltlich (anargyros) heilt, s. Meinardus, A Coptic Anargyros... (s. o. zu A 5b); ebd. 374 auch zur Heilung von Augenkrankheiten – einer ägyptischen Volksseuche – durch den Märtyrer (vgl. auch u. zu Meinardus)
- Clarke I 6: Kirche des Märtyrers *Abū Qulta*
- Simaika, Asy. Nr. 9: wie Clarke
- Timm, Christl. Stätten 129: Kirche des Koluthos

(2) Literatur
- Meinardus, A Coptic Anargyros... (s. o. zu A 5b) 374: Zur dort besprochenen Spezialität des Heiligen, der Heilung von Augenkrankheiten – s. schon o. zu al-Maqrīzī – vgl. auch den Zusatz, den Simaika zur Nennung der Koluthos-Kirche von Šandawīl im Bistum Aḫmīm und Sūhāg macht: „Apa Koluthos, der Augenarzt" (*Anbā Qulta ṭabīb al-ʿuyūn*, Simaika, Dalīl II 203, Nr. 8; der Zusatz fehlt bei Clarke L 5). Meinardus interpretiert allerdings die Koluthos-Kirche von Rīfa als Zeichen der Verlagerung des Kultes des Heiligen in den Raum Asyūṭ, was unzutreffend ist: Sie ist nur ein Indiz für den im ganzen nördlichen Oberägypten verbreiteten Koluthos-Kult, dessen Zentrum traditionell Antinoopolis/Anṣinā ist. Die von Meinardus angenommene Verlagerung der Reliquien des Märtyrers von Anṣinā nach Asyūṭ beruht auf einer Fehldeutung des Abū Ṣāliḥ, dessen Text in fol. 90a durch Fehler in der Überlieferung verderbt ist.

B II 3b
Lage: Rīfa (→ Dêr Rīfa, s. u.)
Weihung des Klosters: *la Madonna / la Sainte Vierge*
Patronin des Klosters: BMV

Zur Lage der Klosteranlage

Wansleben gibt die Lage so an: „Hinter diesem (scil. dem Dorfe Rīfa) auf dem Gebel liegt das Kloster der Jungfrau Maria" (NR Ital.). Die ehemalige Klosteranlage mit der Marien-Kirche liegt am Steilabfall des Wüstengebirges in der Nähe des heutigen Dorfes Dêr Rīfa auf einem kleinen Plateau und bezieht die hier liegenden Grabanlagen einer altägyptischen Nekropole[451] ein; zu letzterem vgl. die unten

451 Zur Nekropole von Dêr Rīfa, der Gaufürstennekropole des 11. oberäg. Gaues, s. PM V 1-4 (Lit.)

genannte Lit. Das Dorf Dêr Rīfa hat sich ursprünglich in den Resten der Klosteranlage eingenistet, wie wir das schon häufiger in der Region beobachtet haben – Dêr Biṣra; Dêr Durunka; Dêr az-Zauya –; Anfang der 20. Jahrh. haben die Bewohner aber die Siedlung großenteils aufgegeben und sich tiefer am Hang angesiedelt (Meinardus, Christian Egypt^2 395). Die Behauptung, die alte Anlage von Dêr Rīfa sei eigentlich kein Kloster gewesen – s. u. Lit. (Johann Georg Herzog zu Sachsen; Meinardus) – ist angesichts der Einordnung als Kloster bei al-Maqrīzī nicht haltbar. Sie ist wohl auf den zutreffend beobachteten Befund der Nutzung der Anlage als dörflicher Siedlung zurückzuführen. Das Dorf Dêr Rīfa gehörte sehr lange[452] zum Gemeindebezirk von Rīfa; deshalb wird das Kloster bei Wansleben unter letzterem verzeichnet, vgl. den parallelen Fall o. A 26 // B II 2b Dêr Durunka/ Durunka. Auch al-Maqrīzī weist es der Gemeinde Rīfa zu (s. u.); die Aufführung unter den „Klöstern von Durunka" (Klosterverz. Nr. 47-53) meint nichts anderes als die Klöster des administrativen Bezirkes Udrunka (Durunka) *und* Rīfa, s. Abū Ṣāliḥ fol. 74b (*Rīfa wa-Udrunka*) und Halm, Ägypten I 99 (Lehensbezirk von Udrunka/Rīfa)

Weitere Literatur zum Marien- und Severus-Kloster von Rīfa[453]

(1) Quellen

- Kolophon der Hs. Paris, Bibliothèque Nationale Copte 129^{14} fol. 95 vso., ed. A. van Lantschoot, Recueil des colophons (s. o. zu A 16 // B I 14) No. LXX: Der Kolophon, der zwischen Nov. 1002 und Aug. 1003 A.D. geschrieben wurde, gibt im Schenkungsvermerk (ebd. Z. 1-17) an, daß die Hs. an „die Kirche und das Kloster des Patriarchen Severus, das am Gebelrand[454] von Rīfa (ⲉⲣⲏⲃⲉ) südlich der Stadt Asyūṭ liegt" geschenkt wurde (aaO 5-8).[455]
- -Abū Ṣāliḥ foll. 89a-90a (Evetts 250,6-251,15): Kloster des Severus (*Dair Abū Sawirīs* [sic]) „außerhalb der Stadt", ausgehauen an der Höhe des

und Art. Deir Rifeh, LÄ I, 1975, 1034 (Horst Beinlich). Die Felsgräber, die teilweise in die Klosteranlage einbezogen waren, sind übrigens großenteils bis heute bewohnt, so daß eine vollständige Publikation noch nicht vorliegt (Beinlich aaO).

452 Es ist bei Ramzī, Qāmūs II (4) nicht als selbständige Gemeinde aufgeführt (Stand von etwa 1945). Wir sind daher berechtigt, anzunehmen, daß es bis in die neueste Zeit zur Gemeinde Rīfa gehörte.

453 Warum hier auch Lit. zum Severus-Kloster von Rīfa aufgeführt wird, ergibt sich u. aus dem Abschnitt „Eine Identifikation: ...": Die beiden Klöster sind nämlich identisch.

454 Im kopt. Text steht hier ϩⲁⲛⲧⲟⲟⲩ. Zur semantischen Entsprechung mit arab. *ḥāgir* und zur Bedeutung der beiden Worte s. o. 4.2.2. zu A 12 // B I 1 und Anm. 133.

455 Vgl. Amélineau, Géogr. 127f (Deir Anba Severos) und 165 (Erîbe). Der einzige kopt. Text, den Amélineau in beiden Artikeln zur Verfügung hatte, ist offensichtlich der hier behandelte Kolophon; dieser wird von ihm ohne Signaturangabe zitiert („Bibl.nat., fragm. théb. non reliés", ebd. 127 Anm. 4).

Gebel, und zwar hervorstehend aus dem Gebel; das soll sowohl die Lage auf einer Terrasse des Gebelsteilabfalls kennzeichnen („hervorstehen") als auch das Hineinreichen der Anlage in den Felsen („ausgehauen"). Diese Angaben passen ausgezeichnet mit der oben beschriebenen Lage des Marien-Klosters zusammen. Dagegen scheint mir die Nennung einer Severus-Kirche im Bezirk Rīfa/Udrunka – Abū Ṣāliḥ fol. 74b (Evetts 214,8f.) – schlecht zu passen, da hier kein Kloster genannt wird und „Severus" (hier: *Sāwiris*) zusammen mit Thomas als Märtyrer genannt wird; eventuell liegt hier eine Verschreibung für Sergius (*Sargiyūs*) vor.

– al-Maqrīzī, Klosterverz. Nr. 50: Kloster des Severus (*Bū Sāwīris*) „auf dem Damme" (*bi-ḥāgir*)[456] von Udrunka, das der Jungfrau Maria geweiht ist. „Severus-Kloster" ist also eine Benennung des Klosters, hat aber nichts mit der Weihung seiner Kirche zu tun. Al-Maqrīzī erzählt auch eine Geschichte, wie es zu dieser Benennung gekommen ist; er weiß auch, daß mit Severus der Patriarch (von Antiochia) dieses Namens gemeint ist.[457] In einer Zwischenbemerkung zu den Klöstern von Udrunka (= des Bezirkes von Durunka und Rīfa, s.o. zur Lage), die in Klosterverz. Nr. 53 enthalten ist, erfahren wir, daß das Severus-Kloster zu Rīfa gehört.

– Clarke I 8: Marien-Kirche in Dêr Rīfa; daneben wird für den Ort eine Kirche des Theodor Anatoleos genannt (I 7)

– Simaika, Asy. Nr. 12: Marien-Kirche in Dêr Rīfa (mit dem Vermerk „antik"); daneben wird – wie bei Clarke – eine Kirche des Theodor Anatoleos genannt (Nr. 11)

– Timm, Christl. Stätten 78: Neben der Marien-Kirche wird für Dêr Rīfa eine Kirche des Severus (ohne weiteren Nachweis) und eine des Theodor Anatoleos genannt.

(2) Literatur

– Martin, Inventaire Nr. 46 (Severus-Kloster) und 47 (Kloster der Jungfrau Maria)

– Wansleben, NR Ital. p. 138,30-34 ≙ NR 380, 1-15 (leicht erweitert): Der Autor spricht vom Severus-Kloster, das er nicht besucht, aber aus der Ferne gesehen hat. Weiter südlich, von Dêr Durunka aus gesehen, liegen im selben Gebirgszug „die Ruinen eines alten Klosters, das nach Severus benannt ist, dem Patriarchen von Antiochia und Schüler des Dioskur..." (NR Ital.).

456 Zur Bedeutung des Ausdruckes s.o. 4.2.2. zu A 12 // B I 1.

457 Zu Severus' von Antiochia Aufenthalt in Ägypten und seiner Beziehung speziell zu Oberägypten s. W.E. Crum, Sévère d'Antioche en Égypte, ROC Sér. 3,3 (= 23), 1922-23, 92-104 (spez. zum Raum Asyūṭ: 94f.) und DeLacy E. O'Leary, Severus of Antioch in Egypt, Aegyptus 32, 1952, 425-436 (spez. zum Raum Asyūṭ: 431-433). Bei beiden Autoren ist auch die Notiz des al-Maqrīzī zum Severus-Kloster berücksichtigt (Crum, aaO 95 bzw. O'Leary aaO 431).

- F. LL. Griffith, The Inscriptions of Siûṭ and Dêr Rîfeh, London 1889, 11 f.; auf Pl. 17 und 18 finden sich als „Beigabe“ zu den hieroglyphischen Abschriften aus den Gräbern von Dêr Rīfa zwei koptische (Inschriften-)-Fragmente.
- W. de Bock, Matériaux (s.o. zu A 26 // B II 2b) 84 Anm. 21.
- Jullien, A travers les ruines de la Haute Egypte (s.o. zu A 26 // B II 2b) 210-214 und 217[458]; zur Identifikation eines der Gräber von Dêr Rīfa als Grotte des Johannes von Lykopolis s. Martin, Inventaire S. 192 Anm. 4
- Clarke, Christian Antiquities 176-178 und Pl. LII Fig. 4.
- Johann Georg Herzog zu Sachsen, Neueste Streifzüge durch die Kirchen und Klöster Ägyptens, Leipzig–Berlin 1931, 10f. und Abb. 16-23
- M. Pillet, Structure et décoration architectonique de la nécropole antique de Dèir-Rifeh (province d'Assiout), in: Mélanges Maspero I Fasc. 1., MIFAO 66 (1), Le Caire 1934, 61-75 (bes. 67-71; ebd. Fig. 1: Lageplan; Fig. 5: Detailansicht aus dem kopt. Dorf; Fig. 7: Übersichtsplan zu Dêr Rīfa im Verhältnis zu den altägyptischen Gräbern).
- Doresse, Monastères coptes (s.o. zu A 9 // B I 11) 11
- Meinardus, Christian Egypt^2 395f.: Der Autor bespricht neben der Marien-Kirche von Dêr Rīfa die Theodor-Kirche, die sich in einem benachbarten Grabbau befindet. Zur Theodor-Kirche s.o. Quellen (Clarke/Simaika/Timm) und al-Maqrīzī, Klosterverz. Nr. 51
- Viaud-Muyser, Pèlerinages 17: Die Autoren verzeichnen das Kloster der Jungfrau Maria als Wallfahrtsort und geben an, daß die Kirche des Klosters später dem Patriarchen Severus von Antiochia geweiht wurde. Dazu verweisen sie auf al-Maqrīzī – s.o. unter Quellen –. Der Hinweis auf die Verbindung des Klosters mit Severus[459] ist zwar richtig, doch bleibt die Ansetzung einer Änderung des Patronats seiner Kirche problematisch, s.u.

458 Ein Plagiat dieses Abschnittes bei Beaugé, A travers la Haute-Egypte 102-106 und 108 (s.o. Anm. 439; dort auch zum Plagiatcharakter des Textes). Immerhin steuert Beaugé auf S. 102 ein Foto des Dorfes Dêr Rīfa und des dahinter liegenden Gebelhanges bei. Der Aufsatz von Jullien ist nicht illustriert. Doch findet sich eine interessante fotografische Aufnahme von Pater Jullien, die die alte Klosteranlage vom Anfang dieses Jahrhunderts zeigt, an ganz versteckter Stelle: Missions Catholiques 35, 1903, 256 – als Beigabe zu Julliens Aufsatz „Quelques anciens couvents de l'Égypte“, in dem Dêr Rīfa gar nicht behandelt wird (der Zusatz zur Bildlegende „voir p. 258“ ist unzutreffend)!

459 Zur Verknüpfung des Klosters von (Dêr) Rīfa mit Severus von Antiochia vgl. auch Crum aaO 95 und O'Leary aaO 431, s. Anm. 457.

Eine Identifikation: Das Marien-Kloster von Rīfa als Kloster des Severus von Antiochien

Auf der Basis des hier vorgestellten Materials ist es möglich, ein Kloster zu identifizieren, das uns in der Literatur verschiedentlich begegnet und mit dem Patriarchen Severus von Antiochia verknüpft wird: das Severus-Kloster von Rīfa. Dieses Kloster wird in der Lit. durchweg vom hier besprochenen Marien-Kloster getrennt – eben weil die Weihung so verschieden aussieht. Zum Verhältnis der beiden Klosternamen zueinander gibt uns nun al-Maqrīzī den Schlüssel des Verständnisses an die Hand (s. o. unter Quellen): Das Severus-Kloster wird von ihm explizit dem Gemeindebezirk von Rīfa zugeordnet; das Severus-Kloster aber wird zwar nach dem Patriarchen von Antiochia genannt, ist aber der Jungfrau Maria geweiht. Marien- und Severus-Kloster von Rīfa sind also identisch; die Kirche des Klosters ist bis heute der Jungfrau Maria geweiht (s. o. Quellen). Dagegen ist die Erinnerung an den Namen der alten Anlage ganz schwach geworden; vgl. aber Viaud-Muyser aaO. Wir haben es also nicht mit einer Weihungsänderung zu tun; eventuell hat der Patriarch einen Nebenaltar in der Kirche des Klosters oder sogar eine Nebenkirche gehabt. Zwei Argumente, von denen eines bereits 1923 vorgetragen wurde, noch zur Stützung des hier nur kurz vorgetragenen Gedankenganges:

a) Der heutigen Marien-Kirche von Dêr Rīfa ist eine Kirche des Theodor Anatoleos benachbart; vgl. bes. Meinardus aaO 395. Mit der letzteren ist al-Maqrīzī, Klosterverz. Nr. 51 zu vergleichen, wo ein Theodor-Kloster ganz in der Nachbarschaft[460] des Severus-Klosters aufgeführt wird.
b) Im Bereich der alten Klosteranlage von Dêr Rīfa gibt es ein Architekturstück, das auf den Namen des Klosters verweist; auf dieses hat W. E. Crum bereits 1923 hingewiesen.[461] Es handelt sich um einen nicht mehr vollständigen ornamentierten Türsturz mit koptischer Inschrift, der über einem Durchgang eingemauert ist, der zur (Marien-)Kirche führt (Griffith aaO 12). Griffith gibt Inschrift und Ornamentierung des Türsturzes auf Pl. 17 seines Werkes wieder;

460 Al-Maqrīzī formuliert, daß das Theodor-Kloster „unterhalb" (*taḥta*) des Severus-Klosters liege (vgl. die parallele Formulierung für das Phoibamon-Kloster von Durunka, das „unterhalb" des Krafūna-Klosters – s. o. zu A 26 // B II 2 – liegt, Klosterverz. Nr. 49). Das trifft topographisch gesehen nicht zu, da das ehemalige Kloster etwa auf gleicher Höhe im Gebelhang liegt. Ich möchte daher „unter, unterhalb von" hier als „in unmittelbarer Nachbarschaft zu" auffassen. Dafür spricht auch, daß die beiden Klöster Nr. 49 und 51 in der Zusammenfassung der Klöster von Udrunka (Klosterverz. Nr. 53) nicht aufgeführt werden – wohl weil sie eine Art Nebenanlagen der großen Klöster Nr. 48 und 50 darstellen.

461 Crum op. cit. (s. o. Anm. 457) 94. Das Stück ist bei O'Leary, op. cit. (s. o. Anm. 457) nicht erwähnt.

eine fotografische Abb. des Stückes – ohne Hinweis auf die Beschriftung! –[462] findet sich bei Johann Georg, op. cit. Abb. 22. Der linke Teil des Sturzes ist weggebrochen. Die Inschrift besteht aus zwei waagerechten Zeilen, von denen die eine am oberen, die andere am unteren Rand des Türsturzes verläuft, so daß jeweils der Beginn der Schriftzeilen fehlt. In der Nähe des rechten Randes des Stückes laufen zwei senkrechte Textzeilen, die das Textende der beiden waagerechten Zeilen quasi verbinden und eine Datierung enthalten; die zweite senkrechte Zeile, die die Jahreszahl enthält, setzt erst etwas unter der halben Höhe des Sturzes an. Ich gebe den Text der Inschrift in Übersetzung (ohne die in Abbreviatur gegebenen Schlußformeln in der 2. waagerechten Zeile): (*1. waagerechte Zeile*) „..., wobei er das Leben der Brüder behütet[463], die die Mühe auf sich genommen haben und verfertigt haben das Tor des (*2. waagerechte Zeile*) ... [Se]verus, des Erzbischofs der Stadt Antiochia (folgen Abbreviaturen); (*1. senkrechte Zeile*) (im Jahre) nach mohammedanischer Zeitrechnung (*2. senkrechte Zeile*) ? ? ?[464]."

Trotz des fragmentarischen Charakters der Inschrift läßt sich ihr Inhalt auf dem hier vorgetragenen Hintergrund leicht ergänzen, da es sich um eine Bitte um Schutz an Gott oder Christus handelt, die von Mönchen vorgetragen wird, die den Bau der Toranlage, zu der der Türsturz gehört, durchgeführt haben – einer Toranlage, die zum Kloster des Severus von Antiochia gehörte. Es ist natürlich möglich, daß es sich hierbei um eine Spolie aus einer anderen Anlage handelt, da das Stück sekundär verbaut worden ist. Aber angesichts des offensichtlichen langsamen Verfalls der Klosteranlage von Dêr Rīfa halte ich es für am wahrscheinlichsten, daß man sich bei der sekundären Dekoration der Stücke bedient hat, die man als Überbleibsel besserer Zeiten vor Ort vorfand; vgl. dazu auch die Mehrzahl ornamentierter Türstürze, die Johann Georg in Dêr Rīfa beobachtet hat (op. cit. 11; vgl. Abb. 20 und 21).

Mit der Inschrift des Türsturzes aus Dêr Rīfa ist aber die Identität des Marien- und Severus-Klosters von Rīfa endgültig gesichert, das wir nun vielleicht besser

462 Im Text nimmt Johann Georg Herzog zu Sachsen zu den von ihm in Dêr Rīfa gesehenen Türstürzen – darunter wohl auch das hier behandelte Stück – wie folgt Stellung: „Nun folgen einige interessante Türstürze, die auf eine ziemlich frühe Zeit zurückgehen. Namentlich gilt das von dem einen, der sich durch sehr feine Ornamente auszeichnet.... (Weg zur Kirche) ... Über der Tür ist ein ganz köstlicher, ziemlich früher Türsturz." (op. cit. 11). Von Beschriftung eines der Türstürze ist also nicht die Rede, obwohl sich aus Abb. 22 durchaus Spuren von Schrift entnehmen lassen.

463 Griffith notiert ⲉϥϩⲁⲣⲉϩ. Da sich aus dem Kontext ergibt, daß es sich um eine Schutzbitte handelt, halte ich ⲉϥⲉϩⲁⲣⲉϩ „er möge behüten" für sehr viel wahrscheinlicher. Zur Absicherung wäre jedoch eine Kollation vor Ort erforderlich.

464 Crum deutet aaO 94 (s. Anm. 457) die in kursiven Ziffern geschriebene Jahreszahl als 484 A. H., wobei er sagt, daß die dritte Ziffer unsicher ist. Das würde uns in das Jahr 1091/92 A. D. führen, in dem der Türsturz gesetzt worden wäre.

„Severus-Kloster mit Kirche der Jungfrau Maria" nennen sollten.[465] Zu Wanslebens Zeit scheinen aber noch beide Benennungen lebendig gewesen zu sein: Die Liste B II nennt den offiziellen Namen der Anlage, der auch heute noch gültig ist; bei seinem Ausflug mit dem Bischof zu den Klöstern südlich von Asyūṭ hört er den traditionellen Namen als „Severus-Kloster" (NR Ital./NR, s.o. Lit.).

B II 4
s.o. A 27

B II 5 // B III 4
Lage: Duwêna
Weihung der Kirche: *S. Giovanne Battista / St. Jean Baptiste // S. Gio(vanni) Battista / Saint Jean Baptiste*
Patron der Kirche: Johannes Bapt.

Weitere Literatur zur Kirche

(1) Quellen
- al-Maqrīzī, Kirchenverz. Nr. 66: Kirche des Johannes Kolobos (*Bū Yaḥnis (Yuḥannis) al-Qaṣīr*), „die bei ihnen in hohem Ansehen steht". Die Weihungsangabe ist sicher unzutreffend; der Autor hat „Johannes" als den Mönchsvater Johannes Kolobos interpretiert, wie er das auch schon für andere Kirchen der Region getan hat, s. Kirchenverz. Nr. 53 (o. zu A 9 // B I 11; in Wirklichkeit: Johannes von Heraklea) und Nr. 22b (o. zu A 19d // B I 19b; in Wirklichkeit, wie hier, Johannes der Täufer).
- Clarke K 11: Kirche des *Mār Yūḥannā*
- Simaika, A.T. Nr. 4: Kirche des Johannes Bapt. (*Mār Yūḥannā al-Maᶜmadān*), mit dem Vermerk „antik".
- Timm, Christl. Stätten 82: Kirche des Johannes.

(2) Literatur
- mir nicht bekannt

(3) Zusammenfassung
Das bei Wansleben doppelt bezeugte Patrozinium der Kirche – einmal in der offiziellen Liste B II, das andere Mal auf Grund von Erkundigungen vor Ort (Notizen von der Reise nach Ṭahṭā = B III), die für die Kirche auch eine Gründungslegende geben – ermöglicht es, die Angabe „Johannes" in den anderen

465 Crum weist aaO 94 zwar auf die Inschrift als Zeugen für das Severus-Kloster von Rīfa hin und bespricht auch die Notiz zu dieser Anlage in al-Maqrīzīs Klosterverz. (aaO 95). Den Schritt zur Gleichsetzung des Severus-Klosters mit dem Marien-Kloster von Rīfa hat er jedoch nicht vollzogen.

Quellen zur Weihung der Kirche zu präzisieren, zumal es durch Simaikas Liste gestützt wird: Es handelt sich in allen Fällen um eine Weihung an Johannes den Täufer. Die Kirche steht allerdings 1673 nicht mehr. Sie wird in der Liste B II „nur der Erinnerung halber" (NR Ital.) noch aufgeführt; allerdings wird in Duwêna noch Messe gehalten, und zwar unter einem Baldachin (Zelt). B III 4a nennt uns neben der Gründungslegende von Kirche und Dorf die näheren Umstände für den Verfall der Kirche. Die Lage der Kirche ganz in der Nähe eines Kanals (Wansleben: „ein (künstlicher) Arm des Nils") hat dazu geführt, daß sie vom Wasser unterhöhlt wurde und eingestürzt ist. Diesen Kanal nennt Wansleben *Tueider/Doveider*; es dürfte sich dabei um den Vorgänger des heutigen as-Sūhāǧīya-Kanals handeln, der am Dorfrand von Duwêna vorbeiführt. Was von der Kirche geblieben ist, ist ihr Altar; dort wird die Messe gefeiert. Der Bischof von Asyūṭ, den Wansleben begleitete, weihte auf der Reise nach Ṭahṭā den Altar erneut und las die Messe (B III 4a). Diese Art, den Gottesdienst bei der zerstörten Kirche zu halten, finden wir für dieselbe Gegend auch bei al-Maqrīzī. Er notiert nämlich für den Bezirk von Abū Tīg, daß es dort mehrere zerstörte Kirchen gebe, in deren Ruinen Gottesdienst gehalten würde, indem man einen Altar (?) aus Palmzweigen errichte, der aussehe wie ein käfigartiger Verschlag (Kirchenverz. Nr. 64). Al-Maqrīzī nennt keine konkrete Kirche. Doch läßt sich aus Wanslebens „Verzeichnis" von 1664 nachweisen, daß hier besonders die Makarios-Kirche von Abū Tīg gemeint ist:

> „In *Abutig*, weil die Kirche daselbst eingefallen, so *B. Macarii* geheißen, und sie dieselbe nicht wieder aufbauen dörffen, schlagen sie auf dem Hügell[466] Zelte auf und verrichten ihren Gottesdienst darunter..." (Rel. Germ. Ms. B p. 123,1-4 ≙ Rel. 214,15-18).

Durch diese Notiz wird gleichzeitig klar, was al-Maqrīzī mit dem „käfigartigen Verschlag aus Palmzweigen" meint, nämlich keineswegs einen Altar, sondern eine Art luftiges Zelt, das über dem Altar bzw. seinen Überresten errichtet wird und unter dem der Gottesdienst gefeiert wird.

Ob dieser Zustand in Duwêna bis in die Gegenwart angedauert hat, bleibt angesichts fehlender Quellen unklar; deutet Simaikas Vermerk „antik" etwa noch auf die von al-Maqrīzī und Wansleben geschilderten Verhältnisse hin?

B II 6

s.o. A 24

466 D.h. dem Ruinenhügel der Kirche. Vergegenwärtigen wir uns die Entstehung von Wanslebens „Verzeichnis" – s.o. 2.1. –, so dürfen wir sicher sein, daß hier einer der Gesprächsteilnehmer das Wort *kôm* „Schutthügel" (weniger wahrscheinlich *tall* „Tell") gebraucht hat.

B II 7
s.o. A 25

B II 8
s.o. A 23

B III 1
Zu dieser Notiz, in der keine Kirche genannt wird, vgl. o. 4.2.2 zu B III 1.

B III 2
Zu dem hier genannten Ort Rīfa, für den keine Kirche genannt wird, s.o. B II 3.

B III 3
Lage: Mūša (Mūšā)
Weihung der Kirche: *Mari Poctor Sciú*
Patron der Kirche: Viktor von Schū (auch: von Asyūṭ) (5. Kīhak)
Zum Namen und zur Identifikation des Heiligen s.o. zu A 19a II // B I 17; zu Wanslebens Erklärung des Epithetons – „nach der Stadt Schu, die nahe bei Abnūb lag“ – s.o. 4.2.2 zu B I 17.

Die Kirche als Begräbnisstätte (Topos) des Viktor von Schū

Zwar besitzen wir nur ein schmales Dossier des Märtyrers, das großenteils unpubliziert ist und in dem koptische Texte bisher fehlen (s.o. zu A 19a II // B I 17). Doch gibt uns die dem Viktor gewidmete Synaxarnotiz zum 5. Kīhak Aufschluß über die Begräbnisstätte: Viktor von Schū wurde im Ofen des Bades von Mūša zu Tode gebracht; über dem Martyriumsort wurde ihm die Begräbniskirche errichtet; vgl.

a) Syn. Alex. (Forget) I (Textus) 315,11f. (bzw. I (Versio) 178,3-6: „Man baute über ihm eine große Kirche, und diese steht bis heute im Dorfe Mūša. Von ihr gingen zahlreiche Zeichen und Wunder aus; diese seine Wundertaten manifestieren sich bis zum heutigen Tage.“
b) Syn. Aeth. zum 5. Tāḫšāš (Grébaut 58,12-59,2; Budge II 326): „Seinen Körper brachte man nicht aus dem Badehause heraus, sondern man stieg mit einer Leiter hinunter, hüllte ihn in kostbare Kleider und balsamierte ihn mit wohlriechenden Essenzen. Man erbaute über ihm eine Kirche.“ (Der ON Mūša fehlt in Syn. Aeth.).

Das Syn. Alex. gibt also eindeutig zu erkennen, daß die Kirche von Mūša zur Zeit der Abfassung der Notiz noch besteht und ein lebendiges Zentrum des Kultes des Viktor von Schu ist.

Die Lebendigkeit des Kultes wird auch durch die Entstehung eines Kirchweihgedenktages für Viktor von Schu bestätigt, der mit seinem Martyriumsgedenktag korrespondiert[467]: Am 5. Ba'ūna wird der Invention des Leibes und der Weihe der Kirche in Mūša gedacht. Dieser Gedenktag ist wohl erst spät oder nur partiell in den ägyptischen Festkalender aufgenommen worden und daher schwierig zu belegen; für ihn existiert eine eigene Predigt (vgl. den parallelen Fall für Philotheos, o. zu A 25 // B II 7). Hier die Belege:

- Meinardus, Christian Egypt² 117 (nur Textzeugen A B, d.h. moderne ägyptische Druckausgaben des Syn. Alex.): Meinardus Angabe, daß die Kirchweihe „in Schu" stattfand, ist ein Mißverständnis, s. Syn. Alex. zum 5. Kīhak und den folgenden Beleg, lies vielmehr „Weihe der Kirche des Viktor von Schu (in Mūša)".
- N. N.[468], Homilie auf die Invention des Leibes des Märtyrers, den Kirchbau und die Weihe der Kirche in Mūša nebst Miracula (für den 5. Ba'una; unpubliziert): Kairo, Koptisches Museum, Graf Nr. 712 foll. 245 rto. – 255 vso. (Grafs Angaben zu dieser Predigt in GCAL I 540, 25 f. sind zu korrigieren, s. Horn, Mart. Viktor, Einleitung II 2b und III 4).

Auch der arab. Text des Martyriums scheint auf das Begräbnis in Mūša abzustellen (Kairo, Koptisches Museum, Graf Nr. 718 foll. 50 vso. – 59 vso.); doch ist er unpubliziert, und die Angaben des Kataloges von Graf bleiben recht unklar.[469]

Die Begräbniskirche von Mūša hat höchstwahrscheinlich eine bildliche Darstellung gefunden: Meinardus hat die Abbildung einer Kirche auf einem Wandgemälde im Antonius-Kloster am Roten Meer, das den Märtyrer Viktor darstellt, mit recht

467 Zu solchen korrespondierenden Gedenktagen von Märtyrern s. Anm. 433.

468 Die Autorenangabe „Papst Kalixtus" bei Graf, GCAL I 540,25 f. ist zu streichen, da der Name des Verfassers in einer Lücke der Hs. steht, wie sich aus Grafs Katalog der Kairener christl.-arab. Hss. ergibt. Auch auf die an derselben Stelle genannte Hs. Paris, Bibl. Nat. Ms. arabe 4782, foll. 251 rto. – 284 vso. trifft die Angabe nicht zu: Diese enthält die Kirchweihhomilie für Viktor von Schū überhaupt nicht, sondern vielmehr das Enkomion auf Viktor, Sohn des Romanos, das dem Papst Koelestin zugeschrieben wird, s. Horn, Mart. Viktor, Einleitung II 2b. „Kalixtus" bei Graf ist ein Phantom, das auf einen Irrtum von Blochet bei der Katalogisierung der genannten Pariser Hs. zurückgeht: Er gibt die arab. Wiedergabe von „Koelestin (κελεс†νοс) als „Calixte" wieder (E. Blochet, Catalogue des Manuscrits arabes des nouvelles acquisitions (1884-1924), Paris 1925 zu Paris Ar. 4782). Zur Richtigstellung s. den neuen Katalog der Pariser christl.-arab. Hss. von Troupeau.

469 Graf bezeichnet den Text im Katalog als „Martyrium des hl. Viktor (*Mārī Buqṭur Šū*) von Mūšah (*Mūša*)" (Catalogue de manuscrits arabes chrétiens conservés au Caire (Studi e Testi. 63), Città del Vaticano 1934, zu Nr. 718 (6)). Das steht so bestimmt nicht im Titel des Textes – zwei ON als Komplement zum PN Viktor! –, die Beziehung des ON *Mūša* zum Märtyrer muß sich anders darstellen. Graf hat den Text übrigens in GCAL I 540 fälschlich dem Viktor, Sohn des Romanos, zugeordnet; der dort angegebene Inhalt – „Martyrium des Viktor von Mūšah" – beruht offensichtlich auf der zitierten unklaren Angabe im Katalog der Kairener Hss.

überzeugenden Gründen auf die Begräbniskirche des Viktor von Schu in Mūša bezogen (s. u. Lit.).

Weitere Literatur zur Kirche

(1) Quellen
- al-Maqrīzī, Kirchenverz. Nr. 61: Der Autor sagt, daß die Kirche mit einem Bade verbunden ist. Er macht auch Angaben zur Architektur und zum baulichen Zustand der Kirche; vgl. dazu Meinardus (s. u. Lit.)
- Clarke I 9: Kirche des Viktor von Schu (*Mār Buqṭur Šū*)
- Simaika, Asy. Nr. 13: wie Clarke
- Timm, Christl. Stätten 119

(2) Literatur
- Meinardus, Martyria of Saints 326-328 (und Fig. 2 auf S. 313)

B III 4a
s. o. B II 5
Zum in der Gründungslegende des Ortes Duwêna, der um die Kirche Johannes des Täufers entsteht, erwähnten Ort *Tuh bekerim (Ṭūḫ Bakrīma)* s. o. 4.2.2 zu B III 4 (dort auch Angaben zur hier nicht genannten Kirche des Ortes).

B III 4b
B III 4c
(Die Notizen bleiben hier außer Betracht, da sie Angaben zum Orte Duwêna enthalten, die außerhalb des Skopos dieser Untersuchungen liegen.)

4.3.4 Zusammenfassung zu den Patrozinien der von Wansleben verzeichneten Kirchen und Klöster

Betrachten wir die von Wansleben mitgeteilten Patrozinien, so läßt sich folgende Gruppierung nach den Heiligen geben, denen die 45 Kirchen und Klöster[470] der Region geweiht sind (die Prozentzahlen sind auf halbe bzw. volle Prozentpunkte gerundet):

Patrozinien bei WANSLEBEN	Anzahl der Weihungen	Anteil an der Gesamtzahl der Weihungen
I. BMV / Erzengel / biblische Gestalten; davon:	15	33,5 %
(1) BMV	(7)	(15,5 %)
(2) Erzengel / bibl. Gestalten	(8)	(18,0 %)
II. Märtyrer; davon:	29	64,5 %
(1) Georg	(5)	(11,0 %)
(2) andere Märtyrer	(24)	(53,5 %)
III. Sonstige Heilige[471]	1	2,0 %
Insgesamt	45	100,0 %

Den Heiligen im engeren Sinne – Gruppen II und III – sind also zwei Drittel der Anlagen gewidmet, während auf die Gruppe I ein Drittel der Patrozinien entfällt. Da wir die Gruppe III hier als ganz unbedeutend vernachlässigen können[471], ergibt sich, daß fast zwei Drittel der Kirchen Märtyrern geweiht sind – ein deutliches Indiz dafür, welche Bedeutung die Märtyrerverehrung für die ägyptische Kirche hat. Nehmen wir aus diesen ca. zwei Dritteln die „Allerweltsmärtyrer" (ohne Theodor Stratelates) heraus – das sind insgesamt dreizehn Weihungen –[472], verblei-

470 Zur Gesamtzahl der in Wanslebens Listen A und B I-III aufgeführten Kirchen s. o. 4.1.2. Die dort genannte Zahl 46 reduziert sich deshalb auf 45, weil die Kirche A 19f als Dublette zu streichen ist; vgl. 4.3.3. zu A 19f und Anm. 203.

471 In diese Gruppe, in der wir hier nur den Erzbischof Athanasius finden (A 27 // B II 4), würden eigentlich insbesondere die ägyptischen Mönchsheiligen fallen, von denen aber keiner in dieser Region durch Wanslebens Liste repräsentiert ist. Das wirkt zwar etwas merkwürdig, kann aber auch damit zusammenhängen, daß hier Nomenklaturprobleme bestehen: Ein Kloster, das nach einem großen Mönchsvater benannt ist, muß diesem nicht geweiht sein; vgl. die Differenz zwischen Benennung und Patrozinium (Severus- bzw. Marien-Kloster), die o. 4.3.3 zu B II 3b aufgewiesen wurde. Weiterhin ist hier an den Verfall des ägyptischen Klosterwesens zu denken, der schon lange Zeit vor Wanslebens Ägypten-Aufenthalt eingesetzt hatte. Dazu kommt, daß Gemeindekirchen nur selten das Patrozinium eines Mönchsheiligen haben (Ausnahme wohl: Antonius) – es sei denn, sie seien aus ehemaligen Klosterkirchen hervorgegangen.

472 Nachweise der einzelnen Patrozinien in Anm. 210 (Georg), 211 (Menas), 212 (Merkurios) und 213 (Theodor); zur Nichteinbeziehung des Theodor Stratelates unter die „Allerweltsmärtyrer" s. Anm. 209.

ben sechzehn Weihungen an individuelle Märtyrer, was noch 35,5 % an der Gesamtzahl der Patrozinien ausmacht – also mehr als die der Gruppe I. Das verweist auf die individuelle Prägung der ägyptischen Märtyrerverehrung je nach Ort bzw. Region; diese Prägung können wir für das erste Jahrtausend sicher als noch viel stärker ansetzen.

Zum Vergleich und um so etwas wie historische Tendenzen erkennen zu können, gebe ich hier eine Übersicht über die entsprechenden heutigen Zahlen anhand der Kirchenlisten, die Simaika vorgelegt hat. Das Gebiet, das zum Vergleich herangezogen wurde, umfaßt die drei Diözesen Ṣanabū und Qusqām/Manfalūṭ und Abnūb/Asyūṭ (Simaika, Dalīl II 193-198), ist also etwas anders zugeschnitten als die hier behandelte Region.[473] Doch empfahl es sich, die Simaikas Listen zugrundeliegenden Diözesangrenzen zu berücksichtigen, da ein Herauspicken von Kirchen, die zu den o. festgelegten Grenzen der Region „passen", Willkür bedeuten würde und Zahlenverhältnisse entstehen ließe, die in keiner Relation zu bei Simaika vorgegebenen Größen ständen. Bei Simaika sind für die drei Diözesen 98 Kirchen verzeichnet, deren Patrozinien sich wie folgt auf die Gruppen von Weihungsträgern verteilen (Rundung der Prozentzahlen wie oben):

Patrozinien bei SIMAIKA	Anzahl der Weihungen	Anteil an der Gesamtzahl der Weihungen
I. BMV / Erzengel / biblische Gestalten; davon:	37	38,0 %
(1) BMV	(21)	(21,5 %)
(2) Erzengel / bibl. Gestalten	(16)	(16,5 %)
II. Märtyrer; davon:	51	52,0 %
(1) Georg	(19)	(20,0 %)
(2) andere Märtyrer	(32)	(32,0 %)
III. Sonstige Heilige	10	10,0 %
Insgesamt	98	100,0 %

In der Relation „Heilige im engeren Sinne" (= Gruppen II und III) / Weihungsträger der Gruppe I ergibt sich nur eine kleine Verschiebung gegenüber Wansleben: etwas weniger als zwei Drittel / etwas mehr als ein Drittel. Jedoch sind die internen

473 Das Gebiet der drei Diözesen reicht im Norden etwas nördlicher (bis Dêr Mawās) und umfaßt im Süden noch das Ostufer des Nils gegenüber von Abū Tīg (den *markaz* al-Badārī); Duwêna, hier der südlichste Ort der Region auf dem Westufer (B II 5 bzw. B III 4), gehört bei Simaika bereits zur Diözese Abū Tīg und Ṭahṭā.

Verschiebungen in (bzw. zwischen) den Gruppen beträchtlich. Das sei durch eine genauere Konfrontation verdeutlicht, bei der die Märtyrer noch weiter aufgeschlüsselt werden:

	Anteil bei Wansleben	Anteil bei Simaika	Zu- bzw. Abnahme in %[474]
Gruppe I	33,5 %	38,0 %	+ 13,5 %
(1) BMV	(15,5 %)	(21,5 %)	+ 39,0 %
(2) Erzengel / bibl. Gestalten	(18,0 %)	(16,5 %)	− 8,5 %
Gruppe II	64,5 %	52,0 %	− 19,5 %
(1) „Allerweltsmärtyrer"	(29,0 %)	(36,5 %)	+ 26,0 %
a) Georg	(11,0 %)	(20,0 %)	+ 82,0 %
b) Menas usw.[475]	(18,0 %)	(16,5 %)	− 11,0 %
(2) andere Märtyrer	(35,5 %)	(16,0 %)	− 55,0 %
Gruppe III	2,0 %	10,0 %	+ 400,0 %

Als besonders auffällige Fakten seien festgehalten:

a) Das Absinken des Anteils der Märtyrerpatrozinien zugunsten der Gruppen I und III.

b) Die Zunahme der Gruppe I beruht ganz entscheidend auf einem starken Anwachsen des Anteils der Marien-Patrozinien, während der Anteil der sonstigen Patrozinien der Gruppe sogar sinkt.

c) Das Absinken des Anteils der Gruppe II geht Hand in Hand mit einer entscheidenden Verschiebung innerhalb der Gruppe. Während nämlich die Weihungen an „Allerweltsmärtyrer" kräftig zunehmen, geht der Anteil der Patrozinien individueller Märtyrer geradezu dramatisch von fast ein Drittel auf ein Sechstel zurück. Dabei geht die Zunahme der Weihungen an „Allerweltsmärtyrer" fast alleine auf das Konto des Georg, für den ein ganz enormer Zuwachs zu verzeichnen ist: Ihm gilt nunmehr ein Fünftel aller Weihungen – mehr als jeweils seine Kollegen aus dieser Märtyrergruppe zusammen bzw. die individuellen Märtyrer insgesamt! Sein Zuwachs ist es auch, der die Erhöhung des Anteils der Untergruppe II (1) im Endeffekt speist, ist doch für die anderen Mitglieder

474 Basisgröße für die Bemessung der Veränderung ist nicht etwa die Differenz zwischen Wansleben und Simaika, sondern der prozentuale Anteil der Gruppe (Untergruppe) bei Wansleben! Die Differenz wäre eine höchst mißverständliche Vergleichsgröße – würde doch der „Zuwachs" für Georg (+ 9 %) so ähnlich aussehen wie der der Gruppe III (+ 8 %).

475 D.h. Menas, Merkurios und Theodor, soweit es sich nicht um den Stratelates handelt; vgl. Anm. 209. In diese Gruppe wurde hier auch die hl. Damiana (*as-Sitt Dimyāna*) einbezogen, deren Kult sich erst spät ausgebreitet hat, aber in Ägypten sehr populär ist und die Einreihung unter die „Allerweltsmärtyrer" sinnvoll macht; zu diesem Kult vgl. Otto Meinardus, A Critical Study of the Cult of Sitt Dimiana and her Forty Virgins, OrSuec 18, 1969 (ersch. 1970), 45-68.

der Untergruppe insgesamt eine Abnahme festzustellen. Diese Relation innerhalb der Untergruppe findet ihre Parallele in den Verschiebungen in Gruppe I, s. o. b.

Sicher ist es problematisch, aus der Abnahme des Anteils der Märtyrerpatrozinien auf eine abnehmende Bedeutung der Märtyrerverehrung für die koptische Kirche zu schließen. Doch ein Schluß läßt sich mit Sicherheit ziehen, wenn wir die Verschiebung der Anteile bei diesen Patrozinien betrachten: Die Entwicklung der letzten Jahrhunderte ist durch eine starke Entindividualisierung der ägyptischen Märtyrerverehrung geprägt: an die Stelle des „kleinen“ Märtyrers mit sehr individuellen Zügen, der häufig mit einer Region oder auch nur einem Ort eng verbunden ist, tritt der „Großmärtyrer“ (insbesondere der hl. Georg), der zwar umfassendere Verehrung genießt, aber in gewisser Hinsicht viel farbloser ist.

Für diesen Vorgang sind Wanslebens Listen ganz entscheidende Zeugnisse, halten sie doch noch örtliche Traditionen über individuelle Märtyrer fest, die uns in älteren Quellen – etwa Abū Ṣāliḥ oder al-Maqrīzī – nicht überliefert sind und in den modernen Kirchenlisten verschwunden oder schwer erkennbar sind; vgl. etwa („non int.“ steht für *non intelligendum* „nicht erkennbar“):

Märtyrer	Wansleben	Abū Ṣāliḥ	al-Maqrīzī	Clarke / Simaika
Maximos[476]	X	X	om.	om.
ⲁⲡⲁ ⲕⲗⲟⲩϫ[477]	X	om.	om.	X
Johannes von Heraklea[478]	X	om.	non int.	non int.
Apater[479]	X	om.	non int.	X
Phoibamon der Soldat[480]	X	om.	om.	non int.
Philotheos[481]	X	om.	om.	X

Zeigt sich schon aufgrund dieser kleinen Auswahl der hohe Wert, der Wanslebens Texten zukommt, so ist es doch bedauerlich, daß wir aus den ersten Jahrhunderten der ägyptischen Märtyrerverehrung keine vergleichbaren Zusammenstellungen – weder in koptischer noch arabischer Sprache – besitzen.[482] Doch dürfen wir

476 S. Anm. 288.
477 S. 4.3.3. zu A 5b und Anm. 270.
478 S. 4.3.3. zu A 9 // B I 11.
479 S. 4.3.3. zu A 0 bzw. A 22 // B II 1.
480 S. 4.3.3. zu A 19c // B I 19c.
481 S. 4.3.3. zu A 25 // B II 7 bzw. B I 7.
482 Die von Amélineau, Géogr. 577-583 publizierten zweisprachigen Listen sind relativ jung. Sie bieten zwar recht interessantes Material, sind aber bei weitem nicht so umfangreich wie Wanslebens Listen und bieten vor allen Dingen für Oberägypten kaum etwas. Auch sind in ihnen die individuellen Märtyrer kaum repräsentiert.

annehmen, daß die Vielfalt der Patrozinien individueller Märtyrer (aber wohl auch von Mönchsheiligen) noch größer gewesen ist, wenn wir allein an die Vielzahl ägyptischer Märtyrer im Syn. Alex. denken, das uns meist die Kultstätte(n) nicht nennt. Erinnert sei an die beiden fragmentarischen Kalendarien aus Oxyrhynchos, die aus der ersten Hälfte des 6. Jahrh. stammen und von Delehaye bzw. Crum bearbeitet wurden.[483] Dort treten – besonders in Crums koptischem Text – eine große Zahl von Heiligen auf, denen Kirchen bzw. Gedenktage gewidmet sind, deren Identifizierung oder Zuordnung aber große Schwierigkeiten macht. Im Blick darauf sind Wanslebens Listen zwar mengenmäßig noch ein schwacher Abglanz des ehemaligen Reichtums und der Vielfalt der ägyptischen Märtyrerverehrung – aber eben doch lebendige Zeugen einer Vergangenheit und deren Kontinuität, die durch die Verehrung stark individualisierter (ortsgebundener) Märtyrer geprägt war. Insoweit sind sie unabdingbare Quellen für die Erforschung auch der ersten Jahrhunderte des ägyptischen Märtyrerkultes.

483 Hippolyte Delehaye, Le Calendrier d'Oxyrhynque pour l'année 535-536. AnBoll 42, 1924, 83-99 (zum griech. Papyrusblatt P. Oxy. XI 1357 = Van Haelst, Catalogue Nr. 961); W.E. Crum, Fragments of a Church Calendar, ZNW 37, 1938, 23-32 (Edition und Kommentar zu zwei koptisch beschrifteten fragmentarischen Pergamentblättern, die aus den Papyrusgrabungen von Grenfell und Hunt stammen; zum Alter der Fragmente s. ebd. 24).